国家社会科学基金教育学一般课题：西部高校服务
"一带一路"战略研究（BIA160100）成果

西部高校
服务"一带一路"倡议研究

XIBU GAOXIAO FUWU
YIDAIYILUCHANGYI YANJIU

郭霄鹏 著

目　　录

前　言

2013年,习近平主席提出共建"丝绸之路经济带"和"21世纪海上丝绸之路","一带一路"倡议成为国内外关注的重大战略。"一带一路"倡议不仅涉及基础设施投入与建设、金融贸易等硬实力的打造,更涉及教育领域、文化领域、国际交往、政策法规等软实力的整合与提升。从长期效益来看,教育、文化与人才培养等软实力的投资收益率远高于硬实力的较量,实施"一带一路"倡议归根结底依靠人才,人才培养主要依靠教育,尤其是高等教育。高等教育是推动和引领"一带一路"建设的重要力量。因此,关于西部高校服务"一带一路"倡议的研究具有重要价值。

本书阐释了西部高校服务"一带一路"倡议的重要意义、现状和存在的问题,并运用SWOT分析方法对西部高校服务"一带一路"倡议的内部条件和外部环境进行了分析。在此基础上,采用改进熵的TOPSIS和聚类分析等方法,综合评价了"一带一路"倡议背景下西部高校的发展水平,并分别从政府、学校、社会三个维度提出了"三位一体"促进西部高校服务"一带一路"倡议的对策建议。

本书是对高等教育国际化理论、法规政策、民族文化等方面的跨学科研究,也是对不同区域高等教育国际化路径的比较研究。以高等教育国际化战略研究为起点,以战略分析、文化分析、政策分析为基点,以解决特定环境下的综合性问题为目的,结合"一带一路"倡议背景下高等教育发展趋势,探讨"一带一路"倡议背景下西部高校发展的机遇与挑战,提出符合实际的、可操作性强的发展策略和路径选择,在服务国家"一带一路"倡议的同时,促进西部高校高质量发展。

本书研究内容以服务"一带一路"倡议为主题,本质上是一个高等教育国际化理论在西部高校的实践问题。面对"一带一路"倡议的历史机遇,本书从高等教育的人才培养、科学研究、社会服务、文化传承创新、国际交流与合作五大功能出发选择西部高校总体发展目标和发展路径的同时,结合西部高校的办学层次,对高水平大学、地方一般本科高校、高等职业院校和民办院校等采取有区别、多样化、分层次的分析和论证,确定各层次高校的具体发展任务和策略。相关成果丰富了我国高等教育国际化理论。

本书采用层次分析法和指标分析法对西部各层次高校开展实证分析,寻找西部高校面对"一带一路"倡议的历史机遇、自身存在的不足及其原因,进而提出了有区别、多样化、分层次的发展思路,以多学科研究方法集成为特色。采用问卷调查、现场访谈、建模图表、归纳演绎等方法,既确保量大面广的随机抽样调查,又结合随机个别访谈获取大量第一手资料,确保了研究结论的科学性和研究成果的应用性。获取的数据也能填补西部高校服务"一带一路"倡议的数据库空白。

本书拓展了"一带一路"倡议相关研究的视野与领域。"一带一路"倡议是我国政府准确把握国际国内局势作出的重大战略选择,也是学界的研究热点,理论研究成果颇丰。从教育学学科视角以西部高校服务"一带一路"倡议切入"一带一路"问题研究,可以拓展"一带一路"倡议相关理论研究的学科视野和问题领域,丰富理论研究成果。

本书深化了西部高等教育发展的理论研究。我国由于长期以来存在的地域发展不均衡问题,导致教育发展也存在不均衡现象。受地域等因素的影响,西部高校在我国高等教育发展中总体上处于劣势。"一带一路"倡议对于西部高校来讲,既是机遇,也是挑战,西部高校服务"一带一路"倡议研究有助于深化西部高等教育发展理论。

本书有助于进一步揭示高等教育发展的规律。我国在高等教育国际化研究方面多年来比较注重与发达国家接轨,忽视与第三世界国家相关合作问题的研究,特别是有关与中亚、西亚、南亚等国家合作问题的研究相对不足,研究西部高校与"一带一路"沿线国家特别是中亚、西亚、南亚等国家高等教育的合作交流问题,填补了高等教育国际化理论研究的空白;对不同条件下高等教育与政治、经济、文化、科技、人才等之间的关系、相互作用变化的研究,有助于进一步揭示高等教育发展的规律。

本书的研究成果主要体现在以下五个方面。

(一) 揭示了西部高校服务"一带一路"倡议的独特作用

西部高校服务"一带一路"倡议主要体现在两个方面:一方面,西部高校培养的人才绝大多数留在了西部地区就业,产出的科研成果绝大多数也都在西部地区转化,西部高校是西部地区经济社会发展的人才培养基地和技术创新中心,西部高校为西部地区与"一带一路"沿线国家开展全方位合作交流提供了人才支持和科技支撑;另一方面,与西部地区毗邻的中亚、南亚、西亚等国家是"一带一路"倡议的重要推动区域,而这些国家人才和技术相对短缺,高等教育相对薄弱,对高质量高等教育的需求旺盛,这给西部高校与"一带一路"沿线国家在教育、科技、文化等方面开展全方位合作交流提供了前所未有的机遇,西部高校通过与"一带一路"沿线国家的教育、科技、文化等合作交流,能够直接为"一带一路"沿线国家培养高素质人才,提供高水平科技成果,进而推动"一带一路"建设向纵深发展。

(二) 探索了西部高校服务"一带一路"倡议的"五维"路径

在很大程度上来讲,高等教育自身功能决定了西部高校能够服务"一带一路"倡议的范围、内容及其路径。结合"一带一路"沿线国家的现实需求状况,探索出西部高校服务"一带一路"倡议的"五维"路径,主要包括国际化人才培养、科技研发、成果转化、教育文化交流和合作办学等方面。针对"五维"路径,在实证调研的基础上,分析了西部高校服务"一带一路"倡议的现实状况和存在的问题,并提出改进建议。

（三）分析了西部高校服务"一带一路"倡议的内部条件和外部环境

从西部高校学科和专业、师资队伍、教学科研条件、办学经费、对外合作交流、人才培养特色等方面分析了西部高校服务"一带一路"倡议的内部条件;从国内和国外两个层面分析了西部高校服务"一带一路"倡议的外部环境,包括"一带一路"倡议在全球的推进状况,国内的政治、经济、教育、文化等政策。提升西部高校服务"一带一路"倡议的能力和水平,必须要优化西部高校发展的内部条件和外部环境。

（四）评价了"一带一路"倡议背景下西部高校的发展水平

按照科学性、系统性、独立性、重点性和层次性等原则构建评价指标体系。选取了教育教学、科学研究、社会评价、师资队伍、学科建设 5 个指标作为评价"一带一路"倡议背景下西部高校发展水平的一级评价指标,并把 5 个一级指标细化、分解为 28 个二级评价指标。选取东西部 15 个省(自治区、直辖市)作为评价对象,采用改进熵的逼近理想解排序法,构建了评价矩阵 $A=(x_{ij})_{mn}$,其中 m=15,n=28,即用 28 个评价指标对东西部 15 个省份高校发展水平作出综合评价。根据综合评价结果,东部地区的江苏省高等教育资源最为丰富,其高等教育发展水平最高,而西部地区的西藏自治区高等教育资源最为匮乏,其高等教育发展水平最低。

（五）构建了"三位一体"共同促进西部高校服务"一带一路"倡议的新格局

从政府维度促进西部高校服务"一带一路"倡议的策略：一是深化管理体制机制改革，提升对西部高校的管理和服务水平；二是深化教育教学改革，提升西部高校的教学水平；三是深化科研机制改革，提升西部高校的科研水平；四是加强现代大学制度建设，提升西部高校的治理能力。

从学校自身维度促进西部高校服务"一带一路"倡议的策略：将西部高校分为高水平大学、地方一般本科高校、高等职业院校和民办院校四个不同类型，提出行动策略：一是科学合理定位，明确发展思路；二是打造办学特色，凸显办学优势；三是加强学科建设，创建"一流学科"；四是加强教学内涵建设，提高人才培养质量；五是坚定不移地走科技兴校道路，提升科技创新能力；六是大力实施人才强校战略，切实加强师资队伍建设；七是加强制度建设，推动管理创新。

从社会维度促进西部高校服务"一带一路"倡议的策略：一是社会力量应积极参与到西部高校办学实践中；二是行业企业应积极推动以产学研合作为主题的校企合作；三是行业组织应成为西部高校培养高层次人才的参与主体；四是社会应为西部高校营造更加和谐的外部办学环境；五是充分发挥社会中介组织推动西部高校发展的作用。

第一章 "一带一路"倡议背景下西部高校的发展趋势

第一节 "一带一路"倡议与西部高校的发展

一、"一带一路"倡议的提出、主要内容和意义

2013 年,习近平总书记顺应世界发展大势和人类社会经济发展规律,发出了共建"丝绸之路经济带"和"21 世纪海上丝绸之路"的重大倡议,并从哲学和价值观高度强调构建人类命运共同体,为共建"一带一路"增强了感召力、凝聚力,使之成为新时代为人类和平发展、共享发展、包容发展、可持续发展提供的"中国方案",成为当今世界深受欢迎的国际公共产品和国际合作平台。①

经过 8 年多的共建,中国与"一带一路"沿线国家不断完善多、双边及区域合作机制,达成一系列重要共识,扩大发展成果惠及面。世界上越来越多的国家积极支持共建"一带一路"并积极参与其中,目前与我国建交的国家中已有近 80% 的国家加入了共建"一带一路"行列,其中非洲地区参与共建的国家数量占比高达 85%,即使是欧洲国家,参与国比重也超过了 60%。②"一带

---

① 陈文玲:《坚定不移推动共建"一带一路"高质量发展》,《光明日报》2021 年 11 月 29 日。
② 胡必亮:《继续推动共建"一带一路"高质量发展》,《光明日报》2021 年 11 月 21 日。

一路"不仅是和平之路、繁荣之路、开放之路、绿色之路、创新之路、文明之路,也是后疫情时代的合作之路、健康之路、复苏之路、增长之路,更是中国教育国际交流合作的顶层设计和深入推进教育国际交流合作的重要抓手。①

(一)"一带一路"倡议的提出

2100 多年前,张骞两次出使西域开辟了一条横贯东西、连接欧亚的陆上"丝绸之路"。同样,从 2000 多年前的秦汉时代起,连接我国与欧亚国家的海上丝绸之路也逐步兴起。陆上和海上丝绸之路共同构成了我国古代与欧亚国家交通、贸易和文化交往的大通道,促进了东西方文明交流和人民友好交往。在新的历史时期,沿着陆上和海上"古丝绸之路"构建经济大走廊,将给中国以及沿线国家带来共同的发展机会,拓展更加广阔的发展空间。在当前全球经济一体化发展的大背景下,加强区域合作是推动世界经济发展的重要动力,并已成为一种趋势。2013 年 9 月和 10 月,习近平总书记在出访中亚和东南亚国家期间,先后提出共建"丝绸之路经济带"和"21 世纪海上丝绸之路"的战略构想,得到国际社会高度关注和有关国家积极响应,这一构想进入全面务实推进阶段。国务院总理李克强参加 2013 年中国—东盟博览会时强调,铺就面向东盟的海上丝绸之路,打造带动腹地发展的战略支点。②"一带一路"倡议,是中国政府根据国际和地区形势深刻变化,以及中国发展面临的新形势、新任务,致力于维护全球自由贸易体系和开放型经济体系,促进沿线国家加强合作、共克时艰、共谋发展提出的战略构想,具有深刻的时代背景和重大的战略意义。

---

① 涂端午:《打造好"一带一路"教育行动升级版》,《中国教育报》2022 年 4 月 14 日。
② 《"一带一路"的提出背景及具体思路》,2015 年 4 月 14 日,见 http://www.scio.gov.cn/ztk/wh/slxy/31200/Document/1415297/1415297.htm。

(二) "一带一路"倡议的主要内容

1.指导思想

推进"一带一路"建设,要高举和平发展旗帜,以沿线国家相互开放、合作发展、互利共赢为根本宗旨,以"政策沟通、道路联通、贸易畅通、货币流通和民心相通"[①]为核心内容,以基础设施互联互通为关键抓手,统筹国内、国际两个大局,以重点国别、重点园区和重点项目为先导,将中亚、西亚、南亚、东南亚、东北亚、欧洲、非洲乃至全球连接起来,秉持和平合作、开放包容、互学互鉴、互利共赢的核心价值理念和"亲、诚、惠、容"的周边外交理念,遵循"共商、共建、共享"原则,创新对外合作模式,强化国内政策支撑,全方位推进与沿线国家的务实合作,打造利益共同体、命运共同体和责任共同体,与沿线国家一道打造互利共赢、多元平衡、安全高效的开放型经济体系,不断开创与中华民族伟大复兴中国梦相适应的对外开放合作新格局,再现"丝绸之路"曾经的繁荣与辉煌。

2.战略目标

(1)总体目标

"一带一路"倡议要建立面向亚、非、欧大陆和连接三大洋(太平洋、大西洋、印度洋)的整体布局,全面形成安全高效的陆海空通道网络,全面实现"五通"的战略方向,在产业投资、经贸合作、能源金融、人文交流等领域取得突破性进展和重大收获,构建一批全面开放的国际经济合作走廊和海上战略支点,打造陆海统筹、东西联动的全方位对外开放新格局,将"一带一路"倡议发展成为同时连接亚太经济圈、欧洲经济圈和非洲经济圈的世界上最长、最大、最具活力和最具发展潜力的国际政治、经济、外交、人文"走廊"。同时,要以"一带一路"倡议为发展契机,构建人类命运共同体,不断拓展我国发展新空

---

① 《推动共建丝绸之路经济带和21世纪海上丝绸之路的愿景与行动》,《人民日报》2015年3月29日。

间,把我国建设成富强、民主、文明、和谐的现代化国家,把中华民族伟大复兴的中国梦和周边各国人民过上美好生活的愿望同地区发展前景对接起来,从而为世界和平与发展做出大国应有的贡献。

(2)分阶段目标

前期目标。夯实基础,打开局面。推动沿线国家对"一带一路"倡议形成广泛共识,我国与重点国别的合作规划和实施方案基本形成,与合作意愿较强的国家签署"一带一路"倡议合作备忘录或协议,中国—东盟自贸区升级版全面建成,中国—海合会自贸区、区域全面经济伙伴关系(RCEP)达成协议,中老铁路等一批基础设施互联互通项目开工建设,在产业投资、经贸合作、人文交流等领域取得一批早期收获成果,沿线大通关便利化水平进一步提升,国内政策支撑保障体系和协调机制进一步完善。

中期目标。重点突破、实质推进。以周边为基础、面向更大范围的高标准自由贸易区网络初步形成;国际经济合作走廊骨架基本形成,中巴经济走廊、孟中印缅经济走廊、中国—中南半岛经济走廊、新亚欧大陆桥经济走廊、中蒙俄经济走廊等基本建成,通往波罗的海、波斯湾和印度洋的战略通道基本安全畅通,海上战略支点、海外支撑保障体系建设取得突破性进展,与沿线国家的贸易和对外投资大幅增长,货币互换和人民币结算规模进一步扩大,争取人民币成为沿线国家的主要储备货币。开放型经济新体制全面建成,向西开放、海洋强国建设迈上一个大台阶,在国际事务中的话语权和影响力显著提高。

远期目标。到21世纪中叶,基本实现"一带一路"倡议框架的国际认同,使更多的国家特别是发展中国家和贫困国家分享共同发展的成果,创造人类更加美好的愿景。安全高效的陆海空战略通道网络全面形成,"五通"目标全面实现,"一带一路"沿线国家区域经济一体化格局基本建立,与沿线国家形成利益共同体和命运共同体,我国建成富强、民主、文明、和谐的现代化国家。

（3）分领域目标

经贸目标。实现互联互通,推进贸易投资便利化,逐步形成以点带线、从线到片,促进形成互利共赢、多元平衡、安全高效的开放型经济体系,为我国改革发展稳定争取良好的外部环境,使我国发展更多地惠及周边国家。投资合作方面,重点是拓展抗疫、数字经济、绿色低碳等新领域合作,复制推广成熟合作模式,共建经贸创新发展示范园区。[①]持续推动陆海新通道建设,发挥好对互联互通、经贸合作、产业链供应链的支撑作用。

基础设施建设目标。以互联互通为关键抓手,要规划实施一批交通基础设施重点项目,远期基本建成与"一带一路"沿线国家的 6 条战略大通道。加快互联互通基础设施建设,加强同东盟国家和欧亚国家的互联互通建设,用好中国—东盟互联互通合作委员会等机制,推进泛亚铁路等项目的建设。

产业投资目标。重点建设一批跨境工业开发区、产业园区和农业示范园区。最新公布的数据显示,2022 年前两个月,中国企业在"一带一路"沿线对53 个国家非金融类直接投资 200.8 亿元人民币,占同期对外投资总额的比重首次达到 20%。近年来,"一带一路"沿线投资占中国对外投资总额的比重稳中有升。2019 年占比为 13.6%,2020 年上升到 16.2%,2021 年前 11 个月已提高到 18.1%。2013—2020 年,中国对"一带一路"沿线国家累计直接投资流量为 1398.5 亿美元,年均增长 8.6%,比同期中国对外直接投资年均增长率高出 3.4 个百分点。[②]

能源资源合作目标。重点建设一批油气、火电、水电、核电及矿产项目,提高能源安全保障水平,增强我国的战略主动性和抗风险能力。通过能源俱乐部协调与俄罗斯、中亚国家、中东地区的能源合作,建立稳定供求关系,确

---

① 《国务院新闻办发布会介绍坚持稳字当头推动商务高质量发展有关情况》,2022 年 3 月 3 日,见 http://www.gov.cn/xinwen/2022-03/03/content_5676592.htm。

② 《中国对"一带一路"沿线投资加码》,2022 年 3 月 23 日,见 http://news.sohu.com/a/532149840_123753。

保能源安全。中巴经济走廊和孟中印缅经济走廊也应将能源运输作为重要途径。

金融合作目标。加快建设亚洲基础设施投资银行、金砖国家开发银行和上海合作组织开发银行。设立亚洲债券基金,建设亚洲信用体系研究中心,并使之充分发挥积极作用。

区域合作目标。"丝绸之路经济带"主要国家应包括欧亚经济共同体和上海合作组织成员国、观察员国,这些国家地跨欧亚、南亚、西亚,范围较广。"丝绸之路经济带"应推动上海合作组织和欧亚经济共同体加强合作,使我国在欧亚大陆获得更大的发展空间。

开放型经济新体制建设目标。构建"引进来"与"走出去"、对内对外开放、陆地海洋并举的合作共赢开放型经济新格局,大力推进亚太自贸区和"一带一路"沿线国家区域经济一体化,逐步形成沿线国家共同发展、共同繁荣的新局面。

文化目标。充分展示中华文化的独特魅力,立足于中华优秀传统文化,全面传播当代中国价值观的核心理念,弘扬和传承丝绸之路友好合作精神。精心打造中外文化交流品牌,努力构建促进中外文化交流长效机制,密切与沿线国家在教育、文化、旅游、体育、卫生、科技等领域开展全方位人文交流合作。

安全目标。除传统军事领域之外,在信息、灾害、食品、航道、环境保护、公共卫生、跨国犯罪、恐怖袭击等非传统安全领域,努力开展国际合作,搭建地区安全合作新架构,提升提供国际公共产品和服务的能力。

3. 基本原则

(1)理念先行,寻求认同

要凝聚共识,积极争取共建者的响应。面对"一带一路"沿线国家大国博弈与激烈角力的现实,要讲究策略艺术,平衡好大国关系,突破西方"独占、独建、独享"的传统思路,倡导"共商、共建、共赢"的合作理念,扩大利益交集,减少风险和阻力。特别是要主动强化与国际组织的合作,争取国际上更多的协同力量,合作推进。

(2)包容开放,互利共赢

要秉持开放精神,树立正确的义利观和价值观。先予后取,多予少取,既算经济账,又算政治账,广泛吸纳各方积极参与,将我方规划与外方发展战略、产业布局结合起来,构建大区域合作新格局,促进沿线国家共同发展、共同繁荣。在"一带一路"沿线国家内,已经存在诸多政治经济合作机制,要处理好新机制与现有机制之间的关系。总的原则是尊重现有机制,包容兼顾、推陈出新,照顾各方利益关切,扩大利益汇合点,打造普惠经济带与和平发展合作之路。

(3)政经兼顾,重在民心

要实现由"以经促政"到"政经兼顾"的转变,逐步形成处理政治关系与经济合作的新思路。一方面,要优先考虑政治关系,在理顺政治关系的基础上,有效推进经济合作;另一方面,要坚持以政带民、以民促政,不断提高我国的政治影响力、道义感召力和形象亲和力。

(4)循序渐进,重点突破

要循序渐进、以点带面、从线到片,逐步形成区域大合作。优先合作领域应聚焦于以下7个方面:交通基础设施互联互通,贸易与投资自由化和便利化,能源资源合作,金融服务,生态环境保护,海上合作,以及科技、教育、文化、卫生和旅游等人文领域。

(5)政府引导,市场运作

要处理好政府和市场的关系。一方面要发挥好政府的宏观谋划、政策支持和指导服务作用,广泛调动政党、智库、媒体、非政府组织等多方力量积极参与"一带一路"建设;另一方面,还应遵循国际通行规则,充分发挥市场配置资源的基础作用。

(6)优化存量,创造增量

要利用好相关国家现有的战略、计划、政策和平台。在"一带一路"建设过程中,不同国家在不同时期提出了多个相近或类似的计划、战略,已经产生和积累了大量的存量资源,应更加科学合理地规划和利用好沿线多个国际组织和合作平台。

(7)改革创新,内外统筹

以"一带一路"建设为契机,推动国内重点领域深化改革,将"一带一路"建设与国内区域发展战略、国家重大生产力布局、对外开放战略布局和国家安全战略有机结合,做好顶层设计,整合各类资源,加强部门与地方协调配合、官方与民间良性互动,调动各方的积极性,形成分工协作、步调一致、共同推进的工作局面。

(三)"一带一路"倡议的历史文化内涵

"一带一路"倡议并非一个封闭的孤立体系,而是一个开放的合作体系。"开放包容""互学互鉴"——这一植根历史、面向未来,立足中国、走向世界的提法,充分体现了"一带一路"倡议总体设计中深厚的历史情感与文化情怀。[①]

当今世界,随着信息技术的不断发展,经济全球化、世界多极化、文化多元化的格局日益显明。和平、发展、合作、共赢的理念不断撼动旧有的"丛林法则",成为新时代的发展主流。但因经济发展结构的不平衡,尤其是2008年金融危机的爆发,激化了全球发展的深层矛盾,进一步加剧了地区间的不平衡态势,导致世界经济持续低迷,地区冲突日益增多。"逆全球化"的思潮开始抬头,恐怖主义、核弹危机、难民潮等亦在不断威胁世界和平、发展和稳定的大局。面对这一系列矛盾、冲突和问题,人类应当向何处去?发展之路在何方?2013年以来,习近平总书记提出了构建"人类命运共同体"的主张,为世界和人类的未来发展,提供了一整套"中国方案"。在"一带一路"国际合作高峰论坛上,"中国方案"在"和平合作、开放包容、互学互鉴、互利共赢"的"丝路精神"中大放异彩。中国有决心、有信心通过"一带一路"倡议让"和平的薪

---

① 林雅华:《"一带一路"有哪些历史文化内涵?》,《视界观》2017年第5期。

火代代相传,让发展的动力源源不断,让文明的光芒熠熠生辉"。[①]这与其说是一条世界发展道路,不如说是当代中国贡献给世界的重要哲学范畴与思想理念——对话而非对抗、合作而非博弈、共享而非独霸、共赢而非零和。

在"一带一路"倡议的"丝路精神"之中,不仅蕴含着中国深入推进世界经济一体化的历史责任感,同时也蕴含着中国进一步促进人类文明进步,创建"美美与共""天下大同"的文化使命感。它一方面建基于对世界历史与人类文明的分析省察,另一方面有赖于对民族历史与中华文明的反思传承。

1. 文明视野,历史情怀

不同文明间的封闭隔阂,阻碍了世界的和平与发展。仅以第二次世界大战为例,纳粹德国面对不同民族的文化差异,采取了极端手段,引发了人类历史上的深重灾难。德国思想家哈贝马斯,在沉痛审视二战历史教训之后指出:要克服现代文明危机,必须从"以主体为中心"转变为"以主体间性为中心"。也就是说,要将封闭一元的单文明主体,扩展为开放多元的多文明主体。只有不同文明主体之间的"交往行为"逐渐走向深入,文明的交流对话才能逐步得以实现。交往的前提,是对差异性的宽容,对不同文化历史的尊重。

不同文明间的包容互鉴,推动了人类的发展与进步。"夫物之不齐,物之情也。"每一种文明都在其复杂而丰厚的历史传统中,孕育出了独特的文化精神与文明形态。每一种文明形态都是由无数鲜活的生命构筑而成。因此,伴随着人类生命活动的变化流转,不同文明注定如同涌动的水流一般,相互交汇,相互激发,进而促进自身文明的更新重建。历史学家赫尔德曾指出,人类历史上出现过很多不同的文化,创造了很多不同的文明,这是人类多元发展的根本属性。世界历史如同一棵枝繁叶茂的大树,虽则枝干分叉,但是深没于土壤之中的却是彼此相连的根系。当前的互联网络,已经让不同文化传统中的人,超越了种族、国家、性别、年龄、阶层的障碍,由着共同的文明向往融

---

① 习近平:《携手推进"一带一路"建设——在"一带一路"国际合作高峰论坛开幕式上的演讲》,《光明日报》2017 年 5 月 15 日。

合在了一起。在聚沙成塔的点滴分享与交流互动中,一种根植于多元文化基础的主体性力量正在不断生成,一种熔铸了多元文化特征的崭新文明样态正在不断形成。可以说,信息化时代,不同文明之间的融合,愈发明显。技术进步推动了文明创新,文明间的包容互鉴丰富了人类生活。

2. 立足传统,扎根文化

现代中国,既与世界文明同频共振,亦与古老的文化传统血脉相连。回望历史,灾难和战争从来没有停止过。但是,中华民族每一次都能在废墟中浴火重生,进而延续与开创生机盎然的文明形态。从根本上来说,这源于中华文明对于世界文明的兼容并包、反思互鉴。由今视之,在五千多年的发展历史中,两次最为重大的文化事件,塑造了中国多元一体的文明样貌、促成了中华民族的伟大复兴。其一是公元 1 世纪时印度佛教文化的传入,其二是近代以来西方现代文化的传入。

对外来文明的包容含蓄,塑造了中国多元一体的文明样貌。中华文化绝非一个封闭的文化体系,而是一个开放多元的文明体系。其文明内核,正体现为儒释道合一的价值典范:儒家讲入世之理、治国安邦之道,释道讲出世之理、修身养性之途。此种内外交互、身心合一的圆融达观,使得中华文明创设了天下大同的理想境界,并于 18 世纪达到巅峰,而被贡德·弗兰克在《白银资本》中称为"全球的文明中心"。①

对外来文明的反思互鉴,推进了中华民族的伟大复兴。进入近世以来,古老的中华文明在世界工业化的汹涌浪潮中,渐失高位。工具器物层面的疲敝落后,制度文化层面的保守僵化,使得中国陷入了落后的局面。这一次的文明交汇,不是在异文明之间的惺惺相惜,而是在民族奋起的号角声中展开的。背负着民族复兴的使命,这个庞大的文明躯体,开始奔赴于救亡图存与启蒙更新的复兴之路。在社会主义新中国的建设与发展过程中,我们将马克

---

① 转引自王健:《郑和研究百年状况述论》,《南京社会科学》2005 年第 2 期。

思主义思想与中国具体实践相结合,创造了政治、经济、社会、文化等各个层面的发展奇迹。尤其是在40多年改革开放的进程中,我们不断吸收借鉴各种优秀文明成果,将其内化为现代化的实践力量,进而在世界社会主义运动的低潮期,超越旧有的苏联社会主义模式,闯出了一条中国特色的社会主义发展道路。可以说,这个拥有五千年历史的文明大国,在经历了一个半世纪的探索跋涉之后,终于成功实现了现代转型,重归世界大国之位。

3. 源自中国,面向世界

展望世界,是为了反观己身;回顾过去,是为了前瞻未来。我们的历史、传统、文化奠立了中华文明的深厚根基,而在与不同文明多层次、多维度、多样态的融合交往、吸收借鉴中,现代中国的文化面貌、发展路径才得以不断呈现。中国在历史上,曾以一种胸怀广阔、兼收并蓄的天下主义情怀,引领着人类文明的走向。当今中国的发展,亦要在延续自身文化传统的基础上,不断吸取"跨越时空、超越国度、富有永恒魅力、具有当代价值"的多元文化精神,使其成为我们推进中国特色社会主义建设的理论资源。

"经天纬地曰文,照临四方曰明。"文明,就是普照天下的光耀。中华文明的伟大复兴,必须建立在全人类的视野之上;世界文明的更新转化,离不开中华传统文化的创造性转化和创新性发展。"一带一路"倡议是当代中国为创建"人类命运共同体"所贡献的"中国智慧"与"中国方案"。"一带一路"倡议的"丝路精神"中所蕴含的"开放包容、互学互鉴"的文化理念,对加强不同文明之间的交流对话、促进世界文明的繁荣发展具有极为深远的意义。

（四）"一带一路"倡议的意义

"一带一路"倡议为古老的丝绸之路赋予了新的时代内涵,为中国全面深化改革开放规划了美好蓝图,为亚欧区域合作注入了新活力,为世界发展繁荣提供了新路径。

1."一带一路"建设是续写古丝绸之路辉煌的必由之路

随着时代发展,丝绸之路成为古代中国与他国所有政治经济文化往来通道的统称。有西汉张骞出使西域的官方通道"西北丝绸之路";有北向蒙古高原经天山北麓进入中亚的"草原丝绸之路";有西安经成都到印度的"西南丝绸之路";有从中国东南沿海出发,穿过南中国海,进入太平洋、印度洋、波斯湾,远及非洲、欧洲的"海上丝绸之路";等等。数千年来,各国使节、商队、游客、学者、工匠、教徒沿着丝绸之路川流不息,沿线民众互通有无、互学互鉴,逐渐形成了沟通中华文明、印度文明、波斯文明、阿拉伯文明、希腊文明的经济文化交流之路。古丝绸之路是沿线各国人民共同走出来的。各国人民排除艰难险阻、跨越万水千山,以极大的毅力和勇气开辟了这条道路,承载的和平合作、开放包容、互学互鉴、互利共赢的精神薪火相传。新时代背景下,亚欧国家都面临着转变发展模式、增强发展动力的使命和挑战,需要沿线国家共同建设"一带一路",使这条曾经创造无数财富、凝聚各国人民友谊的传奇之路重现辉煌,成为惠及沿线国家人民的和平之路、合作之路、共赢之路。

2."一带一路"建设是构建中国全方位开放新格局的必然要求

习近平总书记在和平共处五项原则发表 60 周年纪念大会上的讲话中指出:"中国正在推动落实丝绸之路经济带、21 世纪海上丝绸之路、孟中印缅经济走廊、中国—东盟命运共同体等重大合作倡议,中国将以此为契机全面推进新一轮对外开放,发展开放型经济体系,为亚洲和世界发展带来新的机遇和空间。"①"一带一路"建设扩大了我国的国际"朋友圈",使我国实现"双循环"具备了基础性国际条件。

改革开放特别是实施西部大开发以来,中国西部地区积极实施赶超战略,发展步伐明显加快,但受地理区位、资源禀赋、发展基础等因素影响,与东部地区相比仍有很大差距。"'一带一路'将构筑新一轮对外开放的'一体两

---

① 习近平:《弘扬和平共处五项原则 建设合作共赢美好世界——在和平共处五项原则发表60 周年纪念大会上的讲话》,《人民日报》2014 年 6 月 29 日。

翼',在提升向东开放水平的同时加快向西开放步伐,助推内陆沿边地区由对外开放的边缘迈向前沿。"①"一带一路"建设,有助于西部地区统筹利用国际国内两个市场、两种资源,形成横贯东中西、联结南北方的对外经济走廊,进一步释放开发开放和创新创造活力。

3. "一带一路"建设是促进亚欧国家共同发展繁荣的必然选择

中国坚定不移地走和平发展道路,始终不渝地奉行互利共赢的开放战略,积极践行"亲、诚、惠、容"的周边外交理念,逐步深化同周边国家互利合作。通过"一带一路"建设,更好地推动沿线国家人民友好交往,促进不同种族、不同信仰、不同文化传统的国家和谐相处,共同发展、共同繁荣,为沿线国家人民带来了实实在在的利益和好处。"'一带一路'发端于中国,贯通中亚、东南亚、南亚、西亚乃至欧洲部分区域,东牵亚太经济圈,西系欧洲经济圈,覆盖约44亿人口,经济总量约21万亿美元,分别占全球的63%和29%。"②

随着"一带一路"建设的不断推进,我国与"一带一路"沿线国家的贸易联系日益密切。我国与"一带一路"沿线国家年度贸易额从2013年的1.04万亿美元扩大到2021年的1.8万亿美元,增长了73%。2021年,我国对"一带一路"沿线国家直接投资214.6亿美元,自"一带一路"沿线国家吸收外资112.5亿美元。在"一带一路"沿线国家承包工程完成营业额897亿美元。截至2022年1月,中欧班列累计通达欧洲23个国家180个城市,跨境电商海外仓近2000个,成为贯穿欧亚大陆的国际贸易"大动脉";中老铁路、以色列海法新港等一批重大建设项目顺利竣工;打造了贯通疫情防控的"生命线"。近10年来,我国对"一带一路"沿线国家直接投资累计1613亿美元,其中我国企业在"一带一路"沿线国家建设的境外经贸合作园区累计投资430.8亿美元。同时,"一带一路"沿线国家在华投资建企3.2万家,实际累计投资712

---

① 高虎城:《深化经贸合作 共创新的辉煌》,《人民日报》2014年7月2日。
② 龚雯、田俊荣、王珂:《新丝路:通向共同繁荣》,《人民日报》2014年6月30日。

亿美元。[①] 到 2021 年年底,中国已向 120 多个国家和国际组织提供了超过 21 亿剂新冠疫苗,其中许多提供给共建"一带一路"国家,为其有效抗疫提供了重要支持。在"一带一路"建设的推动下,我国的对外货物贸易与服务贸易总额由 2012 年的 4.4 万亿美元增加到 2021 年的 6.9 万亿美元,自 2020 年以来持续位居世界第一,对外货物贸易额自 2013 年以来持续位居世界第一。[②]

"一带一路"倡议实施 8 年多来,取得积极进展和系列重大成果,形成覆盖广泛的基础设施网络和基于产业链供应链的经贸格局,打造了一批标志性民生工程,提升了共建国家民众的获得感和幸福感。同时,共建"一带一路"不仅着眼于当前共同战胜疫情,更长远布局后疫情时代的经济复苏和新机遇,在百年变局中开新局,在世纪疫情中育新机。[③] 通过"一带一路"建设,能够把中国的发展与"一带一路"沿线国家的发展对接起来,把中国梦与"一带一路"沿线国家人民对美好生活的期盼结合起来,让世界各国也搭上中国经济发展的顺风车,实现共同发展。

二、"一带一路"倡议背景下加快西部高校发展的必要性

(一)"一带一路"倡议对西部高校发展有强烈需求

"一带一路"倡议不仅涉及基础设施、金融贸易等硬实力的打造,更涉及教育领域、文化领域、国际交往、政策法规等软实力的整合与提升。从长期效益来看,教育、文化与人才培养等软实力的投资收益率远高于硬实力的较量,实施"一带一路"倡议归根结底依靠人才,人才培养主要依靠教育。因此,"一带一路"倡议对高等教育发展有强烈需求。

"一带一路"倡议中"贸易、金融、交通、基建、文化、旅游"等重点建设内容,需要高校进一步发挥人才培养、科学研究、社会服务、文化引领的职能。

---

① 翟东升:《共建"一带一路"在全球性危机中育新机》,《光明日报》2022 年 3 月 16 日。
② 胡必亮:《以共建"一带一路"促高质量共同发展》,《光明日报》2022 年 4 月 4 日。
③ 翟东升:《共建"一带一路"在全球性危机中育新机》,《光明日报》2022 年 3 月 16 日。

"一带一路"倡议中"文化交流、金融交互、能源开发、交通运输、农业产业、旅游开发"等方面的人才培养,需要高校改革教育理念,推动国际人才培养模式创新,构建多主体协同的人才培养新机制,形成具有特色的国际化高等教育格局。"一带一路"倡议中数以千万计的专业技术人员,需要我们加快建设一批与经济社会发展需求相适应的应用技术大学,推动各高等职业技术教育的转型升级,为相关行业提供全方位、高质量、高层次服务,增强西部地方高校服务区域发展的能力。"一带一路"沿线国家间的交流与合作,需要高校充分发挥、挖掘文化资源,加强文化辐射力度,成为"助推器"。

从《推动共建丝绸之路经济带和 21 世纪海上丝绸之路的愿景与行动》(以下简称《愿景与行动》)来看,"一带一路"建设的具体实践内容主要包括三个方面:其一,交通、信息、能源基础设施,贸易与投资,能源资源,货币金融互联互通,可以理解为工程建设和经济贸易;其二,区域性的生态环境保护,海上合作,政策的互联互通,可以理解为区域政治和区域秩序;其三,区域性的科技人文、语言文化、旅游等人文领域的互联互通,可以理解为人文交流与合作。可以看出,"一带一路"倡议中的技术、资本、贸易、文化等内容,都需要大量熟悉区域政治、经济和文化的专业人才。[①] 高等教育在高素质人才培养、高层次科技研发、高质量社会服务和高水平文化交流等方面具有天然优势。因此,高等教育通过知识优势、智力优势、人才优势,积极为"一带一路"倡议提供全方位的支持,为探索区域合作模式贡献智慧,是其实现基本职能和历史使命的必然选择。

西部地区是国家科技创新的重要支撑点,西部高校是西部推动和引领"一带一路"建设的重要力量。2015 年 1 月,习近平总书记在陕西考察时指出,陕西要找准定位,主动融入"一带一路"建设大格局。《愿景与行动》提出"发挥陕西、甘肃综合经济文化和宁夏、青海民族人文优势,打造西安内陆型改革

---

① 国家发展改革委、外交部、商务部:《推动共建丝绸之路经济带和 21 世纪海上丝绸之路的愿景与行动》,《人民日报》2015 年 3 月 29 日。

开放新高地","形成面向中亚、南亚、西亚国家的通道、商贸物流枢纽、重要产业和人文交流基地"。①

西部地区是古丝绸之路的起点,也是欧亚大陆桥的重要枢纽,有基础成为共建丝绸之路经济带的新起点,有责任担负起时代赋予的历史使命。独特的区位优势、历史积淀和现实发展需求,为西部高校主动融入"一带一路"建设指明了方向。从区位上看,西部地区是东中部进入中亚、南亚、西亚的主要门户,也是整个中国北方进入西南地区的重要通道,与资源丰富的中亚、南亚、西亚地区和经济发达的东部地区有良好的通达性,是连接中国东西的重要枢纽。从历史上看,西部作为古代丝绸之路的起点,长期发挥着内陆门户的重要作用。早在秦汉时期,古丝绸之路便造就了古代史上开放和鼎盛的西部城市。从现实来看,西部地区被国家赋予了打造内陆改革开放新高地、丝绸之路经济带新起点和"一带一路"倡议重要节点的重大使命。

2015 年 5 月,西安交通大学主导成立了"丝绸之路大学联盟"。2016 年 4 月,联盟常务理事会发布《西安共识》,提出开展宽领域、多层次的高等教育合作交流。截至目前已有 38 个国家和地区的 151 所大学加入联盟。② 2015 年 10 月,47 所中外"一带一路"沿线国家高校联合发布《敦煌共识》,决定共同打造"一带一路"高等教育共同体。西部高校日渐重视对外交流与合作,注重与"一带一路"沿线国家高校加强合作、共同行动,既是"一带一路"倡议的重要组成部分,又为"一带一路"倡议的实施提供人才支撑和技术支持。高校为沿线国家民心相通架设桥梁,为沿线国家政策沟通、设施联通、贸易畅通、资金融通提供支撑。沿线国家唇齿相依,教育交流源远流长,教育合作前景广阔。携手发展教育,合力推进"一带一路"倡议,是造福沿线国家人民的伟大事业。

---

① 国家发展改革委、外交部、商务部:《推动共建丝绸之路经济带和 21 世纪海上丝绸之路的愿景与行动》,《人民日报》2015 年 3 月 29 日。

② 《丝绸之路大学联盟》,2018 年 12 月 28 日,见 http://www.xjtu.edu.cn/gjjl/sczldxlm.htm。

推进"一带一路"沿线国家教育共同繁荣,既是推进中国教育事业改革发展的需要,也是加强与沿线国家教育互利合作的需要。面对国家"一带一路"倡议与西部区域经济发展需求,西部高校要将自身发展战略融入国家战略中,将服务面向牢牢锚定在国家发展战略上,抓住机遇系统解决西部高校发展过程中存在的问题,找准定位,扬长补短,有效作为,为促进西部高等教育持续发展奠定坚实基础。

(二) 全面升级"一带一路"教育行动对西部高校的必然要求

全面升级"一带一路"教育行动是充分发挥教育在推进"一带一路"倡议中的基础性、先导性作用的必然要求。面对世界百年未有之大变局,推动"一带一路"高质量发展进入关键时期。[①] 2020年教育部等八部门《关于加快和扩大新时代教育对外开放的意见》提出,打造"一带一路"教育行动升级版。根据对陕西、青海等18个省(自治区、直辖市)"一带一路"教育行动进展的评估,打造"一带一路"教育行动升级版,需着力"六个升级"。

1. 行动能力升级

一些省(自治区、直辖市)在落实合作愿景、战略举措、发展要求上仍有较大提升空间,需进一步强化落实意识,提高落实能力。各省(自治区、直辖市)教育行动不是各自为战的分散行动,而应是相互补位、错位发展的统一行动,需要在国家和省级层面统筹推进。目前,一些地方存在部分大语种重复建设、非通用语种人才短缺的情况,需要优化语言专业布局,提升各地与沿线国家语言互通能力。后疫情时代需要进一步提升我国对沿线国家教育国际公共产品的供给能力,加强教育系统与企业、国际组织、社会力量的合作,打造诸如《教育应对疫情指导手册》、在线教学国际平台、教育减贫国际合作项目等更多全球教育公共产品。

---

① 涂端午:《打造好"一带一路"教育行动升级版》,《中国教育报》2022年4月14日。

2. 行动机制升级

目前,促进人才在"一带一路"沿线国家流动仍存在一些体制机制障碍。要继续完善投入机制、部省共建工作机制等内部机制,尤其要建立完善定期会商研判、及时跟踪指导地方教育行动的工作机制。要用好亚太经济合作组织(APEC)领导人峰会、亚洲合作对话等领导人峰会机制,中国—东盟教育交流周等教育合作平台,联合国教科文组织等国际组织,加强双边多边合作等外部机制建设,不断提升内外部行动机制的级别和覆盖面。

3. 资源配置升级

目前,中国与沿线国家教育合作冷热不均。如18个省(自治区、直辖市)大部分与俄罗斯、泰国建立了合作关系,而与不丹、波黑、塞浦路斯等国家尚无合作关系。要优化配置沿线国家的合作资源,避免资源投放过于集中在某几个国家,对尚未建立合作关系的国家要积极开辟合作渠道,使针对沿线国家的教育资源配置"连成线"。

4. 风险防控升级

面对后疫情时代各种风险冲击,要以"千磨万击还坚劲,任尔东西南北风"的定力,不断完善风险防控机制。增强全员、全程、全方位防控意识,提高防控能力,特别要加强对安全、办学、舆情等风险的防范,不让小风险演化为大风险,不让个别风险演化为综合风险,不让局部风险演化为区域性或系统性风险,不让国际风险演化为国内风险。

5. 行动成果升级

针对一些合作办学项目国际化人才培养水平不高、办学水平不高,学科专业建设和人才培养规模与水平尚不能适应"一带一路"合作与发展需要等问题,亟须在双向留学、合作办学、教育共同体建设等方面打造更多更高水平的可视性、务实性、普惠性、战略性成果,培育一批"一带一路"国际教育合作品牌。

6. 调查研究升级

目前,国内"一带一路"教育研究总量偏少。现有研究以思辨和文献研究为主,实证研究较少,调查研究对教育行动的支撑乏力,亟须加强对"一带一路"沿线国家教育的调研访谈、案例剖析、数据处理与政策分析。

(三) 高校在"一带一路"建设中的具体作用

教育为国家富强、民族繁荣、人民幸福之本,高校作为高层次教育的实施者,在"一带一路"倡议中具有基础性和先导性作用,具体可以归纳为以下几点:

1. 互联互通合作的纽带

第一,加强教育政策沟通。"一带一路"沿线各国唇齿相依,教育交流源远流长,教育合作前景广阔,大家携手发展教育,合力推进"一带一路"倡议,是造福沿线各国人民的伟大事业。通过对"一带一路"沿线国家教育法律、政策协同研究,构建沿线国家教育政策信息交流通报机制,为沿线国家政府推进教育政策互通提供决策建议,为沿线国家学校和社会力量开展教育合作交流提供政策咨询。签署双边、多边和次区域教育合作框架协议,制定沿线国家教育合作交流国际公约,逐步疏通教育合作交流政策性瓶颈,携手推进教育共同体建设。2016 年 7 月,教育部印发了《推进共建"一带一路"教育行动》,以基础性、支撑性、引领性三方面政策举措为框架,积极推进与沿线国家的教育政策沟通、教育合作渠道畅通、语言互通、民心相通、学历学位认证标准连通。[①]

第二,畅通教育合作渠道。扩大教育领域合作交流,形成往来频繁、合作众多、交流活跃、关系密切、携手发展的局面。利用现有合作基础、相同研究课题和发展目标缔结姊妹关系,逐步深化拓展教育合作交流。举办沿线国家高校校长论坛,推进校际多层次多领域的务实合作。依托学科优势专业,建立产学研用相结合的国际合作联合实验室(研究中心)、国际技术转移中心,共同应对经济发展、资源利用、生态保护等共同面临的重大挑战与机遇,打造"一带一路"学术交流平台,吸引各国专家学者、青年学生开展研究和学术交

---

① 《教育部关于印发〈推进共建"一带一路"教育行动〉的通知》,《中华人民共和国教育部公报》2016 年第 9 期。

流。推进"一带一路"沿线国家优质教育资源共享。据不完全统计,截至2020年,我国与188个国家和地区建立教育合作与交流关系,与46个重要国际组织经常性开展教育合作与交流。[①]

第三,促进沿线国家语言互通。研究构建语言互通协调机制,共同开发语言互通开放课程,逐步将沿线国家语言课程纳入各国学校教育课程体系。拓展政府间语言学习交换项目,联合培养、相互培养高层次语言人才。发挥外语类院校人才培养优势,推进基础教育多语种师资队伍建设和外语教育教学工作。扩大国家公派留学人员语言学习规模,倡导沿线国家与中国院校合作在华开办本国通用语言专业。支持更多社会力量助力孔子学院和孔子课堂建设,加强对外汉语教师和对外汉语教学志愿者队伍建设,全力满足沿线国家汉语学习需求。

第四,推进沿线国家民心相通。"一带一路"倡议行稳致远要靠人文交流,特别是要将教育合作作为重要依托,建设和平、繁荣、开放、创新、文明的"一带一路",教育交流合作大有可为。沿线国家学者开展或合作开展中国课题研究,可以增进沿线国家对中国发展模式、国家政策、教育文化等各方面的理解。建设国别和区域研究基地,与对象国合作开展经济、政治、教育、文化等领域研究。逐步将国际理解教育课程、丝路文化遗产保护纳入沿线国家中小学教育课程体系,加强青少年对不同国家文化的理解。加强"丝绸之路"青少年交流,注重利用社会实践、志愿服务、文化体验、体育竞赛、创新创业活动和新媒体社交等途径,增进青少年对他国文化的理解。2016年至2019年,教育部陆续与18个省(自治区、直辖市)签署了《推进共建"一带一路"教育行动国际合作备忘录》。部省(区、市)协同不断推进,留学工作呈现双向互动良好局面;合作办学"请进来"与"走出去"均呈快速上升态势;国别与区域研究基地、非通用语种和汉语推广基地有效促进了民心相通;多类型、多层面教育共

---

① 涂端午:《打造好"一带一路"教育行动升级版》,《中国教育报》2022年4月14日。

同体建设扩大了国际"朋友圈"和中国教育影响力[①]。

第五,推动学历学位认证标准连通。推动落实联合国教科文组织《亚太地区承认高等教育资历公约》,支持教科文组织建立世界范围学历互认机制,实现区域内双边多边学历学位关联互认。呼吁各国完善教育质量保障体系和认证机制,加快推进本国教育资历框架开发,助力各国学习者在不同种类和不同阶段教育之间进行转换,促进终身学习体系建设。共商共建区域性职业教育资历框架,逐步实现就业市场从业标准的一体化。探索建立沿线国家教师专业发展标准,促进教师流动。据不完全统计,截至 2020 年,我国与 51个国家和地区签署学历学位互认协议。[②]

2. 人才培养培训合作的主体

第一,为沿线国家专项培养行业领军人才和优秀技能人才。通过实施"丝绸之路留学推进计划",设立"丝绸之路"中国政府奖学金等,全面提升来华留学人才培养质量,把中国打造成为深受沿线国家学子欢迎的留学目的地国。以国家公派留学为引领,推动更多中国学生到沿线国家留学。坚持"出国留学和来华留学并重、公费留学和自费留学并重、扩大规模和提高质量并重、依法管理和完善服务并重、人才培养和发挥作用并重",[③]完善留学人员管理服务体系,保障平安留学、健康留学、成功留学。

第二,推进"丝绸之路"合作办学。鼓励高校集中优势学科开展境外办学,做好前期论证工作,构建人才培养模式、运行管理模式、服务当地模式、公共关系模式,使学校顺利落地生根、开花结果。中国优质职业教育可以配合高铁、电信运营等行业企业走出去,积极探索境外合作办学形式,合作设立职业院校、培训中心,合作开发教学资源和项目。开展多层次职业教育和培训,培养当地急需的各类"一带一路"建设者。整合资源,积极推进与沿线国家在

---

① 涂端午:《打造好"一带一路"教育行动升级版》,《中国教育报》2022 年 4 月 14 日。
② 涂端午:《打造好"一带一路"教育行动升级版》,《中国教育报》2022 年 4 月 14 日。
③ 《丝绸之路大学联盟》,2018 年 12 月 28 日,见 http://www.xjtu.edu.cn/gjjl/sczldxlm.htm。

青年就业培训等共同关心领域的务实合作,推动沿线国家开展高水平合作办学。据不完全统计,截至 2020 年,我国共有 44 所高等学校赴"一带一路"沿线地区举办 28 个境外办学机构、47 个项目,涵盖 23 个"一带一路"沿线国家。[①]

第三,推动先进经验交流。开展"丝绸之路"教师培训,加强"丝绸之路"教师交流,提升区域教育质量,推动沿线国家校长交流访问、教师及管理人员交流研修,推进优质教育模式在沿线国家互学互鉴。大力推进沿线国家优质教学仪器设备、教材课件和整体教学方案输出,跟进教师培训工作,促进沿线国家教育资源和教学水平均衡发展。

第四,推进沿线国家间的研修访学活动。鼓励沿线国家高等学校在语言、交通运输、建筑、医学、能源、环境工程、水利工程、生物科学、海洋科学、生态保护、文化遗产保护等急需的专业领域开展联合培养,推动联盟内或校际间教育资源共享。

3.合作交流的主导者

加强"丝绸之路"人文交流高层磋商。开展沿线国家双边多边人文交流高层磋商,商定"一带一路"教育合作交流总体布局,协调推动沿线国家建立教育双边多边合作机制、教育质量保障协作机制和跨境教育市场监管协作机制,统筹推进"一带一路"教育共同行动。

第一,发挥国际合作平台的作用。发挥上海合作组织、东亚峰会、亚太经合组织、亚欧会议、亚洲相互协作与信任措施会议、中阿合作论坛、东南亚教育部长组织、中非合作论坛、中巴经济走廊、孟中印缅经济走廊、中蒙俄经济走廊等现有双边多边合作机制作用,赋予教育合作新的时代内涵。借助联合国教科文组织等国际组织力量,推动沿线国家围绕实现世界教育发展目标形成协作机制。充分利用中国—东盟教育交流周、中日韩大学交流合作促进委员会、中阿大学校长论坛、中非高校"20+20"合作计划、中日大学校长论坛、中

---

① 涂端午:《打造好"一带一路"教育行动升级版》,《中国教育报》2022 年 4 月 14 日。

韩大学校长论坛、中俄大学联盟等已有平台,切实有效地开展教育合作交流。支持在共同区域、有合作基础、具备相同专业背景的学校组建联盟,不断拓展教育务实合作平台。

第二,发挥教育援助的重要作用。通过实施"丝绸之路"教育援助计划,逐步加大教育援助力度,重点投资于人、援助于人、惠及于人。发挥教育援助在"南南合作"中的重要作用,加大对沿线国家尤其是最不发达国家的支持力度。统筹利用国家、教育系统和民间资源,为沿线国家培养培训教师、学者和各类技能人才。积极开展优质教学仪器设备、整体教学方案、配套师资培训一体化援助。加强中国教育培训中心和教育援外基地建设。倡议各国建立政府支持、社会参与的多元化经费筹措机制,通过国家资助、社会融资、民间捐赠等渠道,拓宽教育经费来源,构建教育援助大格局,实现教育共同发展。

三、"一带一路"倡议对西部高校发展的战略意义

"一带一路"倡议是党中央、国务院主动应对全球形势深刻变化,统筹国内国际两个大局作出的重大战略决策。《愿景与行动》提出秉持和平合作、开放包容、互学互鉴、互利共赢的理念,促进人文交流更加广泛深入,不同文明互鉴共荣,扩大相互间教育交流规模,开展合作办学。[①] 2021 年 11 月,习近平总书记在第三次"一带一路"建设座谈会上强调,要统筹考虑和谋划构建新发展格局和共建"一带一路",聚焦新发力点,塑造新结合点。[②] 构建"双循环"新发展格局和推动"一带一路"建设,要坚持以习近平总书记重要讲话精神为指导,紧紧依靠教育和科技创新,聚焦经济与民生领域,加强与"一带一路"沿线国家交流合作。高等教育与"一带一路"建设联系密切,"一带一路"倡议为进

---

① 国家发展改革委、外交部、商务部:《推动共建丝绸之路经济带和 21 世纪海上丝绸之路的愿景与行动》,《人民日报》2015 年 3 月 29 日。

② 刘红霞:《推动共建"一带一路"高质量发展,习近平提出三个目标》,《新华每日电讯》2021 年 11 月 21 日。

一步推进我国高等教育国际化,深化高等教育领域综合改革、提高教育质量提供了重大战略机遇。

一直以来,由于历史和经济社会发展的原因,我国高等教育的资源配置存在不均匀、不合理的现象。优质高等教育资源,主要集中在东部发达地区和沿海少数地区,西部地区严重匮乏。尤其是近年来随着经济社会的高速发展,西部地区高等教育与东部发达地区的差距越拉越大。如何实现高等教育合理科学发展,如何推进西部高校不断提升办学水平,中央、地方政府、西部高校都在思考和探索中。西部高校要想有长足的发展与进步,就必须抢抓国家重大发展战略机遇。"一带一路"倡议,特别是其中的"新丝绸之路经济带"建设,把西部地区推到了改革发展的前沿,为西部地区实现跨越式发展提供了难得的机遇。

高等教育是科技第一生产力和人才第一资源的重要结合点,肩负着培养人才、科技创新、社会服务和文化传承创新的神圣使命。西部高校要利用好"一带一路"倡议,统筹利用国际国内两个市场、两种资源,为又好又快地实现内涵式发展创造良好平台。

一是发挥好天然的地理优势。西部地区与中亚等国家山水相连,一衣带水,具有天然的区位优势,是与"一带一路"沿线国家开展文化教育合作交流最为便利的地区。历史上,自从海上丝绸之路和陆上丝绸之路开辟以来,这两条道路一直承担着我国与西方国家经济文化交流的重任,是我国对外政治往来、文化交流的重要通道,促进了我国与沿途各个国家的交流与融合。西部高校要充分利用天然的地理优势,抢先捕捉发展先机,率先在"一带一路"建设中作出贡献。

二是利用好悠久的文化优势。"一带一路"沿线国家与中国有着悠久的交往历史,也有着不在少数的华裔群体,他们对中国有着深厚的感情基础。西部高校要融入"一带一路"倡议建设中,通过课程设置、文化交流、文化研究等,加深我国与沿线国家民众间的彼此了解,通过人员间相互交往、相互学习,增进沿线国家间人民的友谊,实现民心相通。

三是充分利用人才优势。在改革开放和经济全球化的大背景下,我国与周边国家的交往越来越密切,与中亚和东盟各国间的人员往来日趋频繁,教育与旅游合作日益密切。据不完全统计,仅 2013 年至 2016 年,中亚五国来华留学生总人数就达到 2 万多,其中不少都在西部高校中。[①]西部高校应抓住时机,利用教育优势,扩大"一带一路"沿线国家留学生人员培养规模。条件具备的西部高校,可以与周边"一带一路"沿线国家签订人才培养协议,培养更多的"一带一路"沿线国家的留学生。西部高校在参与"一带一路"建设中要将发展战略融入国家战略中,将服务面向牢牢锚定在国家发展战略上,抓住机遇系统解决西部高校发展过程中积累的问题,找准定位,扬长补短,有效作为,奠定坚实的发展基础。

第二节 "一带一路"倡议为西部高校发展提供新的历史机遇

一、"一带一路"建设的历史机遇

"一带一路"倡议为亚欧国家深化合作勾勒了宏伟蓝图,为促进各国共同发展繁荣提供了崭新机遇,"丝绸之路"意识已在各国落地生根,许多国家将本国发展战略与"一带一路"倡议有效对接。

（一）"一带一路"倡议得到亚欧国家的积极支持和参与

中亚国家的积极支持和参与。2014 年 5 月,哈萨克斯坦总统纳扎尔巴耶夫在同习近平主席会谈时表示:"哈方积极支持和参与丝绸之路经济带建设,

---

① 刘光林:《"一带一路"建设背景下的西部高校发展机遇探析》,《高教学刊》2016 年第 10 期。

拉动经贸、交通和边境口岸基础设施建设、金融等领域合作。"① 同月,乌兹别克斯坦总统卡里莫夫在同习近平主席会谈时表示:"乌方愿积极参与建设丝绸之路经济带,促进经贸往来和互联互通,把乌兹别克斯坦的发展同中国的繁荣更紧密联系在一起。"②

南亚国家的积极支持和参与。2014 年 5 月,巴基斯坦总统侯赛因在同习近平主席会谈时表示:"巴中经济走廊建设进展顺利,巴方愿为加快实施有关项目提供便利,希望双方加强电力合作。中巴经济走廊建设是丝绸之路经济带和 21 世纪海上丝绸之路倡议重要组成部分。"③ 6 月,孟加拉国总理哈西娜在同习近平主席会谈时表示:"孟方赞同中方提出的'一带一路'重要倡议。孟中印缅经济走廊对南亚地区经济发展也具有重要意义,孟方愿积极参与。"④

欧盟国家的积极支持和参与。2014 年 3 月,《关于深化互利共赢的中欧全面战略伙伴关系的联合声明》指出:"中欧加强交通运输关系潜力巨大,双方决定共同挖掘中国丝绸之路经济带倡议与欧盟政策的契合点,探讨在丝绸之路经济带沿线开展合作的共同倡议。"⑤

阿拉伯国家的积极支持和参与。2014 年 6 月,《中国—阿拉伯国家合作论坛第六届部长级会议北京宣言》指出:"阿方欢迎中方关于建设'丝绸之路经济带'和'21 世纪海上丝绸之路'的倡议,双方愿进一步扩大中阿双边贸易和相互投资,并重点在以下领域积极开展合作:推进基础设施建设,推动中阿产业合作发展,特别是深化能源、金融、人力资源领域合作。"⑥

---

① 《习近平同哈萨克斯坦总统纳扎尔巴耶夫举行会谈指出深化中哈战略合作大有可为》,《人民日报》2014 年 5 月 20 日。

② 《习近平会见乌兹别克斯坦总统》,《人民日报》2014 年 5 月 21 日。

③ 习近平:《弘扬和平共处五项原则建设合作共赢美好世界——在和平共处五项原则发表 60周年纪念大会上的讲话》,《人民日报》2014 年 6 月 29 日。

④ 高虎城:《深化经贸合作 共创新的辉煌》,《人民日报》2014 年 7 月 2 日。

⑤ 《关于深化互利共赢的中欧全面战略伙伴关系的联合声明》,《新丝路日报》2014 年 6 月 30 日。

⑥ 《中国—阿拉伯国家合作论坛第六届部长级会议北京宣言》,《光明日报》2014 年 6 月 6 日。

截至 2022 年 4 月,中国已经同 149 个国家和 32 个国际组织签署了 200 余份共建"一带一路"合作文件,建立了 90 多个双边合作机制。"一带一路"倡议及其核心理念已被写入联合国、二十国集团、亚太经合组织以及上海合作组织、拉美和加勒比国家共同体、阿拉伯国家联盟、非洲联盟等国际和区域组织有关文件中。共建"一带一路"的合作伙伴不断扩大,合作基础日益牢固,合作前景更加广阔。如今,作为中国提出的最重要全球性倡议之一,"一带一路"不仅联通亚太和欧洲经济圈,还穿越非洲、环连亚欧,成为世界上跨度最长、最具潜力的合作带,成为当今世界上范围最广、规模最大的国际合作平台。①

(二) 中国与"一带一路"沿线国家合作基础坚实

中国与上海合作组织成员国之间合作基础坚实。在上海合作组织框架内,各成员国之间加强了相互信任与睦邻友好,促进了各成员国在政治、经贸、科技、文化、能源、交通、旅游、安全等领域的有效合作。中国、哈萨克斯坦、吉尔吉斯斯坦 3 国联合申报的"丝绸之路:长安—天山廊道的路网",成功入选世界文化遗产名录,是丝绸之路经济带建设的早期收获。

中国与东盟之间合作基础坚实。目前,中国是东盟最大贸易伙伴,东盟是中国第三大贸易伙伴,中国与东盟建成了世界上最大的发展中国家自由贸易区。中国与东盟已签署了《中国—东盟面向和平与繁荣的战略伙伴关系联合宣言》《南海各方行为宣言》《东南亚友好合作条约》等合作文件,建立了中国—东盟商务理事会、中国—东盟博览会、中国—东盟商务与投资峰会等对话合作机制,正在着力打造中国—东盟自由贸易区升级版。

中国与阿拉伯国家之间合作基础坚实。中国与阿拉伯国家因丝绸之路相知相交,是建设"一带一路"的重要合作伙伴。中国—阿拉伯国家合作论坛已成为双方在互利共赢、相互尊重基础上深化战略合作的重要平台,合作论

---

① 徐秀军:《共建"一带一路"　共享繁荣发展》,《光明日报》2022 年 4 月 27 日。

坛已完成了正规化、机制化建设,建立起部长级会议、高官会、企业家大会等10余个合作机制,涵盖政治、经济、文化、人文等领域。

(三) 中国国内相关省(自治区)纷纷制定实施规划方案

陕西省提出打造丝绸之路经济带的新起点。丝绸之路是在汉代鼎盛时期,张骞从汉长安出发开辟的一条商贸大通道,到了唐代达到顶峰。从整个历史长河和世界影响看,长安作为汉唐丝绸之路起点的代表比较恰当。陕西省采取四大战略举措主动融入"一带一路"大格局,提高西安在亚欧大陆桥和丝绸之路经济带上的首位度,增强西安对亚欧大陆桥和丝绸之路经济带的辐射带动力,真正成为丝绸之路经济带新起点的核心。一是组建大西安,把西安建成国际化大都市;二是发展大关中城市群,以大西安为中心的大关中城市群将超越以郑州为中心的中原城市群,成为亚欧大陆桥上最大的城市群;三是面向丝绸之路经济带调结构,为大西北和中亚等提供大量的先进制造业产品;四是西安着力打造六大中心,即丝绸之路经济带的先进制造业中心、交通通信中心、经贸合作中心、能源金融中心、科技教育中心、文化旅游中心。截至2020年年底,陕西253家境外企业累计实现对外投资58.6亿美元,其中在"一带一路"沿线国家投资17.7亿美元。陕西深度参与"一带一路"科技创新行动计划,成立国际科技合作基地联盟,截至2021年9月,陕西与40多个国家和地区、400多家机构建立了全方位、多层次、宽领域的合作关系,建立了19个国家级、71个省级国际科技交流合作基地;陕西已成为中亚国家学生首选出国留学目的地之一。立足新发展阶段,面对百年未有之大变局,陕西将携手各方、聚焦重点、深耕细作,推动共建"一带一路"沿着高质量发展方向不断前进,通过政策沟通、设施联通、贸易畅通、资金融通和民心相通,推进经济大融合、发展大联动、成果大共享。①

---

① 王向华:《同筑共赢之路》,《陕西日报》2021年9月7日。

新疆维吾尔自治区提出打造丝绸之路经济带的主力军和排头兵。新疆位于亚欧大陆中心地带,周边分别与8个国家接壤,边境线总长5700多公里,是中国面积最大、陆地边境线最长、交界邻国最多的省区。新疆要充分"发挥亚欧大陆核心地带的地缘优势、四大文明交汇的文化优势、富集的资源优势,利用经济社会发展的黄金时期,加大全方位开放力度,建设成为丝绸之路经济带的区域性交通枢纽中心、商贸物流中心、金融中心、文化科教中心和医疗服务中心,以及国家大型油气生产加工和储备基地"。①

甘肃省提出建设丝绸之路经济带的黄金段。甘肃是丝绸之路经济带的咽喉要道,是华夏文明与域外文明交流融合之地,是连接亚欧大陆桥的战略通道和沟通西南西北的交通枢纽。《"丝绸之路经济带"甘肃段建设总体方案》提出:"甘肃将围绕建设'丝绸之路经济带'黄金段,着力构建兰州新区、敦煌国际文化旅游名城和'中国丝绸之路博览会'三大战略平台,重点推进道路互联互通、经贸技术交流、产业对接合作、经济新增长极、人文交流合作、战略平台建设等六大工程,努力把甘肃省建设成为丝绸之路的黄金通道、向西开放的战略平台、经贸物流的区域中心、产业合作的示范基地、人文交流的桥梁纽带。"②

广西壮族自治区提出打造21世纪海上丝绸之路的新门户和新枢纽。广西是中国唯一与东盟海陆相连的省区,海岸线长1595公里,与东盟"一湾连七国",拥有防城港、钦州、北海等北部湾良港。广西要深度融入中国—东盟自由贸易区升级版建设,进一步开拓"一带一路"沿线国家市场,"充分发挥对东盟合作前沿窗口和桥梁作用,加速成为我国西南、中南地区面向东盟、走向世界的国际大通道和'海上丝绸之路'的主要节点和重要平台"。③

除了上述省(自治区)踊跃投入"一带一路"建设外,青海、宁夏、四川、云

---

① 《丝绸之路经济带国际研讨会在乌开幕》,《新疆日报》2014年6月27日。

② 《"丝绸之路经济带"甘肃段建设总体方案出炉》,2014年5月23日,见 http://news.sina.com.cn/o/2014−05−23/095030209346.shtml。

③ 陈武:《发展好海洋合作伙伴关系》,《人民日报》2014年1月15日。

南、重庆等西部省(自治区、直辖市)也都结合自身优势提出了推进"一带一路"建设的规划方案。

二、西部高校发展的历史机遇

"一带一路"倡议的提出为促进西部高校"一流大学、一流学科"建设,推进西部高校国际化发展,全面提高西部高等教育质量提供了新的重要历史机遇。

(一) 拓展办学空间的机遇

长期以来,我国高等教育国际交流与合作主要集中于与欧美等地区发达国家高校间的交流与合作,与"一带一路"沿线国家高校的交流与合作相对比较薄弱。在与欧美等地区发达国家高等教育国际交流与合作过程中,我国高等教育的比较优势不明显,且在人才流动上,主要以人才输出为主。西部高校除了具有我国高校在国际化教育中的共性,还受地理偏僻的影响,国际知名度低,国际交流合作力度小,同时将自己定位于服务西部建设,办学空间局限于西部地区。大学办学空间大小由大学实施教育教学活动的环境进行度量。随着"一带一路"倡议的推进及中外经贸往来的增多,"一带一路"沿线国家必将会更多了解和认识中国西部城市,西部高校也势必会引起"一带一路"沿线国家的关注,从而为西部高校带动高等教育领域的交流和互动提供战略机遇。在这样的背景下,西部高校应随着"一带一路"倡议,适时切换办学空间视角,把"一带一路"沿线国家作为扩展办学空间的工作重点,通过加强与"一带一路"沿线国家的教育国际化交流与合作,增强自身国际或地区影响力,增强对国际或地区优质生源的吸引力,拓宽招生范围,实现办学空间的拓展。

"一带一路"沿线国家是来华留学的重要生源国,其来华留学生人数近年来也在不断增长。据《中国留学发展报告(2017)》调查数据显示,2016年,来华留学生总数为442773人,而来自"一带一路"沿线国家的来华留学生有207746人,占来华留学生总数的46.92%。来华留学人数最多的十个国家依次为:韩国、美国、泰国、巴基斯坦、印度、俄罗斯、印度尼西亚、哈萨克斯坦、日本和越南,除了美日韩三国外,均为"一带一路"沿线国家。"一带一路"沿线国家成为来华留学发展的新的增长点。[①]

(二) 人才培养和科技工作的机遇

《愿景与行动》提出:深化沿线国家间人才交流合作,加强科技合作,共建实验室(研究中心)、国际技术转移中心、海上合作中心,促进科技人员交流,合作开展重大科技攻关,共同提升科技创新能力。[②]根据二十国集团旗下全球基础设施中心(GIH)发布的《全球基础设施建设展望》报告,2016 年至 2040年,全球基础设施投资需求将增至 94 万亿美元,年均增长约 3.7 万亿美元。从 2013 年到 2020 年,我国与"一带一路"沿线国家货物贸易超过 9.2 万亿美元,"一带一路"沿线国家在我国对外贸易中的比重提高了 4.1 个百分点。英国经济和商业研究中心的研究也表明,到 2040 年,"一带一路"倡议将使全球GDP 每年增加 7 万亿美元以上,多达 56 个国家的 GDP 都将因"一带一路"而每年增长逾 100 亿美元。[③]商务部统计数据显示,2021 年我国同"一带一路"沿线国家货物贸易额为 11.6 万亿元,创八年来新高,较上年增长 23.6%,较同期我国外贸整体增速高 2.2 个百分点;2021 年,我国企业在"一带一路"沿线对 57 个国家非金融类直接投资额为 1309.7 亿元,较上年增长 6.7%。[④]教育跟着产业走,高等教育国际化要与国民经济海外发展相伴随。随着中国制造业走出去的步伐不断加快,国际合作日益深化,将有效拉动相关国家对人才和技术的需求。特别是与西部毗邻的中亚、南亚、西亚等"一带一路"沿线国家

[①] 《"一带一路"沿线国家来华留学现状》,2019 年 8 月 19 日,见 https://new.qq.com/omn/20190819/20190819A0NL8R00.html。

[②] 国家发展改革委、外交部、商务部:《推动共建丝绸之路经济带和 21 世纪海上丝绸之路的愿景与行动》,《人民日报》2015 年 3 月 29 日。

[③] 王辉耀:《"一带一路"是构建人类命运共同体的具体实践》,《光明日报》2021 年 11 月 21 日。

[④] 徐秀军:《共建"一带一路" 共享繁荣发展》,《光明日报》2022 年 4 月 27 日。

地域辽阔,拥有丰富的资源,但这些国家人才匮乏、技术短缺,尤其是在交通、电力、农业和矿产等领域,这为具有相关学科实力的西部高校提供了输出高素质人才和高水平科技成果的机遇。

(三) 合作办学的机遇

与西部毗邻的中亚、南亚、西亚地区不仅是"一带一路"倡议的优先推动区域,也是我国高等教育合作的重点方向。但这些地区国家高等教育相对薄弱,高等教育资源比较匮乏,对高水平高等教育有着旺盛的需求。西部高校实施走出去办学战略,既有现实基础,又有发展前景。一方面,经过多年的发展,西部高校具有较强的办学实力和丰富的办学经验,特色优势明显,可以充分发挥西部高等教育人才优势,输出西部高等教育优质资源,打造西部高等教育品牌;另一方面,西部高校可结合自身办学特色和学科优势举办境外分校,或是与走出去的中国企业共同设立职业技能培训中心,对接当地教育和职业培训需求,为当地培养新一代技术人才和产业工人。

(四) 教育交流的机遇

习近平主席访问中亚时提出"五通",即政策沟通、道路联通、贸易畅通、货币流通、民心相通。促进教育文化交流、实现民心相通是其重要内容,也是夯实沿线国家民意基础的关键所在。中亚、南亚、西亚等国家与西部地区有着广泛的教育文化交流基础。"一带一路"建设给西部与中亚、南亚、西亚等国家开展教育交流提供了难得的机遇。

学生交流是教育交流的重要领域。《愿景与行动》提出:扩大相互间留学生规模,开展合作办学,中国每年向"一带一路"沿线国家提供 1 万个政府奖学金名额。[1]习近平主席 2015 年 4 月 2 日在亚非领导人会议上的讲话指出:

---

[1] 国家发展改革委、外交部、商务部:《推动共建丝绸之路经济带和 21 世纪海上丝绸之路的愿景与行动》,《人民日报》2015 年 3 月 29 日。

"中国未来5年内将向亚非发展中国家提供10万名培训名额;连续在华举办亚非青年联欢节,共邀请2000名亚非青年来华访问并参加联欢;将成立中国—亚非合作中心,进一步推进亚非各国交流合作;设立中国—亚非法协国际法交流与研究项目。"[①]并计划向"一带一路"沿线国家派遣一定数量的留学人员。西部高校应抓住这一机遇,用好中国政府奖学金,招收"一带一路"沿线国家留学生。同时,在对口交流框架下,安排学生到对方学校进行短期学习体验和实习,拓展国际视野。

(五) 学生就业和实习的机遇

《愿景与行动》提出:整合现有资源,积极开拓和推进与"一带一路"沿线国家在青年就业、创业培训、职业技能开发、社会保障管理服务、公共行政管理等共同关心领域的务实合作。[②]西部优质产能向中亚、南亚、西亚等周边国家的输出,不仅可以拉动当地对技能的需求,也会为西部高校毕业生创造参加境外项目工程建设、境外工作就业的机会。同时,西部高校也可与走出去的中国企业合作,向学生提供境外实习就业机会,为培养适应境外工作需要的、综合素质高的人才打好基础。

第三节 "一带一路"倡议背景下西部高校面临的问题与挑战

一、西部高校发展薄弱带来的问题与挑战

长期以来,因地理位置、经济社会发展等多方面因素的影响,我国西部地

---

① 习近平:《弘扬万隆精神 推进合作共赢——在亚非领导人会议上的讲话》,《光明日报》2015年4月23日。

② 国家发展改革委、外交部、商务部:《推动共建丝绸之路经济带和21世纪海上丝绸之路的愿景与行动》,《人民日报》2015年3月29日。

区高等教育整体发展水平与东部地区和中部地区相比还比较薄弱,尤其是在高等教育对外开放方面更为突出,亟待振兴西部高等教育。"一带一路"倡议为西部高校发展带来了重要机遇,但从西部高校发展的客观实际及主观应对来看还面临着诸多挑战,特别是在高等教育对外开放方面尤为明显。

(一)学校数量少,高层次人才培养乏力

据教育部 2020 年教育统计数据计算可知,2020 年,西部 12 个省(自治区、直辖市)高校数量在全国占比为 25.6%,其中高职(专科)、本科和研究生层次培养机构数量在全国占比分别为 27.3%、23.6% 和 18.3%。西部 12 个省(自治区、直辖市)高校中,在读硕士生全国占比为 15.0%,在读博士生全国占比为 22.1%,其中西藏、青海、宁夏 3 个省(自治区)的在读博士生数量过少,仅占0.68%。[①]总体看来,西部 12 个省(自治区、直辖市)高校数量少、高层次人才培养乏力,其中西藏、青海、宁夏 3 个省(自治区)最为突出。

(二)国际人才培养能力不足

从知识管理理论来看,知识交流和利用有利于促进知识创新。不同学科的交流与合作是发现学科增长点的主要途径,也是丰富广大师生自身、构建合理知识结构的必然要求。然而我国大学与美国大学相比,学院数量多,学院所涵盖的学科内涵小,该现象严重制约知识交流和创新,致使我国高校在世界知识领域竞争中缺乏主导权。《2021 年度全国留学报告》显示:"我国出国留学人数仍在不断增长,疫情之下,原定出国留学的人群中,仍有 91% 坚持出国留学计划。美国仍是最热门的留学目的地。原因很简单——美国的高等教育资源顶尖、理念先进,能满足留学生'提升自我能力'以及助力后续就

---

① 《教育部 2020 年教育统计数据》,2021 年 8 月 30 日,见 http://www.moe.gov.cn/jyb_sjzl/moe_560/2020/。

业等要求。"①留学生人数的增多和出国留学的原因,反映出我国高等教育在国际竞争力上的不足。西部高校现有的学院多数按一级学科命名,学院内学科专业单一,学院之间管理相对封闭,既是我国高校学院设置和学科布局的集中反映,也是有知识创新性和国际化人才培养能力不足的主要原因。

(三) 办学定位不合理,学科构架不清晰

西部高等教育具有较强的实力,但是由于对自身办学定位不明、学科构架不清晰,特色凝练和打造不足,未能统筹各方力量全面对接"一带一路"倡议需求,使得高校的智力资源被大量浪费,相关智库解决问题的能力受限,具体表现为研究内容的深度不够、效率不高。

(四) 国际化教育动力匮乏

新中国成立以来,我国高校内部管理体制几经变革,最终确立为党委领导下的校长负责制和学校领导的学院制。就校院管理体制而言,我国普遍实行学校集权领导下的学院制,在校院管理关系上,办学的人事权、财务权和学科建设权几乎全集中于学校一级。作为国际化教育实施层的学院,既无经费支配权,也无经费创收压力,参与国际教育市场竞争并分享成效的动力严重不足。此外,校内学院岗位设置的统一化和标准化,既忽视学院、学科和专业之间国际化需求、国际化程度的差异,以及由此形成的人员队伍需求多样性,也压缩了学院开展国际化教育的自由空间,导致学院层面的国际化教育活动浮于形式,高等教育国际化停留于学校宏观战略发展理念层面。

---

① 《2021 年度全国留学报告:原定出国留学的人群中,仍有 91% 坚持出国留学计划》,2021 年 11 月 9 日,见 http://k.sina.com.cn/article_2013797402_78081c1a019015n9q.html。

二、西部高校对外交流与合作水平不高带来的挑战

（一）接收来华留学生规模小，且学历层次相对较低

据《2018 年来华留学生简明统计》显示，2018 年，全国高校接收来华留学生共计 492185 名，其中西部 12 个省（自治区、直辖市）高校接收来华留学生 72125 名，占来华留学生总数的 14.65%。[①]西部高校接收的来华留学生中，学历留学生集中在本科和硕士层次，博士和专科层次很少；非学历留学生主要为普通进修生和短期交流生，高级进修生屈指可数。总体来看，西部 12 个省（自治区、直辖市）接收来华留学生规模小，且学历层次相对较低。

（二）中外合作办学发展严重滞后于东部地区

据教育部中外合作办学监管工作信息平台公布的数据显示，截至 2022 年 4 月，全国经教育行政部门审批或复核中外合作办学机构与项目（含内地与港澳台 183 个地区合作办学机构与项目）共计 1183 个，其中西部省（自治区、直辖市）举办项目 102 个，在全国同一层次项目总数中占比 11.21%，而东部 10 个省（自治区、直辖市）占比 46.26%；全国本科及以上层次中外合作办学项目共计 1077 个，其中西部 12 个省（自治区、直辖市）举办项目 123 个（不包含已停办），在全国同一层次项目总数中占比 11.42%，而东部 10 个省（自治区、直辖市）则占比 50.51%。[②]数据说明，西部地区中外合作办学的发展严重滞后于东部地区，其中青海无本科及以上层次中外合作办学项目，西藏和宁夏至今尚未实现中外合作办学项目零的突破。

---

① 《2018 年来华留学生简明统计》，中华人民共和国教育部国际合作与交流司，第 164–165 页。
② 《中外合作办学机构与项目（含内地与港澳台地区合作办学机构与项目）名单》，2022 年 4 月 9 日，见 https://www.crs.jsj.edu.cn/index/sort/1006。

（三）地理位置偏僻,对外交流能力不足

首先,西部深处中国内陆,地理位置偏僻,国际知名度不高,难以吸引外籍高端人才和国外知名高校来西部工作与合作,也难以形成对国际留学生的吸引力,从而影响对外交流向深层次推进;其次,长期封闭的社会经济状况以及由此引起的国际化意识淡薄,也掣肘西部高校面向世界开放办学;最后,西部高校现有师资对外交流能力偏低,缺乏国际交流合作经验,更缺乏对"一带一路"沿线国家文化、地理、政治、宗教等问题的理解。

（四）各类型高校对外交流发展不均衡

从高校开展对外交流活动的情况来看,西部各类型高校表现不一。首先,原"985 工程"和原"211 工程"高校对外校际协作和学术交流表现相对活跃,而其他高校则不够积极。例如,广西大学与美国、法国、加拿大、澳大利亚等国外知名大学联合培养人才,有中加英语专业(本科)、中美"3+1"(信息安全专业)、中美"3+1+1"(金融数学、金融学、工商管理 3 个专业)、中法"1.5+3.5"(计算机科学与技术和机械设计制造及其自动化 2 个专业)。与教育部留学服务中心合作的"教育部留学服务中心共建出国留学培训基地"项目——广西大学与詹姆斯·库克大学新加坡校区的"2+X"出国本科项目(计划外)已启动招生。来华留学生人才培养方面,与泰国基础教育委员会办公室、泰国川登喜大学签订"中国—东盟商务国际商务本科 1+2+1"合作办学项目,与越南胡志明市财经大学签订"汉语言本科合作项目"谅解备忘录,并积极推进与印尼、越南、缅甸、老挝、柬埔寨等东南亚国家的合作。[①] 短期游学是高校中较为常见的对外交流方式,有的高校会对学生参加游学项目进行一定程度的资助,如西南大学组织该校学生参加加拿大维多利亚大学 2020 年秋

---

① 《广西大学国际学院简介》,2022 年 3 月 20 日,见 https://gjxy.gxu.edu.cn/xxgk/xyjj.htm。

季访学项目,并资助所有参与项目的学生奖学金人民币 20000 元。[①] 更为常见的是自费出国交流项目,如西安外国语大学组织该校学生参加美国哥伦比亚大学短期访学与交流项目,生均所需费用 190000 元 / 学期,全部由学生自理。[②] 费用是出国交流能否成行的重要因素,西部地区长久以来经济欠发达,不菲的交流费用使得参与赴外交流学生的数量相当有限。

三、西部地方政府及高校应对不力带来的挑战

(一)地方政府对高等教育对外交流与合作的重视程度不够

西部高校对外交流与合作基础整体薄弱,发展严重滞后于东部地区,这意味着在延揽高层次国际师资、吸引留学生、举办中外合作项目等方面处于劣势。同时因地处经济欠发达地区,西部高校通常难以得到堪比东部高校的社会资助和回馈。近年来,国家虽然加大了对西部地区高等教育的政策倾斜和扶持力度,但仍不足以在短期内扭转西部高校发展滞后的现状,其发展还是主要依靠地方政府的扶持。"一带一路"倡议提出后,西部地区地方政府表现出极大热情,纷纷出台规划、政策以求抓住机遇。但地方财政关注的重点大多在经贸领域,对高等教育的重要性认识不足,这从西部某省发布的地方财政预算执行情况和地方财政预算草案中可见一斑。此类报告对义务教育经费、学前教育经费等均有明确说明,但对高等教育仅用"支持职业教育和高等教育加快发展"一笔带过,其关注重点在基础教育而非高等教育。

---

① 《加拿大维多利亚大学 2020 年秋季访学项目报名通知》,2020 年 4 月 17 日,见 http://gjc. swu.edu.cn/info/1035/1892.htm。

② 《西安外国语大学学生出国留学项目介绍》,2022 年 4 月 2 日,见 https://iceo.xisu.edu.cn/hwlx/ xscg.htm。

（二）老牌高校参与方式尚需完善，新建本科和高职（专科）院校参与度有限

研究西部各高校官方网站后发现，原"985 工程""211 工程"高校和民族类、中医药类、师范类高校在对外交流与合作方面表现较为积极，这些高校普遍设立了专事对外交流与合作的行政机构和专事留学生教育的教学机构，也切实推进了来华留学生的招收和培养工作，但其教学语言多数采用汉语，并不利于留学生的招收和培养。而在新建本科院校中，设立了专事对外合作与交流的行政和教学机构的高校不多。其中部分高校官方网站"组织机构"一栏显示，既有行使行政职能的国际交流处，又有行使教学职能的国际教育学院，但实则为同一机构，其推行国际化的方式大多为师生校际互访，有的国际教育学院并没有实质性招收和培养来华留学生，仅从事外语教学，等同于一般外语学院或留学预科。民办高校和高职（专科）院校在对外交流与合作方面的参与度非常有限，虽偶有高校设置了国际教育学院，但并未开展任何实质性活动，形同虚设。

（三）负责国际化推进的工作人员专业素质有待提高，学校内部机构协调不畅

在教育国际化的推动下，西部各高校虽然纷纷成立国际教育学院或国际交流处，但部分高校国际教育学院的负责人及其工作人员通常仅从具有外语学科背景、留学背景的教师、行政人员中选拔，他们往往因缺乏跨境教育、涉外办学方面的专业知识，在高等教育国际化活动中表现出一定的局限性。他们大多对推动本校国际化心情很迫切，有的甚至不惜重金委托中介机构申报中外合作办学项目，但因项目往往只考虑本校的优势学科，而忽视国家、省域战略布局对学科专业的需求。有的负责人对中外合作办学的认识不足，认为中外合作办学是高校短期内提升学校国际知名度的捷径，寻求合作对象往往不顾自身实际，一味瞄准国外知名大学而忽略"门当户对"原则。浪费了大量

的人力、财力之后,其国际化进程依旧止步不前。另外,一些高校还存在认识不一致、思想不统一的现象。高校国际化的推进通常由学校下属的国际交流处或国际教育学院牵头,往往会因资源配置不当或协调不力而无法得到其他学院教师的理解与支持,导致中外合作项目运行不畅。

四、西部高校面临着国内外高等教育竞争的挑战

(一)国际高等教育竞争的挑战

社会经济的不断进步和产业结构的转型升级,高等教育国际化的深入发展,现代信息技术的广泛应用,将带动世界高等教育进入高速发展。然而,在未来的10年间,很多国家的高等教育都将受到低生育率等问题的挑战,这必将对"一带一路"沿线国家高等教育的生源产生一定影响。部分"一带一路"沿线国家将采取相应措施减少人口问题对本国高等教育发展的负面影响:一是出台相关政策吸引优质国际生源,加快高等教育国际化进程;二是增加财政性高等教育经费投入,降低高校的办学经费压力;三是深化高等教育教学改革,提高高等教育综合竞争力。

(二)国内省(自治区、直辖市)之间竞争的挑战

国内各相关省(自治区、直辖市)为了在"一带一路"建设中抢占发展先机,纷纷做规划、争地位、要政策,力求得到国家层面的认定与支持,从政府获得更多的拨款、政策和项目等,建立、形成、扩大自身的办学竞争优势,以在国家战略布局中争得一席之地。政府拨款一直都是世界各国高校办学,特别是我国高等教育办学中经费的主要来源。教育要发展,充裕的教育经费是最根本的物质保证。近年来,西部各省(自治区、直辖市)政府对教育事业都比较重视,对高等教育给予了较大投入,但因经济发展水平有限,与东部地区相比差距依然比较大,资金短缺依然是制约西部高校发展的瓶颈。

第二章 西部高校服务"一带一路"倡议的实证调研及分析

为了深入了解和掌握西部高校服务"一带一路"倡议的现实状况,本书采用自编问卷进行调查,经过初步设计、反复修改、试测校正,最终确定了《西部高校服务"一带一路"倡议状况调查问卷(教师卷)》和《西部高校服务"一带一路"倡议状况调查问卷(学生卷)》两套调查问卷。2019年6月至7月期间,课题组深入西部高校开展实地调查,调查问卷发放的范围覆盖我国西部"一带一路"沿线的内蒙古、宁夏、青海、陕西、甘肃、四川、广西、云南等8个省(自治区),主要包括34所西部高校。问卷发放采取线上调查和线下调查相结合方式,线上调查通过问卷星实施,线下调查通过现场发放纸质问卷实施。

本次问卷调查教师共计1149名,回收有效问卷1086份,按学校类别划分,211院校占15%,普通本科占59%,职业院校占26%;按性别划分,男教师占57.5%,女教师占42.5%;按学历划分,博士研究生占23.5%,硕士研究生占49.3%,本科生占26.1%,专科生占1.2%;按职称划分,助教占11.5%,讲师占33.6%,副教授占28.2%,教授占12.1%,没有职称占6.8%,其他占7.8%;按照专业划分,文科占42.6%,理科占34.7%,工科占22.7%。

本次问卷调查学生共计4038名,回收有效问卷3943份,按学校类别划分,"双一流"建设高校占8.5%,省属本科高校占60.9%,高职高专院校占

30.6%;按就读年级划分,大一学生占 44.0%,大二学生占 25.3%,大三学生占 17.9%,大四学生占 2.3%,硕士研究生占 10.1%,博士研究生占 0.4%;按学生生源地划分,中国东部占 9.4%,中国中部占 16.3%,中国西部占 63.2%,其他占 11.2%。对问卷调查的数据采用软件 SPSS 21.0 中文版进行统计分析。

表 2.1　被调查教师的基本信息

名称	选项	人数(人)	百分比(%)
性别	男	625	57.5
	女	461	42.5
年龄	30 岁以下	207	19.1
	31—40 岁	449	41.3
	41—50 岁	291	26.8
	51—60 岁	132	12.2
	61 岁及以上	7	0.6
职称	助教	125	11.5
	讲师	365	33.6
	副教授	306	28.2
	教授	131	12.1
	没有职称	74	6.8
	其他	85	7.8
专业	文科	463	42.6
	理科	377	34.7
	工科	246	22.7
教龄	5 年以内	301	27.7
	6—10 年	247	22.7
	11—20 年	289	26.6
	21—30 年	169	15.6
	31 年及以上	80	7.4
职务	科级干部	135	12.4
	处级干部	103	9.5
	校级领导	15	1.4
	其他	833	76.7

续表

名称	选项	人数(人)	百分比(%)
学历	博士研究生	255	23.5
	硕士研究生	535	49.3
	本科	283	26.1
	专科	13	1.2
学校所在省份	陕西	411	37.8
	甘肃	87	8.0
	宁夏	135	12.4
	青海	115	10.6
	广西	88	8.1
	云南	96	8.8
	内蒙古	66	6.1
	四川	88	8.1

表 2.2 被调查学生的基本信息

名称	选项	人数(人)	百分比(%)
学校所在省份	陕西	1470	37.3
	甘肃	499	12.7
	宁夏	386	9.8
	青海	262	6.6
	广西	305	7.7
	云南	304	7.7
	内蒙古	149	3.8
	四川	568	14.4
学校类别	原"985工程"	14	0.4
	原"211工程"	320	8.1
	省属本科	2401	60.9
	高职高专	1208	30.6
性别	男	1432	36.3
	女	2511	63.7

续表

名称	选项	人数(人)	百分比(%)
年级	大一	1733	44.0
	大二	999	25.3
	大三	707	17.9
	大四	90	2.3
	硕士阶段	397	10.1
	博士阶段	17	0.4
生源地	中国东部	369	9.4
	中国中部	642	16.3
	中国西部	2492	63.2
	其他	440	11.2

此外,在调研过程中还开展座谈调研,与调研高校领导、教师、学生等进行深入对话和交流,获取大量第一手访谈资料。

本章主要通过对调查问卷获取的量化资料和实地访谈获取的质化资料,来分析西部高校服务"一带一路"倡议的现实状况。

第一节 西部高校教师和学生对 "一带一路"倡议的认知状况

"一带一路"倡议能否实现预期目标,首先在于人们是否熟悉"一带一路"倡议,并对其是否有强烈的认同感。具体到西部高校服务"一带一路"倡议方面,则是西部高校教师和学生对"一带一路"倡议是否熟知并认同。本节将主要探讨和分析西部高校教师和学生对"一带一路"倡议的认知状况,包括对"一带一路"倡议概念的认知状况、对"一带一路"倡议内容的认知状况和对"一带一路"倡议价值的认知状况。

一、对"一带一路"倡议概念的认知状况

2013年9月,习近平主席在哈萨克斯坦纳扎尔巴耶夫大学演讲时提出共建"丝绸之路经济带",同年10月,访问东盟国家时提出建设"21世纪海上丝绸之路",这是"一带一路"倡议的来源。对"一带一路"倡议的认知的基础是对"一带一路"概念的认知,自2013年"一带一路"倡议提出至今,西部高校教师和学生对"一带一路"倡议概念的认知情况如下。

(一)教师对"一带一路"倡议概念的认知状况

从表2.3可知,在"一带一路"倡议概念的认知方面,教师对"您对'一带一路'倡议的了解程度如何?"的回答中,9.5%的教师选择"非常了解",33.0%的教师选择"比较了解",34.2%的教师选择"了解",20.1%的教师选择"部分了解",3.3%的教师选择"不了解"。由此可见,绝大部分教师了解"一带一路"倡议的概念,但还有近四分之一的教师不了解或不太了解"一带一路"倡议的概念。通过卡方检验发现,不同学历的教师对"您对'一带一路'倡议的了解程度如何?"的回答存在显著差异(P<0.01):教师学历越高,对"一带一路"倡议的了解程度越高。

表2.3 教师对"您对'一带一路'倡议的了解程度如何?"的回答情况

选项	人数(人)	百分比(%)
非常了解	103	9.5
比较了解	358	33.0
了解	371	34.2
部分了解	218	20.1
不了解	36	3.3

从表2.4可知,在"一带一路"倡议概念的认知途径方面,教师对"您了解'一带一路'倡议最重要的途径是什么?"的回答中,29.7%的教师选择"学校宣

传",37.4%的教师选择"电视、报纸等渠道",31.6%的教师选择"手机新闻、朋友圈等网络、移动终端",1.3%的教师选择"其他"。由此可见,移动互联网是教师获取"一带一路"信息的主要途径。

表2.4 教师对"您了解'一带一路'倡议最重要的途径是什么?"的回答情况

选项	人数(人)	百分比(%)
学校宣传	323	29.7
电视、报纸等渠道	406	37.4
手机新闻、朋友圈等网络、移动终端	343	31.6
其他	14	1.3

(二)学生对"一带一路"倡议概念的认知状况

从表2.5可知,在"一带一路"倡议概念认知方面,学生对"您了解国家颁布的'一带一路'相关政策文件吗?"的回答中,6.3%的学生选择"非常了解",35.2%的学生选择"比较了解",44.4%的学生选择"了解",14.1%的学生选择"不了解"。可见,绝大多数学生对"一带一路"倡议了解,与此同时,还需要注意到约有七分之一的学生却对此不了解。通过卡方检验发现,不同学历层次的学生对"您了解国家颁布的'一带一路'相关政策文件吗?"的回答存在显著差异($P < 0.01$):学生学历层次越高,对"一带一路"倡议相关政策文件了解的程度越好,也就是说,硕士研究生比本科生对"一带一路"倡议相关政策了解得多,而博士研究生又比硕士研究生对相关政策了解得多。

表2.5 学生对"您了解国家颁布的'一带一路'相关政策文件吗?"的回答情况

选项	人数(人)	百分比(%)
非常了解	248	6.3
比较了解	1389	35.2
了解	1752	44.4

续表

选项	人数(人)	百分比(%)
不了解	554	14.1

从表 2.6 可知,学生对"您是通过什么渠道了解'一带一路'倡议相关信息的? [多选题]"的回答中,85.0% 的学生选择"网络",29.5% 的学生选择"报纸",42.9% 的学生选择"讲座论坛",35.7% 的学生选择"其他"。由此可见,网络是学生获取"一带一路"倡议相关信息的主要途径。

表 2.6 学生对"您是通过什么渠道了解'一带一路'倡议相关信息的? [多选题]"的回答情况

选项	人数(人)	百分比(%)
网络	3432	85.0
报纸	1190	29.5
讲座论坛	1731	42.9
其他	1440	35.7

在西部高校实地调研过程中我们发现,各个高校的宣传栏中都有与"一带一路"倡议相关的信息,包括政策宣传、研讨会议、访问活动等。在当前网络时代,随着移动互联网络的普及,网络成为信息传播最为便捷和高效的途径。第 46 次《中国互联网络发展状况统计报告》显示,截至 2020 年 9 月,20—39 岁网民群体占网民整体的 40.3%,其中 20—29 岁网民高达 19.9%,[①]可以看出,高校学生是当前网民的主要群体。这和问卷调查中得出的学生获取"一带一路"倡议相关信息的主要途径是网络的结论也是吻合的。这也意味着,网络已经成为高校学生获取信息的重要渠道。

---

① 第 46 次《中国互联网络发展状况统计报告》,2020 年 9 月 29 日,见 http://www.cac.gov.cn/2020-09/29/c_1602939918747816.htm。

二、对"一带一路"倡议内容的认知状况

《愿景与行动》提出"一带一路"建设要"以政策沟通、设施联通、贸易畅通、资金融通、民心相通为主要内容"[①];2016 年 7 月,教育部在《推进共建"一带一路"教育行动》中指出:"'一带一路'沿线国家教育合作、共同行动,既是共建'一带一路'的重要组成部分,又为共建'一带一路'提供人才支撑。中国愿与沿线国家一道,扩大人文交流,加强人才培养,共同开创教育美好明天。"[②]那么,具体到西部高校服务"一带一路"倡议中,教师和学生对"一带一路"倡议内容的认识是怎样的呢?

(一)教师对"一带一路"倡议内容的认知状况

从表 2.7 可知,教师对"您认为高校服务'一带一路'倡议有哪些方面?"的回答中,从高到低依次为人才培养(74.1%)、文化交流(12.7%)、科学研究(9.1%)、合作办学(3.0%)、成果转化(0.7%)、其他(0.4%)。

表 2.7　教师对"您认为高校服务'一带一路'倡议有哪些方面?"的回答情况

选项	人数(人)	百分比(%)
人才培养	805	74.1
科学研究	99	9.1
文化交流	138	12.7
合作办学	32	3.0
成果转化	8	0.7
其他	4	0.4

① 国家发展改革委、外交部、商务部:《推动共建丝绸之路经济带和 21 世纪海上丝绸之路的愿景与行动》,《人民日报》2015 年 3 月 29 日。

② 《教育部关于印发〈推进共建"一带一路"教育行动〉的通知》,《中华人民共和国教育部公报》2016 年第 9 期。

从表2.8可知,教师对"您认为高校服务'一带一路'倡议的关键在哪些方面?"的回答中,65.6%的教师选择"人才培养",14.5%的教师选择"科学研究",14.6%的教师选择"文化交流",3.5%的教师选择"合作办学",1.4%的教师选择"成果转化",0.4%的教师选择"其他"。从教师对"您认为高校服务'一带一路'倡议有哪些方面?"和"您认为高校服务'一带一路'倡议的关键在哪些方面?"的回答中我们可以看出,教师认为西部高校服务"一带一路"倡议中"人才培养"是居于首位的,是西部高校服务"一带一路"倡议最重要的内容。

表2.8　教师对"您认为高校服务'一带一路'倡议的关键在哪些方面?"的回答情况

选项	人数(人)	百分比(%)
人才培养	712	65.6
科学研究	158	14.5
文化交流	159	14.6
合作办学	38	3.5
成果转化	15	1.4
其他	4	0.4

在实地访谈中,我们走访了调研高校不同的职能部门,从职能部门角度来看,他们的认识存在差异,NY高校的科技处长在访谈中讲道:

"一带一路"的相关政策下,从自治区到高校,我们的想法是希望有更多的参与机会。在自治区层面,在"一带一路"上面有一些规定,我们关注更多的是科技科研这一块,如何通过科技创新和交流服务"一带一路"倡议。比如说宁夏承担着国家每年一届的中阿论坛,这是中阿交流的重大盛事。中阿论坛主要面向西亚,如阿拉伯国家,是国内和西亚科技层面的交流中心。我们国家科技产品和成果通过这个渠道传播,也通过这个渠道将他们的信息得到反馈。在这个论坛的支持下,自治区内很多行业企业、高校能参与进来。作为高校,借助中阿论坛进行交流,主要集中在民族医学。但是由于医药见效时间长等限制条件,导致进度比较慢。

(二) 学生对"一带一路"倡议内容的认知状况

从图 2.1 可知,学生对"您关注'一带一路'政策文件中的哪些方面? [多选题]"的回答中,63.8% 的学生选择"政治",81.4% 的学生选择"经济",75.6% 的学生选择"文化",45.2% 的学生选择"历史",30.2% 选择"法律",27.8% 的学生选择"教育"。按照学生的关注程度来看,排在前三位的依次是经济、文化和政治。

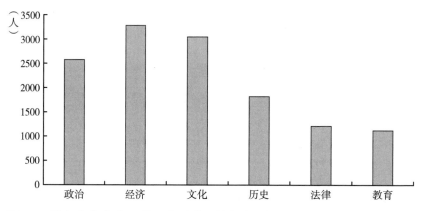

图 2.1 学生对"您关注'一带一路'政策文件中的哪些方面? [多选题]"的回答情况

实地访谈中,SA 高校的一位研究生讲道:

"一带一路"倡议是中国政府推进全球化进程的重要举措,最重要的是经济全球化,中国将推动沿线国家间实现合作与对话,建立更加平等均衡的新型全球发展伙伴关系,推动世界经济长期稳定发展。因此,是否能够拉动经济发展是衡量"一带一路"建设效果的重要指标,也是人们关注的焦点。

SB 高校的一位研究生则认为:

习近平总书记提出了"构建人类命运共同体"的倡议,这是站在全人类发展的角度提出的具有高瞻远瞩的构想。"一带一路"倡议就是要实现"一带一路"沿线国家的相互合作和相互支持,是"构建人类命运共同体"的重要举措。作为西部高校,我们要发挥地域优势,积极融入"一带一路"倡议中去,为促进"一带一路"沿线国家繁荣发展乃至全人类的共同繁荣和发展贡献力量。

三、对"一带一路"倡议价值的认知状况

《愿景与行动》指出:"发挥新疆独特的区位优势和向西开放重要窗口作用,深化与中亚、南亚、西亚等国家交流合作,形成丝绸之路经济带上重要的交通枢纽、商贸物流和文化科教中心,打造丝绸之路经济带核心区。发挥陕西、甘肃综合经济文化和宁夏、青海民族人文优势,打造西安内陆型改革开放新高地,加快兰州、西宁开发开放,推进宁夏内陆开放型经济试验区建设,形成面向中亚、南亚、西亚国家的通道、商贸物流枢纽、重要产业和人文交流基地。"[①] 由此可见,西部地区在"一带一路"建设中处于不可忽视的重要位置,"对西部高校而言,'一带一路'政策既是促进西部高校发展的机遇,更是西部高校必须承担的社会责任,一切学术科研活动都要以培养人才、服务社会为最终目的"。[②] 那么,西部高校教师和学生对西部高校服务"一带一路"倡议价值的认识是怎样的呢?

(一)教师对"一带一路"倡议价值的认知状况

从表 2.9 可知,教师对"您认为高校服务'一带一路'倡议的意义和价值如何?"的回答中,57.6% 的教师选择"非常有意义",26.0% 的教师选择"比较有意义",13.4% 的教师选择"有意义",2.8% 的教师选择"一般有意义",0.4% 的

---

①　国家发展改革委、外交部、商务部:《推动共建丝绸之路经济带和21世纪海上丝绸之路的愿景与行动》,《人民日报》2015年3月29日。

②　祁占勇、陈雪婷:《"一带一路"背景下西部高校发展的SWOT战略分析》,《集美大学学报》(教育科学版)2017年第4期。

教师选择"没有意义"。由此可见,几乎所有教师一致认为高校服务"一带一路"倡议是具有意义和价值的,而且,超过一半的教师认为高校服务"一带一路"倡议非常有意义。

表2.9　教师对"您认为高校服务'一带一路'倡议的意义和价值如何?"的回答情况

选项	人数(人)	百分比(%)
非常有意义	625	57.6
比较有意义	282	26.0
有意义	145	13.4
一般有意义	30	2.8
没有意义	4	0.4

GZ高校的一位领导在访谈中讲道:

"一带一路"倡议的提出为我校的发展提供了良好的发展机遇,国际教育和留学生规模都得到了长足的发展。我校也借机在文化交流、留学生教育等方面取得了一定的发展。未来我校也将继续发挥自身的专业优势,仔细研读国家相关政策,利用区位优势,不断发展国际教育,为西部地区高等教育事业添砖加瓦。

(二) 学生对"一带一路"倡议价值的认知状况

从表2.10可知,学生对"您认为'一带一路'倡议对大学生将来的就业或发展影响大吗?"的回答中,74.9%的学生选择"促进就业,提供更多岗位",9.3%的学生选择"就业形势不是很乐观",5.0%的学生选择"对就业环境没有影响/影响不大",10.8%的学生选择"不清楚"。由此可见,超过七成的学生对"一带一路"倡议为就业带来的影响持积极乐观的态度。通过卡方检验发现,不同学历层次的学生对"您认为'一带一路'倡议对大学生将来的就业或发展影响大吗?"的回答存在显著差异(P≤0.05):呈现出学生学历层次越高,对"一带一路"倡议能够促进就业的认可度越高的趋势。

表 2.10 学生对"您认为'一带一路'倡议对大学生将来的就业或发展
影响大吗?"的回答情况

选项	人数(人)	百分比(%)
促进就业,提供更多岗位	2953	74.9
就业形势不是很乐观	365	9.3
对就业环境没有影响/影响不大	198	5.0
不清楚	427	10.8

SD 高校的一位学生认为:

"一带一路"倡议的实施肯定能够为高校毕业生创造许多就业和发展的机会,但是对高校毕业生在语言能力、专业能力等方面也提出了较高的要求。对于高校毕业生来讲,是否能够抓住机会还在于个人的素质和能力,所以说关键我们自己要做好准备。对于我们地方本科院校学生来讲,除了自身做好专业准备以及思想准备以外,我们还需要学校为我们提供和拓宽融入"一带一路"建设的就业平台和渠道。据我所知,我校国际交流学院培养的来自"一带一路"沿线国家的留学生回国后就业状况都非常好,这也是我们西部高校为"一带一路"倡议作出的贡献。

从图 2.2 可知,学生对"您认为'一带一路'倡议给大学生就业或创业提供了哪些机遇?[多选题]"的回答中,65.9%的学生选择"培训培养",58.9%的学生选择"信息咨询",66.2%的学生选择"优惠政策",19.8%的学生选择"其他"。由此可见,学生认为"一带一路"倡议为就业带来的机遇依次是优惠政策、培训培养、信息咨询等。

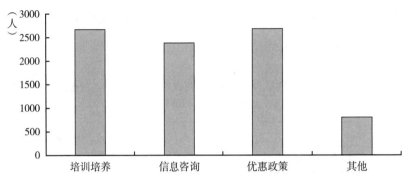

图2.2　学生对"您认为'一带一路'倡议给大学生就业或创业提供了哪些机遇?
[多选题]"的回答情况

从表 2.11 可知,学生对"您认为'一带一路'倡议对于大学各专业人才交流起了什么作用?"的回答中,29.2% 的学生选择"增加了本行业海内外人士",28.1% 的学生选择"对于本专业更多的学术探讨,增加了人才市场的竞争压力",39.2% 的学生选择"互相促进,优势互补",3.6% 的学生选择"影响不大"。

表2.11　学生对"您认为'一带一路'倡议对于大学各专业人才交流起了什么作用?"
的回答情况

选项	人数(人)	百分比(%)
增加了本行业海内外人士	1151	29.2
对于本专业更多的学术探讨,增加了人才市场的竞争压力	1107	28.1
互相促进,优势互补	1545	39.2
影响不大	140	3.6

从图 2.3 可知,学生对"面对'一带一路'倡议的深入实施,大学生走出去要面对什么样的挑战? [多选题]"的回答中,84.9% 的学生的选择"适应语言不通的沟通障碍",72.7% 的学生选择"生活条件的不便",65.4% 的学生选择"远离家乡的心理煎熬",7.9% 的学生选择"没什么挑战可言"。由此可见,学生认为"一带一路"倡议对选择毕业后走出去时将会遇到的挑战依次是适应语言不通的沟通障碍、生活条件的不便、远离家乡的心理煎熬,与此同时,还

有部分学生认为不存在任何挑战。

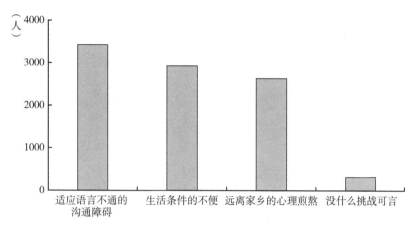

图2.3 学生对"面对'一带一路'倡议的深入实施,大学生走出去要面对什么样的挑战?
[多选题]"的回答情况

从表2.12可知,学生对"在'一带一路'倡议的推行下,您觉得影响大学生就业信心的根本是?"的回答中,52.8%的学生选择"专业知识不扎实",17.3%的学生选择"往年就业率不高",15.8%的学生选择"工作环境过于恶劣",14.1%的学生选择"目前该行业就业前景不好"。由此可见,专业知识学习的程度会成为影响他们抢抓"一带一路"倡议带来就业机遇的最大障碍,半数以上学生已经认识到专业学习是他们抢抓就业机会的重要途径。

表2.12 学生对"在'一带一路'倡议的推行下,您觉得影响大学生就业信心的
根本是?"的回答情况

选 项	人数(人)	百分比(%)
专业知识不扎实	2082	52.8
往年就业率不高	681	17.3
工作环境过于恶劣	623	15.8
目前该行业就业前景不好	557	14.1

总而言之,"一带一路"倡议为对高校学生带来机遇的同时,也带来了挑战。ST高校国际教育学院领导在访谈中讲道:

> "一带一路"倡议的提出为高等教育发展提供了广阔的发展前景,我们国际教育学院就是顺应国家"一带一路"倡议建立起来的,主要培养铁路工程专业学生,从大一到大三有将近600名学生,我们职业技术学院培养的是专科生,没有本科生。我们跟俄罗斯有铁路工程专业学生联合培养计划,学生大一和大二在国内学习,大三到俄罗斯知名的铁路学校学习。在国际合作办学方面,我们正在与吉尔吉斯斯坦、哈萨克斯坦等沿线国家加强联系,建立更多的境外合作交通学校。这给学生出境交流学习和深造,甚至就业提供了更多的机会。与此同时,学生自身也需要克服语言上的障碍,以及境外生活适应方面的问题等。总之,"一带一路"倡议对促进高校发展的意义是不言而喻的。

小　　结

从对西部高校师生对西部高校服务"一带一路"倡议认知状况的调查结果看,尽管绝大部分教师和学生了解"一带一路"倡议概念,对西部高校服务"一带一路"倡议内容认识比较明确,对其价值也高度认同,但是还存在部分教师和学生对"一带一路"倡议认知不明确,甚至不知晓的问题。教师和学生是西部高校服务"一带一路"倡议的主体,其自身对"一带一路"倡议的认同状况与他们投身"一带一路"倡议的自觉性密切相关,直接影响着西部高校服务"一带一路"建设和效果。鉴于此,高度重视和提升西部高校教师和学生对"一带一路"倡议的认知水平显得至关重要。

第一,加强对"一带一路"倡议的宣传力度。当前,以微信、抖音等为代表的新媒体广泛普及,西部高校要充分利用移动互联网对教师和学生开展线上"一带一路"倡议宣传。与此同时,还需要充分认识讲座论坛、宣传版面等传统的线下宣传方式的必要性。两种宣传方式各具优势,互为补充。对于西部高校而言,一方面,要充分发挥线上虚拟环境中师生可以自由地表达真实想法的优势,了解他们对西部高校服务"一带一路"倡议的真实想法,据此调整宣传内容和方法,提高宣传的针对性和实际效果;另一方面,要充分发挥讲座论坛等师生可以全身心相互面对和投入的优势,加强对师生的激发和引导,增强实际效果。

第二,激发师生的担当意识和责任意识。"一带一路"倡议是我国顺应世界多极化、经济全球化、文化多样化、社会信息化潮流,秉持开放的区域合作精神,以维护全球自由贸易体系和开放型世界经济而提出的区域经济合作架构,将为人类和平发展做出巨大贡献。西部高校要充分激发教师和学生的担当意识和责任意识,从构建人类命运共同体和人类和平发展的高度出发,以回答中国之问、世界之问、人民之问、时代之问为学术己任,以彰显中国之路、中国之治、中国之理为思想追求,传承传统文化中的"天下兴亡、匹夫有责""修身、齐家、治国、平天下""先天下之忧而忧,后天下之乐而乐"的优良品质,把人生理想融入国家和民族事业中,自觉肩负起"一带一路"建设的神圣使命,与新时代同向同行、共同前进。

第三,为师生提供融入"一带一路"倡议的实践机会。西部高校师生对西部高校服务"一带一路"倡议的认识需要在实践中去提升和深化。一是要搭建"一带一路"倡议交流平台,吸引师生通过平台进行思想的交流和碰撞,达成共同的理解和认识,增强其认同感;二是要开展"一带一路"倡议研究活动,通过课题项目等让师生结合自身学科优势和专业优势,为"一带一路"建设建言献策和提供智力支持;三是要提供"走出去"的体验学习机会,让教师和学生能够深入"一带一路"沿线国家,开展学习、工作等实践活动,融入"一带一路"建设,提升对"一带一路"倡议的认识水平。

第二节 西部高校服务"一带一路" 倡议人才培养水平状况

"一带一路"建设离不开人才支撑,特别是具有高素质的国际化人才。西部高校作为人才培养的高地,需要积极地承担起服务"一带一路"倡议人才培养的时代使命。本节主要围绕教育理念、师资状况、课程设置、留学生培养状况等方面,探讨和分析西部高校服务"一带一路"倡议人才培养水平状况。

一、西部高校服务"一带一路"倡议人才培养的教育理念

西部高校,特别是西部地方院校地处偏远地方,因经济社会发展迟滞,对外信息交流不畅等原因,致使教育观念趋于保守,缺乏发展的危机感和急迫感,缺乏改革创新的精神和魄力。有学者提出"西部高校发展的全部生命力在于教育观念的根本性变革——新的教育价值观、新的教育人才观、新的教育质量观的全新确立"。[①]人才培养是西部高校服务"一带一路"倡议的首要内容,教育理念是高校人才培养的前提和基础。那么,西部高校教师和学生对西部高校服务"一带一路"倡议人才培养的教育理念是什么样的呢?

(一) 西部高校人才培养体现"一带一路"倡议的程度

从表2.13可知,教师对"您所在高校人才培养理念体现'一带一路'倡议的程度如何?"的回答中,7.4%的教师选择"非常高",29.9%的教师选择"比较高",17.9%的教师选择"高",29.5%的教师选择"一般高",9.5%的教师选择"不高",5.8%的教师选择"不知道"。从统计结果来看,选择"非常高"和"比较高"的比例之和是37.3%,可见,超过三分之一的教师认为高校人才培养理念是和

---

① 李丽容、汉泽西:《对西部大开发环境中西部高校发展几个问题的思考》,《陕西师范大学学报》(哲学社会科学版)2002年第S2期。

"一带一路"倡议高度吻合的。通过卡方检验,不同类型高校的教师对"您所在高校人才培养理念体现'一带一路'倡议的程度如何?"的回答存在显著性差异(P<0.01):由高到低排列依次是职业院校、普通本科院校、"双一流"院校。

表 2.13 教师对"您所在高校人才培养理念体现'一带一路'倡议的程度如何?"的回答情况

选 项	人数(人)	百分比(%)
非常高	80	7.4
比较高	325	29.9
高	194	17.9
一般高	321	29.5
不高	103	9.5
不知道	63	5.8

从表 2.14 可知,教师对"您所在高校人才培养制度符合'一带一路'倡议的需要吗?"的回答中,9.9% 的教师选择"非常符合",26.8% 的教师选择"比较符合",30.0% 的教师选择"符合",21.4% 的教师选择"一般符合",3.6% 的教师选择"不符合",8.4% 的教师选择"不知道"。从统计结果看,教师选择"非常符合"和"比较符合"的比例之和是 36.7%,可见,超过三分之一的教师认为西部高校人才培养制度是和"一带一路"倡议需要高度吻合的,同时有部分教师认为不符合,甚至还有将近十分之一的教师不知道是否符合。

表 2.14 教师对"您所在高校人才培养制度符合'一带一路'倡议的需要吗?"的回答情况

选项	人数(人)	百分比(%)
非常符合	107	9.9
比较符合	291	26.8
符合	326	30.0
一般符合	232	21.4
不符合	39	3.6
不知道	91	8.4

实地调研中我们发现不同高校在回应"一带一路"倡议方面的积极性具有较大的差别,比如 SD 高校的国际交流中心的一位教师说:

> 在"一带一路"倡议背景下,作为高校,要跟国际接轨,首先是理念问题,就是要乘着国家搞"一带一路"建设的东风,提升学校的办学层次和水平。目前我们学校正在推进国际化建设,在和韩国、日本、马来西亚等国家谈合作培养项目,重点建设一批国际化专业和课程,比如护理专业、中医专业等。

但是与 SD 高校同属于职业技术院校的 SZ 高校的科研处领导在访谈中讲道:

> 高校能否抓住"一带一路"倡议的机遇,加快学校国际化建设的步伐,关键在于学校领导的理念能不能跟上国家政策,我们学校在这方面确实没有采取什么明确的举措。另外,国家在"一带一路"倡议方面,不能只是口号喊得响,而是要制订具有针对性的操作方案,比如普通本科院校应加强学术交流,而职业技术学院则是主要做职业培训互动,如果从顶层设计上把这个明晰了,也有利于推进"一带一路"建设。

由此可见,目前关于西部高校服务"一带一路"倡议人才培养的教育理念方面,学校领导层面对此重视程度不同,理解和把握也存在差异。当然,教师作为人才培养工作的具体实施者,一方面,要按照高校人才培养方案落实人才培养工作;另一方面,其教育理念也在人才培养过程中发挥重要作用。因此,教师自身的教育理念对于西部高校服务"一带一路"倡议人才培养工作至关重要。

(二) 西部高校服务"一带一路"倡议人才培养的类型

从表 2.15 可知,学生对"您认为'一带一路'建设需要哪些类型的人才?"的回答中,35.8% 的学生选择"语言型",44.4% 的学生选择"技术型",15.4% 的学生选择"学术型",4.4% 的学生选择"其他"。由此可见,学生普遍认为"一带一路"倡议对人才需求重在技术型人才。而且,由于"一带一路"沿线国家使用的非通用语言较多,语言型人才也属于紧缺人才。

表 2.15 学生对"您认为'一带一路'建设需要哪些类型的人才?"的回答情况

选项	人数(人)	百分比(%)
语言型	1410	35.8
技术型	1749	44.4
学术型	609	15.4
其他	175	4.4

从图 2.4 可知,学生对"'一带一路'倡议的推行对当代大学生提出了哪些要求?[多选题]"的回答中,78.8% 的学生选择"专业知识运用能力",79.3% 的学生选择"交际能力",75.9% 的学生选择"创新能力",73.3% 的学生选择"团队合作能力",43.3% 的学生选择"抗压能力",6.8% 的学生选择"不知道"。

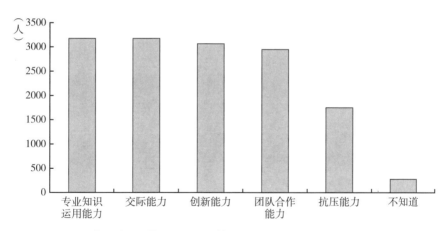

图 2.4 学生对"'一带一路'倡议的推行对当代大学生提出了哪些要求?
[多选题]"的回答情况

有学者研究发现,"一带一路"建设存在不同类型的人才缺口,如领导型人才、技术型人才、金融型人才、贸易型人才、法律型人才等。而且,"一带一路"建设所需的国际化人才在掌握语言交流工具的前提下,还要进行跨文化的理解与沟通,既不能以自我为中心,也不能以他者为中心,应在两种文化冲突之间找到彼此的相同点,用对方听得懂、能理解的方式,表达自我诉求和争取对方支持。① 有学者认为,"一带一路"建设需要的人才包括创新创业人才、国际组织人才、海外华人华侨人才、非通用语言人才、急需领域专业人才、海外高端人才等。② 有学者认为,"一带一路"倡议背景下中国高校培养的国际化人才的核心素养中,"中国心"是根本,即国际化人才培养归根结底是为我国现代化建设服务的;国际观是要求,即所培养的国际化人才要具有国际视野和理念、国际化知识和能力;竞争力是目标,即所培养的国际化人才要具有国际竞争力,能够在国际市场上发挥优势和作用。③ 还有学者认为,西部高校培养服务"一带一路"倡议的国际化人才指的是,西部高校从区域优势的作用出发,致力于培养适应"一带一路"倡议需要的,具有家国情怀和专业素质的国际化人才。家国情怀是指所培养的人才要具有社会担当和社会责任的意识和精神;专业素质是指所培养的人才要具有专业知识和专业技能,能够胜任自己的工作,并取得显著的工作成效。④

二、西部高校服务"一带一路"倡议人才培养的师资状况

人才培养是靠教师来落实和完成的,师资队伍建设是高校人才培养工作的关键。西部高校服务"一带一路"倡议的重要内容是人才培养,而人才培养的关键则是师资队伍状况。那么,西部高校服务"一带一路"倡议人才培养的师资状况如何呢?

---

① 陈海燕:《"一带一路"倡议实施与新型国际化人才培养》,《中国高教研究》2017年第6期。

② 周谷平、阚阅:《"一带一路"倡议的人才支撑与教育路径》,《教育研究》2015年第10期。

③ 杨红英、林丽:《论"一带一路"背景下中国高校国际化人才核心素养的培养》,《西南民族大学学报》(人文社会科学版)2018年第2期。

④ 郭霄鹏、马多秀:《"一带一路"倡议背景下西部高校国际化人才培养及其实现路径研究》,《宝鸡文理学院学报》(社会科学版)2020年第4期。

（一）西部高校教师国际化水平的状况

从表 2.16 可知,教师对"您认为您所在高校师资的国际化水平如何(外籍教师数量如何)?"的回答中,4.1% 的教师选择"非常高",18.1% 的教师选择"比较高",38.9% 的教师选择"一般",16.3% 的教师选择"比较低",15.2% 的教师选择"非常低",7.4% 的教师选择"不知道"。由此可见,西部高校教师国际化水平(外籍教师数量)整体情况不容乐观。通过卡方检验,不同类型高校的教师对"您认为您所在高校师资的国际化水平如何(外籍教师数量如何)?"的回答存在显著性差异(P<0.01):从高到低排列依次为"双一流"院校、普通本科院校、职业院校。

表 2.16 教师对"您认为您所在高校师资的国际化水平如何
（外籍教师数量如何）?"的回答情况

选项	人数(人)	百分比(%)
非常高	45	4.1
比较高	197	18.1
一般	422	38.9
比较低	177	16.3
非常低	165	15.2
不知道	80	7.4

从表 2.17 可知,教师对"您了解'一带一路'沿线国家的语言与文化吗?"的回答中,3.3% 的教师选择"非常了解",16.5% 的教师选择"比较了解",14.8% 的教师选择"了解",40.6% 的教师选择"部分了解",24.8% 的教师选择"不了解"。从调查结果得知,将近四分之一的教师不了解"一带一路"沿线国家的语言和文化。通过卡方检验,不同年龄的教师对"您了解'一带一路'沿线国家的语言与文化吗?"的回答中存在显著性差异(P<0.01):呈现出教师年龄越小对"一带一路"沿线国家的语言与文化了解程度越高的趋势。

表 2.17 教师对"您了解'一带一路'沿线国家的语言与文化吗?"的回答情况

选项	人数(人)	百分比(%)
非常了解	36	3.3
比较了解	179	16.5
了解	161	14.8
部分了解	441	40.6
不了解	269	24.8

目前,我国高校教育资源分配呈现出层次越高教育资源配备越充足的现象,具体在教师国际化水平方面,"双一流"院校高于普通本科院校,而普通本科院校高于职业技术院校。教师国际化水平体现在两个方面,一是外籍教师数量,二是国内教师有留学经历,以及教师赴国外留学或访学等状况。SB 高校属于地方普通本科院校,该校目前有专职教师 900 余人。近年来,每年会有 3—5 人通过国家公派出国留学和西部地区人才培养特别项目出国访学。从 2018 年起连续三年,每年派出 20 名专业领军人物教师参加陕西省科学技术厅年度因公出国(境)培训项目赴新加坡培训学习。该校成立国际交流处,推进学校国际化发展水平。而且,该校还积极引进外籍教师,目前已引进韩国、美国、巴基斯坦等外籍教师,在提升教师队伍国际化水平方面迈出了坚实步伐。

(二) 西部高校教师服务"一带一路"倡议的意愿

从表 2.18 可知,教师对"您是否愿意加入学校合作办学的师资队伍当中?"的回答中,23.1% 的教师选择"非常愿意",44.4% 的教师选择"比较愿意",26.3% 的教师选择"不确定",3.6% 的教师选择"不太愿意",2.6% 的教师选择"不愿意"。

表 2.18 教师对"您是否愿意加入学校合作办学的师资队伍当中?"的回答情况

选项	人数(人)	百分比(%)
非常愿意	251	23.1
比较愿意	482	44.4
不确定	286	26.3
不太愿意	39	3.6
不愿意	28	2.6

从表 2.19 可知,教师对"您认为贵校与'一带一路'沿线国家合作办学对贵校师资总体水平(贵校办学成效/学生学业成效)的提高情况如何?"的回答中,42.8%的教师选择"一般有效",41.8%的教师选择"比较有效",10.5%的教师选择"非常有效",4.9%的教师选择"无效"。通过卡方检验,不同年龄教师对"您认为贵校与'一带一路'沿线国家合作办学对贵校师资总体水平(贵校办学成效/学生学业成效)的提高情况如何?"的回答存在显著性差异(P<0.01):呈现出教师年龄越小,认为"一带一路"沿线国家合作办学对贵校师资水平提高越有效的趋势。

表 2.19 教师对"您认为贵校与'一带一路'沿线国家合作办学对贵校师资总体水平 (贵校办学成效/学生学业成效)的提高情况如何?"的回答情况

选项	人数(人)	百分比(%)
非常有效	114	10.5
比较有效	454	41.8
一般有效	465	42.8
无效	53	4.9

在实地调研中 NY 高校的人事处负责人讲道:

我们 NY 高校作为省内唯一一所"双一流"医学类高校,利用"一带一路"机遇,全面开展师资培训工作。首先在职称评审中明确规定评正高职称要具备出国研学相关方面的要求,激发教师参与"一带一路"建设的热情和积极性。这样,教师可以依托相关项目,有机会"走出去",拓展自己的眼界,加强自己的国际化视野,拓展了我们学校师资培养的宽度和广度。我们学校注重对教师进行国际化培养,通过"走出去"和"请进来"方式,利用各种机会宣传本校的综合实力,通过"一带一路"为学校做好人才储备。我们总院有一个项目是关于援非的医疗项目,目前学校正在培训一批支援人员,包括临床、急诊、药学等方面师资。许多教师都有海外留学的经历,他们掌握多种语言,例如阿拉伯语、德语、俄语等,语言能力水平比较高,可以顺畅地进行国际化交流。同时,我们学校招收印度、巴基斯坦、尼泊尔来华的留学生。目前,我们面临的一个困惑是,作为西部院校,我校教师每年流失比较严重,怎样留住人才是需要解决的难题。

三、西部高校服务"一带一路"倡议人才培养的课程设置

人才培养目标通过课程来实现,课程设置是人才培养的重要内容。那么,西部高校服务"一带一路"倡议人才培养的课程设置情况如何呢?

(一)西部高校设置"一带一路"倡议相关课程状况

从表2.20可知,教师对"您所在高校有没有为响应'一带一路'倡议而开设相关课程?"的回答中,29.3%的教师选择"有",21.8%的教师选择"没有",48.9%的教师选择"不知道"。由此可见,只有不到三分之一的教师认为学校开设了与"一带一路"倡议相应的课程,绝大部分教师认为没有开设或表示对此不清楚。

表 2.20　教师对"您所在高校有没有为响应'一带一路'倡议
而开设相关课程?"的回答情况

选项	人数(人)	百分比(%)
有	318	29.3

续表

选项	人数(人)	百分比(%)
没有	237	21.8
不知道	531	48.9

从表 2.21 可知,学生对"您所在的学校有无开设有关'一带一路'倡议的课程?"的回答中,49.5% 的学生选择"有",18.4% 的学生选择"无",32.1% 的学生选择"不知道"。由此可见,将近一半的学生认为所在高校开设了与"一带一路"倡议相应的课程。与此同时,超过一半的学生则认为没有开设或表示对此不知道。

表 2.21　学生对"您所在的学校有无开设有关'一带一路'倡议的课程?"的回答情况

选项	人数(人)	百分比(%)
有	1953	49.5
无	726	18.4
不知道	1264	32.1

从表 2.22 可知,学生对"您所在的学校开设的有关'一带一路'倡议的课程主要涉及哪些方面?"的回答中,29.1% 的学生选择"语言交流",31.1% 的学生选择"传统文化",5.1% 的学生选择"法律法规",12.0% 的学生选择"世贸规则",22.7% 的学生选择"没有开设"。

表 2.22　学生对"您所在的学校开设的有关'一带一路'倡议的课程主要涉及哪些方面?"的回答情况

选项	人数(人)	百分比(%)
语言交流	1148	29.1
传统文化	1226	31.1
法律法规	203	5.1
世贸规则	472	12.0
没有开设	894	22.7

在调研中 GL 高校的领导讲道:

> 我们学校在服务"一带一路"倡议方面,实施了双语教学和国际化专业建设项目,大力推进双语授课课程、出国留学项目国际班全英文授课课程、外国留学生全英文授课课程和外国留学生全英文授课专业建设;借鉴、吸收、使用与国际接轨的教学计划、教材、教学方式和考核标准,增加有利于提高学生国际理解能力和跨文化交际能力课程设置,加快国际教育课程体系建设。

(二)西部高校教师运用外语授课状况

西部高校服务"一带一路"倡议人才培养中要考虑外语的掌握情况。掌握服务国家的语言,是开展服务建设工作的前提和基础。"一带一路"沿线国家有 65 个,官方语言包括 53 种。丝绸之路大学联盟秘书处秘书杨笑在介绍联盟发展状况时认为,语言是联盟目前遇到的最大的问题和挑战。[①]目前西部高校在应对"一带一路"沿线国家语言多元化问题方面还有待进一步拓展。以陕西省为例,唯一的语言类高校西安外国语大学开设的外语专业除了英语、俄语、德语、法语等大语种外,还包括阿拉伯语、泰语、土耳其语等十余种小语种,其他高校开设的外语专业主要集中在英语、日语、俄语等,多数地方院校只开设英语专业。运用双语教学的课程更是凤毛麟角。因此,西部高校,特别是地方院校如何化解服务"一带一路"倡议人才培养中语言方面的瓶颈是需要考虑的重要问题。

四、西部高校服务"一带一路"倡议留学生培养状况

为"一带一路"沿线国家培养留学生是西部高校服务"一带一路"倡议的重要内容,也是推进西部高校国际化发展的重要举措。那么,西部高校服务

---

① 《丝绸之路大学联盟 打造"一带一路"教育合作新典范》,2017 年 7 月 26 日,见 http://edu.people.com.cn/n1/2017/0726/c1053-29430585.html。

"一带一路"倡议留学生培养状况如何呢?

(一)西部高校服务"一带一路"倡议留学生培养的制度

从表 2.23 可知,教师对"您所在高校与'一带一路'沿线国家互派留学生的制度完善吗?"的回答中,5.3% 的教师选择"非常完善",35.3% 的教师选择"比较完善",26.6% 的教师选择"完善",14.9% 的教师选择"不完善",1.5% 的教师选择"非常不完善",16.4% 的教师选择"不知道"。由此可见,有近三分之一的教师认为学校服务"一带一路"倡议留学生培养制度不完善或表示对此不知道。

表 2.23　教师对"您所在高校与'一带一路'沿线国家互派留学生的制度完善吗?"的回答情况

选项	人数(人)	百分比(%)
非常完善	58	5.3
比较完善	383	35.3
完善	289	26.6
不完善	162	14.9
非常不完善	16	1.5
不知道	178	16.4

从表 2.24 可知,学生对"您所在的学校有无与'一带一路'沿线国家互派留学生的项目?"的回答中,42.3% 的学生选择"有",10.6% 的学生选择"无",47.2% 的学生选择"不知道"。通过卡方检验,不同类型高校学生对"您所在的学校有无与'一带一路'沿线国家互派留学生的项目?"的回答中存在显著性差异(P<0.01):与"一带一路"沿线国家互派留学生项目了解程度从高到低依次是"双一流"高校、普通本科院校、职业技术院校。

表2.24　学生对"您所在的学校有无与'一带一路'沿线国家互派
留学生的项目?"的回答情况

选项	人数(人)	百分比(%)
有	1667	42.3
无	416	10.6
不知道	1860	47.2

　　留学生培养是高校教育国际化的重要体现,在调研中发现许多高校成立了国际教育学院,专门开展留学生培养工作。NY高校的国际教育学院成立于2012年9月,负责外国留学生招生和日常事务管理。为响应国家"一带一路"倡议,NY高校重视招收"一带一路"沿线国家的留学生,还根据留学生中本科生、硕士生、博士生等不同层次学生的汉语学习需求,开设《汉语》《医用汉语》《中国概况》等课程,培养一批"知华、友华、亲华、爱华"的留学生。调研中GZ高校领导讲道:

　　　　在交流合作中,兰州城市学院本硕留学生人数达40人,且留学生主要来源于"一带一路"沿线国家。目前学校以设立"路易·艾黎"奖学金、学校资助以及部分留学自费的方式来招收"一带一路"沿线国家的留学生。由于留学生人数少,学校规模较小,因此人才培养方案参考学习国外人才培养方式,即以分专业的方式将留学生放在与其专业相对应的各个学院,与中国学生一起学习。目前,学校有外籍教师6人,其中4人来自"一带一路"沿线国家。2018年学校成立国际文化翻译学院,下设汉语国际教育与翻译两个专业,主要培养国际汉语教师与翻译人才,除此之外该学院主要承担学校的留学生教育。在不断的摸索和实践中,兰州城市学院目前已有两届留学生顺利毕业。

（二）西部高校服务"一带一路"倡议留学生培养的规模

留学生培养的规模是高校教育国际化发展程度的重要体现,这与高校自身的办学层次和综合实力密切相关。一般来讲,高校办学层次越高综合实力越强,留学生培养的规模也越大。GB 高校属于 G 省的"双一流"师范大学。2012 年,国侨办在 GB 高校设立华文教育基地,依托该基地,GB 高校积极开展汉语国际教育项目。2013 年 10 月,经哈萨克斯坦等国东干族协会推荐,G 省侨办和 GB 高校共同面试选拔,首批 60 名东干族学生来到 GB 高校,接受 4 年的汉语国际教育。6 年来,招收东干族留学生的项目一直没有间断,共在中亚三国招收东干族本科学生 280 名。目前,已有三届共 131 名东干族汉语国际教育专业留学生毕业,他们在中亚就业状况良好,活跃在汉语教育、中文翻译、商贸等领域,作为中国与中亚各国的友好使者,成为丝绸之路经济带建设的新生力量。

SY 高校属于 S 省普通高等院校,2008 年成立国际教育学院。按照"扩大规模、提高层次、规范管理、保证质量、强化特色"的办学要求,积极发展留学生教育,自招收留学生以来,培养了 300 余名留学生,生源国由 2 个发展到 17 个。目前,招收来自哈萨克斯坦、伊朗、也门、孟加拉、巴基斯坦、阿富汗等"一带一路"沿线六国的留学生 32 名,其中计算机科学技术和软件工程本科专业留学生 20 名,语言类专业留学生 12 名。SY 高校在留学生管理方面秉承"加强和推进学校来华留学生教育事业的发展,培养知华、友华的高素质、国际化专业人才"的办学宗旨,采取中外学生结对帮扶模式,为来华留学生的学习、生活提供全方位指导,促进中外学生间的文化交流与互动;建立第二课堂,为来华留学生深入了解中国文化创造条件和机会,提升学校来华留学生教育水平。

NZ 高校是一所职业技术学院,承担本科、专科和中职三个层次人才培养工作,涵盖林木、化工技术、装备制造、健康服务、工艺技术等十大类五十个专业。2015 年,中国和阿曼苏丹签订了合作备忘录,在阿曼建立经济特区,经济特区内建有一个中国产业园。该产业园建设任务由 N 省中小企业协会承担。

其中,产业园中阿曼籍员工达到 10%,涉及石油化工、建筑材料、现代农业、电子商务等专业,阿曼籍员工的培训任务由 NZ 高校承担。2016 年 3 月,NZ 高校取得由 N 省教育厅批准的留学生培养资质,是 N 省首个获此资质的职业技术学院。2017 年 3 月,首批 37 名留学生入校,学制是"1.5+0.5"模式,在中国学习 1 年半专业和汉语,在阿曼进行半年实习。NZ 高校留学生专业课是纯英文授课,同时,学校的工业实验室、工业实训中心、物流实训中心均可以供留学生实践。2018 年第二批 30 名留学生入校。2019 年首批留学生毕业,顺利在阿曼中国产业园就业,招收即招工,订单式培养是其最大特色,因而得以入选"一带一路"国际研讨优秀案例。

小　结

从西部高校服务"一带一路"倡议人才培养状况的调研结果来看,三分之一的教师认为人才培养的教育理念与"一带一路"倡议高度吻合,教师的国际化程度和水平,以及课程设置情况等均与"一带一路"倡议要求基本一致,"一带一路"沿线国家来华留学生培养呈现良好的发展态势。但是在人才培养的教育理念、师资队伍建设、课程设置和留学生培养等方面还有待提升。

第一,树立服务"一带一路"倡议国际化人才培养的教育理念。对西部高校而言,要清醒地认识到培养国际化人才是西部高校服务国家"一带一路"倡议的重要举措,也是充分发挥西部"一带一路"建设地域优势的关键,必须突破西部高校地处西部导致教育观念保守的桎梏,确立立足西部、面向全国、走向世界的教育发展理念,才能培养出服务"一带一路"倡议的国际化人才。同时,还要明确"一带一路"建设国际化人才的培养目标,即具有家国情怀和专业素质的国际化人才,前者是对人才思想素质的要求,后者是对其专业素质的要求,二者缺一不可,不可偏废。除此之外,所培养的国际化人才必须要具有良好的语言沟通和交流能力,特别是对"一带一路"沿线国家非通用语言的掌握。

第二,提升教师服务"一带一路"倡议国际化人才培养的素质和水平。首先,要认识到服务"一带一路"倡议国际化人才培养的重要意义和价值,以及教师肩负的责任和使命,从而切实提升自己对国际化人才培养工作的热情和积极性,积极投身到国际化人才培养工作之中。其次,要结合服务"一带一路"倡议国际化人才培养工作的现实需要,努力提升自己的专业素质和能力,特别是要加强学习"一带一路"沿线国家的语言和文化。最后,要在日常的人才培养工作中精心引导学生专业发展和全面成长,把他们培养成为符合"一带一路"建设需要的国际化人才,切实为国家"一带一路"倡议的落实贡献力量。

第三,优化服务"一带一路"倡议国际化人才培养的课程体系。课程是人才培养工作的重要载体,服务"一带一路"倡议国际化人才培养的课程体系包括基础课程、专业课程和实践课程。基础课程包括语言类课程、"一带一路"沿线国家文化方面课程,以及针对留学生开设的中国语言与文化课程等。专业课程主要是根据"一带一路"沿线国家建设急需专业来设置,如交通运输、建筑、医学、能源、环境工程等专业课程。实践课程要为学生提供深入企业提升实践能力的机会和条件。

第四,加强"一带一路"沿线国家来华留学生教育工作。西部高校要抢抓"一带一路"倡议的时代机遇,发挥资源优势,开展"一带一路"沿线国家来华留学生教育工作,积极融入"一带一路"建设之中,提升国际化教育水平。一方面,西部高校要积极响应国家"一带一路"倡议和有关留学生来华学习政策号召,加快国际交流教育建设,设置国际交流教育机构和平台,不断完善留学生教育管理制度;另一方面,西部高校要切实做好来华留学生教育的日常工作,顺利完成来华留学生的培养任务。

第三节 西部高校服务"一带一路"倡议科技水平分析

科技服务业是指运用现代科技知识、现代技术和分析研究方法,以及经验、信息等要素向社会提供智力服务的新兴产业,主要包括科学研究、专业技术服务、技术推广、科技信息交流、科技培训、技术咨询、技术孵化、技术市场、知识产权服务、科技评估和科技鉴证等活动。科技服务业是现代服务业的重要组成部分,是推动产业结构升级优化的关键产业。

我国科技服务业发展起步较晚,但随着国家政策对科技型企业自主创新的扶持,已具有一定规模。作为现代服务业重要组成部分和推动力量,科技服务业在国民经济中发挥着越来越重要的作用,具体表现为经济发展对以提供知识型服务和高附加值服务为特征的科技服务业需求不断增大。2014 年10 月 9 日,国务院印发的《关于加快科技服务业发展的若干意见》指出:"我国科技服务业发展势头良好,服务内容不断丰富,服务模式不断创新,新型科技服务组织和服务业态不断涌现,服务质量和能力稳步提升。但总体上我国科技服务业仍处于发展初期,存在着市场主体发育不健全、服务机构专业化程度不高、高端服务业态较少、缺乏知名品牌、发展环境不完善、复合型人才缺乏等问题。"①

2018 年教育部印发了《高校科技创新服务"一带一路"倡议行动计划》,旨在贯彻落实《关于做好新时期教育对外开放工作的若干意见》和《愿景与行动》,推进"一带一路"倡议教育行动,充分发挥高校创新资源集聚、创新活动深入和国际交流活跃的优势,加强高校在服务"一带一路"建设中的创新引领和支撑作用。加快科技服务业发展,尤其是加快高校科技服务业的发展,是推动"一带一路"沿线国家科技创新和科技成果转化、促进科技经济深度融合的客观需要,也是调整优化"一带一路"沿线城市产业结构、培育新经济增长点的重要举措,对于深入实施"一带一路"建设、创新驱动发展战略均具有重要意义。

---

① 《国务院关于加快科技服务业发展的若干意见》,《中国科技产业》2014 年第 11 期。

一、西部高校服务"一带一路"倡议科技水平现状

科学研究是大学的基本职能之一,也是大学为社会提供智力支持的主要渠道。高校科学研究从学校层面而言,是围绕社会经济发展需要和学生培养需求组织学校科研力量、建设科研平台、开展科学研究的一种实践性活动。对教师而言,是基于兴趣爱好或者工作需要,围绕一定的研究主题开展的学术研究活动。因此可以说,教师的科研能力和水平与学校的科研数量和质量是决定高校服务"一带一路"建设的两个核心维度。

(一) 学术交流方面

在对高校教师赴"一带一路"沿线国家进行学术交流情况的调研中发现,去过"很多次"的教师占比 5.1%,"只有一次"的教师占比 10.9%,"从来没有但很想去"的教师占比 45.5%,"没有机会"的教师占比 34.9%,"不想去"的教师占比 3.6%(见图 2.5)。可见,西部高校教师具有较强的参与学术交流的强烈愿望,但受主客观条件的制约,机会较少,仅有 5% 左右的教师经常去"一带一路"沿线国家开展学术交流。今后西部高校应该积极为教师参与学术交流搭建平台,让更多的高校教师"走出去",更好地了解"一带一路"沿线国家的基本情况,为"一带一路"建设的持续深入开展积累经验。

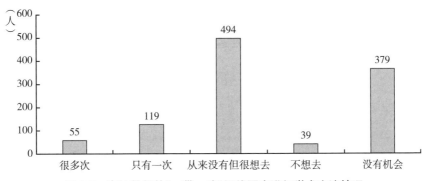

图 2.5　高校教师赴"一带一路"沿线国家进行学术交流情况

（二）参与或主持沿线国家科研项目方面

在对高校教师参与（主持）过"一带一路"沿线国家的科研项目情况的调研中发现,参与（主持）过"很多次"的占比5.6%,"只有一次"的占比9.6%,"从来没有但很想参与（主持）"的占比47.5%,"不想主持"的占比3.3%,"没有此类项目"的占比34.0%（见图2.6）。可见,西部高校教师主持过"一带一路"沿线国家的科研项目数量极少,但高校教师具有参与"一带一路"沿线国家研究的积极性。目前"一带一路"倡议正处于发展阶段,国家间的科研合作也正处于初步探索阶段,高校应主动发挥科学交流的独特优势,主动与沿线国家高校或科研机构对接,积极开展科研合作,为"一带一路"建设提供必要的智力支持和理论指导。

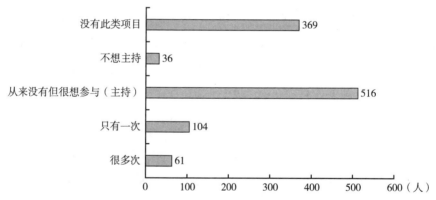

图2.6　高校教师参与（主持）过"一带一路"沿线国家科学研究项目情况

（三）未参与或主持沿线国家的科研项目原因方面

在关于高校教师"没有参与（主持）过'一带一路'沿线国家的科研项目的原因是什么"的调研中,29.6%的教师认为是信息不通畅,不能及时知道申报信息造成的,21.1%的教师认为是跨国项目研究难度较大造成的,5.4%的教师认为是对选题兴趣不大造成的,28.7%的教师认为是个人水平有限造成的,15.2%的教师认为是其他原因造成的（见图2.7）。可见,西部高校教师具有较强的开展科学研究的主观愿望,但因信息不畅、研究难度、研究领域、研究水平的限制,导致大部分高校教师没有机会。国家或者地方政府应围绕"一带一路"建设,加大科研立项支持力度,高校也应在结合自身学科专业优势和区域经济发展需要,开设一定数量的"一带一路"研究专项课题,满足教师开展科学研究和服务"一带一路"建设的需要。

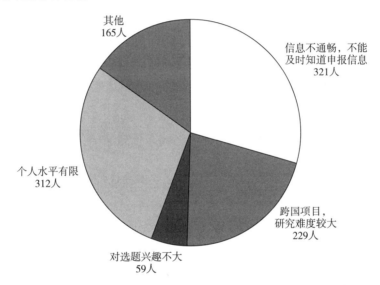

图2.7 高校教师未参与(主持)过"一带一路"沿线国家科研项目的原因

(四)西部高校教师参与(主持)"一带一路"倡议相关课题方面

在关于高校教师"参与(主持)有关'一带一路'倡议的课题研究情况"的调研中发现,7.6%的教师有很多次的主持经历,11.5%的教师只有一次的经历,68.0%的教师表示从来没机会参与(主持),但是有强烈的意愿。同时也发现存在12.8%的教师表示对该研究领域不感兴趣(见图2.8)。可见,西部高校教师围绕"一带一路"倡议开展研究的总体情况不乐观,主要表现在高校教师参与比例较低、机会较少。部分高校教师对"一带一路"倡议研究尚未形成强烈的关注,部分教师未能将自己的研究兴趣和"一带一路"倡议的建设方向形成新的有机结合点。

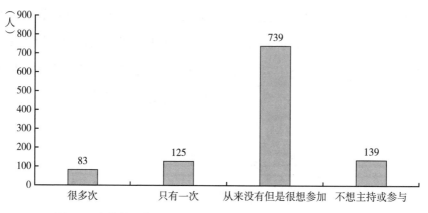

图2.8　高校教师参与(主持)过"一带一路"倡议相关课题的情况

（五）西部高校教师参加"一带一路"倡议相关学术会议方面

对高校教师参加"一带一路"倡议主题学术会议情况的调研发现,10.8%的教师表示参加过很多次;12.1%的教师表示只参加过一次;58.1%的教师表示从来没参加过,但是很想参加;5.8%的教师表示不想参加;13.3%的教师表示尚未思考过这个问题(见图2.9)。可见,西部高校教师参加"一带一路"倡议相关学术会议基本上处于"范围窄、频率低、人数少"的状况,但西部高校教

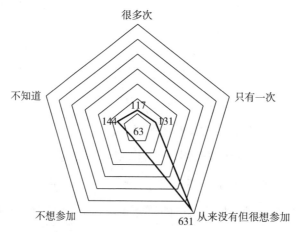

图2.9　高校教师参加"一带一路"倡议相关学术会议情况(单位:人)

师同时却表现出积极参与"一带一路"倡议相关学术会议的热情。从教师参与的层面来讲,更大范围、更高频率的学术交流是高校教师了解"一带一路"建设状况的主要渠道之一,高校应该主动为教师搭建学术交流平台,支持高校教师走出校门,与国内外专家学者交流互动,进而提升开展"一带一路"倡议研究的针对性和有效性。

二、西部高校科技实力状况分析

高校的科研水平是高校的核心竞争力之一,也是高校办学水平的直接体现,直接影响到高校服务"一带一路"建设的水平。

(一) 西部本科院校 2016—2018 年科研经费情况

西部本科院校 2016—2018 年的科研经费数量差异较大,其中高校纵向科研经费之间的差距大于横向经费之间的差距。同一省份不同类型高校之间的科研经费差距也较大,如陕西省的陕西科技大学的纵向科研经费约是宝鸡文理学院的 2 倍(见表 2.25)。与本科院校相比,西部高职高专院校的纵向和横向科研经费较少,但同时也发现,少数高职高专院校科研经费数量较大,如表 2.26 中的成都职业技术学院。

表 2.25　西部本科院校 2016—2018 年科研经费情况一览表(部分)

指标名称	广西民族大学	陕西科技大学	青海民族大学	咸阳师范学院	宝鸡文理学院	兰州城市学院	广西外国语学院
2016—2018 年均纵向科研经费(万元)	11975	4000	3347	3200	2376	1321	160
2016—2018 年均横向科研经费(万元)	1575	2300	308	1000	1913	845	30

表 2.26　西部高职高专院校 2016—2018 年科研经费情况一览表(部分)

指标名称	甘肃交通职业技术学院	宁夏建设职业技术学院	成都职业技术学院	西安职业技术学院	西安铁路职业技术学院	咸阳职业技术学院	宝鸡职业技术学院
2016—2018 年均纵向科研经费(万元)	50	10	504	8	27	50	30
2016—2018 年均横向科研经费(万元)	3	10	317	3	24	30	10

(二)西部本科院校 2016—2018 年科研项目情况

西部高校科研项目立项数量差异显著,不同层次的高校之间尤为明显,如 2016—2018 年间,西安科技大学的国家级自然科学基金项目数是宝鸡文理学院的 10 倍,西安科技大学社会科学基金数量是宝鸡文理学院的 4 倍(见表 2.27)。同一层次高校之间国家级科研立项数量也存在较大差异,如 2016—2018 年间,宝鸡文理学院的自然科学基金和社会科学基金数量约是咸阳师范学院的 4 倍。

表 2.27　西部高校 2016—2018 年国家级项目数量一览表(部分)

指标名称	陕西科技大学	西安科技大学	广西民族大学	兰州理工大学	青海民族大学	宝鸡文理学院	咸阳师范学院	兰州城市学院
2016—2018 年国家级自然科学基金项目数(个)	143	300	30	84	8	30	5	9
2016—2018 年国家级社会科学基金项目数(个)	5	40	51	19	61	10	8	8

(三)西部高校国家级科研平台及奖励情况

调研发现,国家级科研平台数量差异极其显著,高水平大学的国家级科研平台数量远超普通本科院校。普通本科院校甚至一些省属知名院校的科研平台数量较少。国家级科研奖励的数量差异也同样显著,大部分高校国家级科研奖励甚至尚未实现零的突破。国家级科研奖励获批的难度系数较大,需要较强的科研平台支撑。

表 2.28 西部高校国家级科研平台及奖励情况一览表(部分)

科研奖励及平台数量	陕西科技大学	西安石油大学	西安交通大学	广西大学	西北师范大学	青海民族大学	青海大学	宁夏大学	云南大学	云南师范大学
国家级科研奖励数(个)	4	26	78	6	0	16	0	2	0	0
国家级重点科研平台(个)	1	1	27	3	1	1	1	3	3	2

(四)西部高校发表高层次论文情况

西部高校发表高层次论文情况即三大索引(SCI、EI、ISTP)收录的论文篇数差异显著。同一层次的理工科院校三大索引论文数量比师范类、民族类院校高出较多,如内蒙古工业大学和西北师范大学之间就存在较大的差异。同类型同层次的院校也存在不同程度的差异,如宝鸡文理学院和商洛学院之间也存在较大的差别(见表 2.29)。

表 2.29 2016—2018 年西部高校发表高层次论文情况一览表(部分)

高层次论文发表情况	西安石油大学	内蒙古工业大学	云南大学	广西民族大学	西北师范大学	青海师范大学	青海民族大学	咸阳师范学院	宝鸡文理学院	商洛学院
三大索引(SCI、EI、ISTP)收录的论文篇数(篇)	1570	1800	1475	322	279	619	65	283	527	308

同时调研中还发现,截至目前,西部高校与"一带一路"倡议相关的科研

项目立项、科研经费支持、科研成果(著作、论文等)发表较少,高校与"一带一路"沿线国家联合建立研发机构或实验室数量几乎为零。

三、提升西部高校服务"一带一路"倡议科技水平的对策与建议

调研发现,西部高校之间的科研实力差异显著,但总体来讲,西部高校的科研水平离"一带一路"建设的实际需求还存在较大差距。西部高校管理者对高校如何发挥自身科学研究和社会服务的职能助力"一带一路"建设尚在摸索阶段。西部高校教师对"一带一路"倡议的研究呈现出研究热情高、研究行动少的特点,因此,有效激发高校教师的科研热情和科研行动,进而提升高校的科研服务水平,可从以下四个方面着力。

(一)深刻认识高校科技服务与区域经济社会发展的关系是提升高校科技服务水平的前提

高校作为人才、科技资源的密集场所,是国家科技创新体系建设的重要组成部分,对服务区域经济发展,加快推进区域经济产业化进程和"一带一路"建设具有重要的推动作用。孙晓春等学者认为,目前高校管理部门和科研人员对服务区域经济发展的思想认识不到位。[1]一是受传统教育理念和体制机制的影响制约,高校很多科研人员服务区域经济发展的市场意识、责任意识不强,高校科研创新工作存在着"重理论、轻实践"和"重科研、轻应用"等问题。二是在当前的激励评价机制下,高校主要以论文发表数量和科研成果数量作为职务晋升、职称评定和年终评先树优的主要标准,造成科研人员只注重理论研究、论文发表的数量,忽视应用研究、科研成果转化和潜在的实际价值,导致很多具有广阔发展前景的好项目只能停留在实验室,不能被转化为现实生产力,不能为经济发展和社会进步服务。这在很大程度上造成了科

---

[1]　孙晓春等:《高校科技创新能力对区域经济建设的作用》,《中国高校科技》2015 年第 11 期。

研成果的巨大浪费,阻碍了科技服务的良性发展。

当前,随着知识经济、信息经济的快速发展以及建设创新型国家战略的实施,科技创新在高校整体工作中的地位和作用越来越重要。提升高校科技创新能力,不仅是加快缩小与发达国家差距、促进国民经济发展的现实需要,也是提高高校整体科研水平,更好地服务区域经济发展的客观要求,对提升西部高校服务"一带一路"倡议的建设水平意义重大。同时,高校自身提升科技服务水平也是提升学校综合水平的有效途径。近年来很多高校通过产学研等方式积极加强与企业、科研院所的联系,主动参与或承担区域内重大科研攻关项目、产品研发设计等应用型研究,科研实力和创新创造能力不断提高。

(二) 建立健全高校科技成果转化管理机构和激励制度是提升高校科技服务水平的有效抓手

目前,在科技服务环节理想的激励机制是以科技创新质量和社会贡献率为主要导向的科研管理评价机制,注重原始创新和解决实际生产需求的绩效,注重科技成果转化推广与应用方面政策设计,使科研人员转变理念,回归科研本身。在科技创新人才及科技成果评价方面,尽快建立分类评价和开放评价机制,进一步改革科技创新成果权属、完善考核分配机制、拓宽融资渠道、整合科技创新资源。对于科技人才评审指标应适当调整,不宜过于看重论文、课题、专利的数量;科技成果评价应趋向关注应用、成果转化、企业采用、政府部门采纳等要素。

要建立健全科技成果服务制度,尤其是科技服务的激励制度。一是通过对高校科技成果转化的统筹规划和规范管理,加速科技成果转化进程,提高高校科技成果转化工作的专业化和科学化水平。目前已经有许多发达国家相继成立专门的高校科技成果转化管理机构,以进行富有成效的实践探索,例如美国的 OTL、英国的 OIL 和日本的 TLO 等。二是加快专业机构建设,制定相应的科技成果转化管理办法,对科技成果的申报、评估和转化等工作进行统一管理。加强高校和企业之间的联系与合作,不断改革完善产学研合作形式与机制。三是加大知识产权和专利的保护力度,保障科技成果转化相关方利益,营造有利于科技成果转化的良好氛围。

(三) 加强科技创新平台建设,打造高水平大学科技园是提升高校科技服务水平的必由之路

随着"一带一路"倡议的深入实施,沿线国家对重大科技发展需求、科研基础条件与合作意愿的不断突显,要以现有实验室等科研平台为载体,推进高水平科学研究和共性关键技术的研发,有条件的高校可在"农业、能源、交通、信息通信、资源、环境、海洋、先进制造、新材料、航空航天、医药健康、防灾减灾"等重点领域建设一批国际联合实验室和研究中心,以提升"一带一路"倡议下科技创新合作平台的影响和资源集聚能力,带动创新资源共享,从而提高沿线国家科技创新能力。同时,西部高校应充分发挥自身优势,积极参与沿线国家主导产业和新兴产业发展,对接沿线国家重点产业技术需求,单独或与当地相关机构合作建设产业技术研究机构,共同开展产业技术研发、转化和应用推广,构建面向区域社会经济发展的技术共同体,打造特色鲜明的科技园,助力经济社会发展。大学科技园在培育创新创业人才、推动高新技术产业发展、加速供给侧结构性改革以及缓解区域就业压力等方面具有重要作用,为各类创新要素与资源的集聚提供重要保证。目前大学科技园已成为国家创新体系的重要组成部分,在如何进一步培育创新创业人才和高新技术企业,服务大学生创业就业,如何促进学科建设,推动高等教育改革发展,如何转化高校的科技成果,发挥辐射引领作用,助推区域经济社会发展等方面发挥重要作用,是高校管理者应该深入思考的现实问题。

（四）加大高校科技成果转化力度是西部高校提升高校科技服务水平的外部动力和内在需求

科技成果转化能力是衡量高校科研水平和综合竞争力的重要标准之一。科学评价高校科技成果转化能力，是提升高校科技成果转化能力的首要任务。郭俊华等[1]从转化条件、转化实力和转化效果三个维度，建立了高校科技成果转化能力评价指标体系，对全国31个省（自治区、直辖市）的高校科技成果转化能力进行了综合评价，结果表明高校的科技成果转化能力存在较大差异，不同因素对于高校科技成果转化能力的影响不同。在"一带一路"建设的关键时期，高校要提升科技成果转化的活力，应当围绕"转化条件、转化实力和转化效果"三个步骤开展工作。合理乃至充足的经费投入是科技成果转化的必要条件之一。资金不足，科技成果转化往往只能停留在实验室的研究开发阶段，无法进行中间试验来检测这些科技成果是否适合进入市场扩大生产，最终导致一些经济效益高的科技成果无法实现转化，这是中西部省（自治区、直辖市）的高校科技成果转化水平低的主要原因。因此各地政府需要加大对高校科技成果转化的支持力度，拓宽融资渠道，激发高校科技成果转化的动力和活力。

第四节　西部高校服务"一带一路"倡议科技成果转化成效分析

科技水平已经成为影响世界经济周期最主要的变量之一，也是决定经济总量提升的最主要因素。技术转移是科技与经济相结合的重要结点，是产业结构调整和经济发展方式转变的重要途径。国家战略、高校发展、教育改革等都在不断推动加快科技成果转化为现实生产力，为创新型大国发展提供新动

---

[1]　郭俊华、徐倪妮:《中国高校科技成果转化能力评价及聚类分析》,《情报杂志》2016年第35(12)期。

能。2016年2月国务院印发《实施〈中华人民共和国促进科技成果转化法〉若干规定》,提出了更为明确的操作措施,强调要打通科技与经济结合的通道,促进大众创业、万众创新,鼓励研究开发机构、高等院校、企业等创新主体及科技人员转移转化科技成果,推进经济提质增效升级,鼓励研究开发机构、高等院校通过转让、许可或者作价投资等方式,向企业或者其他组织转移科技成果。

一、高校科技成果转化的概念

我国《促进科技成果转化法》指出,科技成果转化是指为提高生产力水平而对科学研究与技术开发所产生的具有实用价值的科技成果所进行的后续试验、开发、应用、推广直至形成新产品、新工艺、新材料,发展新产业等活动。科技成果转化的内涵界定可以分为广义和狭义两类。广义的科技成果转化应当包括各类成果的应用,劳动者素质的提高,技能的加强,效率的增加,等等。狭义的科技成果转化仅指技术成果的转化,即将具有创新性的技术成果从科研单位转移到生产部门,使新产品增加,工艺改进,效益提高,最终经济得到进步。我们通常所说的科技成果转化大多指这种类型的转化,所讲的科技成果转化率就是指技术成果的应用数与技术成果总数的比。

二、高校科技成果转化的意义和主要途径

科学技术是第一生产力,是提高综合国力的主要驱动力。科技成果转化可以直接将科学技术研究成果转化为现实的生产力。促进科技成果转化、加速科技成果产业化,已经成为世界各国科技政策的新趋势。目前,科技成果转化的途径有直接和间接两类。直接转化包括:(1)科技人员自己创办企业;(2)高校、科研机构与企业开展合作或共同研究;(3)高校、研究机构与企业开展人才交流;(4)高校、科研院所与企业搭建沟通交流网络平台。间接的科研成果转化途径主要有:(1)通过专门机构实施科技成果转化;(2)通过高校设立的科技成果转化机构实施转化;(3)通过科技咨询公司开展科技成果转化活动。

高等院校、科研院所等科研单位是科技成果的供给主体。在"科教兴国"战略指导下,高校科技创新工作取得了历史性突破。高校正逐渐发展成为基础研究的主力军,应用研究的重要方面军,以及高新技术产业化的生力军,高校科技工作已经成为国家科技创新体系的重要组成部分。在国家有关部门的大力支持下,高校及科研机构建成了一大批科技创新基地或平台,积极承担了国家科技攻关计划、国家自然科学基金等一系列科研任务,使高校科学研究实力、自主创新能力以及综合竞争力大大增强,知识贡献与社会服务能力显著提高。

三、西部高校服务"一带一路"倡议科技成果转化现状

为了深入了解和掌握西部高校服务"一带一路"倡议科技成果转化的现实状况,课题组编制了《西部高校服务"一带一路"倡议调查问卷(高校卷)》和《西部高校服务"一带一路"倡议状况调查问卷(教师卷)》,于 2019 年 6 月至 7 月深入西部高校开展实证调查。调查问卷发放的范围覆盖我国西部"一带一路"沿线的内蒙古、宁夏、青海、陕西、甘肃、四川、广西、云南等 8 个省(自治区),主要包括 34 所西部高校。问卷发放采取线上调查和线下调查相结合方式,线上调查通过问卷星来实施,线下调查则通过现场发放纸质问卷来实施。同时,课题组还设计了"西部高校服务'一带一路'倡议研究访谈提纲",对 34 所高校相关职能部门的工作人员进行了访谈。

(一)西部高校科研平台建设相对滞后

调研发现,西部高校科技成果转化工作开展整体相对滞后,突出表现在大部分西部高校科技成果转化制度缺失,科技成果转化平台数量较少,服务"一带一路"倡议科技成果转化成效不显著。课题组调研数据显示,西部 34 所高校科技成果转化平台仅 7 个,"一带一路"沿线国家科技成果转化平台仅 1 个,产学研融合项目 1063 项,"一带一路"沿线国家产学研融合项目 3 项,成果转化方面的相关制度 13 份,与"一带一路"沿线国家成果转化方面的相关

制度仅 2 份,提供"智库"服务 64 项,为"一带一路"沿线国家提供"智库"服务数量仅 7 项(见表 2.30)。同时,访谈中也发现,部分高校存在重视不够、认识不清、行动缓慢等现象,较突出地表现为,部分高校在访谈中认为目前"一带一路"倡议对高校影响不大,甚至未产生影响。

表 2.30　34 所西部高校科技成果转化相关指标调查简表

序号	调研问题	数量
1	学校科技成果转化平台数量	7 个
2	学校与"一带一路"沿线国家科技成果转化平台数量	1 个
3	产学研融合项目的数量	1063 项
4	学校与"一带一路"沿线国家产学研融合项目数量	3 项
5	学校成果转化方面的相关制度数量	13 份
6	学校与"一带一路"沿线国家成果转化方面的相关制度数量	2 份
7	学校提供"智库"服务数量	64 项
8	学校为"一带一路"沿线国家提供"智库"服务数量	7 项

(二) 西部高校特色科研平台和科技成果转化工作起步较晚

西部高校的大部分师生认为,"一带一路"倡议对西部高校产生了积极的影响,西部高校应结合自身学科专业优势和区位地理特点,有针对性地加强特色科研平台建设,并积极助推科技成果转化,进一步提升服务社会的能力和水平。在访谈中,部分西部高校相关职能部门同志简要介绍了学校的科研平台建设、科研交流、合作和科技成果转化的主要经验和成效。

1. GB 高校发展规划与学科建设处处长在访谈中提道:

2016 年 12 月 21 日,我校成立中亚研究院,是学校贯彻落实国家和省委省政府重大战略决策的重要举措,是服务"一带一路"建设的具体行动。新成立的中亚研究院,将积极创新体制机制,探索有效运行模式,整合校内外有关丝绸之路和中亚问题的研究力量,围绕中亚局势与我国西北边疆安全、西北地区与中亚国家产业互补与合作、东干族民族心理、中亚国家语言政策与汉语推广策略、中亚文化传播中的"中国形象"、中亚国家与我国西北地区高等教育合作机制等问题开展研究,组建高水平团队,努力将中亚研究院建设成为高水平研究基地、信息交流中心、人才培养中心和新型智库。为此,我校专门为暑期来华学习汉语、体验中国文化的留学生开办短期汉语培训学习项目。短期汉语培训项目由汉语课程和中国文化课程两部分组成,由教学经验丰富的教师从听、说、读、写等方面对其进行强化、速成培训。

2. QQ 高校法规处工作人员在访谈中也介绍了该校科研平台建设方面的一些具体做法:

2016 年 1 月 10 日,我校召开"青海省丝绸之路经济带研究院"成立大会暨"青海省深度融入丝绸之路经济带"高层论坛;2016 年 5 月 1 日,青海省丝绸之路经济带研究院获批省发改委"青海省参与'一带一路'企业潜力与发展研究"项目;2016 年 6 月 20 日,参与举办"2016 年青洽会深度融入'一带一路'高峰论坛";2017 年 4 月,青海师范大学修改完善并提交"青海省参与'一带一路'建设,强化人文交流战略研究"的申请报告,由省发改委拟作为全省战略研究的软性基础课题予以支持;2017 年 5 月底,成功申请"青海省参与'一带一路'建设国际科技合作潜力与发展研究"课题;2017 年 11 月 21 日,召开"2017'一带一路'建设与青海经济社会发展研讨会";2018 年 4 月 12 日,该院主持申报的"青海省参与'一带一路'建设强化人文交流战略"项目成功获得立项。

3. QH 高校发展规划处处长在访谈中谈道:

近三年来,我校的专家调研组先后分别赴尼泊尔、蒙古等国家开展调查研究,并撰写了相应的调研报告和学术论文 10 余篇。学校主办国别和区域研究学术研讨会及专题会议 7 次,举办全校性国别和区域研究系列学术报告 4 场,开展学术讲座、学术沙龙等专题活动 10 余场。为进一步推动国别和区域研究,积极融入"一带一路"建设,提高科学研究服务社会能力,学校每年设立服务国家战略项目,近三年来共立项 16 项,设立专项翻译研究课题 15 项。

四、西部高校科技成果转化的成效分析

(一)西部高校教师对高校科技成果转化平台的熟悉程度较低

为了解西部高校的科技成果转化平台数量情况,问卷以"您所在高校有科技成果转化方面的相关平台吗?"为题干,以"不知道、1 个平台、2 个平台、3 个及以上平台、没有"为备选项,进行了调研。

调研发现,西部高校教师对其所在高校科技成果转化平台了解情况不容乐观,34 所西部高校 1086 名教师问卷调查发现,55.0% 的教师表示不知道自己所在高校是否拥有科技成果转化平台,占参加问卷调研教师的半数以上。372 名被调研者表示该校拥有科技成果转化平台,其中 15.8% 的教师认为所在的高校拥有 1 个科技成果转化平台,9.9% 的教师认为该校有 2 个科技成果转化平台,8.6% 的教师认为该校有 3 个及以上的科技成果转化平台,其余 10.8% 的教师表示该校没有科技成果转化平台(见图 2.10)。可见,半数以上

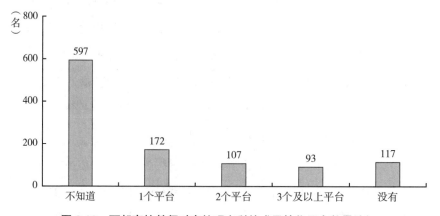

图 2.10　西部高校教师对高校现有科技成果转化平台数量认知

教师对自身高校的科技成果转化平台建设情况关注较少,突出表现在对高校科技成果转化平台数量的认知上。同时,西部高校科技成果转化平台数量较少,教师参与科技成果转化的情况不容乐观。

(二) 西部高校教师对高校科技成果转化效果的认可程度较低

为客观了解西部高校科技成果转化情况,问卷以"您所在高校服务'一带一路'倡议的科技成果转化效果如何?"为题干,以"非常显著、比较显著、一般显著、不显著、没有"为备选项,进行了调研。

调研发现,3.0% 的教师认为该校服务"一带一路"倡议科技成果转化效果非常显著,16.2% 的教师认为比较显著,40.3% 的教师认为一般显著,30.7% 的教师认为不显著,约 9.8% 的教师认为无科技成果转化(见图 2.11)。由此可见,教师对本校科技成果转化的认可程度较低,约 20% 的教师认为高校科技成果转化成效在比较显著及以上,大部分教师认为本校科技成果转化成效一般甚至不显著。可见,高校科技成果转化在高校尚未达到教师基本满意的心理预期,提高高校科技成果转化的数量和质量是西部高校今后科技成果转化工作的重中之重。

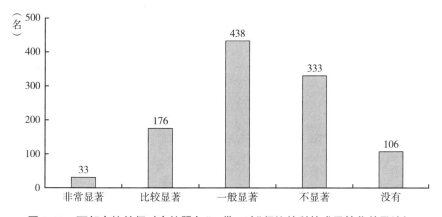

图 2.11　西部高校教师对高校服务"一带一路"倡议的科技成果转化效果认知

（三）西部高校教师对高校科技成果转化的兴趣较弱

为客观了解西部高校教师对科技成果转化的关注情况,问卷以"您有为学校服务'一带一路'倡议建言献策情况吗?"为题干,以"很多次、只有一次、没有、没想过"为备选项,进行了调研。

调研发现,1086 名填写问卷的西部高校教师中,仅仅有 8.4% 的教师表示多次为学校服务"一带一路"倡议建言献策,11.7% 的教师表示仅有 1 次建言献策的经历,64.8% 的教师没有建言献策的经历,15.1% 的教师甚至没有想要为学校服务"一带一路"倡议建言献策。可见,西部高校教师对高校如何服务"一带一路"倡议的思考较少,约 20% 的教师有过思考和行动,约 80% 的教师无行动甚至无思考。这一现象值得深思。目前,在"一带一路"倡议稳步推进阶段,西部高校教师作为西部高层次人才的重要组成部分,理应对如何服务"一带一路"倡议采取积极行动,而不应呈现出关注教师数量分布的"二八现象"。

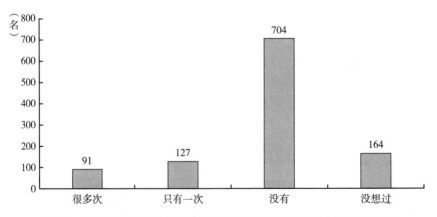

图 2.12 西部高校教师为学校服务"一带一路"倡议建言献策情况柱状图

（四）西部高校管理人员对高校科技成果转化的基本认知

西部高校管理人员对高校科技成果转化都非常重视,能结合学校学科专业特点和地理区位优势,积极建设科研合作平台,也主动参与或者承接一些国际合作交流项目。同时,还积极围绕国家"一带一路"倡议的需求开展实践性的科研合作项目,并取得了一定的成果,如对 GL 发展规划处副处长访谈得知:

> 学校成立了"一带一路"建设工作领导小组,启动了筹建"俄语中心""国别研究中心",创办孔子学院,推进针对性人才培养、国际科技项目合作与信息沟通、外籍专业教师和科技人才引进,与哈尔滨工业大学开展战略合作,推进"一院一校"行动和"一带一路"倡议研究等重点工作。目前,学校重点围绕"一带一路"建设需求,开展了与中亚国家的一系列对外合作交流工作,并加入"一带一路"倡议高校战略联盟,与莫斯科动力工程大学和南俄国立技术大学合作办学取得实质性进展。

> 在重大科研项目推进方面,学校主持的"新型液压传动和流体静压蓄能风力发电机组"等重大研究项目取得重要成果。依托学校建设的"甘肃省生物质能与太阳能互补供能系统重点实验室培育基地"获准立项建设,"西北低碳城镇支撑技术协同创新中心"获批为省级协同创新中心,学校服务经济社会发展能力进一步提升。"有色冶金成套装备及信息集成技术"创新团队以"优秀"的成绩通过专家验收,获教育部滚动支持资助。"武器装备科研生产单位二级保密资格"顺利通过重新审查认证,1 项军工纵向项目获得立项资助,实现了军工纵向项目零的突破。

五、西部高校科技成果转化面临的困境及政策建议

现阶段我国高校的科技成果仍存在转化率低、转化难等问题。以专利为

例,国家知识产权局发布的《2020 年中国专利调查报告》显示,2020 年我国高校有效专利实施率为 11.7%,远低于全国 57.8% 的平均水平;高校有效专利产业化率仅 3.8%,更是远低于全国 34.7% 的平均水平。由此可见,我国高校科技成果转化存在明显的"悖论",即高校科技创新成果丰富,但成果转化率很低。①高校如何有效摆脱科技成果转化的"悖论"困境,拓宽科技成果转化实施渠道,更好地服务国家"一带一路"倡议,亟待破解。

（一）困境与挑战

西部高校作为与区域行业企业关联活动最为紧密的知识技术供给体,承担着区域知识生产与传播、技术研发与转化,以及在此基础上衍生出的对行业企业技术服务与咨询等多重使命与功能②。科技成果的转化与应用是高校科技活动的重要内容,其绩效水平不仅是衡量高校学术竞争力的重要指标,也是高校落实创新驱动发展战略和服务经济社会发展的集中体现。对西部高校而言,科技成果转化的力度和水平对助力"一带一路"建设有较大作用。

1. 西部高校的科技成果转化平台建设相对滞后

根据教育部门公布的统计数据,我国高校科技成果转化率低于 20%、授权专利用于企业实际生产、进行许可或转让的专利实施率也在 15% 以下,形成产业规模的仅占 5%,而发达国家的高校科技成果转化率高达 70%—80%③。2017 年科技部、教育部联合发布的《中国普通高校创新能力监测报告》显示,在全国高校中占比 90% 以上的地方院校,成果应用数在全国院校中占比为 51%,专利出售收入仅为 25%④。调研也发现,西部高校科技成果转

① 《2020 年中国专利调查报告》,2021 年 4 月 28 日,见 https://www.cnipa.gov.cn/art/2021/4/28/art_88_158969.html。

② 李立光:《地方高校科技成果转化考核认定评价指标体系研究》,《教育评论》2017 年第 9 期。

③ 潘红波、李克林、郭登峰:《"供给侧改革"视野下的高校科技成果产业化研究》,《江苏高教》2019 年第 2 期。

④ 游艺、李名飞:《地方高校科技成果转化政策执行梗阻与归因》,《教育学术月刊》2019 年第 6 期。

化平台较少、科技成果转化率不足、转化制度建设滞后、高校教师科技成果转化积极性不强。访谈中较多高校表达了"与'一带一路'沿线国家的教育、科研合作与交流比较少,引智规模小,领域也不宽"等类似问题和困境。

2. 西部高校科研管理体制机制建设亟待完善

当前我国高校科研管理体制机制尚停留在传统运作模式之下,即由国家立项、政府拨款、高校申请的计划经济时代科研模式。在这种科研管理机制下,高校主要以项目形式从国家获得科研经费。但国家对课题立项的要求一般侧重于技术前沿,高校科研人员在申请课题的过程中缺乏实践调研,基本忽视了企业作为技术应用主体的参与性,导致科研成果缺乏市场需求,科技成果转化的社会、经济价值大打折扣或根本没有实际应用价值。在现行的科研工作机制下,学校科研管理部门只负责科研项目的立项、审核、鉴定、结题和报奖等工作,服务科研人员和服务经济社会发展的意识不强,尤其是用于科研工作者的激励评价机制不健全,激励措施不完善,没有发挥出应有的导向作用,严重挫伤了学校教师或科研人员的积极性和创造精神。

3. 政策主体和政策环境的梗阻现象依然存在

高校组织具有既是科层组织又是学术组织的双重特性。高校科研人员也存在身份交错的情况,既是决策者、执行者又是目标群体或潜在目标群体。在科技成果转化的协商过程中,学术组织的相对松散性和注重行会的特点,使成果转化的过程更难控制,科层组织与学术组织对于同一事务的理解和认识存在天然屏障。加之,高校教师晋升途径多元,成果转化对于教师而言并非"必修课"。现有科技成果转化政策大多是"事后补益型"激励,给予奖励或报酬均要在成果转化完成以后进行,缺少对于执行过程中如何激励的具体规定,以至于对高校而言成果转化面临零和博弈的困境。调研中也有部分高校谈及"资金匮乏、部分科技项目转化难度大、与校外经验交流少"等因素,也制约着高校科研成果转化的实际成效。

（二）对策与建议

科技成果转化绩效的实现过程是科技成果转化为现实生产力的系统性动态过程,它的最终实现是以科技中介服务、经费投入、制度保障、成果供给、企业科技吸纳等为代表的资金链、政策链、创新链、产业链进行综合协同、有机互动的结果。科技成果转化绩效实现的关键在高校科技成果供给能力和供给质量与企业科技吸纳能力两个方面,主要在创新链和产业链两个关键环节,这就需要在进行相关制度、机制设计时,在兼顾整体的同时,还要重点解决科技成果转化中的主要矛盾和决定性要素。

1. 理顺政府、企业和高校在科技成果转化中的关系

一方面,高校处于技术开发的高位,但却是市场交易的低位,对于科技成果转化这一市场主导的活动而言,高校只是技术供给方,在合作研发的主流模式下处在下游,行政部门应当加强对高校科技转化的指导,提供完善的评估公司、法律咨询等配套服务。另一方面,技术市场具有高新产业的特征,是社会效益、政治效益、经济效益高度统一的商业活动,对于合作企业应当设立严格的审查标准,统一发布供需信息,避免部分企业欺行霸市、投机取巧,造成知识产权流失。

2. 优化西部高校科技成果转化的要素结构

一是要强化组织协同建设,探索构建政府、高校、科研机构、企业四位一体协同科技创新模式,实现政产学研深度协同,在源头上提高西部地方高校科技成果精准供给能力;二是要提高科技成果转化制度的科学性、协同性与可执行性,形成政策合力,营造有利于科技创新的政策生态,依法保障科技成果转化利益相关主体的合法权益、合法收益;三是要优化科技中介服务,政府要积极通过各种政策,引导中介行业在科技成果转化过程中发展壮大,使市场成为成果转化的主要推动力,不断创新服务组织与形式,为高校和企业提供及时、精准的科技供需信息,缩短科技与市场的时空距离,打破科技成果转

化与创新产品的壁垒,激发全社会和行业企业的创新效应。

3. 建立和健全高校科技成果转化制度和政策

良好的体制机制是高校科技成果转化工作顺利开展的根本保障。第一,要深化科研体制改革。高校要主动适应社会主义市场经济发展的要求,在完善校级科研机构的基础上,院系可以根据市场需求建立二级科研院所,选择科研项目,配置科研力量。第二,要改变校办科技型企业的运作模式。企业作为市场经济的主体,要严格按照市场运作要求,建立产权清晰、权责明确、校企分开、管理科学的现代企业制度,打破传统管理模式下校企不分的行政管理运作模式。第三,要健全完善有利于科技成果转化的激励评价机制,结合学校实际,根据科研人员分工和贡献采取不同的激励措施,完善激励评价体系,最大限度地激发他们的科研潜能。同时要根据科技服务、科技成果转化工作的实际特点,从政策、资金、服务等方面加大对科研工作者的关心力度,营造支持和鼓励教师积极参加科研活动、乐于投身科研成果转化的人文环境。

第五节　西部高校服务"一带一路"倡议文化交流成效

2013 年 9 月,习近平总书记访问哈萨克斯坦时提出了建设"丝绸之路经济带"的计划。同年 10 月,他在访问印度尼西亚时又发出了建设"21 世纪海上丝绸之路"的倡议。这二者和李克强总理提出的"孟中缅印经济走廊"和"中巴经济走廊"计划一道构成中国的"丝绸之路计划",一般统称为"一带一路"。该倡议体现了我国扩大和提高对外开放水平的新理念。

"一带一路"倡议让沿线国家更多地了解和认识中国,会带来更多的经贸往来,也势必会引起高等教育领域的关注,带动高等教育的互动和交流。在这样的背景下,我国高等教育的国际交流与合作也可以随着"一带一路"倡议适时切换视角,把沿线国家作为工作重点,结合实际开展切实可行的国际交流与合作。[①]

促进教育文化交流、实现民心相通是"五通"(习近平主席访问中亚时提出"五通",即政策沟通、道路联通、贸易畅通、货币流通、民心相通)的重要内容,也是夯实沿线国家民意基础的关键所在。本节主要从西部高校服务"一带一路"倡议文化交流的活动成效、教师教学成效、学生留学成效、学生科研成效、学生认知成效和学生意愿成效六个方面对西部高校服务"一带一路"倡议文化交流成效进行探讨和分析。

一、西部高校服务"一带一路"倡议文化交流的活动成效

相比东部地区,西部地区在资源、人才、师资等方面都缺乏优势。在实地调研中,我们也了解到,西部高校获得源于外界支持的科研经费较少。"加大各项人才资源支出,以高于平原地区的待遇补充各种人才在该地区的人才消耗,这是西部人才队伍建设的必由之路。"[②] 作为西部高校,必须抓住"一带一路"倡议机遇,在服务"一带一路"倡议的同时,利用"一带一路"倡议培养优质人才,提高高校国际化程度。

从表2.31可知,教师对"您参加过'一带一路'沿线国家举办的文化交流活动吗?"的回答中,78.2%的教师选择"没有",14.5%的教师选择"只有一次",有7.3%的教师选择"很多次",回答"没有"的教师近八成。由此可见,西部高校教师参与"一带一路"沿线国家举办的文化交流活动总体较少。西部高校应该为教师提供更多机会与平台,使教师切身参与到文化交流活动之中。在实地调研访谈中,在回答"教师中赴'一带一路'沿线国家开展讲学和研究的教师数量"这一问题时,少数西部高校的教师表示自己所在高校不定期有教师去考察、交流、学习、培训。某高校实施中青年骨干教师海外交流项

---

① 刘艳红:《"一带一路"背景下的大学国际交流与合作》,《黑龙江高教研究》2016年第3期。
② 洪德山:《西部高校人才流失现状、原因及对策研究》,硕士学位论文,兰州大学,2006年第9期。

目,鼓励中青年教师利用国家、省级和学校公派留学基金项目"走出去";学校设立"中青年骨干教师出国(境)交流基金项目",确保一流学科建设经费的10%用于国际化人才培养。充分发挥各类基金项目的资助作用,积极与海外高水平大学和科研院所开展双边、多边、区域性的国际科技合作交流;学校每年配套资助3—5项国际合作项目,鼓励、支持教师主持、参与重大国际项目。

表 2.31　教师对"您参加过'一带一路'沿线国家举办的文化交流活动吗?"的回答情况

选项	人数(人)	百分比(%)
很多次	79	7.3
只有一次	158	14.5
没有	849	78.2

从表 2.32 可知,学生对"您所在的学校有无举办过有关'一带一路'倡议的校园文化活动?"的回答中,49.2% 的学生选择"有",13.2% 的学生选择"无",37.6% 的学生表示"不知道"。通过学生对这一问题的回答,我们了解到在服务和借助"一带一路"倡议发展的过程中,西部高校有较为积极的表现,但在宣传和推广的过程中仍有近四成学生缺乏了解,存在着力度不足等问题。在实地调研访谈中,我们了解到 2015 年西安交通大学发起并成立了新丝绸之路大学联盟,已吸引 38 个国家和地区的 154 所大学加盟,改革试点探索与评估协同创新中心、丝绸之路经济带研究协同创新中心等一批高端智库和研究平台,致力于为社会发展与民族复兴服务。新丝绸之路大学联盟是海内外大学结成的非政府、非营利性的开放性、国际化高等教育合作平台,以"共建教育合作平台,推进区域开放发展"为主题,推动"新丝绸之路经济带"沿线国家大学之间在校际交流、人才培养、科研合作、文化沟通、政策研究、医疗服务等方面的交流与合作,增进青少年之间的了解和友谊,培养具有国际视野的高素质、复合型人才,服务"新丝绸之路经济带"沿线及欧亚地区的发展建设。我们应该认识到"一带一路"倡议对高等教育领域的影响,充分利用

已有资源,不断扩大影响范围和实践效果,将宣传和推广做到位。

表 2.32　学生对"您所在的学校有无举办过有关'一带一路'倡议的
校园文化活动?"的回答情况

选项	人数(人)	百分比(%)
有	1939	49.2
无	523	13.2
不知道	1481	37.6

从表 2.33 可知,学生对"您所在的学校主要通过哪些方式举办有关'一带一路'倡议的相关活动?[多选题]"的回答中,66.2% 的学生选择"讲座",36.9% 的学生选择"论坛",此外还有 21.8% 的学生选择"学术沙龙",43.8% 的学生选择"其他"。由此可见,西部高校举办有关"一带一路"倡议的相关活动所采取的方式是比较丰富的。

表 2.33　学生对"您所在的学校主要通过哪些方式举办有关'一带一路'倡议的
相关活动?[多选题]"的回答情况

选项	人数(人)	百分比(%)
讲座	2672	66.2
论坛	1490	36.9
学术沙龙	881	21.8
其他	1767	43.8

在实地调研中,我们了解到,GS 高校举办有关"一带一路"倡议的相关活动的主要方式是讲座会议,与"一带一路"沿线国家的合作交流形式共有两种,分别是短期合作交流和长期合作交流。短期合作交流如与东南亚国家师生互派开展冬令营、夏令营活动,长期合作交流如"2+2"项目。在以"一带一路"倡议为主题的大型文化活动中有"一带一路"茶话会、科研会(教育学部举办)和越南研究院等。此外,GW 高校的教师在访谈中表明,该校与东南亚国家交流较多,几乎都有合作。2019 年计划与文莱合作,针对学校开设的语种

与不同的国家合作交流。比如,泰语专业每年招收四五百人,学院开设有泰语、越南语、柬埔寨语、印尼语、老挝语、缅甸语等小语种。

GB 高校还发起了志愿者讲解员暑期社会实践活动,为来敦煌旅游的各界友人提供讲解服务,减轻敦煌研究院暑期旅游高峰的游客接待压力,为敦煌市国际旅游名城的建设作出了应有的贡献。活动被人民网等众多新闻媒体报道,有效扩大了活动的社会影响,使更多的人接触丝路文化,了解文物保存现状,重视文物保护,并加入传承与弘扬敦煌文化以及文物保护的行列中去。

二、西部高校服务"一带一路"倡议文化交流的教师教学成效

从表 2.34 可知,教师对"您所在高校教师赴'一带一路'沿线国家孔子学院任教情况如何?"的回答结果显示,14.3% 的教师选择"有很多教师",34.1% 的教师选择"只有个别教师",14.8% 的教师选择"没有教师",36.8% 的教师选择"不知道"。其中选择"不知道"的教师占了近四成,可见西部高校教师对本校教师参与"一带一路"沿线国家文化交流的情况了解较少,且三成教师表明只有个别教师前往"一带一路"沿线国家任教。在访谈中,NN 高校人事处副处长表示:"我们刚在俄罗斯成立了孔子学院,有 2 名长期从事对外汉语教学的教师,不定期选派补充其余教师,主要教授汉语和中国文化。"因而,教师要提高自身知识能力素养,积极主动参与文化交流,高校也要为教师提供多种机会,帮助教师更好地发展。

表 2.34 教师对"您所在高校教师赴'一带一路'沿线国家孔子学院
任教情况如何?"的回答情况

选项	人数(人)	百分比(%)
有很多教师	155	14.3
只有个别教师	370	34.1
没有教师	161	14.8
不知道	400	36.8

在实地调研访谈中,有教师提到教育部中外语言交流合作中心每年都会选拔一批公派出国教师赴孔子学院任教。省教育厅和高校也会积极协助教育部中外语言交流合作中心选拔公派教师。高校积极鼓励教师外出留学交流,并制定了相应的鼓励措施。国家对公派汉语教师的待遇也非常丰厚。

三、西部高校服务"一带一路"倡议文化交流的学生留学成效

从表 2.35 可知,教师对"您所在高校学生中来自'一带一路'沿线国家留学生数量如何?"的回答结果中,4.5% 的教师表示"非常多",19.2% 的教师表示"比较多",32.1% 的教师表示"一般",40.6% 的教师表示"比较少",此外还有 3.6% 的教师表示"没有留学生"。对于该问题的回答中,有四成教师认为"比较少",仅有 3.6% 的教师表示"没有留学生"。由此可见,西部高校吸纳"一带一路"沿线国家的学生能力较强,对留学生吸引力较强。

表 2.35　教师对"您所在高校学生中来自'一带一路'沿线国家
留学生数量如何?"的回答情况

选项	人数(人)	百分比(%)
非常多	49	4.5
比较多	208	19.2
一般	349	32.1
比较少	441	40.6
没有留学生	39	3.6

在实地调研中,对于留学生教育问题,GL 高校国际交流处副处长表示:

在经验与特色方面,学校来华留学教育办学思路清晰,发展定位明确,高度重视来华留学教育事业,把来华留学教育工作作为学校国际化发展战略引擎,制定了明确的来华留学"十三五"规划,具有切实可行的年度执行计划和保障机制;学校积极服务国家重大战略,"一带一路"沿线国家生源规模持续增长,形成了学历留学生

和高层次留学生占比双高的格局,充分发挥了百年大学和工科特色明显的优势;积极推动趋同化管理、差异化培养,重视教学评价与反馈,将国际学生的教学纳入学校本科教学和研究生教学体系内,建立了较为完善的教学评价与反馈保障体系,提升了留学教育的教学质量;深化留学生管理体制改革,形成了统一领导、归口管理、分级负责、协调配合的管理体系,关切国际学生的思想与心理健康服务,严格执行相关工作要求,并高标准配备了国际学生专职辅导员;学校为留学教育事业提供的优良的教学保障,工作经费不断增加,校内宿舍房源充足、设施完备,教学场所能够较好满足国际学生的培养需要,提供了国际化、差异性的餐饮条件。

由此可见,西部高校在"一带一路"沿线国家留学生教育和管理问题上,有自己的思路和严密的规划,富有特色。

从表2.36可知,教师对"您所在高校学生去'一带一路'沿线国家交流的效果如何?"的回答中,6.2%的教师选择"非常好",24.3%的教师选择"比较好",46.0%的教师选择"一般",6.4%的教师选择"不好",还有17.0%的教师表示"没有这种情况"。在对这一问题的回答中,有四成多的教师表示"一般",表示"非常好"和"不好"的教师都很少。由此可见,西部高校大学生前往"一带一路"沿线国家的交流效果总体比较乐观。

表2.36　教师对"您所在高校学生去'一带一路'沿线国家交流的效果如何?"的回答情况

选项	人数(人)	百分比(%)
非常好	67	6.2
比较好	264	24.3
一般	500	46.0
不好	70	6.4
没有这种情况	185	17.0

在实地调研访谈中,NY高校人员表示:

> 对外交流与合作方面,与国外66所高校建立了合作交流关系。与美国13所大学开展"1+2+1中美人才培养计划"项目,与美、俄、韩等国大学开展了"2+2本科双学位"项目,与美、英、德等国大学开展"4+1""4+2"硕士项目以及博士生奖学金项目,与俄、美等国大学开展"交流生项目";开展寒暑期赴美、英、德、法等国的短期出国项目。

由此可见,西部高校与"一带一路"沿线国家的合作较深入,涉及的内容比较丰富,且形成了一定体系。

国际交流合作能够培养出具有广阔国际化视野的复合型人才,推动西北地区实现大发展、大繁荣。另外,国际交流合作水平能够从侧面反映高校的办学实力、竞争力、影响力,从一定程度上体现该地区高等教育的综合实力。2015年,习近平主席正式提出,我国要与多个"一带一路"沿线国家开展包含各个领域的合作,其不仅在经济领域,还需落实在科教文化领域。由此可见,"一带一路"建设倡议,为我国高校国际交流合作的发展提供了千载难逢的机会,西部各高校需切实把握机遇,与合作国家积极探讨符合实际的教学模式和管理体制等问题,培养出大批"一带一路"建设需要的国际化专业型人才。

从表2.37可知,学生对"您所在的学校有无与'一带一路'沿线国家互派留学生的项目?"的回答中,43.0%的学生选择"有",10.6%的学生选择"无",还有46.4%的学生选择"不知道"。由此可见,西部高校与"一带一路"沿线国家互派留学生项目较多,合作比较充分,但西部高校仍要加大宣传力度,因为还有近五成学生对其了解不足。

表 2.37　学生对"您所在的学校有无与'一带一路'沿线国家互派留学生的
项目?"的回答情况

选项	人数(人)	百分比(%)
有	1696	43.0
无	416	10.6
不知道	1831	46.4

在实地调研访谈中,有 NY 高校老师提及:

　　留学生有一部分是来自"一带一路"沿线国家。其中,很多学生
都是通过国家奖学金进入我校学习的。这对我校的国际教育以及
学校的国际化水平产生了一定的影响。也有教师提及互派留学生
主要是友好院校合作,依托外专项目,教学科研人员的出国交流,我
校与 14 所学校有实质性合作项目(日本、美国、泰国、丹麦、加拿大、
阿曼等国家)。连续开展四届中国—阿拉伯博览会,每两年举办一
次,2021 年 9 月份在银川举办,我们利用这个博览会与中东地区的
阿曼、阿联酋、沙特阿拉伯等国家进行教育开放和合作交流。最开
始合作形式是"请进来",宁夏教育厅请了很多"一带一路"专家参加
中阿教师教育论坛和高校校长论坛,把阿曼、阿联酋、沙特阿拉伯的
校长都请了过来。我们借助论坛与他们交流,达成合作意向,并派
出代表团进行下一步回访。

由此可见,西部高校与"一带一路"沿线国家文化交流合作比较深入,但
仍然需要进一步加大力度。

四、西部高校服务"一带一路"倡议文化交流的学生科研成效

从表 2.38 可知,学生对"您有无开展过与'一带一路'倡议相关问题的研
究?"的回答中,21.2% 的学生选择"有",78.8% 的学生选择"无"。由此可见,

大部分西部高校大学生都未曾进行过"一带一路"倡议相关问题的研究,因此,西部高校应加大宣传力度。

表2.38　学生对"您有无开展过与'一带一路'倡议相关问题的研究?"的回答情况

选项	人数(人)	百分比(%)
有	837	21.2
无	3106	78.8

从表2.39可知,学生对"您有无发表过与'一带一路'倡议相关问题的论文或其他科研成果?"的回答中,12.4%的学生选择"有",87.6%的学生选择"无"。由此可见,西部高校大学生很少进行与"一带一路"倡议相关的研究,因而研究成果很少。

表2.39　学生对"您有无发表过与'一带一路'倡议相关问题的论文
或其他科研成果?"的回答情况

选项	人数(人)	百分比(%)
有	487	12.4
无	3456	87.6

党的十九大报告强调,打造国际交流合作新平台,增添共同发展新动力,大力推行科研合作国际化,在国际化进程中掌握更多话语权,提高我国的国际地位与世界影响力。在国际合作背景下,做好人才培养工作,是高等教育的时代担当,西部高校学子更要勇于担当历史使命,积极服务"一带一路"倡议,拓宽国际视野和竞争力,积极开展科研活动,争做国际化新型人才。

从表2.40可知,学生对"您有无参加过与'一带一路'倡议相关的产学研实践活动?"这一问题的回答中,20.3%的学生选择"有",79.7%的学生选择"无",近八成大学生没有参加过与"一带一路"倡议相关的产学研实践活动,大学生接触得很少,实践机会不足。

表 2.40　学生对"您有无参加过与'一带一路'倡议相关的产学研实践活动?"的回答情况

选项	人数(人)	百分比(%)
有	802	20.3
无	3141	79.7

　　"一带一路"倡议这一新格局,也为我们当代大学生带来了新的机遇。在"一带一路"建设背景下的中国高校国际化人才培养,要回答如何培养人的问题,也需要深入探讨相应的核心素养要求。国际化核心素养是高校学生应该具备的、能够适应终身发展和社会发展需要的必备品格和关键能力。高校国际化人才的核心素养综合表现为:社会责任、国家认同、国际理解、人文底蕴、科学精神、审美情趣、身心健康、学会学习、实践创新九个方面。

　　"一带一路"建设背景下中国高校国际化人才核心素养培养中,"中国心"是根本,"国际化"是要求,"竞争力"是最终目标。国际化教育,不是去中国化,而是强化中华民族的归属感、自豪感。同时应具备国际视野和国际知识体系,形成国际竞争力。

五、西部高校服务"一带一路"倡议文化交流的学生认知成效

　　从表 2.41 可知,学生对"您了解'一带一路'沿线国家的历史文化或风土人情吗?"的回答中,7.5% 的学生表示"很了解",69.3% 的学生表示"一般了解",23.2% 的学生表示"不了解"。由此可见,大部分西部高校大学生都对"一带一路"沿线国家的文化有一定了解和认识。

表 2.41　学生对"您了解'一带一路'沿线国家的历史文化或风土人情吗?"的回答情况

选项	人数(人)	百分比(%)
很了解	296	7.5
一般了解	2732	69.3
不了解	915	23.2

在访谈中有教师提及,不同国家留学生在宗教信仰和生活习惯等方面存在差异性,并能对不同国家的文化、宗教信仰、风土人情持尊重态度。互联网技术的发展以及各国的信息文化、历史、信仰、风俗等,使得学生们即使足不出户,也都能有所了解。随着经济的发展,越来越多的人出国旅游,这也是学生们了解异国文化的途径之一。相对而言,与语言文化传播交流相关专业的学生与留学生交往更为频繁,对异国文化的了解也更加深入,如汉语国际教育。

要善于借鉴成功经验。根据学生学习需求,充分考虑我国科研国际合作最新成果,将最先进的科技、文化成果第一时间补充至教材和课堂中,转化为最新的教学内容。依据配合国际化教学的实际需要,适当增设跨文化交际学等相关课程,为学生充分了解国外经济、政治、文化等各个方面的实际情况做好铺垫。整合国内外高等教育资源,尤其是通过信息化手段,引进国外优质课程,如"慕课"平台。

从表2.42可知,学生对"您去过'一带一路'沿线国家的数量"的回答中,6.6%的学生选择"5个及以上",19.8%的学生选择"2—4个",23.6%的学生选择"1个",还有50.0%的学生选择"0个"。对于这一问题的回答,有五成学生选择了"0个",由此可见,西部高校大学生前往"一带一路"沿线国家的人数较少。

表2.42 学生对"您去过'一带一路'沿线国家的数量"的回答情况

选项	人数(人)	百分比(%)
5个及以上	260	6.6
2—4个	779	19.8
1个	932	23.6
0个	1972	50.0

在推进与"一带一路"沿线国家人文交流过程中,高校应当抓住机遇、担

当使命,打开思路、重新定位,通过加强内涵建设,挖掘学科优势、调整专业结构、培养国际化师资队伍、强化教育质量,扩大"一带一路"沿线国家的来华留学教育,不断增强来华留学的吸引力。推动与"一带一路"沿线国家的教育合作,扩大沿线国家留学生名额,加大中外合作办学力度,设立完备的奖学金体系,开展形式多样的国际化人才培养项目。推进人文交流是个双向过程,要坚持"引进来"和"走出去"并重,遵循共商共建共享原则,积极作为。

六、西部高校服务"一带一路"倡议文化交流的学生意愿成效

从表 2.43 可知,学生对"您有无到'一带一路'沿线国家交流、学习的意愿?"的回答中,55.0% 的学生表示"愿意",8.6% 的学生表示"不愿意",另有 36.4% 的学生表示"未考虑"。由此可见,西部高校学生前往"一带一路"沿线国家的意愿比较强烈,各界都应该积极提供平台,帮助大学生前往"一带一路"沿线国家,从而拓宽西部高校大学生的眼界,增强其国际素养和自身能力。

表 2.43　学生对"您有无到'一带一路'沿线国家交流、学习的意愿?"的回答情况

选项	人数(人)	百分比(%)
愿意	2168	55.0
不愿意	340	8.6
未考虑	1435	36.4

西部地方高校学生的国际意识相对淡薄,积极参加国际交流的氛围不足。他们中的很多人缺乏国际化视野和国际交流的意识,对当前经济全球化、教育国际化以及国际社会竞争日趋激烈的趋势关心不多,对自己所学专业知识国际前沿的最新发展了解甚少,对参加国际交流与个人发展的重要意义认识不够,主观上对出国交流学习的欲求不足,教师对学生国际化意识的引导和培养不多。

西部地方高校国际化氛围普遍不够浓厚。受所处城市经济发展水平、对外开放程度以及学校本身办学理念等因素的影响,西部地方高校与原"985 工程"高校相比存在较大的差距。与国外大学的交流往来不多,国际合作交流资源比较贫乏;邀请国外专家学者来校访问、讲学的频次过低,学生缺少与外国专家、学者开展面对面接触和交流的渠道;举办国际性学术论坛、学术会议的次数过少,学生对学术和科技的国际最新发展动态掌握和了解不及时。此外,西部地方高校的外国留学生规模一般都比较小,校园内国际文化活动不丰富。学生的跨文化沟通能力和国际交流能力得不到锻炼,国际化视野不够开阔,有出国交流学习愿望的学生人数较少,争相出国交流学习的氛围难以形成。[①]

从表 2.44 可知,学生对"影响您决定是否到'一带一路'沿线国家学习的最主要因素是?"的回答中,52.6% 的学生认为是"经济因素",24.3% 的学生选择"文化因素",9.0% 的学生选择"政治因素",此外还有 14.1% 的学生认为是"其他因素"。国际形势、人身安全、跨文化交流以及适应问题是影响学生到"一带一路"沿线国家学习的主要因素,但从学生的回答中我们了解到"经济因素"的影响占比在一半以上。因而,西部高校要为大学生提供优惠政策和平台,最大限度帮助学生缓解经济压力。

表 2.44　学生对"影响您决定是否到'一带一路'沿线国家学习的
最主要因素是?"的回答情况

选项	人数(人)	百分比(%)
经济因素	2074	52.6
文化因素	958	24.3
政治因素	356	9.0
其他因素	555	14.1

访谈中,有教师提到教育部中外语言交流合作中心与各国政府教育部门、

---

① 黄兴:《地方高校推进学生国际交流的问题与对策》,《中国高等教育》2012 年第 7 期。

教育机构、社团组织、汉语教师团体等建立了合作关系,提供汉语教学志愿服务项目。学校与教育部中外语言交流合作中心对接,鼓励学生积极参与汉语教师志愿者项目,从学校派出的汉语教师志愿者不在少数,像泰国、新加坡、韩国、尼泊尔等国家的汉语教师志愿者均从高校应届毕业生、在读研究生甚至在职教师中选拔。通过汉语教师志愿者的形式,开展对外交流也是目前较为成熟的途径之一。因国家对此类项目的扶持,志愿者们得到的补贴较为可观,一定程度上可缓解经济因素对学生到"一带一路"沿线国家学习的影响。

在实地调研访谈中,GL高校国际交流处处长表示:该校实施科研与学科建设合作交流项目。充分发挥各类基金项目的资助作用,积极与海外高水平大学和科研院所开展双边、多边、区域性的国际科技合作交流;学校每年配套资助3—5项国际合作项目,鼓励、支持教师主持、参与重大国际项目。实施中外合作办学项目。围绕"一带一路"倡议,努力开辟交流与合作途径,积极引导学院与海外高水平大学建立"院校长期稳定的合作关系,发挥学院在国际化办学中的主体作用"。因而,西部高校可以借鉴优秀高校的经验,在人才培养和教师培养中汲取经验,发挥自身特色,促进高校国际化进程。

小　　结

我国高校国际交流合作的发展在"一带一路"建设的实施助推下也迎来了良好的发展时机。各高校领导层及国际交流合作部门的相关人员,需要发掘本校的特色优势,提升国际交流合作工作的效度和频率,把握并运用好这一时代机遇,通过引进与输出并重的举措,满足社会经济发展对高水平人才培养的需要。

从对西部高校服务"一带一路"倡议文化交流的活动成效、教师教学成效、学生留学成效、学生科研成效、学生认知成效和学生意愿成效六个方面的调查结果分析来看,西部高校教师参与"一带一路"沿线国家举办的文化交流活动较少,对本校教师参与"一带一路"沿线国家文化交流的情况了解较少,只有少数高校个别教师前往"一带一路"沿线国家任教。学生了解并参加的校园文化活动有限,其形式以讲座为主,并有部分论坛和学术沙龙。在学生留学方面,西部高校吸纳了一定数量的"一带一路"沿线国家的留学生,并建立有专门的留学生教育与管理相关制度。但是,部分西部高校有"一带一路"沿线国家互派留学生项目,合作项目的广度和深度有待加强。大部分西部高校大学生没有参与过相关科学研究和产学研实践活动,因此西部高校服务"一带一路"倡议文化交流的学生科研成效较弱。大部分学生对"一带一路"沿线国家的文化有一定了解和认识,但没有前往"一带一路"沿线国家学习和观摩的经历。总体而言,学生有较强的意愿前往"一带一路"沿线国家学习交流,但主要受经济因素制约。

多年来,国内高校与发达国家高校进行交流合作时,一直秉持"学习借鉴、引进吸收"的态度,并且大力欢迎境外高校在我国开办分校。近年来,伴随着综合国力显著提升,在世界经济一体化建设进程中,我国开始以积极主动的姿态彰显大国力量、承担大国责任。国内高校作为文化输出的主要力量,积极投身海外分校建设工作。例如,由教育部中外语言交流合作中心发起,在以弘扬汉语为载体的中华民族优秀传统文化这一目标的推动下,多所高校承担起在全球开设孔子学院的任务。同时,国内一些高水平院校积极在海外设立分校,例如厦门大学马来西亚分校、老挝苏州大学的建立,值得一提的是,清华大学联合微软公司与美国华盛顿大学合作创办了全球创新学院,这是中国高校首次在美国建立具有实质性意义的教科研机构。以上诸多举措,都体现了国内高校国际交流合作正在实现从"引进来"向"走出去"的战略转型。[1]

因此,可以从两方面来加强西部高校服务"一带一路"倡议的文化交流成效。一方面是鼓励教师和学生"走出去"。面对"一带一路"倡议带来的历史性发展机遇,西部高校需要大力发挥有利条件和优势,立足国际视野,遵循国

---

① 何凯琳:《陕西省属高校国际交流合作现状及对策研究》,硕士学位论文,西安理工大学,2020年第12期。

际规则,大力加强与"一带一路"沿线国家的经济往来和文化交流,走全面协调可持续发展的开放之路。加强西部高校教师前往"一带一路"沿线国家交流学习的平台建设,同时加快推进与"一带一路"沿线国家互派学生的项目合作,提供优惠政策和平台,鼓励学生前往"一带一路"沿线国家学习交流,为培养具有国际视野和国际竞争力的创新型人才奠定基础。另一方面是"引进来"。随着我国国际地位的不断提高,随之而来的就是世界各国学习汉语热情的高涨,当前很多高校纷纷设置对外汉语相关专业,通过培养汉语国际教育人才,让学生了解中国文化常识,体悟中国文化精神,理解中国文化内核。高校应该不断完善相关制度建设,拓宽交流形式,加强专业教学水平和师资力量,加大相关校园文化建设,举办国际创新大赛、国际文化交流节等相关活动以提高知名度,吸引"一带一路"沿线国家学生来华留学。

第六节　西部高校服务"一带一路"倡议合作办学成效

为了顺应世界多极化、经济全球化、文化多样化、社会信息化的潮流,实现中华民族复兴的目标,2013 年,习近平主席先后提出共建"丝绸之路经济带"和"21 世纪海上丝绸之路"的重大倡议。"一带一路"倡议提出后,有众多国家和国际组织积极参与"一带一路"建设。截至 2022 年 4 月,已经有 149 个国家和 32 个国际组织同我国签署了 200 余份共建"一带一路"合作文件,建立了 90 多个双边合作机制。①

在教育上,教育部发布《推进共建"一带一路"教育行动》,提出建立"一带一路"教育共同体,重点实施"丝绸之路"留学、合作办学、师资培训、人才联合培养与教育援助计划,推进政策、渠道、语言、民心与学历的互通与互认,发挥

---

① 徐秀军:《共建"一带一路"　共享繁荣发展》,《光明日报》2022 年 4 月 27 日。

教育在"一带一路"倡议中的基础性和先导性作用。[①] 2014 年,"一带一路"沿线国家来华留学生共 171580 人,占当年中国留学生总数(38 万人)的 45%。中国赴"一带一路"沿线国家留学人数约 5 万人(2013 年),占当年出国留学生总数(41 万人)的 12%。在教育部首批的 23 个区域研究培育基地中,涉及"一带一路"倡议的区域研究基地有 8 个(其中阿拉伯研究中心 3 个)。"一带一路"沿线国家的官方语言有 40 余种,而中国高校教授的仅有 20 种。中国在"一带一路"沿线国家合作举办了 123 个孔子学院和 50 个孔子课堂,分别占全球孔子学院与孔子课堂总数的 24.6% 和 0.05%,涉及国家 47 个。"一带一路"沿线国家在中国的合作办学项目和机构有 200 个,占全国项目总数的近1/10,涉及国家 8 个,占"一带一路"沿线国家总数的 12%。中国在"一带一路"沿线国家合作办学的机构有厦门大学马来西亚分校、老挝苏州大学、云南财经大学曼谷商学院 3 所,合作办学项目有 90 多个,涉及 14 个国家和地区。[②]

　　区域化或区域一体化已经成为国际政治经济的重要现象。欧盟、亚太经合组织与东盟、北美自由贸易区等地区集团显示了一个地区构成的世界。区域主义可以减少贸易障碍,实现贸易自由化,促进国家和区域经济发展,提高区域冲突管理能力和军事能力解决社会安全、国家安全和环境安全等问题。因此,在"一带一路"沿线,欧盟、东盟、南亚、阿盟、非洲联盟等区域联盟相继建立,形成既一体又开放的政治经济联盟。"一带一路"教育共同体是一个多层次的教育合作体系,它涉及中国与"一带一路"沿线国家高等教育的区域合作、多边合作、双边合作以及院校合作。其中,区域合作是中国"一带一路"建设的重要合作视角,是指中国与"一带一路"沿线各区域进行高等教育合作,例如中国与东盟、阿盟、独联体、南亚等区域在高等教育政策、论坛、大学联盟

---

　　① 《教育部关于印发〈推进共建"一带一路"教育行动〉的通知》,《中华人民共和国教育部公报》2016 年第 9 期。

　　② 李盛兵:《中国与"一带一路"国家高等教育合作:区域的视角》,《华南师范大学学报》(社会科学版)2017 年第 1 期。

以及人员、教育和科研等方面开展的交流合作。

"一带一路"建设加速了我国教育的对外开放。2019 年 4 月 26 日,第二届"一带一路"国际合作高峰论坛吸引了世界各国 39 位外方领导人、150 个国家、92 个国际组织、6000 多位外宾出席。① 建立国际合作新框架,共建合作平台、共享合作成果、实现可持续发展是会议的主题。而要实现这个目标,人才是关键。经贸合作、产业投资、人文交流、生态环保等等都离不开人才。西部高校林立,专业设置多样,可以根据"一带一路"倡议的合作共识,紧扣区域发展,强化国际合作的观念,优化办学,培养国际化复合型人才。

本节主要探讨和分析西部高校服务"一带一路"倡议合作办学水平状况,包括基本情况、总体水平、师资配置、学生就业和参与意愿五个方面。

一、西部高校服务"一带一路"倡议合作办学成效的基本情况

为了推进"一带一路"倡议实施,让古丝绸之路焕发新的生机活力,以新的形式使亚欧非各国联系更加紧密,从而互利合作迈向新的历史高度,《愿景与行动》以坚持共商、共建、共享为原则,积极推进"一带一路"沿线国家发展战略的相互对接。《愿景与行动》提出,学生交流是教育交流的重要领域,要进一步扩大沿线国家相互间留学生规模,积极开展合作办学。② 习近平总书记早在 2015 年就提出,我国要与"一带一路"沿线国家进行各个方面的合作,要重点在科教文化方面构建良好的合作关系。2018 年 9 月,在全国教育大会上,习近平总书记进一步提出,要打造更具国际竞争力的留学教育,将我国建成全球主要留学中心和世界杰出青年向往的留学目的地,吸引海外顶尖人才来华留学,培养全球精英。2020 年 5 月 17 日,习近平总书记给北京科技大学全

---

① 《携手奔向互利共赢的康庄大道——习近平主席出席第二届"一带一路"国际合作高峰论坛纪实》,2019 年 4 月 29 日,见 http://m.cnr.cn/news/20190429/t20190429_524595077.shtml。

② 国家发展改革委、外交部、商务部:《推动共建丝绸之路经济带和 21 世纪海上丝绸之路的愿景与行动》,《人民日报》2015 年 3 月 29 日。

体巴基斯坦留学生回信指出"中国欢迎各国优秀青年来华学习深造",充分表明了中国政府的坚定态度,极大地增强了来华留学教育战线的信心,鼓舞了来华留学教育战线实现高质量发展的斗志。[①]西部高校具有培养外国留学生的经验和条件,应进一步采取各种措施,积极吸引留学生,尤其是"一带一路"沿线国家留学生来校学习,不断扩大留学生规模,扩大学校开放水平。总之,在"一带一路"倡议背景下,西部高校有更多的机会同"一带一路"沿线国家展开交流合作,西部高校应抓住机遇,开拓创新,积极进取,加强与"一带一路"沿线国家在人才培养、科学研究等领域开展全方位深层次的合作交流。

从表 2.45 可知,教师对"您所在高校是否与'一带一路'沿线国家开展合作办学?"的回答中,42.9% 的教师选择"有合作办学",15.7% 的教师选择"没有合作办学",41.3% 的教师选择"不知道"。由此可见,接近一半的西部高校与"一带一路"沿线国家开展了合作办学,还有接近一半的教师对所在高校是否与"一带一路"沿线国家开展合作办学认知不明确。可见,西部高校与"一带一路"沿线国家开展合作办学的宣传力度应当进一步加强,以使更多教师熟知了解并积极参与合作办学工作。

表 2.45 教师对"您所在高校是否与'一带一路'沿线国家开展合作办学?"的回答情况

选项	人数(人)	百分比(%)
有合作办学	466	42.9
没有合作办学	171	15.7
不知道	449	41.3

实地调研中我们发现西部高校在"一带一路"倡议下开展合作办学的基本情况存在较大的差异,比如 GJ 高校的一位 X 教师就合作办学的学生培养

---

① 贾兆义:《新时代来华留学教育事业的路径指向》,《中国高等教育》2021 年第 7 期。

方面说道:

　　我院积极响应国家"一带一路"倡议,已招收 2 届来华留学生 21 名;2019 年招收全额奖学金学历生 10 人(巴基斯坦 4 人,东盟国家 2 人,"一带一路"沿线国家 4 人)。学院与美国、西班牙、新西兰、波兰、韩国、白俄罗斯、英国等国家建立了国际教育合作与交流,向美国国际科技大学、福特海斯州立大学、西班牙海梅一世大学、大韩民国国立交通大学(项目简称 KNUT)、波兰维斯瓦大学、新西兰商业学院、新西兰林肯大学、白俄罗斯国立技术大学、白俄罗斯国立交通大学等国际名校输送出国留学生,以"2+1+2""2+3"等模式进行互派留学生项目。

NY 高校的一位 Y 教师谈道:

　　近年来,我校积极开展多学科、多领域的国际交流与合作,国际合作交流工作取得了长足的发展,与国外医学院校及科研机构之间的科研合作与学术交流日益频繁,极大地推动了学校科研水平的提升,也为我区地方医疗服务事业做出了突出贡献。迄今为止,与我校建立正式友好关系的主要是国外医学院校及科研机构,包括:日本岛根大学及医学部,日本山行大学医学部,日本顺天堂大学;美国北卡罗来纳中央大学;泰国宋卡王子大学;丹麦奥尔堡大学;阿曼卡布斯大学、东方大学;加拿大东方医学中心;等等。

GB 高校的一位 Z 教师说道:

　　我校注重国际合作与交流,积极推进国际化发展战略。与美国中田纳西州立大学、美国南伊利诺伊州立大学、苏丹喀土穆大学、英国胡弗汉顿大学、白俄罗斯国立师范大学、新西兰奥克兰大学、马来西亚马来亚大学、香港大学、台湾清华大学等国外及中国港澳台地区高校建立了长期稳定的战略合作关系,与海外 70 多所科研机构签订了学术合作与交流协议,在学生联合培养、教师互访、科学研究等方面开展实质性合作。目前,学校已与苏丹喀土穆大学、摩尔多瓦自由国际大学、波斯尼亚和黑塞哥维那萨拉热窝大学分别合作建立孔子学院。

西部 B 高校依托大学联盟,做大做强"一带一路"航天创新联盟,成员已增至 14 国 51 所高校、科研院所和企业,牵头发起成立中澳工科大学联盟,成员单位包括中方 E9 联盟高校和澳方 ATN 联盟高校。以一个特色联盟和一个区域联盟为平台,以"一带一路"沿线国家为主体,向西、向南拓展的纵横交错式国际交流与合作新格局。并通过国际组织合作拓展优质生源渠道,设立多层次双向联合培养,与发达国家高校合作由单向输出转为双向交流培养。已与英国华威大学、法国 UTBM 以及 INSA 大学签订双向合作协议。与"一带一路"沿线国家的优势高校开展联合培养,与蒙古科技大学、泰国马汉科大学签署"2+2"联合培养协议。在合作办学的平台方面,通过深化校企合作搭建多方合作平台,构建企业、学校、学生"三赢"的联合培养模式。比如部分西部高校与丝绸之路国际总商会面向"一带一路"沿线国家联合开展商科专业学生培养,与阿里巴巴等企业签署跨境电商教育联盟章程,开展项目制预科教育。

二、西部高校服务"一带一路"倡议合作办学成效的总体水平

我国西部高校国际交流与合作发展状况主要表现在以下几个方面:第一,合作方式较为单一。大部分的高校在参与国际交流合作办学过程中,合作办学的能力有限,统筹管理的能力不足。从对当前西部高等院校的合作办学模式进行分析可以看出,当前西部高等院校合作办学模式主要为生源输出。合作项目的数量和形式都比较有限,并不利于学生们深入了解不同国家的文化差异。此外,国内高等院校教师对外交流的机会较少,大部分教师从未踏出国门或者参与到相关项目中,对于如何有序开展交流合作的方式并不了解。第二,整体办学实力薄弱。西部高等院校的整体办学水平不断发展,在国际化的合作办学当中也取得了一定的成绩,但是,从总体发展方面来看,

西部高等院校的整体国际办学实力仍然偏弱。在"一带一路"倡议背景下,我国的职业国际化教育发展面临着新的问题。比如,学分和学历的认证、合作办学的政策支持问题等。除此之外,对教师资质认证也提出了更高的要求。面对此种情况,西部高校在培养具有国际化视野且专业素养较高的教学团队方面困难重重。

从区域样态来看,西部高校与东盟的高等教育合作较为全面。东盟涵盖整个东南亚地区,位于中国的南面,连接三大洲(亚洲、非洲、大洋洲),处在两大洋"十字路口"的位置,包括中南半岛上的老挝、柬埔寨、缅甸、泰国、越南、马来西亚六国及太平洋上的新加坡、文莱、菲律宾、印度尼西亚四国。

相比其他区域,西部高校与东盟高等教育交流与合作是最广泛的,在学生交流、合作办学与研究、交流平台和机制建设等方面都有很大的突破。当然,西部高校在与东盟一些国家高等教育交流合作上仍有很大的提升空间,包括菲律宾、印尼、柬埔寨、缅甸等。

西部高校与南亚的高等教育合作较为薄弱。南亚共有 8 个国家,其中尼泊尔、不丹、阿富汗为内陆国,印度、巴基斯坦、孟加拉为临海国,斯里兰卡、马尔代夫为岛国。2018 年该区域总人口已超过 15.64 亿,占当年世界人口总数的 24.4%[①],是世界上人口最多和最密集的区域,同时也是除非洲撒哈拉地区外全球最贫穷的地区之一。2018 年南亚地区经济总量只占世界经济总量的 4.03%[②],人均 GDP 也远远落后于世界平均水平。西部高校与南亚高等教育合作除了在来华留学生人数上表现较好外,在交流合作平台、赴南亚留学生人数、合作办学和研究诸方面都需要进一步拓展,也就是说,西部高等教育走向南亚的动力、机制和成效都显不足,需要加快进程。

---

① 《南亚仅有 400 余万平方公里,人口数量比我国还多 4 亿,未来仍将激增》,2020 年 4 月 30 日,见 https://baijiahao.baidu.com/s?id=1665410414192140976&wfr=spider&for=pc。

② 《2018 年东亚地区 GDP 全球占比 24.73%,那北美、西欧、南亚、南美呢?》,2019 年 4 月 17 日,见 https://www.sohu.com/a/308455625_100110525。

西部高校与阿拉伯国家联盟(简称"阿盟")的高等教育合作严重不足。阿盟是欧亚大陆的枢纽、世界能源的供应地,也是伊斯兰文化中心。但是西部高校与该地区高等教育在学生、教师、合作办学、合作研究等方面缺乏广泛而深入的交流合作,还有很多方面仍是空白,需要高度重视。

西部高校与东欧的高等教育合作,除孔子学院外都较薄弱。东欧包括波兰、捷克、斯洛伐克、匈牙利、斯洛文尼亚、克罗地亚、罗马尼亚、保加利亚、塞尔维亚、黑山、马其顿、波黑、阿尔巴尼亚、爱沙尼亚、立陶宛和拉脱维亚16国,地处东西欧交会处,有"欧洲工厂"之称。西部高校与中东欧的高等教育交流合作程度整体非常低,政府与高校需要调整对外开放政策,积极主动地与中东欧国家开展学生交流、教师交流、合作办学和合作研究。

综上所述,西部高校与"一带一路"沿线国家高等教育合作很不平衡。除了与东盟合作较好之外,与南亚、阿盟、中东欧三个区域在高等教育合作平台与机制、学生交流、教师交流、合作研究与合作办学等诸方面存在很多不足。据此,我们亟须开展两个方面的工作:一方面,要积极搭建与这些区域高等教育合作的平台,包括大学联盟和高等教育论坛;另一方面,政府要鼓励和支持各类高校参与"一带一路"建设,与企业携手走出去,传播中国文化、知识和教育模式,增强和扩大中国文化和教育的国际影响力和影响范围。

三、西部高校服务"一带一路"倡议合作办学成效的师资配置

从表 2.46 可知,教师对"如果有的话,您认为贵校与'一带一路'沿线国家合作办学对贵校师资总体水平(贵校办学成效/学生学业成效)的提高情况如何?"的回答中,10.5% 的教师选择"非常有效",41.8% 的教师选择"比较有效",42.8% 的教师选择"一般",4.9% 的教师选择"无效"。由此可见,接近一半的西部高校与"一带一路"沿线国家合作办学对其师资总体水平提高的效果不显著,还有少数的西部高校与"一带一路"沿线国家合作办学没有对其师资水平的提高产生效果。可见,西部高校与"一带一路"沿线国家合作办学成

效有待加强,从而提高合作办学质量。

表 2.46　教师对"如果有的话,您认为贵校与'一带一路'沿线国家合作办学对贵校师资总体水平(贵校办学成效/学生学业成效)的提高情况如何?"的回答情况

选项	人数(人)	百分比(%)
非常有效	114	10.5
比较有效	454	41.8
一般	465	42.8
无效	53	4.9

在实地调研中各个高校对其合作办学成效的总体水平进行了分享与交流,比如 QD 高校的 X 教师讲道:

我校总体上与"一带一路"沿线国家的教育、科研合作与交流比较少,引智规模小,领域也不宽。主要包括与以色列在设施农业、奶牛养殖方面有研究合作;与蒙古国"阿拉泰"集团合作,已在蒙古国推广 30 万亩,并与俄罗斯和哈萨克斯坦开始试种,因口碑较好,出口到沙特阿拉伯等中东国家。2016 年 6 月时任韩国驻华大使金章珠到访我校,进行了一场公共外交活动并做演讲;2017 年 7 月,首届澜沧江—湄公河青年创新训练营开闭营仪式在我校举行;2018 年我校组织学生赴老挝参加了"澜沧江—湄公河之约"夏令营,以及"澜沧江—湄公河之约"流域治理与发展青年创新设计大赛活动,并加入"澜沧江—湄公河"流域大学联盟;2019 年 7 月 19—24 日,第三届澜沧江—湄公河青年创新训练营将在我校举行;2018 年 8 月,老挝国立大学前来参加我校 60 年校庆,并签署两校合作备忘录;2016 年我校加入西北农林科技大学倡议并共同成立的"丝绸之路农业教育科技创新联盟";2017 年 7 月赴哈萨克斯坦参加丝绸之路农业科技合作论坛暨丝绸之路农业教育科技创新联盟理事会

议;2018年9月,参加由省外事办组织的赴俄罗斯参加境外应急风险管理培训;2019年5月,我校科研人员赴俄罗斯圣彼得堡参加国际学术会议。

GZ高校的Y教师讲道:

在交流合作中,学校为汉语国际教育与翻译培养了大量的国际汉语教师与翻译人才,除此之外,学校本硕留学生人数达40人,且留学生主要来源于"一带一路"沿线国家。目前学校以设立"路易·艾黎"奖学金、学校资助以及部分留学自费的方式来招收"一带一路"沿线国家的留学生。由于留学生人数少,学校规模较小,因此在人才培养方面学习国外,即以分专业的方式将留学生放在与其专业相对应的各个学院,与中国学生一起学习。2018年学校成立国际文化翻译学院,下设两个专业分别主要承担学校的留学生教育。在不断的摸索和实践中,学校已有两届留学生顺利毕业。目前,学校有外籍教师6人,其中4人来自"一带一路"沿线国家。

此外,Y教师还谈了该校在人才培养方面的设想:

学校根据自身的发展,下一步还是将发展重点放在语言人才的培养方面。根据"一带一路"沿线国家的特点,加强小语种教育以实现多语种"复合型人才为主"即"语言类训练＋专业技术人才训练"模式来推进国际人才的培养,在学习相关专业技术的同时,也要求学生学习相关沿线国家的历史文化知识,以更好地服务"一带一路"沿线国家经济社会发展。

QH高校的Y教师讲道:

人才培养方面,我校目前形成"本、硕、博"完备的高等教育人才培养体系,先后为西部民族地区培养了9万余名各级各类人才。学校外国留学生通过国家奖学金进入学习,主要来源于中亚、南亚等国,都是通过"一带一路"专项奖学金进入该校学习。由于语言水平的限制,留学生的考试学习、论文答辩等采取与其他学生不同的方式,以方便管理和培养。出访交流方面,我校在近三年来,先后组建7支出访团队,分别赴尼泊尔、土库曼斯坦、蒙古国、印度、俄罗斯、吉尔吉斯斯坦等国开展交流访问。同时2019年的出访事宜也正在有序筹备当中。学校为进一步推动国别和区域研究,积极融入"一带一路"建设,提高科学研究服务社会能力,每年设立服务国家战略项目,三年来,共立项16项,设立专项翻译研究课题15项。

当前西部高校人才培养体系还存在许多不足,特别是随着经济社会发展对高等教育提出的新要求新使命,西部地区部分高校在人才培养的方向上陷入盲区,缺乏特色鲜明、科学合理、具体翔实的人才培养定位。"一带一路"倡议的提出,毫无疑问为高校的人才培养工作指明了方向,引领着我国高校教育体制机制的变革。"一带一路"倡议突出了我国在各个方面的优势,同时在服务"一带一路"倡议相关方面,也显现出一定的人才缺口。对专业人才的大量需求,带动了高校配套专业的发展,相关专业也得到一定的扩张,为人才输出提供了保障。

合作办学方面,"一带一路"倡议不仅仅推动着中国经济的发展,邻近国家也同样可以获得经济社会高速发展的机遇。在高等教育方面,这些地区的高等教育发展相对比较薄弱,但有着较为强烈的合作需求。因此,合作办学是"一带一路"倡议下高校对外合作中需要重点关注的项目。在"一带一路"倡议带动下,合作办学可以有效利用国际优势教育资源,培育出服务区域经济发展的国际化人才,并大力推动当地经济社会开放发展,进而形成具有影响力的高等教育品牌。

从表2.47可知,教师对"您认为您所在高校师资的国际化水平如何(外籍教师数量如何)?"的回答中,4.1%的教师选择"非常高",18.1%的教师选择"比较高",38.9%的教师选择"高",16.3%的教师选择"比较低",14.9%的教师选择"非常低",7.6%的教师选择"不知道"。由此可见,大多数西部高校师资的国际化水平高,还有少数西部高校师资的国际化水平较低。因此,高校应增加外籍教师的数量,不断提高师资的国际化水平。

表2.47 教师对"您认为您所在高校师资的国际化水平如何(外籍教师数量如何)?"的回答情况

选项	人数(人)	百分比(%)
非常高	45	4.1
比较高	197	18.1
高	422	38.9
比较低	177	16.3
非常低	162	14.9
不知道	83	7.6

在实地调研中GL高校的X教师讲道:

我们现在发现对留学生的培养有时候老师教给学生的知识并不是最重要的,最重要的可能是我们的思想政治教育,就是做人的教育。一个老师教了一个学生教了几年,老师是特别优秀的,学生慢慢就成为他;但是如果学校老师很消极的话,对学生会有不好的影响。所以对留学生来说可能这点就更重要,还是要根据咱们国家的政策,培养知华友华的国际人才,这些学生既要有专业知识,将来回到他们自己的国家,也要对中国友好,将来他在中国学了中国文化,了解了中国的情况,回到自己国家以后,至少不反华。他能认同中国文化,更客观地认识咱们,了解咱们国家的文化和国情。而不是当他们看到一些关于我们国家的负面报道后,不知道怎么判断。从目前情况来看,我们现在的培养效果还是很好的。

SZ高校的Y教师提道:

我校有一位老师赴"一带一路"沿线国家参与教学,但"一带一路"倡议与乡村振兴一样落脚点不太好落。

ST 高校的 Z 教师提道：

在合作办学方面，我校尝试了一些具体实践，针对"一带一路"所做的实践，2017 年年底举办"一带一路"沿线国家铁路职业教育工作人员"请进来"活动，本着"一带一路"铁路建设，组织他们到武汉高铁训练站做实践，到学校进行考察，进行文化交流。一方面介绍我们的职业教育，另一方面介绍我们中国铁路文化。2018 年派出 10 名教师去肯尼亚进行了为期六个月的培训。再一个是我们学校有 10 个学生通过了第三方测试，经过三次测试，一年来学生变化很大。我们教师、学生、带头人都有机会"走出去"，二级学院国际化等措施，这样的实践需要长期来做。这几年我们的领导班子亲自来抓，决心、信心特别大，这块还要做大，形成杠杆效应。国际"一带一路"教师外出研究条件很宽松，手续差不多需要三天，政府、学校都比较支持。我们的铁路有很多人受益，社会效益是成倍增加的。教育是有规律的，必须遵循。创新要符合实际。

四、西部高校服务"一带一路"倡议合作办学成效的学生就业

从表 2.48 可知，教师对"您所在高校合作办学培养的学生就业情况如何？"的回答中，7.2% 的教师选择"非常好"，30.5% 的教师选择"比较好"，35.9% 的教师选择"一般"，3.0% 的教师选择"比较差"，1.5% 的教师选择"非常差"，21.9% 的教师选择"不知道"。由此可见，大多数的西部高校合作办学培养的学生就业情况一般，还有部分教师对所在高校合作办学培养的学生就业情况不清楚。对此，西部高校应对合作办学培养的学生就业情况进行追踪调查，以便及时了解学生的就业动态。

表 2.48　教师对"您所在高校合作办学培养的学生就业情况如何?"的回答情况

选项	人数(人)	百分比(%)
非常好	78	7.2
比较好	331	30.5
一般	390	35.9
比较差	33	3.0
非常差	16	1.5
不知道	238	21.9

在实地调研中,提问 NY 高校的 X 教师是否对培养的留学生回国后的就业进行追踪时,他答道:

留学生主要学习临床医学专业,所以他们都要考执业医师资格证,印度在毕业的第一年就可以考,2019 年已经有两名学生在未毕业前就已经取得了执业医师资格证,也就意味着回国就可以考医生的职业,剩下的学生回国后,可以参加一年两次的考试,2017 年、2018 年的毕业生大概有 50% 考取执业医师资格证。

GL 高校的 Y 教师讲道:

随着"一带一路"倡议的深入实施,西部交通基础设施会迎来新的建设高峰。2015 年 4 月,我校土木学院路桥系与中铁四局宝兰客专双方通过深入广泛的了解,可进一步加强多方面合作,特别是通过产学研结合,促进学院与企业合作共赢。双方就学生实习培养基地协议书的签订、科研合作、学生就业等方面作了具体部署。

提问 SA 高校的 Z 教师是否对学生就业有过追踪调查时,他答道:

我校跟驻海外的公司联合培养是从 2016 年开始着手这项工作,2017 年是正式开始做。有过追踪,但是跨国难度大,做得不是十分理想。

部分来自"一带一路"沿线国家的留学生在西部高校完成阶段性学业后

选择留在中国,以下面两位留学生的故事为案例来看,西部高校服务"一带一路"倡议合作办学"引进来"的留学生就业初见成效。

案例1:落户西安的哈里德

自国家移民局成立以来,陕西首次为19位外籍高层次专家颁发外国人永久居留身份证,哈里德就是其中一位。哈里德,Khaled Mohammed Musleh Mesmar,也门籍,陕汽海外营销勇士,西安市优秀外国专家,1995年至1999年于长安大学专攻汽车工程专业。2000年至2003年攻读硕士研究生学位。硕士毕业后继续于长安大学攻读博士学位,2007年顺利毕业。在读期间多次获校级"优秀留学生"称号,2016年11月29日,获2016年"西安市优秀外国专家奖"。博士毕业后,哈里德从事汽车出口工作,经过他和同事近十年的不懈努力,中东地区很多国家的工地上都出现了陕汽重型卡车的身影。

案例2:留在中国的工程师戈普塔

戈普塔,Pramod Kumar Gupta,来自尼泊尔,是长安大学1999级的本科生、2003级的一名研究生,专业为公路与城市道路。在校学习期间,他踏实努力,成绩优异,多次获得"优秀留学生奖"等荣誉,是一位名副其实的学霸。戈普塔2006年从长安大学毕业后,在西安中交第一公路勘察设计院工作,是一公院BIM技术研发与应用中心总工程师。主要从事勘察设计、新技术研发应用工作。2018年,中国交建企业文化部、海外事业部、人力资源部联合发起,委托团委具体组织了"2016—2017年度十佳外籍青年员工评选"活动。经过投票评选,戈普塔以3902票的高票数获得此项荣誉。

五、西部高校服务"一带一路"倡议合作办学成效的参与意愿

从表2.49可知,教师对"您是否愿意加入学校合作办学的师资队伍当中?"的回答中,23.1%的教师选择"非常愿意",44.4%的教师选择"比较愿意",26.3%的教师选择"不确定",3.6%的教师选择"不太愿意",2.6%的教师选择"不愿意"。由此可见,绝大多数的教师愿意参与学校合作办学,但也有

少部分的教师不愿意加入学校合作办学的师资队伍。可见,西部高校应帮助教师正确认知合作办学,增加教师的职业认同感和责任感。

表2.49　教师对"您是否愿意加入学校合作办学的师资队伍当中?"的回答情况

选项	人数(人)	百分比(%)
非常愿意	251	23.1
比较愿意	482	44.4
不确定	286	26.3
不太愿意	39	3.6
不愿意	28	2.6

小　　结

从对西部高校服务"一带一路"倡议合作办学的教育理念、师资状况、课程设置和留学生培养规模四个方面的调查结果分析来看,部分西部高校与"一带一路"沿线国家有一定程度的合作办学,但合作办学的深度和广度明显不足。大部分西部高校教师对相关的课程与教学并不熟知,在整体办学水平和规模上,都还有较大的提升空间。从合作办学人才培养成效来看,效果不显著,应该在扩大合作办学规模的基础上提升内涵发展,提高办学质量。整体而言,西部高校师资的国际化水平仍存在较大的提升空间,特别是对外籍教师的吸引力不足,迫切需要从政策优待和制度规范方面进一步完善。从学生方面来看,合作办学所培养的学生并无明显就业优势,这可以通过进一步追踪和加强完善学生课程教学质量监控体系来提升。从教师参与合作办学意愿来看,西部高校教师参与合作办学课程教学工作的意愿并不强烈,可以通过调整评价机制和加强办学吸引力来增强。因此,西部高校应积极探索国际招生改革、接轨世界遴选体系、全面提升国际教育质量。

第三章　西部高校服务"一带一路"倡议内部条件和外部环境分析

随着经济全球化的深入发展,各国之间的联系从来没有像今天这样紧密,人类越来越成为你中有我、我中有你的命运共同体,整个国际社会高度依赖。当前,中国已成为世界第二大经济体、第一大制造业和货物贸易国。中国的前途命运与世界的前途命运前所未有地紧密联系在一起,已经越来越接近世界政治经济体系中心。我们不仅要抓住当前和平、发展、合作、共赢的时代机遇进一步发展自己,同时也秉持亲诚惠容的理念,实施更加积极主动的开放型全球战略,以更加积极的姿态参与多边经贸事务和全球性问题治理,让周边国家和人民分享更多中国改革开放的红利,努力为世界和平与发展善尽义务、多作贡献,为世界贡献更多中国智慧、中国方案、中国力量,与世界各国共同分享发展机遇,共同应对各种挑战。在这样的时代背景下,作为推动我国从世界政治经济体系边缘走向中心的国家级顶层战略——"一带一路"倡议应运而生,成为历史与时代发展的必然之路。在这世纪性的系统大工程中,中国高等教育应以更加积极主动的姿态推动"一带一路"沿线国家的政治互信、经贸合作和文化交流。

"一带一路"倡议为西部高校发展带来重要机遇,特别是与我国西部毗邻的中亚、西亚等国家是"一带一路"倡议的重要推动区域,而这些国家的人才和技术相对短缺,高等教育相对薄弱,对高质量的高等教育有着强烈需求,这为西部高校与"一带一路"沿线国家在教育、科技、文化等方面开展全方位合作交流提供了前所未有的发展机遇。

《愿景与行动》明确"一带一路"建设的合作重点是"五通"——政策沟通、设施联通、贸易畅通、资金融通和民心相通。其中,民心相通是"一带一路"建设的社会根基。教育交流为沿线国家民心相通架设桥梁,是"一带一路"倡议的重要组成部分。高等教育具有人才培养、社会服务、科学研究和对外交流等功能,是"一带一路"沿线国家教育合作的主要领域。2015 年 5 月,由西安交通大学发起、20 多个国家和地区近百所高校积极响应的"新丝绸之路大学联盟"正式成立,与会各方联合发布《西安宣言》,推动了"丝绸之路经济带"沿线高校和学术机构在教育、科技、人文领域的交流与合作。2016 年 4 月,"新丝绸之路大学联盟"常务理事会发布《西安共识》,提出开展宽领域、多层次的高等教育合作交流。2015 年 10 月,来自俄罗斯、韩国、苏丹、乌克兰、土耳其、马来西亚、吉尔吉斯斯坦和中国等 8 个"一带一路"沿线国家的 47 所高校联合发布《敦煌共识》,决定共同打造"一带一路"高等教育共同体。2017 年 5 月,习近平主席在"一带一路"国际合作高峰论坛发表《携手推进"一带一路"建设》主旨演讲中提出,"一带一路"建设是沿线国家携手构筑"人类命运共同体"的文明之路。只有多元文明的交流、互鉴和共存,超越因差异带来的隔阂、冲突和优越,才能更好地推动各国相互理解、相互尊重、相互信任。在教育领域,要推动更广泛的合作,扩大互派留学生规模,提升国际合作办学水平;在文化、体育卫生领域,要创新合作模式,推动务实项目;在整体人文交流领域,更要建立多层次的合作机制,推动平台建设和渠道拓展等方面的深入交流与合作。①

一段时间以来,有关全球化和逆全球化的议论不绝于耳,但是高等教育

① 习近平:《携手推进"一带一路"建设——在"一带一路"国际合作高峰论坛开幕式上的演讲》,《光明日报》2017 年 5 月 15 日。

国际化发展的大趋势已不可逆转。更为可喜的是,在这一过程中,中国大学的崛起已被广泛认可,成为世界文明沟通与交流中积极有益的重要力量。"一带一路"倡议,为中国高等教育国际化加速发展提供了新的历史机遇。

第一节 西部高校服务"一带一路"倡议内部条件分析

西部地区是指我国包括重庆、四川、贵州、云南、西藏、陕西、甘肃、宁夏、青海、新疆、广西和内蒙古在内的 12 个省级行政区地区,土地面积达 689 万平方公里,占全国总面积的 71.8%;人口约 3.77 亿,占全国总人口的 27.12%。2020 年,西部地区有普通高校 701 所,占全国总数的 25.60%;有普通本专科在校生 847.23 万人,占全国总数的 27.79%;专任教师(不含行政、教辅、工勤及科研机构、校办企业、其他附设机构人员)44.28 万人,占全国总数的 23.90%[①]。在"西部大开发战略"持续深入推进下,西部地区的经济社会得到快速发展,逐步摆脱了"贫穷落后"的局面。为推进西部地区高等教育(以下简称"西部高等教育")发展,国家先后实施了"对口支援西部地区高等学校计划"、"中西部高等教育振兴计划(2012—2020 年)"、"中西部高校提升综合实力工程"("一省一校"国家重点建设大学)、"中西部高校基础能力建设工程"、"省部共建高校"等一系列重大举措,西部地区地方政府和高校也各显神通奋力推进,西部高等教育整体实力和办学水平得到极大提升。尽管如此,在建设高等教育强国目标下,西部高等教育发展水平与东中部发达地区相比仍有较大差距,甚至部分核心指标的差距还呈现出进一步加大的趋势。单从"双一流"建设视角看,西部地区就存在"双一流"建设高校数量少、一流学科建设高校比例低、一流学科数量显著偏少、"双一流"建设经费投入缺乏竞争力等差距,西部高等教育振兴仍在路上。为此,《中国教育现代化 2035》及《加快

---

① 《教育部 2020 年教育统计数据》,2021 年 8 月 30 日,见 http://www.moe.gov.cn/jyb_sjzl/moe_560/2020/gedi/。

推进教育现代化实施方案(2018—2022年)》继续将"振兴中西部地区高等教育"作为一项重要内容。特别是在"一带一路"倡议深入实施背景下,西部地区也从相对闭塞的内陆变成了对外开放的前沿,西部高等教育在服务"一带一路"倡议实施中的作用也越来越重要。

一是西部高等教育是"一带一路"倡议背景下人文沟通的重要载体。"一带一路"建设是在"丝路精神"的引导下与沿线国家进行贸易往来,"丝路精神"以深厚的中国文化为精神底蕴,尊重文明多样性,旨在促进不同国家、不同地区的文化交流与经济发展。西部地区地域面积辽阔,与蒙古、阿富汗、尼泊尔等12个国家接壤,是推动"一带一路"建设的重要区域,需要借助人文沟通的载体全面了解不同地区、不同阶层的民众需求与意愿。西部高等教育承担着把传统文化与当下"一带一路"倡议结合来发展新经济的使命。高校是人才国际交流培养的主要阵地,在2017年中共中央和国务院印发的《关于加强和改进新形势下高校思想政治工作的意见》中,首次将国际交流合作确定为高校的第五项职能,并且更加注重高校在人文外交中的纽带作用。

二是西部高等教育应是"一带一路"倡议中专业人才的重要供给。"一带一路"倡议在促进国际经济、文化和技术交流,形成良好的区域性经贸互动的同时,对国际贸易人才需求量越来越大。语言沟通是战略合作发展的桥梁,特别是在具体贸易活动中,通晓当地语言能快速建立利益相关体的联系,而目前西部高校在小语种人才的培养上还不足够供应市场需求。"一带一路"正在形成除大西洋贸易轴心和太平洋贸易轴心之外、新的以亚欧为核心的全球第三大贸易轴心。"一带一路"区域国家经济增长对跨境贸易的依赖程度较高,2000年到2012年各国平均外贸依存度从32.6%增长到34.5%,远高于全球同期平均水平的24.3%。"丝绸之路经济带"的建设是亚洲基础设施投资银行成立后的首个项目,中国从2010年以来就已经成为对外经济贸易强国,而投资贸易合作也是"一带一路"建设的重点内容,这种情况下,就急需大量懂得资本运作、货币流通、贸易规则制定、通晓国际规则的人才。[①]

三是西部高等教育是推动"一带一路"沿线国家科技合作实现教育平台开放的重要力量。高校是既深谙教育教学规律和人才成长规律,又具有较强科研能力和深厚学养的人才队伍。高校人才队伍不仅体量大,且专业覆盖面广,是高层次人才的聚集地。其次,高校还有科研平台汇集的优势。科研平台是高校汇聚人才、培养人才、进行科学研究的重要基地,可以满足不同专业、不同层次人才培养的需求。此外,高校因其具有极大包容性,允许不同文化和思维方式进行交流、碰撞,更易产生新的思想、观点及科研成果。西部高等教育可以为"一带一路"建设提供科学技术及人才资源,培养高层次经济管理人才,并担负起科技合作中技术创新的使命。

一、西部高校学科和专业建设分析

学科和专业发展水平是衡量一所高校实力的标杆,是高校开展人才培养、科学研究、社会服务和文化传承等诸多使命的基础。西部地区高等教育的可持续发展需要充分发挥其传统优势学科的作用。

(一) 西部地区一流建设学科的基本情况

2017 年 9 月,教育部公布了"双一流"建设学科名单,西部地区 12 省(自治区、直辖市)共计 28 所高校、51 个学科进入名单(见表 3.1)。四川省共有 8 所高校进入"双一流"建设学科名单,其中四川大学 6 个学科进入"双一流"建设学科名单,且医学类学科发展前景可观。陕西省省有 8 所高校进入"双一流"建设学科名单,其中西安交通大学 8 个学科进入名单,且工科类学科所占比重较大。

在西部地区的一流建设学科中,值得关注的学科有:贵州大学的植物保

---

① 瞿振元:《"一带一路"建设与国家教育新使命》,《光明日报》2015 年 8 月 13 日。

护(自定)、云南大学的民族学和生态学、西藏大学的生态学(自定)、西北大学的地质学、兰州大学的草学与大气科学、内蒙古大学的生物学、广西大学的土木工程(自定)和宁夏大学的化学工程与技术(自定)等,这些学科有的是该地区的"唯一"一流学科,有的是该地区的特色一流学科。

表 3.1　西部"双一流"建设名单(根据教育部"双一流"名单整理)

类型	西部高校名单	一流学科
A类 (共6所)	四川大学	数学、化学、材料科学与工程、基础医学、口腔医学、护理学
	重庆大学	机械工程(自定)、电气工程(自定)、土木工程(自定)
	电子科技大学	电子科学与技术、信息与通信工程
	西北工业大学	机械工程、材料科学与工程
	西安交通大学	力学、机械工程、材料科学与工程、动力工程与工程热物理、电气工程、信息与通信工程、管理科学与工程、工商管理
	兰州大学	化学、大气科学、生态学、草学
B类 (共3所)	云南大学	民族学、生态学
	西北农林科技大学	农学
	新疆大学	马克思主义理论(自定)、化学(自定)、计算机科学与技术(自定)
一流学科 建设高校 (共19所)	内蒙古大学	生物学
	广西大学	土木工程(自定)
	西南交通大学	交通运输工程
	西南石油大学	石油与天然气工程
	成都理工大学	地质学
	成都中医药大学	中药学
	西南大学	生物学
	西南财经大学	应用经济学(自定)
	贵州大学	植物保护(自定)
	西藏大学	生态学(自定)
	西北大学	地质学
	西安电子科技大学	信息与通信工程、计算机科学与技术
	长安大学	交通运输工程(自定)
	陕西师范大学	中国语言文学(自定)

续表

类型	西部高校名单	一流学科
一流学科建设高校（共19所）	青海大学	生态学（自定）
	宁夏大学	化学工程与技术（自定）
	石河子大学	化学工程与技术（自定）
	四川农业大学	作物学（自定）
	空军军医大学（第四军医大学）	临床医学（自定）
小计	28	51

在西部地区的一流学科中,有 2 个法学学科,即云南大学的民族学和新疆大学的马克思主义理论（自定）;2 个管理学学科,即西安交通大学的工商管理和管理科学与工程;4 个农学学科,即贵州大学的植物保护（自定）、西北农林科技大学的农学、兰州大学的草学和四川农业大学的作物学（自定）。

在全国高校第四轮学科评估中,西部地区 50 个一流建设学科中有 9 个被评为 A+,分别是四川大学的口腔医学,西南交通大学的交通运输工程,电子科技大学的电子科学与技术、信息与通信工程,西南石油大学的石油与天然气工程,西安交通大学的动力工程与工程热物理、电气工程,云南大学的民族学和兰州大学的草学。学科评估不仅进一步推动了高校的学科建设,还增强了西部地区的发展自信,为"双一流"学科建设提供了充足的发展动力。

（二）西部地区学科和专业建设的优势

1. 构建了一批学科高地

近年来,西部高校在学科专业发展方面,大力强化优势学科,积极扶持特色学科,在学科积淀与学科特色的基础上,瞄准国家、西部经济社会和行业发展需求,不断凝练学科方向,以特色学科、特色专业、重点学科建设为核心,区分层次,突出重点,逐步壮大了自己的特色学科,构筑了一批学科高地。

2.学科建设以川陕两地为主力

无论是学科数量还是学科类别,四川和陕西两地都是数量最为集中且类别最丰富的地区(见表3.2)。陕西省的工学优势突出,包括力学、机械工程、动力工程与工程热物理、电气工程、信息与通信工程和交通工程。同时,陕西省也是西部地区经济社会发展的"第一阶梯"和"桥头堡",拥有"三纵四横五辐射"的公路与铁路交通网络,区位优势和交通优势为该省高校工学类学科的发展提供了独特的资源条件。除此之外,陕西省的自然资源丰富,储量大,有其独特的发展优势。同时,伴随西部大开发,一批工业重点基建、技改项目相继投产,依托政治优势,也促使陕西省高校学科建设全面展开。

四川省高校的一流学科涵盖了理学、工学、理/工学、医学、理/医学、农学、经济学7个学科类别。该省高校的理学和工学是目前数量多且发展质量好的学科类别,主要包括交通运输工程、电子科学与技术、信息与通信工程、石油与天然气工程和地质学,并且前4个学科都跻身于全国高校第四轮学科评估A+行列。四川省是西南、西北和中部地区的重要结合点,是连接中国南部和中部、西南和西北,沟通中亚、南亚和东南亚的重要交会点和交通走廊。作为促进国家发展的交通要塞,这样的区位优势为高校学科的发展提供了绝佳的机会。同时,四川省丰富的矿产资源和生物资源为研究提供了原材料,极大地促进了学科的发展。

表3.2 西部地区一流建设学科类别与数量统计表(注:每个地区相同学科不重复计算)

省份	理学	工学	理/工学	医学	理/医学	农学	经济学	法学	管理学	文学
陕西	1	6	2			1			2	1
四川	3	3	2	2	2	1	1			
云南	1							1		
贵州						1				
广西		1								

省份	理学	工学	理/工学	医学	理/医学	农学	经济学	法学	管理学	文学
甘肃	3					1				
青海	1									
宁夏		1								
西藏	1									
新疆	1	1	1					1		
内蒙古	1									
重庆	1	3								

3. 学科建设以区域优势资源为依托差异化发展

学科发展同质化是目前许多高校发展所遇到的瓶颈,而西部地区的自然资源优势为当地高校学科差异化发展提供了有利条件。学科发展差异化是特色化的体现,差异化发展需要找准区域优势和学科发展之间的结合点,例如西安石油大学在学科建设方面,紧密结合陕西省支柱产业——能源化工产业的需求,依托行业特色学科,在陕西省油气勘探、石油机械、石油化工、测控仪器等领域形成了一批省级重点学科,并在此基础上与长庆油田公司、陕西延长石油集团、长庆石化公司等能源化工企业进行深度合作,取得了很好的社会效益和经济效益。享有"天府之国"称号的四川省盛产中药,有"无川药不成方"的说法,在中草药资源中占有 3 个第一:蕴藏量全国第一、常用的中药品种全国第一和道地药材种类全国第一。因此,该省高校的医学类学科发展与当地丰富的中药材资源密不可分,而且对中药材的开发、研究和利用的重视也促进了区域内医学类学科的发展。云南省是中国少数民族分布最多的省份,这给民族学的研究提供了非常便利的条件,促进了云南大学的民族学一流建设学科建设与发展。草学是集资源科学、生态环境和草地畜牧业生产于一体的综合性学科,甘肃省作为全国六大牧区之一,有着丰富的生物资源,得天独厚的自然环境为草学的发展提供了天时地利。除此之外,还有很多高校的一流建设学科都是依靠当地的资源条件而逐步发展起来的。

学科发展不仅要充分利用当地的自然资源,还要加强学科、科研和教学事业的联系。任何学科发展都要结合自身实际,通过教学科研实现其自身价值,为社会培养人才,造福社会。比如,兰州大学按照"兴文、厚理、拓工、精农、强医"的学科发展思路,着力构建门类齐全、结构合理、特色鲜明的学科体系。学校有 8 个国家重点学科,2 个国家重点(培育)学科。化学、大气科学、生态学、草学 4 个学科入选世界一流学科建设名单。化学、物理学、材料科学、地球科学、植物学与动物学、数学、工程学、生物学与生物化学、环境和生态学、临床医学、药理学与毒物学、农业科学以及社会科学总论等 13 个学科进入 ESI 全球前 1%,其中化学学科进入 ESI 全球前 1‰。[①]因此,一流学科建设一定要依托当地的特色资源,在充分调动各方面资源的基础上,达到自然与人文的完美融合,最终实现学科的差异化发展。

4. 学科建设拥有长期的历史积淀

学科的发展需要遵循生命节律、进化法则,稳步推进。回顾西部一流学科的发展史,几乎都有一个漫长的学术积累过程,这样充满艰辛的发展轨迹其实是学科生命体的进化史。学科生命体的进化过程是一流学科发展的根基,西部高校的一流学科正是继承和发展了这一使命才成长起来的。例如,四川农业大学起源于 1906 年在成都成立的四川通省农业学堂,最初就开设了农学、蚕桑和林业的大学预科和本科课程,该校的农学类学科早在建立初期就已经得到重视。此后历经四川高等农业学校(1912 年)、四川公立农业专门学校(1914 年)、公立四川大学农科学院(1927 年)、四川省立农学院(1932年)、国立四川大学农学院(1935 年)、四川大学农学院(1950 年)等多个历史发展阶段。1956 年四川大学农学院整体迁至原西康省(1955 年撤销)省会雅安,独立建校为四川农学院,1985 年更名为四川农业大学,2001 年四川省林业学校整体并入。学校在长期的发展过程中都坚持将农学类学科作为重点发

① 《兰州大学校情概览》,2022 年 1 月,见 http://www.lzu.edu.cn/static/xqgl/。

展学科。如今,四川农业大学的农学类学科发展势头强劲,农业科学、植物学与动物学、环境科学与生态学 3 个学科 ESI 排名持续稳定保持世界前 1%,农学 2021 年入围软科一流学科排名世界前 40 强。2018 年作物学入选全国高等院校学科创新引智计划(111 计划)。这些成绩的取得,离不开学校自建校以来对农学类学科的持续强化发展,历史积淀为农学类学科的发展提供了良好的条件和经验。[①] 学科的发展需要坚持知识发展的方向和规律。学科的本质是知识,知识是学科发展的立命之本,学科知识是一流学科建设需要坚持的核心。例如,云南大学生态学与进化生物学已掌握了生态与保护生物学的发展趋势,处于国内外领先水平。从物种之间的关系入手,在进化生态学、进化发育生物学和保护生物学领域开展研究,揭示生物物种形成和演化过程中物种与生态的演变过程,以及地质历史变化和环境变化之间的相互作用,为深入理解物种的起源、发展和演变及其与生态环境的关系,以及合理利用和保护生物资源等提供了科学依据。在教育部第四轮学科评估中,云南大学生态学获评 A- 类学科,形成了以生态学、生物学、特色资源开发与环境保护等为优势特色,学科较为齐全,人才密集的学科专业体系。[②] 因此,学科发展要不断适应科学研究前沿领域的变化,并根据社会发展需求,在原有学科基础上不断推进学科发展。西部一流建设学科顺应社会和学科领域变化不断更新,取得了巨大成就。

5. 学科建设以服务国家战略需求为契机

国家战略是高校发展的顶层设计,一流学科建设要紧紧跟随顶层设计的指引,这样才能促进学科的发展进步。在西部大开发背景下,从西部地区"十大工程"建设到青藏铁路建设,从西气东输到西电东送工程,从西部大型机场建设到铁路和公路建设的全面启动,从大规模的城市基础设施建设到大面积的退耕还林还草试点,这些举措不仅推动了西部地区的经济繁荣,也为高等

---

① 《四川农业大学学校简介》,2022 年 2 月,见 http://www.sicau.edu.cn/xxgk/xxjj.htm。

② 《云南大学学校简介》,2022 年 3 月,见 http://www.ynu.edu.cn/xxgk/xxjj.htm。

教育的发展带来了新的机遇和挑战。首先,西部大开发为高等教育的发展提供了直接的机遇、条件和资源。退耕还林还草为高校研究当地的生态发展和生态平衡提供了政策性和实践性的资源,西电东送工程和交通方式的变革等为高校的工科类学科发展创造了条件性基础,正是有这些丰富的资源,西部高校一流学科的发展才能有坚实的支撑。其次,高校一流学科建设为西部大开发提供了理论支持。纵观西部高校的一流学科,学科的前沿性和当地的资源条件关联很大。学科发展为西部地区发展提供了更有针对性和可操作性的理论指导,有力地推动了西部大开发的宏伟蓝图落地。西部高校能够充分而合理地利用资源促进学科的发展进步,一流学科建设又促进了对当地资源的合理利用,两者相辅相成。

(三) 西部地区学科和专业建设的劣势

1. 学科发展水平不高,优质高等教育资源严重匮乏

由于办学经费不足、高水平人才流失严重,西部地区地方院校的发展举步维艰。偏安一隅,办学理念滞后,对学科建设的重要性认识不足,学科建设定位不准。一些地方院校认为学科建设是为研究生教育服务,专业建设才是为本科生教育服务,因此地方院校更注重专业建设,从而忽视了学科建设,导致西部地方院校的优质高等教育资源严重匮乏。西部 12 个省(自治区、直辖市)的全国重点学科之和不到北京市的 20%。西部的重点学科又集中在部属院校,西部地方院校的全国重点学科仅为西部高校的 1/3。西部12 个省(自治区、直辖市)的全国重点实验室之和也只有北京市的 50%,西部地方院校的全国重点实验室仅为西部高校重点实验室的 1/4。同时,西部地方院校的学科建设发展呈自由、散漫状态,统筹发展的系统性不足,基础相对薄弱,学科实力不强,布局结构不尽合理,发展不均衡,特色不鲜明,优势不明显,学科团队尚未形成,缺乏可持续发展动力,人才队伍缺乏向心力和凝聚力。

2. 整体水平显著偏低

西部地区一流学科建设高校所占比例低。一流学科建设高校共 95 所, 其中东部地区 47 所, 东北地区 7 所, 中部地区 11 所, 西部地区 19 所, 西部地区仅占 20%, 低于北京市拥有的 22 所。在西部 12 个省(自治区、直辖市)中, 云南省和甘肃省没有一流学科建设高校, 也是全国仅有的两个没有一流学科建设高校的省份。西部地方高校一流学科数量偏低。在一流学科建设名单中, 137 所高校共计 465 个学科入选, 分布于 108 个学科领域。其中西部地区共有 51 个学科入选, 占全国的 10.75%。除去西安交通大学 8 个、四川大学 6 个、兰州大学 3 个和重庆大学 3 个, 其余 6 省只有一个入选一流学科。相较于清华的 41 个、北大的 34 个, 西部地区一流学科数量总和不及清华、北大总和。从"双一流"相关的第四轮学科评估结果来看(见表 3.3), 西部地区一流大学无论是 A- 及以上学科数还是 B+ 及以上学科数, 除去四川大学和西安交通大学外, 都远低于全国平均数。

表 3.3 西部地区一流大学学科评估结果

学校	A+	A	A-	A- 及以上	B+ 及以上
重庆大学	0	0	3	3	17
四川大学	1	1	14	16	28
西安交通大学	2	4	8	14	20
电子科技大学	2	1	1	4	9
西北工业大学	1	1	1	3	9
全国均值	3	2	6	12	22

3. 学术团队力量薄弱

一流的学术团队是一流学科的代名词。从理论上看, 一流的学术团队在人才结构上应呈现梯队性, 包括高端领军人物、稳定的中坚力量和优质的后备力量。团队要实现效率最大化依靠的是科学的团队管理。建设一流学术团队有三种方法: 一是靠外部引进, 二是靠内部培育, 三是靠科学管理。西部地方高校在学术团队建设方面,总体实力有所增强,但是与部属高校相比,并未从根本上得到改善,形势反而更加严峻。从高端领军人物引进上来说,西部地方高校在领军人物方面存在比较大的缺口。在西部地方高校中领军人物的比例只占到 1%,相对于东部沿海城市的 5% 来说差距较大。在高端人才引进方面也存在比较大的困难,人才流动的决定因素是多方面的,不仅局限于薪酬待遇,出现了即使西部部分地方高校开出了百万年薪、千万豪宅,也没有吸引到顶尖学者的情况。与此同时,西部地方高校的资金大部分来源于当地政府支持,而西部经济发展比较落后,西部地方高校学科建设资金相对较少。从人才的内部培育上来说,西部地方高校目前没有完善的人才成长机制,而人才培育需要的周期比较长,西部地方高校在发展过程中不够重视人才培育,内生性不强。

4. 学科建设的科研条件有待改善

工欲善其事,必先利其器。以仪器设备为标志的资源条件是学生和学者研究探索必不可少的工具。目前科研条件包括不同级别社科基地、实验室、工程开发中心和图书数据库等。随着创新型国家建设进程的持续展开,高校在开展科学前沿重大工程研究和创新人才的培养中越来越重视和依赖学科研究设备平台的搭建。一流学科的建设必须拥有先进的学科科研平台、基地实验室等。剑桥大学之所以能在近代物理发展中作出杰出贡献,培养出 20 余位诺贝尔奖获得者,离不开世界著名的卡文迪许实验室。美国加州大学伯克利分校之所以以"卓越"闻名于世,这要归功于拥有涵盖生命科学、物理学等多个学科的劳伦斯伯克利国家实验室。对于西部地方高校而言,首先缺乏的是高级别的科研平台,缺乏基础的人文社科实验基地。另外,西部地方高校由于平台建设没有落到实处,导致形式存在而实质不存在,没有起到实际作用。

5. 学科研究方向趋同

西部地方高校的地理位置和综合实力都决定了其办学定位要充分考虑

其地方性和区域性,遵循历史传统和行业特色,服务地方。然而也存在一个不争的事实,那就是西部地方高校研究方向的"雷同"现象比较突出。部分院校的办学特色在过去"扩规模,改校名"大潮中被淡化、弱化,学科研究的趋同使人才培养与当地经济发展需求严重脱节。一方面是地方院校按照综合性重点大学的办学思路来办学,在资源不足的情况下盲目追求规模大、学科全,导致研究思路和人才培养同综合性大学趋同化,对自身的特色挖掘不足。另一方面是专业设置的同质化。通过对西部地方高校的官方网站、招生简章等相关资料的分析发现,90%的高校设置了计算机应用技术专业和学前教育专业,85%的高校设置了英语、旅游管理、市场营销专业,78%的高校设置了电子商务、酒店管理专业,50%的高校设置了电子信息工程、物流管理专业。

6. 科研成果评价机制不科学

高校科研成果评价体系有重要的导向作用,健全的科研评价体系是发达国家科技创新能力快速发展的重要原因。科研评价是高校科研发展的重要风向标,体现了高校学科研究与管理的功能定位和价值取向,关系到高校的科研定位和特色发展,是高校学术自由和科研潜能的重要表现。《国家教育事业发展"十三五"规划》明确指出,加强教师队伍建设,完善教师管理制度。完善教育质量标准、评价体系和质量监测制度,构筑质量保障体系。改进教师考核评价制度,建立符合教师岗位特点的评价机制,推进高校教师考核评价制度改革。[①]西部地方高校的科研成果评价主要有以下两个方面的问题:一是重数量轻质量。重数量轻质量是当今科研体系中存在的最为普遍的问题,导致高校教师急功近利,追求低质量高数量的学术产出。二是重形式轻实质。西部地方高校逐渐形成了唯核心、唯 SCI 是从的评价标准,教师的工资和职称评定都与在权威期刊发表文章的数量密不可分,忽视对科研质量、学

---

① 《国务院印发〈国家教育事业发展"十三五"规划〉》,《光明日报》2017 年 1 月 20 日。

术品格等的考量。

7. 学科建设缺乏科学规划

西部高校的决策者们在学科规划中,一方面有办高水平大学的良好愿望,另一方面却由于找不准自己的位置而出现盲目攀比的现象。学科规划的盲目性和趋同性,致使原有的学科发展特色也在逐步消失或异化。在调研中发现,很多西部高校提到"多学科协调发展",但此定位实际上还是较为模糊,如9所陕西地方行业特色工科院校从总体发展目标定位上看,除了个别院校具体提出了特色定位外,其余大学基本都是要发展成诸如"高水平大学""教学研究型大学""国际知名大学""国内一流大学""多学科大学"等,而对自身的优势和特色学科凝练不足。

二、西部高校师资队伍建设分析

师资队伍是学科建设和专业建设的基础,是高等院校最具核心竞争力的资源。目前,西部高校师资队伍建设虽然有了长足的进步,但与其自身发展需求相比还有较大差距,需要长期的建设和发展。

(一) 师资队伍建设的优势

1. 师资队伍建设方向明确

通过对西部地区8个省(自治区)34所高校的调研数据统计分析,我们可以发现,西部高校经历了前期的办学积累和转型发展的探索,目前新形势下的办学定位都比较清晰明了,有明确的奋斗目标,制定了"一带一路"倡议背景下学校的发展战略,避免了以往贪大求全、不顾自身实际盲目竞争的同质化局面,优化了资源配置,集中精力进行特色化应用转型发展。学校应用转型发展目标明晰,师资队伍建设方向也随之厘定,围绕"应用型、服务型、开放态、国际化"旗帜鲜明地展开,有利于提高建设效率,从顶层设计上保证了师资队伍建设的方向。

2. 高校数量逐年增加,良好的学科布局基本形成

回顾历史,40 多年来,从重点政策实施到东西部高校对口支援计划的结对帮扶,再到《中西部高等教育振兴计划(2012—2020 年)》中的部省合建,西部高等教育在政府强力推动下取得了历史性的发展,为国家尤其是西部培养了近 2000 万高级专门人才,高等学校数量从 1987 年的 238 所增长到 2020 年的 734 所,占全国高校总数的 26.81%;专任教师数量从 1987 年的 8.5 万人增长到 2020 年的 44.28 余万人,占全国教师总数的 23.90%。[①] 尤其是 21 世纪以来,西部高等教育在《对口支援计划》和《中西部高等教育振兴计划(2012—2020 年)》的政策支持下取得了突破性的发展。

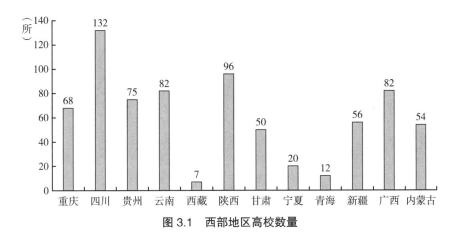

图 3.1　西部地区高校数量

从图 3.1 可以看出,西部高校主要集中在四川、陕西、云南、广西和贵州,这 5 个省区的高校数占西部高校总数的 63%。其中高校最集中的是四川省,有 119 所,占整个西部高校总数的 17%;其次为陕西省,有 95 所;高校数最少的是西藏自治区,仅有 7 所。

① 《教育部 2020 年教育统计数据》,2021 年 8 月 30 日,见 http://www.moe.gov.cn/jyb_sjzl/moe_560/2020/gedi/。

3. 高水平、高层次的师资队伍逐步形成

近年来,西部高校师资队伍建设成效显著。专任教师数量快速增长,专任教师中具有博士学位和副高级以上职称的教师数量逐年增加。根据《教育部教育事业统计年鉴2020》,截至2020年,734所西部高校共有博士96177人,正高级职称51376人,副高级职称125356人,[①] 高水平、高层次的师资队伍正在逐步形成。

4. 西部高校培育了一批高水平人才

经过多年的建设,西部高校紧紧抓住"一带一路"倡议的机遇,加大、加快师资队伍建设,引进和培育了一批高水平的学科顶尖人才和领军人才(见表3.4)。2017年至2019年新增中国科学院院士14人、中国工程院院士15人、"长江学者特聘教授"47人,2019年新增"国家杰青"19人,2018年入选"万人计划人才"160人,2017年获批"长江青年学者"33人,2019年获批"国家优青"68人,2017年获批"教育部创新团队"29个,2019年入选"科睿唯安高被引科学家"59人,2018年入选"爱思唯尔高被引学者"151人。随着这些领军人才的加入,西部高校的师资队伍水平提升到了一个新的高度。

表3.4　西部高校学科顶尖人才和领军人才数量

年份	2019	2019	2017	2019	2018	2017	2019	2017	2019	2018
项目	科学院院士	中科院院士	长江学者特聘教授	国家杰青	万人计划人才	长江青年学者	国家优青	教育部创新团队	科睿唯安高被引科学家	爱思唯尔高被引学者
陕西	2	4	4	6	52	14	22	6	21	44
云南	1	0	2	1	17	1	6	3	0	5
四川	1	2	8	6	36	10	21	29	65
甘肃	1	0	3	2	10	1	3	3	1	11

---

① 《教育部2020年教育统计数据》,2021年8月30日,见 http://www.moe.gov.cn/jyb_sjzl/moe_560/2020/gedi/202109/t20210903_558619.html。

续表

年份	2019	2019	2017	2019	2018	2017	2019	2017	2019	2018
项目	科学院院士	中科院院士	长江学者特聘教授	国家杰青	万人计划人才	长江青年学者	国家优青	教育部创新团队	科睿唯安高被引科学家	爱思唯尔高被引学者
新疆	1	0	0	0	7	1	2	3	0	1
重庆	0	0	5	4	24	5	11	2	5	21
贵州	0	0	1	0	3	1	0	3	2	1
青海	0	0	0	0	1	0	0	1	0	0
广西	0	0	0	0	8	0	2	1	1	3
宁夏	0	0	1	0	1	0	0	1	0	0
西藏	0	0	0	0	1	0	0	0	0	0
内蒙古	0	0	0	0	0	0	0	1	2	0
合计	6	6	24	19	160	33	68	29	59	151

（二）师资队伍建设的劣势

近年来,西部地区在提高高校师资队伍上做了很多努力,虽然高校的师资队伍建设整体上已取得长足进步,队伍的数量和素质得到了一定的提高,但是西部高校师资队伍还存在总量不足、流失严重、结构不合理、激励培训机制不健全等问题。

1.师资队伍总量不足

2003 年以来,普通高校的区域分布东、中、西布局不均衡。截至 2019 年,东部、中部和西部的普通高校总数分别为 1135 所、842 所、711 所,占全国普通高校总数比例分别为 42.23%、31.32%、26.45%,东部普通高校数是西部的1.72 倍左右。东中西地区普通高校占有教师资源存在较大差异,专任教师数量及高级职称人员的占有量呈现明显的不均衡现象。据统计,2019 年东部地区高等教育学校(不含民办)的专任教师数量是西部地区的 1.80 倍,而正高级职称数量东西部比值达 2.40。[①] 2020 年,全国高校数量为 2738 所,其中西部高校共有 734 所,所占的比重约为 26.81%。全国高校专任教师约有 183.30 万人,其中西部高校教师约有 42.59 万人,所占比重约为 23.24%。虽然西部高校教师数量有比较明显的增长,但是专职教师的数量相比于高校数占全国的比重仍然不足。[②]

2. 师资队伍结构不尽合理,传统优势和特色弱化

学历结构、职称结构合理的师资队伍是西部高校急需解决的问题。虽然各类高层次人才已经在高校得以选拔和培养,但是还没有形成合理的学术梯队,缺少骨干教师、具有国际影响力的著名学者和学科带头人。而且由于师资队伍规模的扩张,教师群体的专业背景、从业经历趋于多元化,原有的优势和特色学科师资力量不同程度受到削弱。整体上来看,专任教师的传统优势和特色呈逐渐弱化趋势,导致服务社会经济发展的能力不足。

3. 学科领军人物奇缺且分布不均

西部地方院校由于其自然环境、交通信息、生活条件较差,特别是学校的综合实力较弱,使得西部地方院校学科领军人物奇缺。西部地区 12 个省(自治区、直辖市)高校的院士数之和仅为北京的 1/4。西部高校校均博士数仅为 99 人,远远低于东部地区高校 150 人。[③] 此外,领军人才分布较为集中,如陕西的中国工程院院士、全国杰出专业技术人才、"百千万人才工程"国家级人才、对国家有突出贡献中青年专家、陕西省"百人计划""三秦学者"特聘教授等高层次优秀人才主要集中在西安交通大学、西安工业大学、西安电子科技大学与西北农林科技大学等区域高水平大学,其他学校几乎没有。

---

① 《深度分析! 2021 年中国高等教育行业建设现状与发展趋势分析 三大区域布局不均衡》,2021 年 3 月 25 日,见 https://www.sohu.com/a/457327301_473133。

② 《教育部 2020 年全国教育事业发展统计公报》,2021 年 8 月 30 日,见 http://www.moe.gov.cn/jyb_sjzl/Sjzlfztjgb/202108/t20210827_555004.html。

③ 《教育部 2020 年教育统计数据》,2021 年 8 月 30 日,见 http://www.moe.gov.cn/jyb_sjzl/moe_560/2020/。

4. 人才流失严重

西部地区的收入低、待遇差等原因致使高水平人才流失严重,特别是高学历、高职称的优秀教师"跑得更快",人员流动性大,骨干教师流失严重。首先,西部高校有大量高层次人才选择去经济发达地区或海外发展,众多院校出现人才短缺的现象,制约了经济发展和社会进步。其次,与经济较发达地区的高校相比,西部高校的科技创新平台层次较低,高水平创新成果较少,成果转化能力不强,这使得高层次人才很难被吸引来、留得住。再次,西部高校的优秀师资力量主要集中在传统优势学科专业,新增的学科专业因基础薄弱、经费投入不足、实验条件落后等,不易吸引优秀人才,致使学科间师资力量严重失衡,对提升教师创新能力造成很大影响。最后,由于西部普通高校具备博士授权资格者较少,培养高层次人才的能力有限。

5. 师资队伍建设经费不足

西部高校多处于经济较为落后的地市,普遍面临师资队伍建设经费不足的问题。在我国高校经费分配模式依然是以政府导向为主,尽管政府按照生均值划拨办学经费,但这对目前软硬件建设急缺经费的西部高校来讲是远远不够的。培养应用型人才和提升师资队伍建设水平、引进高层次人才需要有充足的经费作保障。此外,聘请校外专家学者讲学、承办各种学术交流会议及资助教师外出进修、学习等也需要大量经费的支持,这对办学经费来源较为单一化的西部高校而言的确是硬伤。

6. 师资队伍国际化水平不高

美国教育部在最新制定的教育国际化战略中高度强调:所有学生必须掌握"全球能力",这映射出国际教育的必要性与紧迫性。国际教育意味着办学的国际化,需要具有国际视野和背景的教师来保障人才培养质量。在联合国教科文组织发起的两次世界高等教育大会上,国际社会普遍认同和强调高等教育必须将国际、地区和各国的所有情况反映到自己的教学和科研之中,并将国际化维度渗透到课程、教学和学习过程之中。国际教育是"开放性"办学理念的应生产物,是提升内部核心竞争力的重要路径。然而,西部应用转型高校国际化办学经验不足,加之现有师资具有国外留学背景者较少,外出交流途径较为单一,外籍教师稀缺,师资队伍国际化水平整体不高,严重阻碍国际化办学目标的实现。

7. 师资队伍激励培训机制不健全

西部高校师资激励培训机制落后。管理者在制订教师培训计划时,培训模式和方法比较单一,没有合理考虑培训的内容和形式,制约了教师的多样化和个性化发展,导致高校教师的教育方式和教育理念与实际教学需求不匹配。另外,由于经费投入有限,办学条件落后,无法为中青年教师搭建理想的提升平台和科研教学环境,难以激发教师的积极性。

三、西部高校教学科研条件分析

随着"一带一路"倡议的不断深入,国家对西部高校的投入也在逐年增加,西部高校通过争取国家拨款、培育特色项目、校地、校企合作、对外合作办学等方式加快教学、科研基础设施建设,取得了可喜的成效。

(一)西部高校教学科研条件的优势

1. 教学科研条件得到显著改善

高水平的教学与研究条件是决定高校教学和科研实力的重要因素,是提高高校自身竞争实力的必要条件。随着之前"985 工程"、"211 工程"、"中西部高等教育振兴计划"、"双一流"高校建设计划和 2020 年中共中央、国务院印发的《关于新时代推进西部大开发形成新格局的指导意见》等项目的开展和持续推进,国家对西部高校的财政支持力度进一步加大,西部高校从科技发展和人才需求角度,对教学、科研等软硬件条件都进行了投资规划建设,占地面积、图书资料、仪器设备、教学设施、固定资产等方面都得到了很大的改善和提升(见表 3.5)。西部高校坚持面向世界科技前沿、面向国家重大需求、面向国民经济主战场,积极构建科技创新体系,组建了一批重点实验室,并培养了一批能够密切跟踪企业生产实践和科学发展前沿及关键技术的拔尖人才。同时,西部高校通过聘请企业高层次技术和管理人员参与教学和科研活动、建立教学实践基地等多种手段,有效提升了自身的教学科研软硬件条件。

表3.5　西部高校资产情况统计表

地区	占地面积 （平方米）	图书 （万册）	计算机数 （台）	教室 （间）	固定资产价值 （万元）
重庆	51351686.20	6837.95	335131	20055	6864601.15
四川	93526594.39	13244.62	567287	35417	10057480.39
贵州	44479224.60	5375.20	213125	21848	4225449.69
云南	42858312.93	6484.60	237464	20503	5513048.63
西藏	3848464.20	409.44	19915	916	323667.64
陕西	88495749.82	11486.25	547485	26557	10368191.12
甘肃	33289931.73	4079.03	181638	12056	3171510.32
宁夏	12168352.37	1173.84	67383	5129	1107338.99
青海	5390606.90	694.55	32911	1972	395770.97
新疆	38447189.13	3138.97	142527	12252	2364735.26
广西	52226860.31	6857.70	332940	18829	4727368.59
内蒙古	35810495.79	3729.37	199731	14040	3999058.70
合计	501893468.37	63511.52	2877537	189574	53118221.45

2. 师资队伍建设取得显著成绩

西部高校大力加强师资队伍建设,通过采取多项措施,吸引海内外高层次人才来西部地区创业,提升了西部高校师资队伍的整体实力,为提高办学水平奠定了基础。

一是西部高校师资队伍不断增加。西部高校教职工规模逐年扩大,2010年西部高校教职工数为48.27万人,到2019年教职工数增加至62.03万人,增幅达28.49%。西部高校专任教师数量增加,2010年至2019年,西部高校专任教师数量从 30.52 万人增长至 42.84 万人,十年间增长 12.32 万人,增幅达 40.37%,增幅较快的省份为贵州(85.51%)、广西(53.95%)、云南(56.63%)和重庆(46.56%);专任教师占普通高校教职工的比重也在逐年上升,至 2019 年西部高校专任教师占普通高校教职工总数的 69.06%,说明专任教师是西部高等教育机构中比重最大的资源。[1][2]

二是西部高校专任教师学历层次提升。西部高校博士、硕士学历的专任教师人数逐年上升,而本科及以下学历专任教师所占比例逐年下降。2013年西部高校博士学历专任教师人数为 4.98 万人,占总体专任教师比例为13.69%,至 2019 年博士学历专任教师人数为 9.09 万人,所占比例为 21.22%,增幅达 82.53%,博士学历专任教师增加较多的省份有内蒙古(96.60%)、广西(96.51%)、贵州(187%)、甘肃(93.58%)、宁夏(98.33%),除云南省之外其余省份增幅均超过全国平均水平(66.27%);硕士学历专任教师人数及所占比例也呈逐步增长趋势,其人数从 2010 年的 13.60 万人上升至 2019 年的 16.97万人,占比从 37.39% 增长至 39.61%,增幅达 24.78%。与此同时,西部高校本科及以下学历的专任教师人数在逐年下降,2010 年为 17.8 万人,到 2019 年减少至 16.78 万人,占比从 48.92% 减少至 39.17%,减少了近 10 个百分点。[3]

三是西部高校研发人员数量逐渐增加。随着国家及政府对西部高校科研经费投入力度的不断加大,不断改善西部高校科学研究软硬件环境,研发人员规模不断增加。西部高校科技及社科研究与发展全时人员从 2010 年的4.12 万人增加至 2019 年的 5.21 万人,十年间增幅达 26.47%。同时,2010 年西部高校研究与发展人员为 6.86 万人,发展至 2014 年为 7.39 万人,2019 年

---

[1] 赵叶珠、王静:《近二十年来我国高校专任教师学历结构变化分析》,《中国高教研究》2017 年第 1 期。

[2] 苟斐斐:《西部高等教育发展十年:成就、挑战及展望——〈国家中长期教育改革和发展规划纲要(2010—2020 年)〉实施之审视》,《民族高等教育研究》2022 年第 1 期。

[3] 苟斐斐:《西部高等教育发展十年:成就、挑战及展望——〈国家中长期教育改革和发展规划纲要(2010—2020 年)〉实施之审视》,《民族高等教育研究》2022 年第 1 期。

增长至 9.51 万人,增长幅度达 38.60%。

3. 教学科研信息化水平不断提升

西部高校教学科研信息化水平不断提升,表现在:一是高校拥有的计算机数量不断增加,2013 年至 2019 年,西部高校计算机拥有量从 203.96 万台增至 299.27 万台,增加 95.31 万,增幅达 46.73%。同时西部高校的生机比在下降,这意味着生均教学用计算机数量在提高。二是 2013 年至 2019 年,西部高校用于教学的网络多媒体教室数量在不断增加,从 6.81 万个增加至 11.14 万个,增加 4.33 万个,增幅为 63.58%。三是运行机制建设不断完善,西部高校在推进信息化建设中,其财力资源、师生信息素养、智能管理服务等不断发展。[①]

4. 教学科研服务社会的能力持续加强

西部高校教学科研服务社会的能力不断加强,科学技术转让合同金额不断增加。2010 年西部高校科学技术转让合同金额为 43.10 亿元,2014 年增加至 53.15 亿元,之后不断增加,至 2018 年为 107.24 亿元,增幅达 1.49 倍。此外,科技服务成为高校服务经济建设的重要一环,西部高校科技服务项目数不断提升,2010 年至 2018 年,科技服务项目数迅速增加,从 3860 项增至 11025 项,增幅达 1.86 倍,在全国占比从 14.44% 增加至 22.95%。同时,高等教育非学历培训毕(结)业人数不断增加。2010 年至 2014 年,高等教育非学历培训人数从 151.71 万人次增加至 266.80 万人次,增幅 76%,至 2019 年,四川、广西、贵州高校非学历培训人次已超过大部分中部地区高校,超 10 万人次。[②]

---

① 苟斐斐:《西部高等教育发展十年:成就、挑战及展望——〈国家中长期教育改革和发展规划纲要(2010—2020 年)〉实施之审视》,《民族高等教育研究》2022 年第 1 期。

② 苟斐斐:《西部高等教育发展十年:成就、挑战及展望——〈国家中长期教育改革和发展规划纲要(2010—2020 年)〉实施之审视》,《民族高等教育研究》2022 年第 1 期。

（二）西部高校教学科研条件的不足

1. 教学科研条件还有待进一步改善和提升

近十年来,西部高校在校学生规模迅速增长,虽然财政性教育经费投入总量也在逐年增加,但与实际需要仍有明显差距。尤其在校舍、实验室及图书资料等办学条件方面,生均教学面积和仪器设备、图书册数等都远低于东部地区,对教学科研条件的改善仍需大力加强。例如从重点实验室建设来看,国家级重点实验室数量还较低,拥有 93 所高校的陕西省只有 13 所高校有,其他 80 所高校没有一个国家级重点实验室。[①]省部共建教育部重点实验室也较少。所以无论在硬件投入上还是建设水平上,都有待进一步提升。总之,由于资金、技术、投入不到位,高层次科研人才的相对缺乏,与企业联系不紧密等原因,西部高校在教学科研条件建设方面任重道远。

2. 新校区资源未能有效改善西部地方行业特色高校的教学科研条件

目前,西部很多高校都进行了新校区的开发和建设,一些高校已经完成了基本建设和配套任务。新校区的投入使用,不同程度改善了西部高校的教学科研条件。但从目前运行的情况来看,由于资金问题、投入问题、高层次人才引进等相关问题,一些西部高校并没有科学有效地利用好新校区的资源,充分发挥好新校区的作用,使得新校区的资源未能有效改善西部高校的教学科研条件。同时,由于新校区建设使学校办学经费更加紧张,在一定程度上也影响了学校教学科研设备等条件建设的投入。

四、西部高校科研能力分析

随着"一带一路"倡议的持续推进,西部高校抓住机遇,加快高校的发展,通过各种途径引进高层次人才,提升学校的科研能力。近十年来,西部高校

---

① 《陕西高校省部级以上各类科研平台累计已达 400 余个》,2021 年 1 月 9 日,见 http://www.shx.chinanews.com.cn/news/2021/0109/81064.html。

的科研能力也有了较大的提升。

(一) 西部高校科研能力的优势

1. 西部"双一流"高校的论文发表数量有了较大提高

高校的科研能力主要由机构论文发表数量决定,论文发表数量越多,说明该机构的科研能力越强,对世界学术的贡献越大。目前,西部有"双一流"高校28所,最高发表论文65058篇,最少的发表论文783篇,平均每所高校发表论文14067篇(见表3.6)。其中甘肃省高校平均发文数量最高,为31945篇;其次是重庆市,平均发文数量为20644篇;陕西省和四川省各有8所高校入选"双一流"建设高校名单,数量上高于西部地区其他省份,最高发文数量远超其他省份,但在平均发文数量上的优势并不突出,主要原因是陕西省和四川省各高校科研生产力水平参差不齐,发文数量差异较大,拉低了发文数量的平均值。西藏地区仅有西藏大学入选国家"双一流"建设高校名单,检索到发表了783篇论文,远落后于西部其他省份,在科研生产力方面处于劣势(见表3.7)。

表3.6　各区域/类型高校科研生产力情况

区域/类型	高校数/所	最高发文数量/篇	最低发文数量/篇	平均发文数量/篇
东部"双一流"高校	84	113782	47	23254
中部"双一流"高校	25	65033	887	22820
西部"双一流"高校	28	65058	783	14067
原"211工程"高校	112	113782	214	23392

表3.7　西部地区各省(自治区、直辖市)"双一流"建设高校科研生产力情况

省份	高校数/所	最高发文数量/篇	最低发文数量/篇	平均发文数量/篇
甘肃	1	31945	31945	31945
重庆	2	25435	15852	20644

续表

省份	高校数/所	最高发文数量/篇	最低发文数量/篇	平均发文数量/篇
陕西	8	55031	4857	19933
四川	8	65058	1614	15288
云南	1	8609	8609	8609
广西	1	8591	8591	8591
贵州	1	5392	5392	5392
新疆	2	5104	3510	4307
内蒙古	1	3385	3385	3385
宁夏	1	1951	1951	1951
青海	1	1544	1544	1544
西藏	1	783	783	783

2. 西部地区"双一流"建设高校科研论文影响力也得到了较大提升

通过问卷调查统计西部高校 InCites 数据库发表论文的引文影响、被引频次、论文引用百分比、篇均被引次数和 ESI 数据库统计结果分析得到,西部"双一流"建设高校引文影响因子为 0.951,平均每所学校被引频次为 148923 次,论文引用百分比 75.63%(见表 3.8)。其中甘肃、重庆、陕西、四川在西部各省(自治区、直辖市)的优势突出。甘肃省各项指标的表现均高于原"211 工程"高校的平均水平,论文引用百分比、篇均被引次数、ESI 学科数高于原"985 工程"高校,可见该省"双一流"建设颇有成效,发表的论文具有一定的影响力。重庆的引文影响、论文引用百分比、ESI 学科数略高于原"211 工程"高校,陕西和四川在科研影响力方面的表现较突出。值得一提的是,西藏的高校篇均被引次数为 12.02,云南为 11.27,仅低于甘肃,分别位居第二和第三。但仅有甘肃和重庆引文影响大于 1,高于全球平均水平,其他省(自治区)科研影响力还需要继续提高。内蒙古、宁夏、青海、西藏的 ESI 学科数为 0,没有入围 ESI 的学科,学科建设有待进一步加强(见表 3.9)。

表 3.8　各区域 / 类型高校平均科研影响力

区域 / 类型	引文影响	被引频次 / 校	论文引用百分比	篇均被引次数	ESI 学科数 / 校
东部"双一流"高校	1.025	310764	74.95	10.60	5.76
中部"双一流"高校	1.076	292228	77.29	11.60	6.36
西部"双一流"高校	0.951	148923	75.63	9.40	4.11
原"211 工程"高校	1.031	298335	76.18	10.90	6.19
原"985 工程"高校	1.124	636040	79.28	12.97	11.64
"C9 联盟"高校	1.174	1319540	80.56	15.27	151.00

表 3.9　西部各省（自治区、直辖市）"双一流"建设高校平均科研影响力

省份	引文影响	被引频次 / 校	论文引用百分比	篇均被引次数	ESI 学科数 / 校
甘肃	1.060	474768	84.34	14.86	12.0
重庆	1.111	214661	77.95	10.55	8.5
陕西	0.995	211655	76.97	10.21	5.3
四川	0.964	152070	73.12	8.22	5.5
云南	0.824	97011	80.99	11.27	2.0
广西	0.906	76358	77.09	8.89	5.0
贵州	0.865	41857	71.91	7.76	2.0
新疆	0.837	37896	75.18	8.67	1.5
内蒙古	0.883	31166	76.88	9.20	0
宁夏	0.743	15184	73.00	7.78	0
青海	0.797	9162	68.03	5.93	0
西藏	0.971	9422	78.44	12.02	0

3. 西部地区"双一流"建设高校科研创新能力有了较大提升

高校被引论文数、高校被引论文百分比、引次数排名前 10% 的论文百分比、H 指数、热点论文数等指标是衡量一所高校科研创新能力的重要指标（见表 3.10、表 3.11、表 3.12）。通过抽样调查和查阅论文发表数据库，我们可以发现，西部"双一流"建设高校校均被引论文为 117 篇，被引次数排名前 10% 的论文占比为 8.50%，H 指数为 92。其中甘肃、重庆、陕西的这

几项指标均高于西部地区平均水平,云南的 H 指数为 95,高于西部地区平均水平。

表 3.10　各区域／类型高校平均科研发展力

区域／类型	高校数	高校被引论文数／校	高校被引论文百分比（引用排名前 1%）	被引次数排名前 10% 的论文百分比	H 指数
东部"双一流"高校	84	239	0.85	9.39	120
中部"双一流"高校	25	246	1.02	10.34	131
西部"双一流"高校	28	117	0.74	8.50	92
原"211 工程"高校	112	235	0.90	9.62	124
原"985 工程"高校	39	496	1.09	10.85	184
"C9 联盟"高校	9	973	1.14	11.52	269

表 3.11　西部各省(自治区、直辖市)高校平均科研发展力

省份	高校数	高校被引论文数／校	高校被引论文百分比（引用排名前 1%）	被引次数排名前 10% 的论文百分比	H 指数
甘肃	1	265	0.83	10.67	169
重庆	2	204	0.98	10.66	125
陕西	8	172	0.83	8.90	114
四川	8	127	0.77	8.31	86
云南	1	35	0.41	7.17	95
广西	1	47	0.55	7.95	86
贵州	1	59	1.09	6.82	71
新疆	2	18	0.41	7.75	67
内蒙古	1	19	0.56	8.36	63
宁夏	1	7	0.36	6.45	47
青海	1	12	0.78	6.60	35
西藏	1	4	0.51	9.44	46

表 3.12　各区域／类型高校平均科研创新力

区域／类型	高校数	热点论文数	热点论文数／校	热点论文百分比
东部"双一流"高校	84	759	9.04	0.036
中部"双一流"高校	25	309	12.36	0.048
西部"双一流"高校	28	207	7.39	0.037
原"211 工程"高校	112	1164	10.39	0.042
原"985 工程"高校	39	839	21.51	0.049
"C9 联盟"高校	9	339	37.70	0.042

(二) 西部高校科研能力的劣势

1. 西部高校的论文发表数量相对还比较低

西部地区现有"双一流"高校 28 所,最高发表论文 65058 篇,平均每所高校发表论文 14067 篇。而东部地区"双一流"高校最高发文数量为 113782 篇,平均发文数量 23254 篇,东部地区的最高发表论文数量和最低数量为西部地区的 1.75 倍和 1.65 倍。西部高校平均每校发表论文数量远低于中部和东部地区高校,而且与原"211 工程"高校也有很大差距。

2. 西部高校的科研影响力还需要继续提升

西部高校的科研影响力较前十年已经有了较大的提高,但是西部地区引文影响因子为 0.951,小于 1,说明西部地区引文影响低于全球平均水平,科研影响力仍然较低。在引文影响、平均每校被引频次、ESI 学科数上均不占优势,而且远远落后于中部地区,且与东部地区存在一定差距。西部高校校均 ESI 学科数仅为 4.11,远低于"C9 联盟"高校(151.00)、原"985 工程"高校(11.64)和原"211 工程"高校(6.19)。除此之外,内蒙古、宁夏、青海、西藏的 ESI 学科数为 0,没有入围 ESI 的学科,学科建设有待进一步加强。

3. 西部高校的科研能力有了较大提高,但是地区发展不均衡

通过统计分析后发现,西部地区各省(自治区、直辖市)高校的科研能力

差距悬殊。甘肃、重庆、陕西、四川在西部各省(自治区、直辖市)的科研创新方面优势突出(见表3.12)。甘肃省各项指标的表现均高于原"211工程"高校的平均水平,论文引用百分比、篇均被引次数、ESI学科数高于原"985工程"高校,可见该省"双一流"建设颇有成效,发表的论文具有一定的影响力。重庆的引文影响、论文引用百分比、ESI学科数略高于原"211工程"高校,陕西和四川在科研能力方面的表现较为乐观。值得一提的是,西藏高校篇均被引次数为12.02,云南为11.27,仅低于甘肃,分别位居第二和第三。但仅有甘肃和重庆引文影响大于1,高于全球平均水平,其他省(区)科研影响力还需要继续提高。在被引次数排名前10%的论文百分比方面,四川的被引次数排名前10%的论文百分比、H指数略低于平均水平,其他省份相对较弱。其中,青海的高被引论文为0.78%,西藏的被引次数排名前10%的论文占比9.44%,云南的H指数为95,高于西部地区平均水平,其他指标需要继续提高(见表3.11)。

4. 西部高校的科研创新能力有待进一步提升

通过统计西部地区"双一流"建设高校科研创新力分析发现,西部地区平均热点论文数较几年前有了较大提升,但是目前仍然低于东部地区,整体科研创新实力还有待于进一步提升。在西部各省(自治区、直辖市)中,重庆、四川、陕西的平均热点论文数和热点论文百分比超出其他省份,高于西部地区整体科研创新力平均水平,但与原"985工程"高校和"C9联盟"高校还存在较大差距(见表3.12)。云南、宁夏、西藏的科研创新力表现较差,热点论文数为0。热点论文数不高,热点论文比例较低,体现了西部高校科研论文的创新性不够,说明西部高校科研人员的创新能力还需要进一步提高。高校在促进学术生产、科研成果产出的同时,不能忽略对创新理念的培育,不能为了提高数量而做重复研究,要鼓励科研人员创新思路,激励他们对未知领域的探索热情。

五、西部高校办学经费投入分析

高等教育是一种十分昂贵的公益事业,高校是一种十分昂贵的社会组织,高校为了更好地履行其人才培养、科学研究、社会服务以及文化传承创新等功能,需要有充足的经费支持。

(一) 西部高校办学经费投入的优势

西部高等教育的教育经费投入逐年增加。近几年,国家通过各种政策加大对西部高校的教育经费投入,一般公共预算教育经费较以前大幅增长,平均增幅为6.14%。2018年一般公共预算教育经费投入中,增长最多的是新疆,增幅为13.02%;其次为重庆,增幅为10.46%;增幅最小的为宁夏,增幅为0.7%(见表3.13)。在一般公共预算教育经费统计中有8个省份在持续增长,有4个省份有所下降。

表3.13　2018年一般公共预算教育经费增长情况

地区	一般公共预算教育经费(亿元)	一般公共预算教育经费本年比上年增长(%)
内蒙古	566.65	3.83
广西	927.82	1.74
重庆	678.83	10.46
四川	1470.00	5.21
贵州	983.86	8.51
云南	1069.49	8.17
西藏	229.02	5.85
陕西	855.68	5.11
甘肃	592.96	4.51
青海	198.94	6.60
宁夏	167.97	0.70
新疆	815.64	13.02

注:一般公共预算支出来源于《中国统计年鉴—2019》。

（二）西部高校办学经费投入的劣势

1. 区域经济实力较差

由于经济社会发展的阶段性特征,尽管我国对高等教育的投入逐渐加大,但与世界高等教育强国相比还是远远不够,西部高校所获得的经费与国内东部高校相比差距悬殊,与世界一流大学相比更是相去甚远。一方面是因为西部高校整体水平不及东部高校,在获取竞争性经费上处于劣势;另一方面是西部高校所处的地方政府自身财力有限,无论是对于西部地方高校还是中央直属高校的投入都相对偏少。2017 年 10 月,"双一流"建设高校 2017 年预算统计出炉,预算排名前 10 位的大学中,有 8 所来自东部,另外 2 所是中部的武汉大学和华中科技大学。地处西南的云南大学预算仅 13.91 亿元,不到排名第 1 的清华大学的 1/16。在国家"双一流"建设名单公布之前,很多省(自治区、直辖市)提前公布并实施了区域内高水平大学和学科建设扶持计划,北京、上海、广东等经济发达省份为之配套了大量扶持资金。比如,北京市未来五年将投入超过 50 亿元建设高校高精尖创新中心,上海计划未来三年投入 36 亿元推进"高峰""高原"学科建设计划,广东省 2015—2017 年安排 50 亿元专项资金用于高水平大学建设。这对于西部欠发达省份而言是可望而不可即的。

2. 生均预算内经费偏低

近十年来,由于西部各省(自治区、直辖市)财力有限,加之高等学校办学规模较大,财政拨款增长幅度低于在校学生的增长幅度,使得生均预算内拨款和生均预算内公用经费与东部发达地区的差距进一步拉大(见表 3.14)。比如从 2018 年生均一般公共预算教育经费统计来看,北京生均为 58805.03 元,上海为 36405.47 元,而西部地区的四川为 15604.39 元,陕西为 16742.08 元。教育培养成本也与东部地区差距较大,作为教育大省的陕西省,34 所本科高校 2012—2014 年三年平均培养定价总成本为 170.22 亿元,生均教育培养成本为每生2.24万元,26所省属非艺术类院校三年平均培养总成本为每生1.63万元,而6所中央部委属院校三年平均培养总成本为每生3.41万元,中央部委属院校生均成本是省属非艺术类院校的2.09倍。陕西地方行业特色高校由于在划转前学生人数较少,划转后招生规模扩大较快,其生均预算内经费偏低问题更加严重。陕西12所地方行业特色高校中,除西安理工大学、西安建筑科技大学、陕西科技大学、西安科技大学、西安石油大学、西安体育学院这6所院校三年生均培养成本高出平均水平外,其他6所高校甚至低于陕西省平均水平。近两年来,陕西省对省属高校的财政拨款增加,但是省属特别是非省会城市的西部地方高校由于历史欠账较多,经费缺口依然较大。

表3.14 西部高校生均一般公共预算教育经费增长情况 单位:元

地区	普通高等学校		
	2017 年	2018 年	增长率(%)
内蒙古	19362.16	20382.73	5.27
广西	17411.82	14606.90	−16.11
重庆	15338.77	15572.30	1.52
四川	13856.02	15604.39	12.62
贵州	19954.09	20220.51	1.34
云南	15933.72	15837.73	−0.60
西藏	41205.24	51107.57	24.03
陕西	17244.34	16742.08	−2.91
甘肃	20656.18	21297.21	3.10
青海	28738.39	33832.88	17.73
宁夏	31449.93	26057.97	−17.14
新疆	18133.95	20072.42	10.69

3. 新校区建设加大了资金压力

自1998年高等学校实施扩招以来,西部高校由于学生规模增长较快,陆续启动新校区建设工程,而建设资金来源主要依靠银行贷款。根据调研,贷款规模较大的几所高校银行贷款最高时达到 6 亿元以上,规模小的也在 3 亿元左右,学校承担的财务压力巨大。

4.教育经费投入区域内均衡度较低,落后地区问题更加突出

中西部地区教育经费投入省域差异较大。从 2017 年东西部各省(自治区、直辖市)普通高校生均一般公共预算教育经费和生均一般公共预算教育事业费来看,地区间差异较为明显,如北京生均预算较高,两项经费投入分别为 63273.84 元和 20973.62 元,而陕西的经费投入分别为 16742.08 元和16032.15 元;且省域内省会城市与非省会城市高校间、部属高校与省属高校间的经费也存在一定差距。另外,作为中西部高等教育大省的陕西、湖北等的经费投入与其高等教育发展程度也不完全匹配。

六、西部高校对外交流合作办学分析

随着"一带一路"倡议的持续推进,越来越多的国家加入进来,"一带一路"倡议致力于开展更大范围、更高水平、更深层次的国际合作交流。面对历史机遇,西部地区积极与"一带一路"沿线国家开展高等教育交流合作,培养大批服务于"一带一路"建设的急需人才,努力形成"携手同行、顶层设计、政策倾斜、重点突破"的"一带一路"教育行动国际合作新局面。西部地区应紧跟国家战略步伐,牢牢抓住历史发展机遇,积极推进与"一带一路"沿线国家的教育交流与合作,为高等教育实现国际化提供强劲动力。

(一)西部高校对外交流合作办学的优势

1."一带一路"倡议背景下,西部地区对外合作交流吸引力大

我国传统文化历史悠久、源远流长。西部地区作为我国传统文明的发源地之一,在历史的长河中不断吸取传统文化精髓,为西部高等教育发展注入深厚的文化底蕴,历久弥新,也使西部地区形成了自己独有的学科特色。首先,西部地区作为我国少数民族聚居地,少数民族文化独特且丰富多样,特有

的多民族文化为西部地区高等教育提供了多元的民族文化环境。如云南大学的民族学,陕西师范大学的中国语言文学。其次,西部地区地理位置独特,部分地区与多个邻国接壤,利于其不同语言学科的发展。如广西民族大学的越南语、老挝语、泰国语、柬埔寨语。最后,多样的地形地貌也为西部高校发展自身特色学科提供了得天独厚的条件。如西北大学的考古学,兰州大学的草学、生态学、大气科学学,西北农林科技大学的农学。近年来,西部高校凭借自身悠久的传统文化和鲜明的学科特色吸引了大批海外留学生。

2. 国家政策支持力度不断加大

习近平总书记在"一带一路"国际合作高峰论坛开幕式上提出:"我们要建立多层次人文合作机制,搭建更多合作平台,开辟更多合作渠道。要推动教育合作,扩大互派留学生规模,提升合作办学水平。"[①] 自 2016 年《推进共建"一带一路"教育行动》发布后,教育部先后与甘肃、宁夏、福建、广西、海南、贵州、云南、新疆 8 个省(自治区)完成"一带一路"教育行动国际合作备忘录签署工作。2017 年,教育部又与"一带一路"其他节点城市,包括内蒙古、吉林、黑龙江、陕西、青海、青岛等省(自治区)、市在京签署开展"一带一路"教育行动国际合作备忘录。至此,教育部共与 14 个省(自治区)、市签约,与主要节点省份的"一带一路"教育行动网基本形成,涵盖西部地区 9 省(自治区、直辖市)。教育部此次行动"旨在引领并推动签约单位发挥其区位优势和地方特色,在涉及宏观指导、双向留学、涉外办学、国别与区域研究、人文交流、能力建设、平台建设等七个方面对'一带一路'西部主要节点城市予以实质性重点支持,协作推进'一带一路'教育行动"。[②] 西部地区积极响应国家发展战略规划,抓住国家政策机遇,实现西部高等教育国际化发展与"一带一路"倡议的深度融合。

---

① 习近平:《携手推进"一带一路"建设——在"一带一路"国际合作高峰论坛开幕式上的演讲》,2017 年 5 月 14 日,见 http://politics.people.com.cn/n1/2017/0514/c1024–29273991.html。

② 《教育部与六省(区)、市签署开展"一带一路"教育行动国际合作备忘录》,2017 年 4 月 11 日,见 http://www.moe.gov.cn/jyb_xwfb/gzdt_gzdt/moe_1485/201704/t20170411_302369.html。

3.西部高校对外合作交流和合作办学初具规模

西部高校紧紧抓住"一带一路"倡议的政策红利,积极开展对外交流和合作办学。除了青海、宁夏和西藏之外,其余9个省(自治区、直辖市)都建立了不同等级和数量的合作办学机构。从本、硕、博项目招生规模来看(见表3.15),云南招生规模最大,共招收1.412万人,招生规模前5的省(自治区、直辖市)依次是云南、陕西、广西、四川和重庆,共占总招生规模的83.7%。从本科项目招生规模占比来看,除陕西(43.0%)外,其他省(自治区、直辖市)都在60.0%以上,广西、内蒙古、新疆和甘肃只有本科层次的中外合作办学项目,重庆的本科项目招生规模占比也高达92.0%,整个西部地区本科招生规模占比为78.0%。从办学项目数量来看,本科办学项目为82个,占总办学项目数量的78.1%。总之,在中外合作办学学历层次方面,以本科学历层次合作办学为主。这与西部本土高等教育资源占有量及高校办学层次有关。比如,陕西省有8所原"211工程"院校、3所原"985工程"院校、49个研究生培养单位,这就决定了其研究生层次中外合作办学招生规模较大。与此相反,内蒙古和广西没有开展研究生中外合作办学层次的高校,因此没有研究生层次的中外合作办学项目。

表3.15 西部地区中外合作办学项目及机构数量

排序	省份	本硕博办学项目数量(个)	本科办学项目数量(个)	本科项目招生规模(人)	硕博办学项目数量(个)	硕博项目招生规模(人)	本硕博项目招生规模(人)	本科项目招生规模占比(%)	办学机构数量(个)
1	云南	13	10	11450	3	2670	14120	81	0
2	陕西	16	10	4490	6	5990	10480	43	5
3	广西	17	17	9920	0	0	9920	100	0
4	四川	20	12	6100	8	2700	8800	69	3
5	重庆	22	17	7840	5	675	8515	92	5
6	内蒙古	10	10	4820	0	0	4820	100	0

续表

排序	省份	本硕博办学项目数量（个）	本科办学项目数量（个）	本科项目招生规模（人）	硕博办学项目数量（个）	硕博项目招生规模（人）	本硕博项目招生规模（人）	本科项目招生规模占比（%）	办学机构数量（个）
7	贵州	5	4	2950	1	1650	4600	64	0
8	新疆	1	1	400	0	0	400	100	0
9	甘肃	1	1	300	0	0	300	100	0
10	西藏	0	0	0	0	0	0	0	0
11	宁夏	0	0	0	0	0	0	0	0
12	青海	0	0	0	0	0	0	0	0
小计		105	82	48270	23	13685	61955	78	13

（二）西部高校对外交流合作办学的劣势

1. 接收来华留学生规模小，且学历层次相对较低

《2015 来华留学生简明统计》统计数据显示（见表 3.16），2015 年，全国高校接收来华留学生共计 397635 名，其中西部 12 个省（自治区、直辖市）高校接收了 49644 名来华留学生，占来华留学生总数的 12.5%。[1] 西部高校接收的来华留学生中，学历留学生集中在本科和硕士层次，博士和专科层次很少；非学历留学生主要为普通进修生和短期交流生，高级进修生屈指可数。总体来看，西部 12 个省（自治区、直辖市）接收来华留学生规模小，且学历层次相对较低。西部地区占全国国土面积的 71%，但是在这些省份举办的本科及以上中外合作办学数量共计 95 个（项目为 82 个，机构为 13 个），仅占全国总数的8.6%。从数字上反映出西部地区中外合作办学数量较少，中外合作办学地域分布不均衡。

---

[1] 中华人民共和国教育部国际合作与交流司:《2015 来华留学生简明统计》。

2. 中外合作办学发展严重滞后于东部地区

依据教育部中外合作办学监管工作信息平台公布[①]数据,截至2017年2月16日,全国经教育行政部门审批或复核的高职(专科)层次中外合作办学项目、机构共计795个,其中西部10个省(自治区、直辖市)举办项目63个,在全国同一层次项目总数中占比7.9%,而东部10个省(自治区、直辖市)这一数值为61%;全国本科及以上层次中外合作办学项目共计1230个,其中西部10个省(自治区、直辖市)举办项目82个,在全国同一层次项目总数中占比6.66%,而东部10个省(自治区、直辖市)则占比45%;全国非法人中外合作办学机构共计111个,其中西部10个省(自治区、直辖市)设立机构8个,在全国占比7.2%,而东部10个省(自治区、直辖市)的占比则高达68%。数据说明,西部地区中外合作办学的发展严重滞后于东部地区,尤其是西藏、青海和宁夏3个省(自治区),中外合作办学项目严重滞后(见表3.15)。

表3.16 2015年西部10个省(自治区、直辖市)接收来华留学生分布情况 单位:个

类型		广西	云南	西藏	陕西	甘肃	青海	宁夏	新疆	内蒙古	重庆	合计
学历留学生	本科	3221	3494	—	2744	338	62	353	1819	1121	1853	15005
	硕士	1027	791	—	966	741	8	45	741	786	865	5970
	博士	75	123	—	419	112	1	8	44	190	197	1169
	专科	92	319	—	—	—	—	—	13	—	9	433
非学历留学生	高进	—	28	—	5	5	2	1	3	0	9	53
	普进	3442	2583	19	2353	954	591	178	2378	321	1563	14382
	短期	2430	4740	—	2403	31	29	102	896	63	1938	12632

资料来源:《2015来华留学生简明统计》。

根据《2018年来华留学统计》显示,2018年共有来自196个国家和地区的492185名各类外国留学人员在全国31个省(区、市)的1004所高等院校学习(均不含港、澳、台地区)。接收来华留学生人数最多的前10名省(市)依

① 中华人民共和国教育部中外合作办学监管工作信息平台:《中外合作办学机构与项目(含内地与港澳台地区合作办学机构与项目)名单》,2022年3月9日。

次是:北京(80786 人),上海(61400 人),江苏(45778 人),浙江(38190 人),辽宁(27879 人),天津(23691 人),广东(22034 人),湖北(21371 人),云南(19311 人),山东(19078 人)。排名前 10 的省份共接收来华留学生 359518 人,约占来华留学总数的 73.05%。东部地区有 8 个省份进入前十,而西部地区仅有云南省进入前 10,且排名第九,在排名前十的省份中人数占比仅 5.4%。西部地区中外合作办学发展水平严重滞后于东部地区。

3. 西部各类型高校对外交流发展不均衡

从高校开展对外交流活动的情况来看,西部各类高校表现不一。首先,原"985 工程"和原"211 工程"高校对外校际协作和学术交流表现相对活跃,而其他高校则不够积极。例如,广西大学先后与美国、英国、德国、加拿大、日本等 39 个国家和地区的 197 所高校和机构建立了校际友好合作关系。近 3 年来,该校已选派 800 多名教师和科技人员赴国外学习、开展科技合作、担任客座研究员,而新建本科院校和高职(专科)院校在这方面却普遍乏善可陈。其次,对学生赴境外交流资助力度不同。短期游学是高校中较为常见的对外交流方式,有的高校会对学生参加游学项目进行一定程度的资助,如西南大学组织该校学生参加加拿大不列颠哥伦比亚大学 2017 年暑期项目,并资助所有参与项目的学生奖学金人民币 10000 元。但更为常见的是自费出国交流项目,如广西大学于 2017 年 1 月至 5 月选派 5 名学生赴美国墨海德州立大学交流,生均所需费用 85000 元,全部由学生自理。费用是出国交流能否成行的重要因素,西部地区长久以来经济欠发达,不菲的交流费用使得参与赴外交流的学生数量相当有限。

七、西部高校教育教学状况分析

(一) 西部高校教育教学状况的优势

通过对西部地区 8 个省份 34 所高校的调研,可以看出西部高校普遍比较重视人才培养和教学工作,为培养高素质创新型人才搭建了发展平台,并在不同时期根据各校的办学定位和人才培养目标定位,积极开拓创新人才培养途径,及时调整和建立相应的人才培养体系,初步形成了有一定特色的人才培养机制。随着社会经济和高等教育的发展以及学校服务面向的扩展,积极探索和建立学分制管理模式下的人才培养体系,初步形成了以人才培养计划为基础,以理论教学和实践教学为主渠道,以实验室和教学基地为创新平台,以有效的激励机制和充足的经费为保证,着力培养与建设创新型国家相适应的高素质创新人才的培养体系。

1. 树立了创新人才的培养理念

通过调研可以看到,西部高校在教育教学工作中,充分考虑了学生的个体差异,以学生为中心,注重因材施教和个性化培养,实施人格教育、成才教育、专业教育"三位一体"的通识教育,促进学生在知识结构、能力结构、道德水准、科研能力和创新能力等方面协调发展。例如西安建筑科技大学、西安科技大学等高校通过学科综合、学科交叉等途径,建立宽口径、厚基础的课程平台,并在具体的课程设置中,对创新教育提出了明确要求,专门设置创新类选修课和创新学分,将创新教育贯穿于整个理论教学和实践教学的全过程。

2. 构成了理论与实践相结合的育人模式

西部高校在教育教学工作中,强调教学和科研的结合,引导学生在研究中学习、在实践中学习,充分培养学生的创造性思维和科学研究能力。例如广西大学、西北师范大学、青海师范大学、云南大学、陕西科技大学、西安科技大学等高校在加强课堂教学的同时,提高研究型、设计型作业的比重,并积极为学生提供社会实践和科学研究的机会,把学生参与社会实践和科学研究作为培养学生创新意识的重要环节,着力培养学生的创新意识和创新能力,促进学生的个性发展。

3. 建立了校内外创新教育基地

通过调研,我们发现西部高校普遍很重视学生创新创业教育,像云南大学、宁夏大学、西安交通大学、西北工业大学、西安建筑科技大学等高校都非常重视校内外创新教育基地建设,为实施创新教育提供了平台。一方面依托国家和省部级重点实验室(研究中心),加大向本科生开放的力度,为学生提供更多的科研训练机会;同时要求正、副教授给本科生上课,把科学研究的成果和方法引入课堂。另一方面,依托国家工科基础课程教学基地、国家和省部级实验教学示范中心、校级基础课程教学基地、创新教育基地及个性化实验室等,营造宽松的课内外创新环境,增加对学生科技创新活动的支持力度,鼓励学生参加各类创新比赛,吸引更多高水平教师参与指导学生科研训练。

4. 形成了创新教育保障机制

西部高校对教育教学工作的支持力度进一步加大,很多高校都成立了教师发展中心、创新学院,建立了激励师生积极参与创新教育的长效机制,并有专项资金保障。例如云南大学、宁夏大学、西安交通大学、宝鸡文理学院、陕西科技大学、西安科技大学、西安石油大学、西安工业大学等高校设置专项经费用于创新教育活动,对学生参与创新实验、个性化实验和创新比赛给予创新学分奖励,对创新活动成绩突出的学生优先推荐免试研究生,对教师指导学生创新活动计算工作量,对取得创新成果的教师和学生给予表彰奖励。

(二) 西部高校教育教学状况的劣势

1. 传统教学模式和教育理念的束缚

受"专业化"和"精英化"传统教育理念的影响,部分西部高校依然存在着教学模式僵化("旧三中心"教学模式,即以教师为中心、以课堂为中心和以课本为中心)、教学内容陈旧与教学方法落后等问题,学生在"旧三中心"的问卷确认率有的高校达到了30%。在这种人才培养模式下培养出的学生基础往往较为薄弱、知识结构不尽合理、综合素质和社会适应能力相对不足。这与现代教育的开放型、创造型、思辨型与科学性、民主性、多样性的理念相悖,严重抑制了学生个性的发展和创造性的发挥,制约了西部高校创新型人才的培养。

2. 课程设置的局限和误区

现代教育理念要求课程设置"宽口径、强基础、重能力、有特色",力求通识教育与专业教育相互耦合,但是目前部分西部高校在课程设置上存在专业口径狭窄,教学内容单一,忽视学科的综合性和交叉性,过于注重专业知识教育、忽视综合素质培养等问题。主要表现在:一些高校将通识课程分为公共选修课和自由选修课两类,其中公共选修课占比较高,学生选课很大程度上只是为了完成学分;一些理工科高校的文科类通识教育课程缺乏系统性和层次性,深度也不够,难以调动学生的积极性;一些高校将通识教育与专业教育分开设置,试图通过为数不多的几门课解决人性人格培养以及科学精神和意识塑造的大问题;一些高校还将文科学生学习理科知识,理科学生学习文科知识看作实施通识教育,忽略了以能力培养为重点的知识学习、认知训练和精神塑造等教育策略设计。这些问题显然不利于学生的全面发展,不利于复合型、创新型人才的培养。

3. 学生创新意识的缺乏

学生创新意识薄弱是当前西部高校普遍存在的一个问题。首先,通过调研可以看出,目前单向灌输依然是西部高校的主要教学方式,这种循规蹈矩的教学方式很难激发学生的自我创新意识。其次,由于受传统教育"重理论、轻实践,重课内、轻课外"的影响,加上西部高校教育规模的不断扩大,一些学校现有的教学资源相对匮乏,教学经费投入不足,实验仪器储备不足、实践平台和基地缺乏,学生缺乏必要的实践训练,导致实践能力较差,尤其是缺乏社会科学实践能力的训练。再次,社会用人机制的缺陷和就业机会的失衡也导致了部分学生不重视实践环节,有的学生甚至产生了"实践恐惧症",导致实践能力缺失。

4.创新教育硬件设施和相关制度还不够完善

虽然近几年来国家对西部高校教育教学工作的重视度日益增加,但由于整体办学经费所限、起步晚、家底薄,在创新教育基地建设、创新教育实验室建设、创新教育多媒体建设等方面与东部地区高校之间的差距依然明显,导致一些学校供学生进行创造性实验的设备不足,有些学生想进行创新活动却难于没有进行创新的条件,一定程度上阻碍了创新教育的顺利开展。西部高校创新教育开展的时间都不是很长,虽然开启了创新教育的探索,但力度和成效还远远不够,例如还没有严格的创新教育考核和监督制度等。同时,在制度的落实方面还存在一些问题。

八、西部高校人才培养特色分析

每一所高校都有其独特的历史背景、文化环境、行业环境等,所培养出来的人才特色也不尽相同,这是各个学校办学品位、差异化、特色化发展的重要体现。一所高校的人才培养特色,是学校在社会上的"名片"。鲜明的人才培养特色会产生积极的"品牌"效应,从而能使学校获得更多的物质资源。

(一)西部高校人才培养特色的优势

西部高校的人才培养特色大多得到了保持。尽管西部高校与东部地区高校在许多方面都存在着一定差距,但其在长期办学中形成的特色,使得西部高校的生存与发展空间并没有明显缩小。陕西省作为西部地区的"第一阶梯"和"桥头堡",拥有"三纵四横五辐射"的公路与铁路交通网络,这样的区位优势和交通优势为该省高校工学类学科的发展提供了独特的资源条件。所以陕西的一流学科包括力学、机械工程、动力工程及工程热物理、电气工程、信息与通信工程和交通工程。享有"天府之国"称号的四川省盛产中药,在中草药资源中占有 3 个第一。因此,该省高校的医学类学科发展前景好离不开当地丰富的中药材资源。云南省是中国少数民族分布最多的省份,这给民族学的研究提供了非常便利的条件,促进了云南大学的民族学一流建设学科发展。而甘肃省作为全国六大牧区之一,有着丰富的生物资源,得天独厚的自然环境为草学的发展提供了天时地利。西部高校在相关行业和专业领域具有一定优势,建立了稳定的毕业生就业市场,构建了多方位的人才培养交流体系。在人才培养方案与课程设置上,坚持通识教育与专业教育并重;在教学体系上,坚持理论教学与实践教学并重;在教学内容和教学方法上,坚持知识与能力培养并重;在人才培养规格上,坚持人才培养的统一性与多样性并重。西部高校这种在长期办学过程中形成的人才培养特色,得到了社会的广泛认可。

(二) 西部高校人才培养特色的劣势

西部高校的人才培养定位还有待进一步明晰。从此次对34所西部高校的问卷统计可以看到,大多数西部高校将人才培养定位于培养德、智、体、美、劳全面发展的创新型人才和高级应用型人才,几乎没有看到具体的服务行业和领域。由于资源的有限性,这种定位很有可能使西部地区行业特色高校丧失其原有行业和产业的基础,减少或弱化自身长期建立起来的人才培养特色。在人才服务面向定位上,除了西北师范大学、云南大学、陕西科技大学、西安科技大学、西安石油大学、西安航空学院等高校将其服务面向定位在擅长的行业领域外,其他高校大多定位在为地方或区域经济服务,并发散面向全国,这一定位不难看出是基于自身特色和优势学科基础上的特定行业或领域的服务面向。

竞争日益激烈,对西部地区地方普通高校进一步发展造成较大压力。此外,新一轮的高校竞争集中在人才、资源和生源等方面,西部地区地方政府对高等教育的经费投入额度与东部地区相比尚有差距,使得西部高校在资源获取上更趋从紧,在这种竞争环境下,西部高校相对处于弱势。

第二节　西部高校服务"一带一路"倡议外部环境分析

一、"一带一路"倡议的全球宏观环境分析

2013 年习近平总书记提出"一带一路"倡议,经过夯实擂台、立柱架梁,"一带一路"倡议正在成为我国深度参与全球开放合作、促进世界共同繁荣发展,推动构建人类命运共同体的中国方案。教育是增进人文交流、促进民心相通和文明互鉴的纽带,在"一带一路"建设过程中具有基础性和先导性的作用。"一带一路"倡议源自中国,更属于世界;根植于历史,更面向未来。"一带一路"倡议实施以来,得到了越来越多国家和国际组织的积极响应,受到国际社会广泛关注,影响力日益扩大。在"一带一路"倡议日渐深入开展的今天,客观认知和准确把握"一带一路"倡议所处的时代背景和社会政治经济文化环境,对开展"一带一路"倡议理论研究和实践建设具有重大的理论价值和实践意义。我国作为古丝绸之路东方起点,曾为东西方文化交融互鉴提供了中国经验。千百年来,"和平、开放、合作、共赢"的丝路精神薪火相传,面对21 世纪全球经济复苏乏力、国际和地区局面纷繁复杂的新形态,百年变局加速演进,世界进入动荡变革期,各国都在探索应对之道,人类需要作出正确抉择。弘扬丝路精神,加强交流合作,符合经济发展规律、历史发展趋势和各国人民利益。"一带一路"倡议旨在促进经济要素有序自由流动、资源高效配置和市场深度融合,推动沿线国家开展更大范围、更高水平、更深层次的区域合作,共同打造开放、包容、均衡、普惠的区域经济合作架构。

(一)"一带一路"倡议提出的全球视野

进入 21 世纪,在以"和平、发展、合作、共赢"为主题的新时代,面对复苏乏力的全球经济形势、纷繁复杂的国际和地区局面,传承和弘扬丝绸之路精

神更显重要和珍贵。《愿景与行动》指出,当今世界正发生复杂深刻的变化,国际金融危机深层次影响继续显现,世界经济缓慢复苏、发展分化,国际投资贸易格局和多边投资贸易规则酝酿深刻调整,各国面临的发展问题依然严峻。"一带一路"倡议顺应世界多极化、经济全球化、文化多样化、社会信息化的潮流,秉持开放的区域合作精神,致力于维护全球自由贸易体系和开放型世界经济。"一带一路"倡议符合国际社会的根本利益,彰显人类社会共同理想和美好追求,是国际合作以及全球治理新模式的积极探索,将为世界和平发展增添新的正能量。"一带一路"倡议是开放的平台,向一切愿意参与其中的国家和地区开放,欢迎这些国家和地区成为"一带一路"倡议的重要参与方。"一带一路"倡议成为推进新型经济全球化的新模式。"一带一路"倡议推行开放包容的发展模式,坚持国家不分大小、强弱、贫富,都是国际社会平等成员,应共同推动建立平等参与决策、享受权利、履行义务的合作机制,构建互利共赢的经济制度,帮助参与其中的国家和地区发展经济、改善民生,推动人类社会通过和平发展而不是战争摧残、善意合作而不是恶意打击以实现新的繁荣。"一带一路"倡议顺应参与其中的国家和地区的内在需求和要求,"一带一路"倡议的能量在沿线国家不断蓄积,亚洲、欧洲、非洲、美洲和大洋洲的国家和地区纷纷加入其中。①

(二)"一带一路"建设的国际进程

自 2013 年以来,"一带一路"倡议以政策沟通、设施联通、贸易畅通、资金融通和民心相通为主要内容扎实推进,取得明显成效,一批具有标志性的早期成果开始显现,参与国得到了实实在在的好处,对"一带一路"倡议的认同感和参与度不断增强。具体表现在以下几个方面。

第一,政策沟通方面。政策沟通是"一带一路"倡议的重要保障,是形成

---

① 国家发展改革委、外交部、商务部:《推动共建丝绸之路经济带和 21 世纪海上丝绸之路的愿景与行动》,《人民日报》2015 年 3 月 29 日。

携手共建行动的重要先导。"一带一路"倡议实施以来,中国与有关国家和国际组织充分沟通协调,形成了"一带一路"倡议的广泛国际合作共识。"一带一路"倡议被载入国际组织重要文件,"一带一路"倡议及其核心理念已被写入联合国、二十国集团、亚太经合组织等其他区域组织有关文件中;签署"一带一路"倡议政府间合作文件的国家和国际组织数量逐年增加;"一带一路"倡议专业领域对接合作有序推进。数字丝绸之路建设已成为"一带一路"倡议的重要组成部分,中国与埃及、老挝、沙特阿拉伯、塞尔维亚、泰国、土耳其、阿联酋等国家共同发起《"一带一路"数字经济国际合作倡议》,与 16 个国家签署加强数字丝绸之路建设合作文件。

第二,设施联通方面。在尊重相关国家主权和安全关切的基础上,由各国共同努力,以铁路、公路、航运、航空、管道、空间综合信息网络等为核心的全方位、多层次、复合型基础设施网络正在加快形成,区域间商品、资金、信息、技术等交易成本大大降低,有效促进了跨区域资源要素的有序流动和优化配置,实现了互利合作、共赢发展,具体表现在国际经济合作走廊和通道建设取得明显进展,基础设施互联互通水平大幅提升。铁路合作方面,以中老铁路、中泰铁路、匈塞铁路、雅万高铁等合作项目为重点的区际、洲际铁路网络建设取得重大进展。公路合作方面,中蒙俄、中吉乌、中俄(大连—新西伯利亚)、中越国际道路直达运输试运行活动先后成功举办。港口合作方面。巴基斯坦瓜达尔港开通集装箱定期班轮航线,起步区配套设施已完工,吸引多家企业入园。[①]航空运输方面,中国已与 125 个国家和地区签署了双边政府间航空运输协定,其中包括"一带一路"沿线 62 个国家和地区。[②]能源设施建设方面,中国与"一带一路"沿线国家签署了一系列合作框架协议和谅解备忘

[①]　推进"一带一路"建设工作领导小组办公室:《共建"一带一路"倡议:进展、贡献与展望》,《光明日报》2019 年 4 月 23 日。

[②]　《我国已与 125 个国家和地区签署双边政府间航空运输协定》,2018 年 8 月 10 日,见 http://www.xinhuanet.com/politics/2018-08/10/c_1123253689.htm。

录,在电力、油气、核电、新能源、煤炭等领域开展了广泛合作,与相关国家共同维护油气管网安全运营,促进国家和地区之间的资源优化配置。通信设施建设方面,中缅、中巴、中吉、中俄跨境光缆信息通道建设取得明显进展,中国与国际电信联盟签署《关于加强"一带一路"框架下电信和信息网络领域合作的意向书》,与吉尔吉斯斯坦、塔吉克斯坦、阿富汗签署丝路光缆合作协议,实质性启动了丝路光缆项目。

第三,贸易畅通方面。贸易畅通是"一带一路"倡议的重要内容。"一带一路"倡议促进了沿线国家贸易投资自由化便利化,降低了交易成本和营商成本,释放了发展潜力,进一步提升了各国参与经济全球化的广度和深度。主要表现在贸易与投资自由化便利化水平不断提升,中国发起《推进"一带一路"贸易畅通合作倡议》,众多国家和国际组织积极参与。贸易规模持续扩大。2013 年至 2021 年 9 月,中国与"一带一路"沿线国家货物贸易额累计达10.4 万亿美元,年均增长率高于同期中国对外贸易增速,占中国货物贸易总额的比重持续增加。[①]贸易方式创新进程加快。跨境电子商务等新业态、新模式正成为推动贸易畅通的重要新生力量。"丝路电商"合作蓬勃兴起,中国与17 个国家建立双边电子商务合作机制,在金砖国家等多边机制下形成电子商务合作文件,加快了企业对接和品牌培育的实质性步伐。

第四,资金融通方面。资金融通是"一带一路"倡议的重要支撑。国际多边金融机构以及各类商业银行不断探索创新投融资模式,积极拓宽多样化融资渠道,为"一带一路"倡议提供稳定、透明、高质量的资金支持。"一带一路"沿线国家基础设施建设和产能合作潜力巨大,融资缺口亟待弥补,各国主权基金和投资基金发挥着越来越重要的作用,多边金融合作支撑作用进一步显现。中国财政部与阿根廷、俄罗斯、印度尼西亚、英国、新加坡等国财政部核准了《"一带一路"融资指导原则》,金融机构合作水平不断提升。在"一带一

---

① 杜海涛、罗珊珊:《贸易畅通 硕果累累("一带一路"建设成就)》,《人民日报》2021 年 11 月 28 日。

路"倡议中,政策性出口信用保险覆盖面广,在支持基础设施、基础产业的建设上发挥了独特作用;商业银行在多元化吸收存款、公司融资、金融产品、贸易代理、信托等方面具有优势。金融市场体系建设日趋完善,"一带一路"沿线国家不断深化长期稳定、互利共赢的金融合作关系,各类创新金融产品不断推出,大大拓宽了"一带一路"倡议的融资渠道。金融互联互通不断深化,截至 2020 年末,共有 11 家中资银行在 29 个"一带一路"沿线国家设立了 80 家一级分支机构。与此同时,截至 2020 年末,共有来自 23 个"一带一路"沿线国家的 48 家银行在华设立了机构。[①]

第五,民心相通方面。民心相通是"一带一路"倡议的人文基础。享受和平、安宁、富足,过上更加美好生活,是各国人民的共同梦想。"一带一路"倡议实施以来,各国开展了形式多样、领域广泛的公共外交和文化交流,增进了相互理解和认同,为"一带一路"倡议奠定了坚实的民意基础。中国与"一带一路"沿线国家互办艺术节、电影节、音乐节、文物展、图书展等活动,合作开展图书广播影视精品创作和互译互播,文化交流形式多样。中国设立"丝绸之路"中国政府奖学金项目,与 24 个沿线国家签署高等教育学历学位互认协议。仅 2017 年,"一带一路"沿线国家来华留学的人数就有 30 多万,中国赴"一带一路"沿线国家留学的人数则超过了 6 万。2017 年沿线国家 3.87 万人接受中国政府奖学金来华留学,占奖学金生总数的 66.0%。中国在 54 个沿线国家设有孔子学院 153 个、孔子课堂 149 个。[②][③] 中国与多个国家共同举办旅游年,创办丝绸之路旅游市场推广联盟、海上丝绸之路旅游推广联盟、"万里茶道"国际旅游联盟等旅游合作机制,旅游合作逐步扩大。中国与 57 个沿线国家缔结了涵盖不同护照种类的互免签证协定,与 15 个国家达成 19 份简

---

① 《11 家中资银行在 29 个"一带一路"沿线国家设立了 80 家一级分支机构》,2021 年 3 月 24 日,见 https://www.financialnews.com.cn/jg/dt/202103/t20210324_214771.html。

② 推进"一带一路"建设工作领导小组办公室:《共建"一带一路"倡议:进展、贡献与展望》,《光明日报》2019 年 4 月 23 日。

③ 丁辉、周宇翔:《"一带一路"民心相通建设成果评估及政策建议》,《当代世界》2019 年第 4 期。

化签证手续的协定或安排。①首届"一带一路"国际合作高峰论坛以来,中国向沿线发展中国家提供 20 亿元人民币紧急粮食援助,向南南合作援助基金增资 10 亿美元,在"一带一路"沿线国家实施了 100 个"幸福家园"、100 个"爱心助困"、100 个"康复助医"等项目,救灾、援助与扶贫持续推进。中国各省(自治区、直辖市)与 60 余个"一带一路"沿线国家共建 1000 余对友好城市。我们面向未来积极开展教育培训合作,实施向"一带一路"沿线国家倾斜的"丝绸之路"奖学金计划,中国企业为沿线国家创造 20 多万个就业岗位,在部分国家启动人才培养计划。②

第六,产业合作方面。"一带一路"倡议支持开展多元化投资,鼓励进行第三方市场合作,推动形成普惠发展、共享发展的产业链、供应链、服务链、价值链,为沿线国家加快发展提供新的动能。中国对沿线国家的直接投资稳步增长。2020 年,中国企业对"一带一路"沿线 58 个国家非金融类直接投资 177.9 亿美元,在沿线国家新签承包工程合同额 1414.6 亿美元,完成营业额 911.2 亿美元。③国际产能合作和第三方市场合作稳步推进,沿线国家加快发展产生了国际产能合作的巨大市场需求,中国积极响应并与相关国家推进市场化、全方位的产能合作,促进沿线国家实现产业结构升级、产业发展层次提升。合作园区蓬勃发展,中国各类企业遵循市场化法治化原则自主赴沿线国家共建合作园区,推动沿线国家借鉴中国经验和做法,促进当地经济发展,为沿线国家创造了新的税收源和就业渠道。④

"一带一路"倡议实施以来,从理念转化为行动,以政策沟通、设施联通、贸易畅通、资金融通、民心相通为抓手,"六廊六路多国多港"建设全面推进,

---

① 杨劲松:《文化和旅游合作为"一带一路"建设注入新活力》,《中国旅游报》2019 年 4 月 24 日。
② 王亚军:《民心相通为"一带一路"固本强基》,《行政管理改革》2019 年第 3 期。
③ 《2020 年我国企业对"一带一路"沿线非金融类直接投资 177.9 亿美元》,2021 年 2 月 19 日,见 http://fec.mofcom.gov.cn/article/fwydyl/zgzx/202102/20210203039372.shtml。
④ 《共建"一带一路"倡议:进展、贡献与展望(5)》,2019 年 4 月 22 日,见 http://www.gov.cn/xinwen/2019-04/22/content_5385144.htm。

"一带一路"倡议给参与各方带来了发展新机会,民众从中得到了真切的获得感。2012 年以来,习近平主席在很多场合多次强调推动构建人类命运共同体,2017 年 2 月,构建人类命运共同体被正式写入联合国决议,得到国际社会的充分理解、广泛认同,形成了最大化共识。

目前,参与"一带一路"建设的大部分国家处于工业化初中期阶段,随着"一带一路"建设的推进,商品、服务、信息、资本、技术和人才在所有相关国家之间的共享、流动和重新组合,各国可以利用各自的比较优势,把握新一轮科技革命大势,推动产业结构优化升级,实现创新驱动经济发展。"一带一路"倡议是中国实现新时代高质量发展的重要路径,将推动中国迈向更高水平的对外开放。

中国提出"一带一路"倡议,不搞少数国家利益集团,不搞排他性"俱乐部",不利用自身优势搞拉拢分化,不以意识形态和地缘利益划界,而是着力推进五大领域联通,推进六大走廊建设,促进各国各地区生产要素的充分流动,实现资源高效配置和市场深度融合,目的是着眼于实现共同发展。"一带一路"倡议是基于中国理念和中国情怀的全球治理新实践,更是推进构建人类命运共同体的重要探索。中华文化讲究秉持"强不执弱,富不侮贫"理念,主张"天人合一、和而不同、和合共生、众缘和合"。这种整体主义的天下观,超越了传统地缘政治、零和博弈、对抗性思维和本位中心主义,在今天显示了特殊的生命力和当代意义。未来中国将着力推进"一带一路"倡议高质量发展,以创新理念和创新思维,实现走深走实,与各方一道把"一带一路"建设成和平之路、繁荣之路、开放之路、绿色之路、创新之路、文明之路、廉洁之路,使"一带一路"倡议成为全球发展重要的和平之锚、增长之基、活力之源,体现携手建设持久和平、普遍安全、开放包容、共同繁荣、清洁美丽世界的时代要求,走向共同构建人类命运共同体的大道。

二、"一带一路"倡议的国内环境分析

中国倡导建设持久和平、普遍安全、共同繁荣、开放包容、清洁美丽的世

界,反映人类社会共同价值追求,汇聚各国人民对和平、发展、繁荣向往的"最大公约数",为世界大同绘制了蓝图、标注了高度。中国不仅提出了人类命运共同体理念,更身体力行让人类命运共同体成为现实,其中最突出的就是"一带一路"建设。构建人类命运共同体是一种新世界观、新价值观和新方法论,倡导在共商共建共享中让各国人民梦想成真。中国始终是世界和平的建设者、全球发展的贡献者、国际秩序的维护者,为构建人类命运共同体不断作出贡献。

中国的国情是"一带一路"倡议研究的最大实际,向世界展示中国的国家制度和国家治理体系优势,是让全世界了解中国国情的最好方式。2019年10月31日,中国共产党第十九届中央委员会第四次全体会议通过的《中共中央关于坚持和完善中国特色社会主义制度推进国家治理体系和治理能力现代化若干重大问题的决定》提出,我国国家制度和国家治理体系具有多方面的显著优势,主要是:坚持党的集中统一领导,坚持党的科学理论,保持政治稳定,确保国家始终沿着社会主义方向前进的显著优势;坚持人民当家作主,发展人民民主,密切联系群众,紧紧依靠人民推动国家发展的显著优势;坚持全面依法治国,建设社会主义法治国家,切实保障社会公平正义和人民权利的显著优势;坚持全国一盘棋,调动各方面积极性,集中力量办大事的显著优势等十三个方面。这些显著优势,是我们坚定中国特色社会主义道路自信、理论自信、制度自信、文化自信的基本依据,也是我国最基本国情的直接体现和宏观社会背景的准确表述,是新时期研究"一带一路"倡议等宏大社会题材热点现象与问题最基本的政策溯源。我国国家制度和国家治理体系不仅为我国经济社会持续健康发展提供了强大制度保障,也为构建人类命运共同体提供了中国方案。①

---

① 《中共中央关于坚持和完善中国特色社会主义制度　推进国家治理体系和治理能力现代化若干重大问题的决定》,《光明日报》2019年11月6日。

（一）"一带一路"建设的社会效应分析

2013 年习近平主席提出"一带一路"倡议,经过 8 年多的发展,"一带一路"倡议正在成为我国深度参与全球开放合作、促进世界共同繁荣发展,推动构建人类命运共同体的中国方案。截至 2022 年 4 月,我国已与 181 个国家和国际组织签署了"一带一路"倡议合作文件,合作范围由亚欧地区延伸至非洲、拉美、南太、西欧等相关国家,与许多国家的发展战略规划实现了对接。[①]"一带一路"倡议的影响力、感召力在不断提升。例如与俄罗斯的"欧亚经济联盟"、哈萨克斯坦的"光明之路"、印尼的"全球海洋支点"、蒙古国的"发展之路"、菲律宾的"大建特建计划"等国家的发展规划相互耦合。据统计,2013 年至 2021 年 9 月,中国与"一带一路"沿线国家货物贸易额累计达 10.4 万亿美元。从 2013 年到 2020 年,我国与"一带一路"沿线国家货物贸易额占我国对外贸易总额的比重提高了 4.1 个百分点。截至 2021 年 9 月,我国已与 13 个"一带一路"沿线国家签署了 7 个自贸协定。[②]一大批重大项目和产业园区相继落地见效,有力促进互利共赢、共同发展。教育是增进人文交流,促进民心相通和文明互鉴的纽带,在"一带一路"建设过程中具有基础性和先导性的作用。

（二）"一带一路"倡议的政策法律环境分析

2019 年,推进"一带一路"建设工作领导小组办公室发布的《共建"一带一路"倡议:进展、贡献与展望》指出,"一带一路"倡议源自中国,更属于世界;根植于历史,更面向未来;重点面向亚、欧、非大陆,更向所有伙伴开放。"一带一路"倡议以共商共建共享为原则,以和平合作、开放包容、互学互鉴、互

---

① 徐秀军:《共建"一带一路"　共享繁荣发展》,《光明日报》2022 年 4 月 27 日。

② 杜海涛、罗珊珊:《贸易畅通　硕果累累("一带一路"建设成就)》,《人民日报》2021 年 11 月 28 日。

利共赢的丝绸之路精神为指引,以政策沟通、设施联通、贸易畅通、资金融通、民心相通为重点,已经从理念转化为行动,从愿景转化为现实,从倡议转化为全球广受欢迎的公共产品。2013 年以来,"一带一路"倡议以"五通"为主要内容扎实推进,取得明显成效,一批具有标志性的早期成果开始显现,参与各国得到了实实在在的好处,对"一带一路"倡议的认同感和参与度不断增强。"一带一路"建设的成效与国内外良好的政策环境不无关系,从政策法律环境的视角解读如下。①

1. 国家层面的政策法律环境分析

推进"一带一路"建设既是中国扩大和深化对外开放的需要,也是加强和亚欧非及世界各国互利合作的需要,中国愿意在力所能及的范围内承担更多责任义务,为人类和平发展作出更大的贡献。《愿景与行动》拉开了"一带一路"建设的大幕,随后《"一带一路"文化发展行动计划(2016—2020 年)》《推进共建"一带一路"教育行动》《"一带一路"生态环境保护合作规划》《"一带一路"体育旅游发展行动方案(2017—2020 年)》《推进"一带一路"沿线大通关合作行动计划(2018—2020 年)》《推进中医药高质量融入共建"一带一路"发展规划(2021—2025 年)》的通知等相继公布,详见表 3.17。

表 3.17　各部委"一带一路"倡议政策简表

政策名称	发布单位	发布时间
《推动共建丝绸之路经济带和 21 世纪海上丝绸之路的愿景与行动》	国家发展改革委、外交部、商务部	2015.03
《共建"一带一路":理念实践与中国的贡献》	推进"一带一路"建设工作领导小组办公室	2017.05
《共建"一带一路"倡议:进展、贡献与展望》	推进"一带一路"建设工作领导小组办公室	2019.04
《"一带一路"建设海上合作设想》	国家发展改革委、国家海洋局	2017.06

① 推进"一带一路"建设工作领导小组办公室:《共建"一带一路"倡议:进展、贡献与展望》,《光明日报》2019 年 4 月 23 日。

政策名称	发布单位	发布时间
《标准联通共建"一带一路"行动计划(2018—2020年)》	国家标准委	2017.12
《"一带一路"文化发展行动计划(2016—2020年)》	文化部	2016.02
《推进共建"一带一路"教育行动》	教育部	2016.07
《共同推进"一带一路"建设农业合作的愿景与行动》	农业部、国家发展改革委、外交部、商务部	2017.05
《"一带一路"体育旅游发展行动方案(2017—2020年)》	国家体育总局、国家旅游局	2017.06
《"一带一路"生态环境保护合作规划》	环境保护部	2017.05
《推进"一带一路"沿线大通关合作行动计划(2018—2020年)》	海关总署	2018.01
《关于推进邮政业服务"一带一路"建设的指导意见》	国家邮政局	2018.01
《高校科技创新服务"一带一路"倡议行动计划》的通知	教育部	2018.11
《"十四五""一带一路"文化和旅游发展行动计划》	文化和旅游部	2021.07
《推进中医药高质量融入共建"一带一路"发展规划(2021—2025年)》的通知	国家中医药管理局、推进"一带一路"建设工作领导小组办公室	2021.12

2. 法律保障体系分析

刘敬东等认为,在国际法层面,"一带一路"倡议法律保障体系包括中国与相关国家和地区签署的双边、区域性及多边贸易与投资条约、协定等国际法文件,中国与沿线国家应当在"一带一路"建设中共同遵守和落实这些国际法规则。在国内法层面,"一带一路"倡议法律保障体系应包括两方面内容:一是与"一带一路"倡议密切相关的涉外经贸法律制度建设;二是中国与沿线国家的涉外民商事法律制度及司法运用。同时也应当看到,与"一带一路"建设相关的法律问题相当复杂。"一带一路"倡议参与国法律制度各不相同,法律文化传统各异,法治发展水平参差不齐。有效应对这些风险和挑战,一个重要环节就是立足各国现实情况,将相关政策问题法律化。利用法律的正式性、稳定性、可预测性等特点克服政治和商业决策中的不确定性,从而使"一带一路"倡议合作与交流走上法治化轨道,在相对稳定的法律框架下实现共同发展和互利共赢。法律框架应遵循相互礼让的国际法原则,尊重当事人选择可适用法律的自由,发生法律冲突时选择相应规则来解决。2015 年,最高人民法院印发的《关于人民法院为"一带一路"建设提供司法服务和保障的若干意见》指出,在"一带一路"建设中,法治是重要保障,司法的作用不可或缺。① 各级人民法院要深入学习贯彻党和国家关于"一带一路"建设的重大决策以及习近平总书记的系列重要论述,充分认识肩负的神圣职责,自觉担当时代使命,主动服务和融入"一带一路"建设进程。

3. 政策沟通条件分析

政策沟通是"一带一路"倡议的重要保障,是形成携手共建行动的重要先导。中国与有关国家和国际组织充分沟通协调,形成了"一带一路"倡议的广泛国际合作共识。我国在政策保障方面的举措鲜明且成效凸显,具体表现在以下三个方面:一是推动"一带一路"倡议载入国际组织。2015 年 7 月,上海合作组织发表了《上海合作组织成员国元首乌法宣言》,支持关于建设"丝绸之路经济带"的倡议。2016 年 9 月,《二十国集团领导人杭州峰会公报》通过关于建立"全球基础设施互联互通联盟"倡议。2016 年 11 月,联合国 193 个会员国协商一致通过决议,欢迎"一带一路"倡议等经济合作倡议,呼吁国际社会为"一带一路"建设提供安全保障环境。2017 年 3 月,联合国安理会一致通过了第 2344 号决议,呼吁国际社会通过"一带一路"建设加强区域经济合作,并首次载入"人类命运共同体"理念。二是签署"一带一路"倡议政府间合作文件的国家和国际组织数量逐年增加。在"一带一路"倡议框架下,各参与国和国际组织本着求同存异原则,就经济发展规划和政策进行充分交流,协商制定经济合作规划和措施。三是"一带一路"倡议专业领域对接合作有序推进。数字丝绸之路建设已成为"一带一路"倡议的重要组成部分,中国与埃及、老挝、沙特阿拉伯、塞尔维亚、泰国、土耳其、阿联酋等国家共同发起

---

① 《最高人民法院关于人民法院为"一带一路"建设提供司法服务和保障的若干意见》,2015 年 7 月 7 日,见 https://www.court.gov.cn/fabu-xiangqing-14900.html。

《"一带一路"数字经济国际合作倡议》,与 16 个国家签署加强数字丝绸之路建设合作文件。中国发布《标准联通"一带一路"倡议行动计划(2018—2020年)》,与 49 个国家和地区签署 85 份标准化合作协议。中国发布《愿景与行动》《"一带一路"建设海上合作设想》等。中国推动建立了国际商事法庭和"一站式"国际商事纠纷多元化解决机制。[①]

4. 信息促进政策分析

2016 年国防科工局、发展改革委印发的《关于加快推进"一带一路"空间信息走廊建设与应用的指导意见》指出,推进"一带一路"空间信息走廊建设与应用,是推进"一带一路"建设工作确立的重要任务,也是推进"一带一路"建设工作的有力抓手。[②] 在促进我国与"一带一路"沿线国家在高新技术领域的合作,提高与沿线国家产业合作的层次和水平;推动与沿线国家在防灾减灾、生态环境监测、科学研究等领域的国际合作,为"一带一路"建设提供公共产品,增进民心相通和人文交流,塑造我国负责任的大国形象;增强我国企业"走出去"的国际竞争力;提高我国空间基础设施利用效率和技术水平,提升空间信息产业的国际化水平,促进技术、产品和服务"走出去"等方面开展工作。2018 年工业和信息化部印发的《推进"一带一路"建设是党中央、国务院统筹国际国内两个大局作出的重大决策》提出,基于"企业主体、政府引导、需求导向、工程牵引、整体推进,突出重点"的原则,聚焦"一带一路"建设发展需求,多方协作,保障国际产能和装备制造合作、信息互通共享有序推进。[③] 依托重大工程,提升标准化合作层次和水平,促进沿线国家产业共同提升。深入

---

① 推进"一带一路"建设工作领导小组办公室:《共建"一带一路"倡议:进展、贡献与展望》,《光明日报》2019 年 4 月 23 日。

② 国防科工局、发展改革委:《关于加快推进"一带一路"空间信息走廊建设与应用的指导意见》,2016 年 11 月 23,见 https://www.ndrc.gov.cn/fzggw/jgsj/kfs/sjdt/201611/t20161123_1086163.html?code=&state=123。

③ 工业和信息化部、中国国际贸易促进委员会:《关于开展支持中小企业参与"一带一路"建设专项行动的通知》,2017 年 8 月 4 日,见 https://www.miit.gov.cn/jgsj/qyj/wjfb/art/2020/art_8512f13b69344083bf2fbd31ff83f0f6.html。

开展"一带一路"沿线国家标准体系分析,加快推动标准体系对接,运用实施标准外文版、标准互认等手段,提升标准服务"一带一路"建设的保障能力。

5. 企业参与条件分析

工业和信息化部、中国国际贸易促进委员会颁发的《关于开展支持中小企业参与"一带一路"建设专项行动的通知》指出,中小企业是"一带一路"沿线国家对外经贸关系中最重要的合作领域之一,也是促进各国经济社会发展的重要力量。[①]随着"一带一路"建设的不断推进,我国中小企业迎来了新的发展机遇和广阔的发展空间。助力中小企业赴沿线国家开展贸易投资,建立经贸技术合作平台是基本的支持路径。具体举措方面强调,在共同搭建"中小企业'一带一路'合作服务平台"、鼓励中小企业运用电子商务开拓国际市场、促进中小企业开展双向投资、支持中小企业参加国内外展览展销活动等方面支持中小企业参加国内外展览展销活动,同时在加强经贸信息、调研等服务、强化商事综合服务、完善涉外法律服务等方面为中小企业提供优质服务,开展专题培训、引导企业规范境外经营行为,提高中国品牌海外影响力,提升中小企业国际竞争力。

(三) 西部地区"一带一路"倡议相关政策法律环境分析

随着"一带一路"建设的不断推进,国内各地区积极落实党中央、国务院的有关政策,全面参与到"一带一路"建设工作中。全国31个省(自治区、直辖市)均出台了推进"一带一路"建设的政策和规划,并根据各自优势,制定了各具特色的发展方向,西部省份相关政策,详见表3.18。西部各省(自治区、直辖市)在制定"一带一路"倡议相关规划的前提下,根据各自的实际情况,分别细化了每一个年度的工作要点,详见表3.19。

---

① 工业和信息化部、中国国际贸易促进委员会:《关于开展支持中小企业参与"一带一路"建设专项行动的通知》,2017年8月4日,见 https://www.miit.gov.cn/jgsj/qyj/wjfb/art/2020/art_8512f13b69344083bf2fbd31ff83f0f6.html。

表 3.18　西部 12 个省(自治区、直辖市)"一带一路"倡议相关文件一览表

省(自治区、直辖市)		文件名
云南	1	《云南省参与建设丝绸之路经济带和 21 世纪海上丝绸之路实施方案》
	2	《中共云南省委　云南省人民政府关于加快建设我国面向南亚东南亚辐射中心的实施意见》
	3	《中共云南省委　云南省人民政府关于加快建设我国面向南亚东南亚辐射中心规划(2016—2020 年)》
	4	《云南省建设面向南亚东南亚经济贸易中心规划(2016—2020)》
	5	《云南省建设面向南亚东南亚科技创新中心规划(2016—2020)》
	6	《云南省建设面向南亚东南亚金融服务中心规划(2016—2020)》
	7	《云南省建设面向南亚东南亚人文交流中心规划(2016—2020)》
新疆	1	《丝绸之路经济带核心区交通枢纽中心建设规划(2016—2030 年)》
	2	《新疆参与中蒙俄经济走廊建设实施方案》
	3	《丝绸之路经济带核心区区域金融中心建设规划(2016—2030 年)》
	4	《丝绸之路经济带核心区(新疆)能源规划》
	5	《新疆生产建设兵团参与建设丝绸之路经济带的实施方案》
内蒙古	1	《内蒙古自治区创新同俄罗斯、蒙古国合作机制实施方案》
	2	《内蒙古自治区深化与蒙古国全面合作规划纲要》
	3	《内蒙古自治区参与建设"丝绸之路经济带"实施方案》
	4	《内蒙古自治区建设国家向北开放桥头堡和沿边经济带规划》
	5	《内蒙古自治区与俄蒙基础设施互联互通总体规划(2016—2035 年)》
	6	《内蒙古自治区与俄罗斯、蒙古国基础设施互联互通实施方案(2016—2020 年)》
陕西	1	《陕西省推进绿色"一带一路"建设实施意见》
	2	《陕西省"一带一路"建设 2018 年行动计划》
	3	《陕西省标准联通共建"一带一路"行动计划(2018—2020 年)》
	4	《西安建设"一带一路"综合改革开放试验区总体方案》
	5	《关于加强和规范"一带一路"对外交流平台审核工作的通知》
甘肃	1	《甘肃省参与建设丝绸之路经济带和 21 世纪海上丝绸之路的实施方案》
	2	《丝绸之路经济带甘肃段"6873"交通突破行动实施方案》
	3	《"丝绸之路经济带"甘肃段建设总体方案》
	4	《关于推动国际货运班列和航空货运稳定运营的意见》
	5	《甘肃省合作共建中新互联互通项目南向通道工作方案(2018—2020 年)》

续表

省(自治区、直辖市)		文件名
四川	1	《四川省推进国际产能和装备制造合作三年行动方案(2017—2019年)》
	2	《四川文化融入"一带一路"战略实施意见(2017—2020年)》
	3	《四川省推进"一带一路"建设标准化工作实施方案》
重庆	1	《中新(重庆)战略性互联互通示范项目航空产业园建设总体方案》
	2	《重庆市开放平台协同发展规划(2018—2020年)》
青海	1	《青海省参与建设丝绸之路经济带和21世纪海上丝绸之路的实施方案》
	2	《青海省丝绸之路文化产业带发展规划及行动计划(2018—2025)》
西藏	1	《西藏面向南亚开放重要通道建设规划》
宁夏	1	《宁夏参与丝绸之路经济带和21世纪海上丝绸之路建设规划》
贵州	1	《贵州省推动企业沿着"一带一路"方向"走出去"行动计划(2018—2020年)》
广西	1	《关于实施开放带动战略全面提升开放发展水平的决定》
	2	《广西参与"一带一路"科技创新行动计划实施方案(2018—2020年)》
	3	《广西参与大湄公河次区域经济合作规划(2014—2022)》
	4	《中国(广西)自由贸易试验区条例》

表3.19 西部12个省(自治区、直辖市)2019年推进"一带一路"建设核心任务和行动要点

省份	核心要点
陕西	着力打造"一带一路"五大中心,提高全球资源配置能力。深入探索自贸区改革,优化海关监管模式,支持综合保税区开放升级,做强航空和铁路口岸。积极建设进口商品展示交易分拨中心、跨境电商国际合作中心、加工贸易产业转移承接中心。用好第五航权,拓展国际航线。加快建设临空经济示范区,围绕空港、陆港打造产业集群。办好既有展会,引进高端展会,构建开放合作平台,密切与京津冀、长江经济带、粤港澳大湾区等地协作,加强"一带一路"经贸人文交流,增强联通世界的门户效应。
内蒙古	推动全方位对外开放。加大向北开放力度,加快中蒙俄经济走廊建设,深度融入"一带一路",推动形成高水平开放新格局。充分发挥呼和浩特、包头、鄂尔多斯、赤峰等综合保税区、保税物流中心、内陆港的对外贸易载体平台作用,拓展对外开放新空间。提升甘其毛都、满都拉等口岸开放水平,支持建设口岸经济区(带)和国际产业合作园,把通道经济变为落地经济。组织参加第二届中国国际进口博览会和北京世界园艺博览会。办好中蒙博览会、阿尔山论坛、内蒙古国际能源大会、中国·包头稀土产业论坛,提高我区会展品牌影响力。建设东北亚语言资源数字化平台。

续表

省份	核心要点
甘肃	持续抢抓"一带一路"建设最大机遇,坚持"引进来""走出去"相结合,努力取得更多务实合作成果。奋力抢占"一带一路"建设五个制高点。制定实施抢占五个制高点规划方案,着力打造面向中西亚、南亚、服务国家"一带一路"建设的文化高地、交通物流集散枢纽、科创中心、信息汇集中心和生态安全屏障。高水平办好敦煌文博会、丝绸之路国际旅游节、公祭伏羲大典暨天水伏羲文化旅游节等品牌节会,进一步放大节会拉动效应。提高国际货运班列和航空货运质量效益,深度融入国际陆海贸易新通道。落实"一带一路"科技创新行动计划,加快推动丝绸之路"科技走廊"建设,积极构建科技创新合作平台。加快丝绸之路"两港"建设,构建涵盖知识产权全生命周期的全产业链。参与共建绿色"丝绸之路",深化生态环保国际交流合作。
新疆	抓好丝绸之路经济带核心区建设。坚持"走出去"和"引进来"相结合,着力推进"一港""两区""五大中心""口岸经济带"建设。乌鲁木齐国际陆港区建设要在加速推进上下功夫,加快中欧班列乌鲁木齐集结中心集拼集运常态化运转,加快乌鲁木齐临空经济示范区、铁路口岸商务商贸区建设。深化与周边国家产能合作,加强境外经贸合作园区、边境经济合作区建设,带动商品、技术和装备出口。继续推进中哈霍尔果斯国际边境合作中心跨境人民币创新业务试点。办好2019(中国)亚欧商品贸易博览会。
青海	融入"一带一路"建设。用好国际国内两种资源、两个市场,打造内陆开放新高地。积极参与中巴、孟中印缅经济走廊建设,推动空中、陆上、网上、能源丝路"四路"协同,抓紧西宁综合保税区、青藏国际陆港等开放平台建设。支持引导电力、光伏、有色金属等企业"走出去"开展国际产能合作,支持省内骨干企业到境外开展对外承包工程。稳定藏毯、民族服饰等传统优势产品出口,扩大枸杞、藜麦、牛羊肉、冷水鱼等特色农牧产品出口。
西藏	提升对外开放水平。推进吉隆边境经济合作区、拉萨综合保税区建设。科学恢复樟木口岸货物通道,完善提升吉隆口岸、拉萨航空口岸功能,推动日屋、里孜口岸对外开放,提升普兰口岸开放水平,提高口岸整体通关效率。积极参与第二届"一带一路"国际合作高峰论坛,办好环喜马拉雅合作论坛,推进环喜马拉雅经济合作带建设;以尼泊尔为重点方向,推进基础设施互联互通,建设面向南亚开放大通道。
宁夏	深度融入"一带一路"建设,大胆试、勇敢闯,推动内陆开放型经济试验区建设取得实质性进展。建好用好开放平台。聚焦经贸,务实办好2019中阿博览会,争取落实一批合作项目。拓展延伸开放通道。充分发挥中国—中亚—西亚、中蒙俄经济走廊节点优势,重点加强西向和北向通道建设,主动对接南向"陆海新通道",加快构建内畅外联、通疆达海、多式联运的贸易物流大通道。推进国际货运班列场站建设,新开蒙古、俄罗斯班列,实现中亚、中欧班列常态化、品牌化运行。打造西部区域性航空枢纽,开辟银川至香港、伊斯坦布尔等国际(地区)航线,开通直达所有省会城市航线,加密重点城市航班,航空旅客吞吐量力争突破1000万人次。大力发展临空经济和通航产业。加快建设中阿网上丝绸之路经济合作试验区暨宁夏枢纽工程。

省份	核心要点
广西	深度融入"一带一路"建设,推动更高水平开放。实施更加积极主动的开放带动战略,加快构建"南向、北联、东融、西合"新格局,盘活开放发展这盘棋。务实推进西部陆海新通道建设。这是我区落实"三大定位"新使命、提升开放发展水平的牵引工程,要按照国家部署,紧盯重大标志性项目,加强软硬件建设,大力提升通道竞争力。畅通高效运输走廊。提高陆路干线运输能力,加快黄桶至百色、湘桂铁路南宁至凭祥段、南昆铁路威舍至百色段等货运通道规划建设。
重庆	持续实施内陆开放高地建设行动计划,以开放带动高质量发展。积极融入"一带一路"建设和长江经济带发展,推动全方位开放,加快培育内陆开放新优势。增强通道辐射能力。统筹东西南北四个方向、铁公水空四种方式,高标准建设出市出海出境大通道,构建内陆国际物流枢纽支撑。南向,加快中新互联互通项目"陆海新通道"建设,联动沿线省区打造重庆运营中心、运营平台和物流枢纽。西向,完善中欧班列(重庆)功能和网络体系,新增一批境内外集结分拨点。增开中亚班列。东向,加密渝甬铁海联运班列,推动落实长江黄金水道优先过闸机制。北向,做好"渝满俄"班列常态化开行。空中,大力发展基地航空,以国际直连为重点优化航线网络,力争新开通10条国际航线。完善多式联运体系,促进各类开放通道互联互通。
四川	扩大开放合作。深度融入"一带一路"建设和长江经济带发展。加强与京津冀、长三角、粤港澳大湾区、北部湾经济区、泛珠三角区域等经济区交流合作。深化川港、川澳合作机制,推进与南向东向地区基础设施共建共享和贸易投资便利化。加强重点产业招商,办好中国西部(四川)国际投资大会、中外知名企业四川行等重大活动。加快自贸试验区建设,推动由商品和要素流动型开放向规则等制度型开放转变,进一步下放省级管理权限,探索更多可复制推广的经验,争取成都铁路港、泸州港等建设国家开放口岸、创立综合保税区,加快建设协同改革先行区。
云南	深化市场化改革,扩大高水平开放。要以更高标准、更大力度推动各项改革走深走实,主动服务和融入"一带一路"建设,加快建设面向南亚东南亚辐射中心,以改革开放新突破推动经济社会大发展。深化通关便利化改革,积极申建中国(云南)自由贸易试验区。建成南亚东南亚进口商品展示交易中心,打造"永不落幕的南博会"。全力做好跨境合作这篇大文章,推动跨境动物疫病区域化管理试点工作取得重大突破,提升跨境园区和境外园区建设水平,强力推进边境旅游试验区和跨境旅游合作区建设,积极引进南亚东南亚大型银行来滇设立分支机构或合资机构,全力建设中国(昆明)跨境电子商务综合试验区。
贵州	深入实施推动企业沿着"一带一路"方向"走出去"行动计划,围绕国际陆海贸易新通道建设,建立重点企业库、重大项目库和重要产品库,制定实施支持政策措施。加快完善口岸基础设施和智慧航空口岸建设。大力推进中瑞产业园等国际合作园区建设。支持贵阳市建设国家级跨境电商综合试验区和贵安新区开展国家服务贸易创新发展试点。主动融入长江经济带、粤港澳大湾区、泛珠三角区域,深化产业、商贸、科技等领域合作。

1. 西部地区"一带一路"倡议相关政策解读

运用"图悦"分析工具,对西部 12 个省(自治区、直辖市)2019 年推进"一带一路"建设核心任务和行动要点进行词频统计(见表 3.20)、热词的词频和权重可视化呈现,见图 3.2 和图 3.3。其中"图悦"热词词频指标,是一个词在文章中出现的次数,出现的次数越多一般越重要;热词权重指标,是指一个词在文章中的重要性,主要由 TF 热词词频,IDF 倒转文档频率指标决定。

图 3.2　热词词频图

图 3.3　热词权重图

表 3.20 热词词频及权重图(TOP40)

序号	关键词	词频	权重
1	建设	47	1
2	开放	26	0.9365
3	国际	22	0.9052
4	一带一路	15	0.8981
5	合作	20	0.8945
6	口岸	13	0.8818
7	通道	13	0.8595
8	跨境	8	0.8464
9	经济	13	0.8412
10	融入	9	0.8177
11	班列	9	0.8117
12	试验区	7	0.8082
13	经济带	6	0.7973
14	贸易	8	0.7954
15	陆海	5	0.7894
16	航空	7	0.7873
17	丝绸之路	6	0.7784
18	保税区	5	0.7714
19	南亚	5	0.7639
20	内陆	5	0.7637
21	航线	5	0.7601
22	改革	6	0.7594
23	产业	6	0.7589
24	走廊	5	0.756
25	枢纽	5	0.7543
26	长江	5	0.7504
27	综合保税区	5	0.7491
28	深度	5	0.7467
29	物流	5	0.7447
30	对外开放	4	0.7288

序号	关键词	词频	权重
31	高水平	4	0.7268
32	博览会	4	0.726
33	边境	4	0.7248
34	货运	4	0.7248
35	经济合作	4	0.7242
36	合作区	3	0.7187
37	引进	4	0.7181
38	创新	4	0.7066
39	经济区	3	0.7054
40	科技	4	0.7051

(1)整体性分析:西部地区省(自治区、直辖市)政策法律环境的概况。

系统分析比较西部12个省(自治区、直辖市)政府工作报告,可见"一带一路"已经成为各地政府工作报告的必备关键词,并根据各区域特点,从自贸区建设、粤港澳大湾区与长江经济带合作、贸易新通道、物流航运及跨境电商、国际合作示范园、产能合作、保税区和口岸建设等方面制定了"一带一路"建设的侧重点。从表3.18、表3.19、图3.3、图3.4可见,西部地区均围绕"一带一路"倡议颁布具体的发展规划或实施意见,建设重点主要体现在经济贸易、基础建设等方面。

同时也发现,西部各省(自治区、直辖市)围绕"一带一路"倡议的行动规划中,关于教育的省级政策文件较少。教育部《推进共建"一带一路"教育行动》指出,地方重点推进。突出地方推进共建"一带一路"倡议的主体性、支撑性和落地性,要求各地发挥区位优势和地方特色,抓紧制定本地教育和经济携手走出去行动计划,紧密对接国家总体布局。要求充分利用地方调配资源优势,积极搭建海内外平台,促进校企优势互补、良性合作、共同发展。目的是多措并举,支持指导本地教育系统与"一带一路"沿线国家广泛开展合作交流,打造教育合作交流区域高地,助力做强本地教育。[①] 2019 年中共中央、国务院印发《中国教育现代化 2035》《加快推进教育现代化实施方案(2018—2022 年)》(以下简称《实施方案》),重点部署了推进教育现代化的十大战略任务和十大重点任务。两个文件都强调了要推进"一带一路"教育行动,其中《中国教育现代化 2035》要求加强学历学位互认、标准互通,《实施方案》侧重于平台建设。教育部负责人表示,两个文件远近结合,各有分工和侧重,共同构成了教育现代化的顶层设计和行动方案。自 2016 年起,教育部陆续与 18 个省(自治区、直辖市)签署了部省(自治区、直辖市)共建备忘录。截至 2019 年,我国已与 24 个"一带一路"沿线国家签署了高等教育学历学位互认协议,共有 60 所高校在 23 个沿线国家开展境外办学,16 所高校与沿线国家高校建立了 17 个教育部国际合作联合实验室。2017 年,共有 31.72 万沿线国家留学生来华留学,占来华留学总人数的 64.85%。在看到成绩的同时,我们也应该认识到,西部各省(自治区、直辖市)的"一带一路"教育行动规划或政策出台相对滞后,不利于西部地区教育行动计划的推动和教育事业的健康发展。[②]

(2)个案研究:陕西省高等教育发展外部环境分析。

从国家和陕西省的政策层面来看,陕西高等教育正处在求得突破发展的机遇期。近年来,国家和陕西省在政策和法律上为陕西高等教育的发展提供了良好的发展机遇。国务院发布的《国民经济和社会发展第十二个五年规划》指出,要加快教育改革发展,发挥人才资源优势,为加快转变经济发展方式、实现全面建设小康社会奋斗目标奠定坚实的科技和人力资源基础。可以说,站在新的历史起点上,高等教育承担着重要的历史使命,即为社会和各行

---

① 《教育部关于印发〈推进共建"一带一路"教育行动〉的通知》,《中华人民共和国教育部公报》2016 年第 9 期。

② 《我国已与 24 个"一带一路"沿线国家互认高等教育学历学位》,2019 年 2 月 20 日,见 https://www.sohu.com/a/295847085_116897。

各业培养创新型、应用型、复合型人才。① 国务院发布的《国家中长期教育改革和发展规划纲要(2010—2020年)》提出要"发挥政策指导和资源配置的作用,引导高校合理定位,克服同质化倾向,形成各自的办学理念和风格,在不同层次、不同领域办出特色,争创一流"。② 陕西省委、省政府发布的《陕西省关于贯彻〈国家中长期教育改革和发展规划纲要(2010—2020年)〉的实施意见》提出"加强分类指导和管理,制定全省高等学校分类发展规划,合理设置和优化高校及学科专业,引导不同类型和不同层次的高校科学定位、错位发展、办出特色、办出水平、争创一流"。③ 高等教育与"一带一路"建设联系密切,"一带一路"倡议为进一步推进高等教育国际化、深化高等教育领域综合改革、提高教育质量提供了重大战略机遇。2015年10月国务院印发的《统筹推进世界一流大学和一流学科建设总体方案》指出"鼓励和支持不同类型的高水平大学和学科差别化发展,加快进入世界一流行列或前列"。④ "双一流"建设方案强调实行一流学科动态管理,注重学科总体规划和内涵发展,明确了无论部属高校还是地方高校,只要有学科优势和特色,都有机会获得政府财政支持,通过建设达到一流水平,这些都为西部高等教育特色发展带来新的机遇。

从以上政策背景可以看出,西部高等教育面临着宝贵的发展机遇和良好的发展环境。西部高校要抢抓机遇,找准定位,科学谋划,合理布局,扎实推进,统筹高等学校各项事业发展,树立"特色就是水平、质量就是生命、内涵建设是学校发展的着力点"这一理念,适应陕西区域经济社会发展需要和行业发展实际,通过"优化结构、提高质量、办出特色",求得新的突破和发展。此

---

① 《中华人民共和国国民经济和社会发展第十二个五年规划纲要》,2011年3月16日,见 http://www.gov.cn/zhuanti/2011-03/16/content_2623428_2.htm。

② 《国家中长期教育改革和发展规划纲要(2010—2020年)》,《光明日报》2010年7月30日。

③ 中共陕西省委、陕西省人民政府:《关于贯彻〈国家中长期教育改革和发展规划纲要(2010—2020年)〉的实施意见》,2010年12月20,见 http://jyt.shaanxi.gov.cn/news/zhongchangqiguihua/201012/20/5208.html。

④ 《国务院关于印发〈统筹推进世界一流大学和一流学科建设总体方案〉的通知》,2015年11月5日,见 http://www.gov.cn/xinwen/2015-11/05/content_2960898.htm。

外,《中央财政支持地方性大学发展专项资金项目》等政策措施的实施,将在激励政策、学科建设、科研立项、人才引进等方面逐渐向应用性研发、应用人才培养、应用性科技成果转化等方面倾斜,这对于以应用性研究和应用性人才培养为主的陕西普通本科院校来说,更是带来了难得的发展机遇。西部高校如何发挥好自身优势,更好地为区域经济社会发展和行业进步服务,既是时代要求,更是体现自身价值、培育和凝练自身特色、争创一流、增强核心竞争力的重要途径。

目前,我国尚无官方的高等学校分类标准,更欠缺对高校类型的权威界定,一般本科院校没有被作为一种受到足够重视的大学类型受到应有的关注,这种类型的不确定性致使很多高校缺乏明确的发展方向。与此同时,当前强调综合排名和单一评价政策的环境因素,以及单一的以学术性和投入水平为导向的教育评价体系,不但使地方特色高校自身的优势难以得到凸显,而且受"办学规模大、办学经费少"的制约,一些地方特色高校甚至出现宁失特色、放弃个性,也要削足适履的现象,这显然有违高等教育发展规律。因此,针对国务院关于《统筹推进世界一流大学和一流学科建设总体方案》和教育部的有关政策要求,西部高校要重新审视自己的特长和优势,充分争取国家和地方政府的政策支持,积极行动,以构建具有领先地位的特色学科群来提升核心竞争力。同时,从历史积淀和区域发展需要两个维度上去寻找、培育特色学科并重点突破,实现学科和整体办学实力的异军突起。

2. 西部"一带一路"沿线省份的经济政策环境分析

2020 年 5 月,《中共中央 国务院关于新时代推进西部大开发形成新格局的指导意见》提出,[①] 以"一带一路"倡议为引领,加大西部开放力度。其中,在积极参与和融入"一带一路"建设方面,意见提出,支持新疆加快丝绸之路经济带核心区建设,形成西向交通枢纽和商贸物流、文化科教、医疗服务中心。支

①《中共中央 国务院关于新时代推进西部大开发形成新格局的指导意见》,《光明日报》2020年 5 月 18 日。

持重庆、四川、陕西发挥综合优势,打造内陆开放高地和开发开放枢纽。支持甘肃、陕西充分发掘历史文化优势,发挥丝绸之路经济带重要通道、节点作用。支持贵州、青海深化国内外生态合作,推动绿色丝绸之路建设。支持内蒙古深度参与中蒙俄经济走廊建设。提升云南与澜沧江—湄公河区域开放合作水平。

(1)机遇分析。经济发展水平决定着大学培养人才的类型、规格、数量与质量,制约着高等学校发展的速度与规模,从而导致其学科门类结构、层次结构、形式结构和地区结构等的变化。西部地区经济快速发展给西部高校带来了很大的实际利益。西部大开发以来,西部地区经济快速发展,综合实力明显增强。在我国近年来经济高速发展的整体环境下,西部地区经济增长取得了可喜的成绩,经济整体呈现出强劲的发展势头。《中共中央　国务院关于新时代推进西部大开发形成新格局的指导意见》指出,强化举措推进西部大开发形成新格局,是党中央、国务院从全局出发,顺应中国特色社会主义进入新时代、区域协调发展进入新阶段的新要求,统筹国内国际两个大局作出的重大决策部署。总体要求是:强化举措抓重点、补短板、强弱项,形成大保护、大开放、高质量发展的新格局,推动经济发展质量变革、效率变革、动力变革,促进西部地区经济发展与人口、资源、环境相协调,实现更高质量、更有效率、更加公平、更可持续发展,确保到 2020 年西部地区生态环境、营商环境、开放环境、创新环境明显改善,与全国一道全面建成小康社会;到 2035 年,西部地区基本实现社会主义现代化,基本公共服务、基础设施通达程度、人民生活水平与东部地区大体相当,努力实现不同类型地区互补发展、东西双向开放协同并进、民族边疆地区繁荣安全稳固、人与自然和谐共生。[①]

西部大开发勾勒的宏伟蓝图和"一带一路"建设的有序推进,为西部地区经济的快速发展带来了政策支持,同样也给西部高校带来了重要的机遇。一方面,经济的增长将带来政府对高等教育投入的提高,有利于西部高校改善

---

① 《中共中央　国务院关于新时代推进西部大开发形成新格局的指导意见》,《光明日报》2020年 5 月 18 日。

办学条件、加强学科建设以及提高人才培养水平;另一方面,西部地区经济的快速发展也为西部高校的毕业生提供了更多的就业岗位。

(2)挑战分析。《中共中央 国务院关于新时代推进西部大开发形成新格局的指导意见》指出,党的十八大以来,在以习近平同志为核心的党中央坚强领导下,西部地区经济社会发展取得重大历史性成就,为决胜全面建成小康社会奠定了坚实的基础,也扩展了国家发展的战略回旋空间。但同时,西部地区发展不平衡不充分问题依然突出,巩固脱贫攻坚任务依然艰巨,与东部地区发展差距依然较大,维护民族团结、社会稳定、国家安全任务依然繁重,仍然是全面建成小康社会、实现社会主义现代化的短板和薄弱环节。①

具体分析发现,二元经济结构影响着西部地区教育投入的力度。西部地区先进与落后并存的二元经济结构仍然影响着高等院校布局、教学水平、专业设置、学校招生等办学关键因素,制约着西部地区高等教育的快速发展。西部地区近几年经济快速发展,取得了很大成绩,但省属高校数量多,省财政对高等教育的投入任务比较艰巨、负担比较重,依靠政府经费投入难以支撑西部高等教育的快速发展。况且,西部高校与东部高校教育经费投入存在着较大的差异,客观上削弱了西部地区省属高校的整体竞争力。

3."一带一路"建设对西部地区的人才需求分析

(1)社会对人才需求的分析:兼具国际水平和民族属性的人才需求危机凸显。

人才是"一带一路"建设的战略支点和成败的关键所在。大量的工程建设、经济贸易、政策研究、科技人文、语言文化、卫生和旅游等方面的人才是"一带一路"建设的刚性需要。通过分析国际劳工组织等机构的统计数据发现,"一带一路"沿线国家人力资源优劣参半,在劳动力数量、成本方面存在优势,但在劳动力受教育程度、技能水平、生产效率等方面劣势明显,人才劣势

---

① 《中共中央 国务院关于新时代推进西部大开发形成新格局的指导意见》,《光明日报》2020年5月18日。

已成为制约"一带一路"建设瓶颈之一。因此,培养具有国际视野且通晓国际规则,能够参与国际事务且具备国际竞争力的国际化人才,是沿线所有国家高等教育必须回应的时代关切。对我国而言,国际化人才培养包括国内学生的国际化培养和海外留学生的国内培养两部分。国内学者杨红英等基于学生核心素养结构,借鉴扎根理论提出国际化人才培养的核心素养为"中国心、国际观、竞争力"三要素。[1]董渊等基于清华大学研究生国际化培养经验,提出了"一个网络、两个课堂、三类人才"具体方案。[2]文君等运用系统思维辩驳了国际化人才培养需求的"语言论"和"技能说",提倡运用"系统思维"创新人才培养模式,培养国际化资本运作人才、创新型贸易人才、文化复合型人才、基建与管理人才。[3]西部地区较东部而言人才总量较少,人才流失较为严重。因此,西部高校如何培养和稳定一批人才,进而为"一带一路"建设提供人才支撑是西部地区高等教育发展不可回避的现实问题。

(2)社会对职业教育期许:时代诉求之需和自身供给力之间的差距显著。

西部职业教育发展薄弱,经费投入不足,加之职业教育的特点强调实践性、应用型,办学成本较高,这使得有限的教育经费更是捉襟见肘。由于经费投入不足,西部地区职业学校普遍存在教学基本建设薄弱的问题,师资、实训设备设施、实践教学基地等方面的办学条件远不能适应现代职业教育改革与发展的需要,制约了西部职业教育的进一步发展。

高等职业教育作为教育体系的重要组成部分,担负着培养管理、生产、建设和服务一线技能型人才的重要任务。"一带一路"倡议为人才的国际流动和区域间配置提供了政策红利,未来沿线劳动力市场对于技术技能型人才的

---

[1]　杨红英、林丽:《论"一带一路"背景下中国高校国际化人才核心素养的培养》,《西南民族大学学报》(人文社科版)2018 年第 2 期。

[2]　董渊、刘丽霞、张伟、赵可金:《服务"一带一路"建设　提升研究生国际化培养水平》,《学位与研究生教育》2017 年第 7 期。

[3]　文君、蒋先玲:《用系统思维创新高校"一带一路"国际化人才培养路径》,《国际商务(对外经济贸易大学学报)》2015 年第 5 期。

需求将快速增长,创业与就业的空间将会快速拓展。基础设施建设是中国企业参与"一带一路"建设的优势领域,对具有专业技能又通晓沿线国家政治、经济、文化、语言和习俗的复合型技能人才的需求极为迫切。教育部《推进共建"一带一路"教育行动》提出,创新境外合作办学模式、丰富境外合作办学内容,联合设立培训中心和职业院校,打造层次分明的职业教育和培训体系,培养服务当地经济社会发展急需的各类人才。[①]目前,我国职业教育存在着体系建设不完善、制度标准不健全、企业参与动力不足、人才培养质量不高等问题。学界认为:①职业教育发展应科学定位。"一带一路"倡议背景下高等职业教育应顺势达变、抢抓机遇,重塑角色定位,力争成为培养国际化创新型人才的主要阵地、提升实体经济竞争力的重要基石和创造企业产品与服务价值的孵化器。②职业教育发展应内外联通。以重塑职教发展理念和落实产教融合为内生路径,以共建国际化专业标准和打造职教国际品牌为外延选择,使内生外延路径有效联通。③职业教育发展应注重人才培养。在培养模式上,应以国际化为导向、以复合型为目标,以多元培养平台为载体,以"多技能 +"跨学科课程为抓手,以国际化视野的师资为保障,培养合格的创新型技能人才。对西部地区而言,时代诉求之需和自身供给力之间的差距显著。[②]

(3)社会对留学生教育的需求变化:传统效能发挥与新时代使命交叉融合。

留学生教育具有服务国家外交战略、促进教育对外开放、培养知华友华人才的功用,是衡量一个国家高等教育软实力和国际化水平的重要标尺。"一带一路"倡议是新时代推动形成全面开放新格局的重大战略,为来华留学生教育发展带来了新的契机,也提出了新的要求。中共中央办公厅、国务院办公厅《关于做好新时期教育对外开放工作的若干意见》提出,要"加快留学

---

① 《教育部关于印发〈推进共建"一带一路"教育行动〉的通知》,《中华人民共和国教育部公报》2016 年第 9 期。

② 陈琪:《"一带一路"背景下高职技术技能人才培养的创新研究》,《现代教育管理》2008 年第 6 期。

事业发展,提高留学教育质量"。[1] 教育部《推进共建"一带一路"教育行动》提出,应"全面提升来华留学人才培养质量,把中国打造成为深受沿线国家学子欢迎的留学目的地国"。[2]"一带一路"建设背景下,留学生教育在服务国家外交发展的传统功用之外,也具有为我国企业海外发展延揽储备人才、推动沿线地区高等教育国际化的现实作用。当前,我国留学生教育面临着"生源结构不合理、人才培养能力不足、社会支持环境不成熟、安全压力应对不充分"等严峻挑战。整体而言,"一带一路"沿线发展中国家来华留学生学历层次偏低、学习供给认可度偏弱、奖学金总量偏少,沿线发达国家来华留学生总体规模偏少,国别间"输出—输入"不平衡、区域内"质量—效益"差异显著等问题。因此,如何使来华留学生教育搭载"一带一路"建设的时代东风,研究者提出了"顶层设计说""制度完善说""公共政策说""学科专业说"等建议对策,即加强顶层设计,面向沿线国家需求统筹谋划;创设具有倾斜性与导向性的制度环境;加强政策引导,推动教育和产业相结合;优化学科专业结构,立足"五通"建设需求,提高多样化人才培养水平,助力"一带一路"建设。

(4)社会对教育交流与合作的需求分析:国家战略导向下机遇与挑战共生并存。

教育交流合作是国家公共外交的重要手段,是我国向世界展示中国方案、传播中国声音的重要举措。"一带一路"倡议具有"开放合作"的基本属性,对教育交流合作具有推动和指引作用。教育部《推进共建"一带一路"教育行动》提出,要"扩大教育领域合作交流,形成往来频繁、合作众多、交流活跃、关系密切的携手发展局面"。[3]习近平主席指出,"一带一路"建设要坚持经

---

① 《中共中央办公厅 国务院办公厅印发〈关于做好新时期教育对外开放工作的若干意见〉》,2016 年 5 月 4 日,见 http://www.xinhuanet.com/politics/2016-05/04/c_128956339.htm?mType=Group。

② 《教育部关于印发〈推进共建"一带一路"教育行动〉的通知》,《中华人民共和国教育部公报》2016 年第 9 期。

③ 《教育部关于印发〈推进共建"一带一路"教育行动〉的通知》,《中华人民共和国教育部公报》2016 年第 9 期。

济合作和人文交流共同推进,促进我国同沿线国家教育、艺术、学术、旅游等人文交流,使之提高到一个新的水平。关于教育交流合作,已有学术研究成果可分为以下六类:①意义阐述,如文明互鉴、民心相通、政治互信;②影响分析,如新方向开辟(从欧美到沿线国家)、新模式构建(从引进到输出,从二元双边合作到多元区域联盟合作);③基础解读,如合作历史渊源、合作体系初建、合作机制形成、合作载体搭建等;④挑战探讨,如国际政治形势复杂、民族文化差异显著、宗教渗透干扰、教育体制不一、合作程度不均(中国与东盟合作较好,与南亚、阿盟、中东欧较弱)、期望愿景不一等;⑤策略建议,如完善顶层设计、加强高层沟通、夯实合作基础、整合区域资源、加强校际合作、调动民间资本、发展经贸合作等;⑥路径选择,如扩大对外交流、发展新型智库、畅通合作渠道、推进留学生教育、培养急需人才等。

4."一带一路"政策对西部高等教育的影响分析

(1)历史机遇分析。未来一段时间,社会对于高等学校培养出来的人才需求的规模和质量将不断提升。一是随着国家宏观经济形势的不断好转,行业企业市场化的不断深化和发展,市场和企业对于专业化、技能型人才的需求将会越来越多;二是随着西部地区工业化、城镇化进程和新农村建设的加快推进,社会对人才的需求提出了更高要求;三是西部地区转变发展方式,积极推进科学发展和绿色发展,着力解决经济社会发展面临的能源资源、生态环境、人口健康、公共安全等瓶颈制约和深层次问题,实现经济发展方式从资源依赖型、投资驱动型向以创新驱动型为主转变,都需要依靠科技创新和人才支持。西部地区在制定人才发展规划中,把人才发展规划纳入"十四五"国民经济和社会发展的规划体系,以确保把人才资源优先开发、人才结构优先调整、人才投入优先保证、人才制度优先创新的要求落到实处。随着"一流大学、一流学科"建设的不断推进,西部高校作为"双一流"建设重要实施者,这些战略和规划的实施为西部高校的人才培养提供了广阔的需求空间。

西部高校发展模式正从规模化扩张向内涵式发展转型。在这些高校的创立阶段,由于其特定的行业背景和历史使命,形成了自身独特的优势,成为我国高等教育体系中亮丽的风景线。20世纪末,以高等教育管理体制改革为标志,打破了计划经济体制下单科为主的办学格局,行业特色高校在规模上、专业发展上和学科水平上都出现了较为明显的发展和进步,其核心竞争力有所提高。当前,我国正处在从高等教育大国向高等教育强国迈进的历史新阶段,推动一批高水平的行业特色高校率先将发展模式从规模化扩张向特色化的转型,使之与行业的发展相互促进,既是行业特色高校自我发展的现实选择,也是今后一段时期我国高等教育发展的重要主题。

(2)现实挑战分析。一方面,随着高等教育从精英教育走向大众化教育,大学毕业生数量激增,呈飞速增长趋势,但社会对毕业生的需求则保持相对平稳或少量增长。大学毕业生的增幅明显高于社会需求增幅,这已经是一个不容辩驳的事实,毕业生就业难的问题空前增加,西部高校作为高等教育扩招的主力军,面临的压力非常大。另一方面,随着各高校在专业设置中的市场化导向,各学校的专业趋同现象严重,加之专业设置与陕西省区域经济发展对人才的需求脱节,对陕西省区域经济发展支撑不足。基于以上原因,在未来一段时期内,西部高校的毕业生仍然存在较大的就业压力。

现阶段,西部高校正处在分化、转型、发展的重要时期,如何保持和强化自身优势,形成新的特色,实现可持续发展,是西部高校面临的重要问题。在当前西部高校特色化发展的动力机制尚未完全形成,制度环境尚不成熟,特色化道路亟待创新,特色化制度急需重构的关键时期,西部地方高校由于各种因素的制约,多数高校的办学实力还不雄厚,国内知名度还不够高,导致社会公众对其认可度不高。与此同时,社会对高等教育的期望值不断提高,群众对优质高等教育的需求日益增长,广大考生都把上知名重点大学作为自己的奋斗目标,争夺优质生源的竞争日益激烈,对西部地方普通高校进一步发展造成较大压力。此外,新一轮的高校竞争集中在人才、资源和生源等方面,由于西部地区地方政府对高等教育的经费投入额度与东部地区相比尚有差距,使得西部高校在资源获取上更趋从紧,在这种竞争环境下,西部高校相对处于弱势。

三、高等教育应主动适应"一带一路"倡议的内外部环境 [①]

(一)"一带一路"倡议理念下,进一步扩大教育对外开放是教育事业的基本使命和时代律动

"一带一路"倡议是中国教育扩大对外开放的顶层设计,为中国教育逐步走向世界教育中心提供了时代契机和政策支持。同时"一带一路"倡议也为沿线国家的教育开放、交流、融合提供了历史新机遇。中国作为"一带一路"倡议的发起国,"中国将一以贯之地坚持教育对外开放,深度融入世界教育改革发展潮流"。教育对外开放是我国改革开放事业的重要组成部分,肩负着培养国际化人才、促进人文交流、服务国家现代化建设的重要使命。教育对外开放经历了新中国成立初期的"谨慎尝试"和改革开放时期的"有所作为",再到新时代的"提质增效"三个历史阶段。"一带一路"倡议实施以来,我国教育对外开放已基本上形成了全方位、多层次、宽领域的新格局。目前,"一带一路"倡议理念和主张已被写入了联合国、二十国集团、亚太经合组织等重要国际组织或机制的有关文件中。参与范围已远超历史上"一带一路"范畴。我国倡导"一带一路"沿线国家建立教育共同体并积极付诸行动,教育部发布了推进教育行动的方案,并先后与甘肃、宁夏、福建、贵州、云南、海南、新疆、广西等 20 余个省(自治区、直辖市)签署了"一带一路"教育行动国际合作备忘录。[②] 主导建立了一批教育合作交流国际组织,牵头或参与制定了一批教

---

① 郭霄鹏、张笑予:《"一带一路"教育学类研究的热点主题与未来展望——基于 CSSCI 文献分析(2013—2019 年)》,《西安财经大学学报》2020 年第 4 期。

② 《教育部与六省市签署"一带一路"教育行动国际合作备忘录》,2017 年 4 月 13 日,见 http:// news.cyol.com/content/2017-04/13/content_15933456.htm。

育合作交流国际公约,如在学历学位认证标准连通方面,我国积极推动落实联合国教科文组织《亚太地区承认高等教育资历公约》,协调世界银行编写了《关于国际教育趋势及经验的政策建议》,牵头组织制定了《亚太经合组织教育战略》和《中国落实联合国2030可持续发展议程国别方案》等。在推进"一带一路"建设的进程中,我国应进一步扩大教育对外开放,在国际层面应积极参与全球教育治理,深化多边教育合作,积极向世界传递中国教育的声音;在国内层面应不断深化教育综合改革,逐步完善现代教育治理体系,提升服务"一带一路"教育行动的质量和水平,引导地方教育力量积极发挥区位和文化优势,主动对接、适应、落实国家的总体战略布局。

(二)"一带一路"建设进程中,有效弥合多元文化差异是教育事业发展的内在逻辑和时代诉求

"一带一路"沿线国家的教育体制、语言文化和教育信息化差异较大,部分国家和地区受大国博弈因素影响明显,对中国认知存在偏差。复杂的地缘政治风险、地区安全形势和多样化的发展诉求是"一带一路"建设全面推进所面临的主要挑战。沿线国家间的教育基础差异和经济联系程度也对"一带一路"建设产生不利影响,世界银行和联合国教科文组织公布的数据显示,"一带一路"沿线国家信息化基础条件差异显著、部分国家教育信息化政策缺失、教育资源开发和支撑平台建设滞后。"一带一路"建设是一项复杂的系统性工程,也是一项急需科学规划的前瞻性事业,对新时代教育事业的发展提出了更高的要求。教育在"一带一路"倡议中具有基础性和先导性的作用,教育交流可为沿线国家增进文化互信、民心相通架设桥梁,人才培养可为沿线国家"五通"建设提供支撑和保障。主动发挥教育交流在弥合文化认知差异方面的作用,积极向世界传递"构建人类命运共同体"的发展理念,培养具有国际视野的人才,是我国新时代教育发展的内在逻辑和时代诉求。习近平总书记指出"当今的世界是各国共同组成的命运共同体","教育应该顺此大势,通

过更加密切的互动、交流,促进对人类各种知识和文化的认知、对各民族现实奋斗和未来愿景的体认,以促进各国学生增强互相了解,树立世界眼光"。

(三)"一带一路"教育行动中,培养兼具国际水平和民族属性的高层次人才是高等教育的国际标识和中国底色

大学是新思想、新知识的发源地,是大国崛起和民族复兴的先导力量。高校拥有高层次人才集中、创新资源集聚、国际交流活跃的客观优势,在"一带一路"建设过程中具有智力支撑、人才保障和服务地方的显性功能,也具有促进政治理解、共植和谐文化、推进民心相通的隐性作用,在"一带一路"建设进程中扮演着先行者和生力军的角色。"一带一路"倡议助推了我国高等教育的国际化进程。国内学者围绕我国高等教育的国际化的论述颇丰,但对高等教育民族化的关注较少。高等教育作为一种重要的国家事业,兼具推进国际化和保持民族化的双向责任。国际化可理解为跨国界、跨民族、跨文化的国际交流合作,是使具有先进性的事物被普及的过程,强调的是趋同性。民族化是国家化和本土化的近义词,是指站在民族的立场,保持民族的特色,促进民族发展的过程,强调的是趋异性。美国教育学家克拉克·克尔认为:"教育特别是高等教育,不仅要为民族国家的行政和经济利益服务,而且要成为发展民族身份的重要方面;不仅要成为国家发展的一个工具,而且要成为社会灵魂和人民大众的组成部分。"[①] 涂又光先生也认为,中国的大学一定要有中国特色,否则不论办得多好,也不过是"在"中国的大学,而不是中国"底"大学。[②] 因此,在"一带一路"建设背景下,高等院校在立德树人的过程中,要充分认识到高等教育国际化和民族化具有相互依存、相互转化的统一性,也具有发展逻辑、发展地位不同的差异性。在人才培养的实践时,要用好认识世界

---

① [美]克拉克·克尔:《高等教育不能回避历史——21 世纪的问题》,王承绪译,浙江教育出版社 2001 年版,第 10 页。

② 涂又光:《文明本土化与大学》,《高等教育研究》1998 年第 6 期。

的唯物论和分析问题的辩证法,立足基本国情,紧扣时代脉搏,突出国际视野,强调民族属性,主动对接国家战略需求,培养兼具国际水平和民族属性的时代新人。

（四）"一带一路"教育行动中,教育国际化是"双一流"建设和高等教育强国建设的必由之路

国际化是评价大学办学水平的重要标尺,是世界一流大学的基本特征,也是大学服务国家战略基本职能的体现。教育国际化就是全球范围内的教育资源配置和教育要素流动,打破地域文化藩篱和地理国界限制,使各国间的教育交流日趋频繁,教育影响逐渐扩大,教育依存逐步增加的一种过程和状态。"一带一路"倡议是我国深化和扩大对外开放水平的重大举措,为进一步提高我国教育的国际化水平提供了重大战略机遇。在这一背景下,高等教育国际化内涵不断拓展,外显性国际化形式表现为"国际合作办学、教师互访、学生互换、学分互认、慕课共享"等;内隐性国际化特点呈现出"发展理念强调全球视野,人才培养重视国际理解,人员交流体现双向互动,学术交流注重互鉴共享,文化生态指向多元化,法制环境适用体现国际化"。适应和主导高等教育国际化进程是建设高等教育强国的现实需要,我国"双一流"院校应发挥学科和资源优势,积极参与全球教育治理和国际组织的多边教育行动,提高中国高等教育的国际影响力和话语权。西部地方高校作为高等教育体系的主要组成部分,具有数量多、分布广等特点,在"一带一路"建设背景下,地缘和行业优势与资源和水平劣势的差异显著。研究者认为,西部地方高校应扬长避短,参与"一带一路"倡议的教育行动,搭建人文交流平台、发挥行业和学科特色,实施差异化对外合作战略,实现合作共赢。

第四章 "一带一路"倡议背景下西部高校发展水平评价

西部地区包括陕西、内蒙古、甘肃、宁夏、青海、新疆、西藏、重庆、四川、云南、贵州和广西共 12 个省(自治区、直辖市)。截至 2020 年,西部地区共有普通高等学校 734 所,涉及"双一流"建设高校、地方一般本科高校和高等职业院校等层次。[①] 自共建"一带一路"倡议实施以来,西部高校全面提升自身的综合实力。但是,西部高校的发展水平参差不齐,有必要对其服务"一带一路"倡议的能力进行综合评价。我们主要选取了西部地区具有代表性的共 191 所高等院校,并且选择东部地区的上海市、江苏省和浙江省的代表性高校作为评价的对比省份,采用改进熵的 TOPSIS 和聚类分析等方法,综合评价"一带一路"倡议下西部高校的发展水平。

第一节 评价指标体系构建

一、评价指标确立的原则

建立评价"一带一路"倡议背景下西部高校发展水平的指标体系,必须要

---

① 《教育部 2020 年教育统计数据》,2021 年 8 月 30 日,见 http://www.moe.gov.cn/jyb_sjzl/moe_560/2020/gedi/202108/t20210831_556506.html。

有一套明确的量化指标,指标体系的建立是"一带一路"倡议背景下西部高校发展水平评价的核心部分,是关系到评价结果可信度的关键因素。构建科学合理的"一带一路"倡议背景下西部高校发展水平评价指标应当遵循科学性、系统性、独立性、重点性、层次性和可行性原则。

（一）科学性原则

"一带一路"倡议背景下西部高校发展水平评价过程必须采用科学的方法和手段来获得原始数据,确立的指标体系能够客观和真实地反映出高校在某个方面的实力,在对高校的发展指标进行选取时,应坚持科学发展的原则,统筹兼顾,指标体系过大或过小都不利于作出正确的评价。因此,必须以科学态度选取指标,以便真实有效作出评价。

（二）系统性原则

"一带一路"倡议背景下的西部高校发展水平涉及我国西部 12 个省份近 200 所高校的教学建设、科学研究、社会评价、师资队伍和学科建设等各个方面,指标之间彼此相互联系,不可或缺。在对西部高校发展水平评价过程中,需要将"一带一路"倡议背景下西部高校发展水平评价体系作为一个系统,综合考虑每个评价指标的逻辑性和相互关联性,最终获得全面的评价结果。

（三）独立性原则

评价体系中的每一个评价指标应该都是相对独立的,能够单独、清晰地反映出"一带一路"倡议背景下西部高校发展的局部客观的事实或者特点,不相互重叠,相互间不存在因果关系,层次简明清晰。

（四）重点性原则

反映"一带一路"倡议背景下西部高校发展水平的因素众多,在评价指标体系的设计过程中重点关注最能够代表和反映西部高校实际发展水平的主要指标,避免笼统、面面俱到式的说明。在评价指标的选择过程中,参考专家的意见,或者运用大数据统计分析已有的研究成果,从中进行遴选,进而获得具有代表性的评价指标。

(五) 层次性原则

由于"一带一路"倡议背景下西部高校发展水平评价涵盖的多层次性,指标体系也是由多层次结构组成,反映出各层次的特征。同时各个子指标相互联系构成有机整体,能从不同方面、不同层次反映西部高校发展的实际情况。同时在指标设置上按照指标间的层次递进关系,通过一定的梯度,准确反映指标间的支配关系,充分落实分层次评价原则,既能消除指标间的相容性,又能保证指标体系的全面性、科学性。

(六) 可行性原则

评价指标体系中的各个指标要清晰"一带一路"倡议背景下西部高校的教学建设、科学研究、社会评价、师资队伍和学科建设等真实的发展水平,必须要有明确而又权威的公开数据来源,数据应该易于采集和获得。同时,风险指标应该是量化型指标,便于数学分析,便于标准化处理,符合模型分析的要求。

二、评价指标的选择

现代高等学校以培养专门人才、发展科学知识、为社会服务和传承创新文化为主要职能,主要从事教学与教育、科学研究以及多种形式的社会工作。根据高校发展的特点,以及高校公开披露的数据,结合专家的意见,我们选取了教学建设、科学研究、社会评价、师资队伍、学科建设5个指标作为评价"一带一路"倡议背景下西部高校发展水平的一级评价指标。为了对"一带一路"

倡议背景下西部高校的发展水平进行更为全面的评价,把 5 个一级指标分解为 28 个二级指标。具体而言,把"教学建设"分解为国家级教学实验中心、国家级虚拟仿真实验室教学中心、国家级资源共享课程、国家级视频公开课、国家级在线开放课程、国家级教学成果奖和研究生教育成果奖 7 个二级指标,其指标值表示一个年度之内某个指标的数量;把"科学研究"分解为国家重点研发计划、国家自然科学基金、国家社会科学基金、中国博士后科学基金、国家科学技术奖和教育部科技奖 6 个二级指标,其指标值表示一个年度之内获得某个指标的数量;对于"社会评价"指标,则采用中国校友会的高校排名,因为中国校友会高校排名是中国国内权威性较强、公众认可度较高的第三方高校评价体系,同时其中包含的高校样本在所有国内的高校排名体系中最多;把"师资队伍"分解为中国科学院院士、中国工程院院士、长江学者特聘教授、国家杰青、万人计划人才、长江青年学者、国家优青、教育部创新团队、基金委创新群体、科睿唯安高被引科学家、爱思唯尔高被引学者 11 个二级指标,其指标值表示一个年度之内某个指标的数量;把"学科建设"分解为国家重点学科、高校博士后流动站、国家"双一流"建设学科 3 个二级指标,其指标值表示一个年度之内某个指标的数量。各级指标的具体关系和性质如表 4.1 所示。

表 4.1 评价指标体系

一级指标	二级指标	指标性质
教学建设	国家级教学实验中心	效益性指标
	国家级虚拟仿真实验室教学中心	效益性指标
	国家级资源共享课程	效益性指标
	国家级视频公开课	效益性指标
	国家级在线开放课程	效益性指标
	国家级教学成果奖	效益性指标
	研究生教育成果奖	效益性指标
科学研究	国家重点研发计划	效益性指标
	国家自然科学基金	效益性指标

续表

一级指标	二级指标	指标性质
科学研究	国家社会科学基金	效益性指标
	中国博士后科学基金	效益性指标
	国家科学技术奖	效益性指标
	教育部科技奖	效益性指标
社会评价	校友会高校排名	成本性指标
师资队伍	中国科学院院士	效益性指标
	中国工程院院士	效益性指标
	长江学者特聘教授	效益性指标
	国家杰青	效益性指标
	万人计划人才	效益性指标
	长江青年学者	效益性指标
	国家优青	效益性指标
	教育部创新团队	效益性指标
	基金委创新群体	效益性指标
	科睿唯安高被引科学家	效益性指标
	爱思唯尔高被引学者	效益性指标
学科建设	国家重点学科	效益性指标
	高校博士后流动站	效益性指标
	国家"双一流"建设学科	效益性指标

第二节　评价模型构建

一、改进熵的 TOPSIS 模型

(一) 多属性决策

使用多个评价指标评价"一带一路"倡议背景下西部高校发展水平属于多属性决策。多属性决策(Multiple Attribute Decision Making, MADM)作为现代决策理论与方法研究的重要组成部分,也被称为有限方案多目标决策,一般是针对存在多个属性的情况下,根据各类属性对主体影响程度的大小,最终选择最优备选方案,也可以用于对已有方案进行排序做出最终决策。多属性决策的理论和具体评价方法被广泛运用于实际问题中,如对综合实力进行评价排名,对提出的投资方案进行筛选,对经济效益指标进行评价等。

多属性决策自提出以后,其快速应用性迅速引起了国内外学者的关注。截至目前,多属性决策相关理论和方法主要被划分为两种:一是确定各类属性的权重,或者也称为确定方案体现在属性的模糊评价值,最为重点的是需要选择合适的模糊集结算子,最终将两者结合,形成可以代表方案评估价值的模糊效用值,从而进行决策;二是有关模糊数的排序方法,通过一一比较方案的模糊效用值,得到最终评价结果,从而进行决策。无论是上述哪种类型,决策模型的构建均需要借助格序理论和集对分析等理论作为支撑。其中,通常作为特殊的模糊数的值有属性值或权重等,如梯形模糊数、语言数、三角模糊数或者以判断矩阵的形式出现。

解决多属性决策问题常用的方法主要有:数据包络分析、主成分分析法、突变级数法、密切值法和位分值法、两两对比价值法、效用函数法、双击点优序法和最小隶属度偏差法等,而在多属性决策问题中最为重要的部分是对已有方案进行排序和最终择优的方法。多属性决策解决问题的方法一般是运用数学工具综合效用指标,涉及的综合效用指标需符合决策者偏好,且基于这类综合效用指标,最终对方案进行比较和排序的理论方法。常见的运用方法主要包括:模糊悲观型决策方法、理想点法、模糊线性加权平均法、多维偏好分析的线性规划技术和模糊神经网络多属性决策方法等。

(二) 改进熵的 TOPSIS

TOPSIS(全称为 Technique for Order Preference by Similarity to an Ideal Solution)方法最早由 C.L.Hwang 和 K.Yoon 于 1981 年正式提出,该方法是最

常用的排序方法,被认为是一种逼近理想解的排序方法,也就是借助多属性问题的理想解、负理想解,将方案集中的各个方案排序,该方法的基本原则为最优方案离正理想方案最近,离负理想方案最远。相较于其他方法,改进熵的 TOPSIS 具有其独特的优越性:第一,该方法对数据类型、样本量和指标属性等影响因素并无十分严格的限制;第二,该方法具有较为直观的几何意义,应用范围广;第三,该方法可充分利用原始数据,减少了信息的丢失;第四,该方法使用熵权法替代层次分析法等主观性较强的方法来确定评价指标的权重,使得评价指标权重的赋值更加客观。

由此将改进熵的 TOPSIS 法作为评价"一带一路"倡议背景下西部高校发展水平的研究方法,结合具体研究内容,运用的改进熵的 TOPSIS 具体步骤为:

Step 1:根据搜集的数据,整理后列出原始矩阵 A,其中包含 m 个评价对象,n 个反应综合发展实力的原始数据,由此可表示为:

$$A = \begin{bmatrix} a_{11} & \cdots & a_{1j} & \cdots & a_{1n} \\ \vdots & \vdots & \vdots & \vdots & \vdots \\ a_{i1} & \cdots & a_{ij} & \cdots & a_{in} \\ \vdots & \vdots & \vdots & \vdots & \vdots \\ a_{m1} & \cdots & a_{mj} & \cdots & a_{mn} \end{bmatrix} = \left(a_{ij} \right)_{m \times n} \qquad (公式\ 4.1)$$

根据 x_{ij} 性质的不同,分别进行指标处理。对于效益性指标(正向指标):

$$x_{ij} = \begin{cases} \dfrac{a_{ij} - a_{j\min}}{a_{j\max} - a_{j\min}}, & a_{j\max} \neq a_{j\min} \\ 1, & a_{j\max} = a_{j\min} \end{cases} \qquad (公式\ 4.2)$$

对于成本性指标(负向指标):

$$x_{ij} = \begin{cases} \dfrac{a_{j\max} - a_{ij}}{a_{j\max} - a_{j\min}}, & a_{j\max} \neq a_{j\min} \\ 1, & a_{j\max} = a_{j\min} \end{cases} \qquad (公式\ 4.3)$$

从而,得到决策矩阵 X:

$$X = \begin{bmatrix} x_{11} & \cdots & x_{1j} & \cdots & x_{1n} \\ \vdots & \vdots & \vdots & \vdots & \vdots \\ x_{i1} & \cdots & x_{ij} & \cdots & x_{in} \\ \vdots & \vdots & \vdots & \vdots & \vdots \\ x_{m1} & \cdots & x_{mj} & \cdots & x_{mn} \end{bmatrix} = \left(x_{ij} \right)_{m \times n} \qquad (公式\ 4.4)$$

Step 2:对原始数据进行无量纲化,也就是对决策矩阵进行标准化处理。

$$X^{'} = \begin{bmatrix} x_{11}^{'} & \cdots & x_{1j}^{'} & \cdots & x_{1n}^{'} \\ \vdots & \vdots & \vdots & \vdots & \vdots \\ x_{i1}^{'} & \cdots & x_{ij}^{'} & \cdots & x_{in}^{'} \\ \vdots & \vdots & \vdots & \vdots & \vdots \\ x_{m1}^{'} & \cdots & x_{mj}^{'} & \cdots & x_{mn}^{'} \end{bmatrix} = \left(x_{ij}^{'} \right)_{m \times n} \qquad (公式\ 4.5)$$

其中, $$x_{ij}^{'} = \frac{x_{ij}}{\sqrt{\sum_{k=1}^{m}(x_{ij})^2}}, i=1,2,\cdots,m;\ j=1,2,\cdots,n$$

Step 3:计算指标信息的熵值。

$$e_j = -k \sum_{i=1}^{m} \left(x_{ij}^{'} \times \ln x_{ij}^{'} \right) \qquad (公式\ 4.6)$$

其中, $$k = \frac{1}{\ln m}$$

Step 4:计算指标的权重,构建加权矩阵。

$$w_j = \frac{g_j}{\sum_{j=1}^{n} g_j} = \frac{1-e_j}{\sum_{j=1}^{n}\left(1-e_j\right)} \qquad (公式\ 4.7)$$

其中,g_j 为第 j 项指标的差异系数。

权重确定后,以它们为主对角线上的元素构造主对角矩阵:

$$W = \begin{bmatrix} w_1 & & 0 \\ & \ddots & \\ 0 & & w_j \end{bmatrix} \qquad (公式\ 4.8)$$

其加权矩阵为:

$$YW = \left(y_{ij}\right)_{m \times n} = \begin{bmatrix} w_1 x'_1 & \cdots & w_n x'_{1n} \\ \vdots & \ddots & \vdots \\ w_1 x'_{m1} & \cdots & w_n x'_{mn} \end{bmatrix} \qquad (公式\ 4.9)$$

其中:
$$y_{ij} = x'_{ij} \cdot w_j \qquad (公式\ 4.10)$$

Step 5:确定参考样本。

参考样本的最大值构成最优样本,最优样本点:

$$Y^+ = \left(y_1^+, \cdots, y_n^+\right), y_j^+ = \max_{1 \leq i \leq m}\left\{y_j\right\} \qquad (公式\ 4.11)$$

参考样本的最小值构成最劣样本,最劣样本点:

$$Y^- = \left(y_1^-, \cdots, y_n^-\right), y_j^- = \min_{1 \leq i \leq m}\left\{y_j\right\} \qquad (公式\ 4.12)$$

Step 6:计算距离。为了综合考虑样本点到最优样本点和最劣样本点的距离,需结合最优样本点和最劣样本点的离散情况进行最终评价。

其中,最优样本点的分离度为:

$$D_i^+ = \sqrt{\sum_{j=1}^{n}\left(y_{ij} - y_j^+\right)^2}; \ i=1,2,\cdots,m; \ j=1,2,\cdots,n \qquad (公式\ 4.13)$$

最劣样本点的分离度为:

$$D_i^- = \sqrt{\sum_{j=1}^{n}\left(y_{ij} - y_j^-\right)^2}; \ i=1,2,\cdots,m; \ j=1,2,\cdots,n \qquad (公式\ 4.14)$$

计算每个样本的亲密关系系数,该系数综合考虑了最优样本点和最劣样本点的分离度,故可作为最佳理想解:

$$C_i = \frac{D_i^-}{D_i^+ + D_i^-}; \ i=1,2,\cdots,m \qquad (公式\ 4.15)$$

C_i越大,说明排名越靠前,说明评价对象的综合实力越强。通过上述TOPSIS过程便可得出"一带一路"倡议背景下西部高校发展水平和各个省份的高校发展水平综合评价表。

二、聚类模型构建及分析

通过上述改进熵的 TOPSIS 方法,可以得到"一带一路"倡议背景下西部地区各省(自治区、直辖市)高校发展水平的初步排名,但仅仅依赖 TOPSIS 结果对西部地区 12 个省(自治区、直辖市)进行排名分类显然是不合适的,且 TOPSIS 结果也需验证,由此选用聚类分析作为划分各省份高校发展水平分类的方法,且在一定程度上可检验 TOPSIS 评价结果。

(一) 层次式聚类分析法

层次式聚类分析法(Hierarchical Agglomeration Algorithm for Clustering)能够以逐次聚合的方式,对变量的观察值进行分组。层次式聚类分析法主要以聚类重新标定距离指标计算各个高校之间的欧式距离,并采用基于 Z 得分转换的组间连接进行聚类分析。一般来说,度量距离的标准达 8 种之多,如中间距离法、最短距离法、重心法、类平均法、最长距离法、可变类平均法、可变法和离差平方和法等,但鉴于采用的数据属于有序的,且数据之间的地位是有交互影响的,从而基于平方 Euclidean 距离:

$$d(x,y) = \sum_{i=1}^{n}(x_i - y_i)^2 \qquad \text{(公式 4.16)}$$

(二) 层次式聚类分析法微观角度分析

从微观角度来看,对原始数据进行费希尔最优求解法,具体步骤如下:

设有序样品依次是 $X_{(1)}, X_{(2)}, X_{(3)}, \cdots, X_{(n)}$($X_{(i)}$ 为 p 维向量)。

Step 1:定义类的直径。设某一类 G 包含的样品是 $X_{(i)}, X_{(i+1)}, X_{(i+2)}, \cdots, X_{(j)}$,该类的均值坐标为:

$$\overline{X}_G = \frac{1}{j-i+1}\sum_{t=i}^{j} X_{(t)} \qquad \text{(公式 4.17)}$$

用 $D(i,j)$ 表示这一类的直径,直径可定义为:

$$D(i,j) = \sum_{t=i}^{j} \left(X_{(t)} - \bar{X}_G \right) \left(X_{(t)} - \bar{X}_G \right) \tag{公式 4.18}$$

Step 2:定义分类的损失函数。使用费希尔最优求解法定义的分类损失函数的思想类似于系统聚类分析中的 Ward 法,即要求分类后产生的离差平方和的增量最小。用 $b(n,k)$ 表示将 n 个有序样品分为 k 类的某一种分法:

$$G_1=\{i_1, i_1+1, i_1+2, \cdots, i_1-1\}, G_2=\{i_2, i_2+1, i_2+2, \cdots, i_2-1\}, \cdots,$$
$$G_k=\{i_k, i_k+1, i_k+2, \cdots, i_k-1\}$$

其中,$i_1=1<i_2<i_3<\cdots<i_k \leq n$,定义上述分类法的损失函数为:

$$L(b(n,k)) = \sum_{t=1}^{k} D(i_t, i_{t+1}-1) \tag{公式 4.19}$$

其中,$i_{t+1}=n+1$。

对于固定的 n 和 k,$L[(n,k)]$ 越小,表示各类的离差平方和越小,分类就越有效。因此,要求寻找一种分法 $b(n,k)$,使分类的损失函数最小,这种最优分类法记为 $p(n,k)$。

Step 3:求最优分类法的递推公式。具体计算最优分类的过程是通过递推公式获得的。

先考虑 $k=2$ 的情形,如图 4.1 所示。

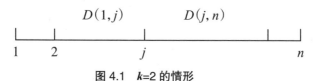

图 4.1 $k=2$ 的情形

对所有的 j 考虑使得:

$$L(b(n,2))=D(1,j)+D(1,j) \tag{公式 4.20}$$

最小的 j^*,得到最优分类 $p(n,2)$:

$$G_1=\{1,2,\cdots,j^*-1\}, G_2=\{j^*,j^*+1,\cdots,n\} \tag{公式 4.21}$$

进一步考虑对于 k,求 $p(n,k)$。

这里需要注意,若要寻找将 n 个样品分为 k 类的最优分割,则对于任意的 j,先将前面 $j-1$ 个样品最优分割为 $k-1$ 类,得到 $p(j-1,k-1)$,否则从 j 到 n 这最后一类就不可能构成 k 类的最优分割。再考虑使最小的 $L[b(n,k)]$,得到 $p(n,k)$。

因此,得到费尔希最优求解法的递推公式为:

$$\begin{cases} L(p(n,2)) = \min_{2\leqslant j\leqslant n}\{D(1,j-1)+D(j,n)\} \\ L(p(n,k)) = \min_{k\leqslant j\leqslant n}\{L[p(j-1,k-1)]+D(j,n)\} \end{cases} \qquad (公式\ 4.22)$$

Step 4: 费希尔最优求解法的实际计算。从公式(4.20)可知,要得到分点 j_k,使得:

$$L(p(n,k))=L[P(j_k-1,k-1)]+D(j_k,n) \qquad (公式\ 4.23)$$

从而获得第 k 类:

$$G_k=\{j_k,\cdots,n\} \qquad (公式\ 4.24)$$

必须先计算 j_{k-1} 使得:

$$L(p(j_k-1,k-1))=L[P(j_k-1,k-2)]+D(j_{k-1},j_k-1) \qquad (公式\ 4.25)$$

从而获得第 $k-1$ 类:

$$G_{k-1}=\{j_{k-1},\cdots,j_k-1\} \qquad (公式\ 4.26)$$

以此类推,要得到分点 j_3,使得:

$$L(p(j_4-1,3))=L[P(j_4-1,2)]+D(j_3,j_4-1) \qquad (公式\ 4.27)$$

从而获得第 3 类:

$$G_3=\{j_3,\cdots,j_4-1\} \qquad (公式\ 4.28)$$

必须先计算 j_2:

$$L(p(j_3-1,2)) = \min_{2\leqslant j\leqslant j_3-1}\{D(1,j-1)+D(j,j_3-1)\} \qquad (公式\ 4.29)$$

从而获得第 2 类:

$$G_2=\{j_2,\cdots,j_3-1\} \qquad (公式\ 4.30)$$

这时自然获得 $G_1=\{j_1,\cdots,j_2-1\}$,最终获得最优分割:$G_1,G_2,\cdots,G_k$。

（三）层次式聚类分析法宏观角度分析

从宏观角度来看,层次式聚类分析的具体步骤如下。

Step 1:为了验证合理性,使用轮廓系数的方法确定合适的 K 值。轮廓系数常用于评价聚类效果的好坏,该系数结合内聚度(也称凝聚度)$a(i)$ 和分离度 $b(i)$ 两种因素。其中,内聚度 $a(i)$ 表示对于第 i 个对象,该对象到所属簇中其他所有对象的平均距离;分离度 $b(i)$ 表示第 i 个对象到各个非本簇的所有点的平均距离。值得注意的是,这里所说的"距离",指的是不相似度,"距离"值越大,代表不相似程度越高。由此,计算轮廓系数的步骤为:①对于第 i 个对象,计算该对象到所属簇中其他所有对象的平均距离,即为内聚度 $a(i)$；②第 i 个对象到各个非本簇的所有点的平均距离,即为分离度 $b(i)$；③计算第 i 个对象的轮廓系数为 $s(i)=(b(i)-a(i))/\max\{a(i),b(i)\}$。轮廓系数能够反映聚类结果的好坏,其值在[-1,1]之间,且越大越好。

Step 2:将每个省份独自聚成一类,共有 12 类,根据所确定的高校的测度"距离"公式,把"距离"较近的两个高校聚为一类,其他的高校各自仍为一类,此时,共有 11 类。

Step 3:将新聚成的 11 类中"距离"最近的两个类再聚成一类,共聚成 10 类;重复以上步骤,直至将所有的高校聚成一类。

Step 4:重复以上 Step 1 和 Step 2,可得上述聚类分析得到的谱系图,谱系图一般形式如图 4.2 所示。

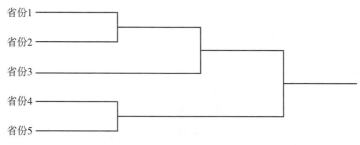

图 4.2　谱系图

由图 4.2 可以看出,具体分类数由 Step 1 中的轮廓系数与实际情况相结合确定,图 4.2 以 3 类为例,可以看出,省份 1 和省份 2 为类别 1;省份 3 为类别 2;省份 4 和省份 5 为类别 3。

根据聚类结果,再结合 TOPSIS 排名,对"一带一路"倡议背景下东西部各个省份高校发展水平进行等级分类,得到"一带一路"倡议背景下东西部各省(自治区、直辖市)高校发展水平等级表。

第三节 "一带一路"倡议背景下西部高校发展水平实证分析

一、东西部高校发展水平综合排名

西部高校由于地理区位、发展历史等多方面的问题,和其他地区高校的发展水平在总体上仍有较大差距。但是西部地区仍然有很多优秀的高校,在国家"一带一路"倡议背景下综合实力突飞猛进。我们在综合考量中国各个地区高等教育水平的情况下,选取了 3 个东部省份(上海市、江苏省和浙江省)的高校来与西部地区的高校作以对比,通过综合排名,使西部的高校看清自己所处的位置,以便更好地寻找参照院校,不断提升自身实力。东西 15 个省份中,共有各类高等院校 1050 所,其分布如表 4.2 所示。

表 4.2 东西部 15 个省(自治区、直辖市)高校数量

序号	省(自治区、直辖市)	高校数量
1	江苏	167
2	浙江	108
3	上海	64
4	四川	126
5	陕西	95

续表

序号	省(自治区、直辖市)	高校数量
6	云南	81
7	西藏	7
8	重庆	65
9	内蒙古	53
10	甘肃	49
11	青海	12
12	新疆	54
13	宁夏	19
14	广西	78
15	贵州	72

我们共选取东西部具有代表性的 286 所高校,采用 TOPSIS 进行分析时,原始矩阵 A 中的 m 值即为 286。共采用 28 个二级指标进行综合评价,原始矩阵 A 中的 n 值即为 28。所选取的数据主要来自青塔数据库 2019 年数据。根据公式 4.1—4.15,可以得到 286 个东西部高校的综合排名,如表 4.3 所示。

表 4.3　东西部高校发展水平综合排名

高校	所在省 (自治区、 直辖市)	D+	D−	C	排名
浙江大学	浙江	0.023282	0.069468	0.748983	1
西安交通大学	陕西	0.031972	0.053759	0.627062	2
东南大学	江苏	0.033279	0.053213	0.61524	3
四川大学	四川	0.032834	0.049883	0.603057	4
上海交通大学	上海	0.035258	0.046881	0.570755	5
复旦大学	上海	0.035676	0.047354	0.570321	6
南京大学	江苏	0.038046	0.048812	0.561972	7
西南交通大学	四川	0.040905	0.046672	0.532926	8
同济大学	上海	0.039606	0.043125	0.521265	9
电子科技大学	四川	0.046908	0.042676	0.476379	10

续表

高校	所在省（自治区、直辖市）	D+	D−	C	排名
重庆大学	重庆	0.048866	0.04032	0.452087	11
西北大学	陕西	0.050235	0.034404	0.406475	12
西南大学	重庆	0.050797	0.034602	0.405181	13
西安电子科技大学	陕西	0.052318	0.03462	0.39821	14
华东师范大学	上海	0.05083	0.033311	0.395897	15
西北工业大学	陕西	0.0526	0.031648	0.375653	16
兰州大学	甘肃	0.054392	0.03233	0.3728	17
陕西师范大学	陕西	0.055162	0.031558	0.363907	18
南京理工大学	江苏	0.057641	0.028793	0.333117	19
南京农业大学	江苏	0.055325	0.027326	0.330616	20
河海大学	江苏	0.055587	0.027378	0.329993	21
南京航空航天大学	江苏	0.056437	0.026783	0.321836	22
苏州大学	江苏	0.057626	0.026491	0.314928	23
广西大学	广西	0.060575	0.027358	0.311124	24
华东理工大学	上海	0.058733	0.025752	0.304813	25
南京师范大学	江苏	0.058706	0.025716	0.304612	26
西北农林科技大学	陕西	0.059427	0.025907	0.303597	27
中国矿业大学	江苏	0.060085	0.025368	0.296861	28
浙江工业大学	浙江	0.060387	0.024771	0.290881	29
长安大学	陕西	0.063573	0.025616	0.28721	30
云南大学	云南	0.0626	0.023793	0.2754	31
南京邮电大学	江苏	0.066054	0.024832	0.273218	32
云南师范大学	云南	0.064032	0.023641	0.269646	33
西南财经大学	四川	0.061352	0.022525	0.26855	34
浙江师范大学	浙江	0.06408	0.022971	0.263884	35
浙江理工大学	浙江	0.063366	0.02227	0.260055	36
上海理工大学	上海	0.065738	0.022983	0.259046	37
上海财经大学	上海	0.063048	0.02203	0.258942	38
桂林电子科技大学	广西	0.065473	0.022733	0.257725	39
西安建筑科技大学	陕西	0.063742	0.022112	0.257552	40
上海大学	上海	0.064913	0.022503	0.257428	41

高校	所在省 （自治区、 直辖市）	D+	D-	C	排名
江南大学	江苏	0.062593	0.021647	0.256966	42
扬州大学	江苏	0.063749	0.022004	0.256601	43
昆明理工大学	云南	0.064451	0.021989	0.254389	44
东华大学	上海	0.064456	0.021569	0.250727	45
重庆医科大学	重庆	0.063919	0.020757	0.245135	46
兰州交通大学	甘肃	0.065905	0.021263	0.243934	47
江苏大学	江苏	0.064757	0.02076	0.24276	48
南京林业大学	江苏	0.065352	0.020837	0.241761	49
杭州电子科技大学	浙江	0.066362	0.021107	0.241313	50
西南石油大学	四川	0.066653	0.020771	0.237594	51
中国药科大学	江苏	0.064486	0.019801	0.234923	52
成都理工大学	四川	0.065858	0.019986	0.232814	53
宁波大学	浙江	0.066516	0.020162	0.232613	54
上海中医药大学	上海	0.064158	0.019385	0.232039	55
南京中医药大学	江苏	0.064976	0.019569	0.231459	56
广西师范大学	广西	0.066503	0.019912	0.230421	57
新疆大学	新疆	0.066849	0.019851	0.228963	58
上海海事大学	上海	0.067835	0.019908	0.226893	59
南京医科大学	江苏	0.065589	0.019206	0.226501	60
西安理工大学	陕西	0.067192	0.019232	0.222532	61
内蒙古大学	内蒙古	0.067088	0.019053	0.221182	62
桂林理工大学	广西	0.066769	0.018784	0.219557	63
温州医科大学	浙江	0.066445	0.018178	0.214815	64
贵州大学	贵州	0.068687	0.018722	0.214191	65
浙江工商大学	浙江	0.067511	0.018383	0.214019	66
四川农业大学	四川	0.068023	0.018417	0.213061	67
常州大学	江苏	0.06756	0.01828	0.212952	68
江苏师范大学	江苏	0.066761	0.017972	0.212106	69
兰州理工大学	甘肃	0.068158	0.01813	0.210109	70
南京工业大学	江苏	0.069085	0.018028	0.206951	71

续表

高校	所在省 （自治区、 直辖市）	D+	D-	C	排名
南京信息工程大学	江苏	0.068213	0.017588	0.204987	72
石河子大学	新疆	0.068397	0.017603	0.20469	73
杭州师范大学	浙江	0.068143	0.017504	0.204377	74
上海师范大学	上海	0.070006	0.017961	0.204177	75
四川师范大学	四川	0.067693	0.017308	0.20362	76
重庆邮电大学	重庆	0.069173	0.017568	0.202537	77
内蒙古农业大学	内蒙古	0.067767	0.017074	0.201247	78
西南政法大学	重庆	0.069652	0.017479	0.200606	79
成都中医药大学	四川	0.068662	0.016968	0.198156	80
西北师范大学	甘肃	0.071159	0.017138	0.194092	81
重庆工商大学	重庆	0.069253	0.016464	0.192078	82
中国计量大学	浙江	0.070577	0.016469	0.189201	83
新疆医科大学	新疆	0.069603	0.016057	0.187453	84
上海工程技术大学	上海	0.069691	0.016032	0.187023	85
温州大学	浙江	0.070884	0.015968	0.183854	86
贵州师范大学	贵州	0.070469	0.015839	0.183515	87
宁夏大学	宁夏	0.070418	0.015741	0.182701	88
上海海洋大学	上海	0.070359	0.015672	0.182164	89
南通大学	江苏	0.069755	0.015507	0.181876	90
华东政法大学	上海	0.07022	0.015437	0.18022	91
浙江农林大学	浙江	0.070255	0.015091	0.176818	92
西南科技大学	四川	0.070431	0.015125	0.176787	93
重庆交通大学	重庆	0.071418	0.015251	0.175968	94
青海大学	青海	0.070041	0.0149	0.175416	95
广西医科大学	广西	0.071249	0.015111	0.174977	96
西安科技大学	陕西	0.070366	0.014868	0.174436	97
云南农业大学	云南	0.071542	0.015091	0.174189	98
云南民族大学	云南	0.073614	0.015481	0.173759	99
上海对外经贸大学	上海	0.070888	0.014732	0.172066	100
遵义医科大学	贵州	0.069004	0.014289	0.171553	101

续表

高校	所在省 （自治区、 直辖市）	D+	D−	C	排名
宁夏医科大学	宁夏	0.071023	0.014381	0.16839	102
重庆师范大学	重庆	0.072706	0.014588	0.167115	103
西藏大学	西藏	0.071387	0.014308	0.166963	104
西北民族大学	甘肃	0.071004	0.014175	0.166413	105
江苏科技大学	江苏	0.070576	0.014021	0.165735	106
陕西科技大学	陕西	0.070566	0.013843	0.164003	107
浙江财经大学	浙江	0.0721	0.014119	0.16376	108
新疆农业大学	新疆	0.071679	0.013931	0.162723	109
西南民族大学	四川	0.073635	0.014287	0.162494	110
南京财经大学	江苏	0.070723	0.01368	0.162076	111
重庆科技学院	重庆	0.070334	0.013557	0.1616	112
广西民族大学	广西	0.073153	0.014095	0.161551	113
贵州医科大学	贵州	0.070479	0.013522	0.160975	114
浙江中医药大学	浙江	0.070678	0.013364	0.159018	115
重庆理工大学	重庆	0.071807	0.013446	0.157716	116
新疆师范大学	新疆	0.074027	0.013803	0.157155	117
浙江海洋大学	浙江	0.072506	0.013495	0.156916	118
甘肃农业大学	甘肃	0.071606	0.013228	0.155929	119
昆明医科大学	云南	0.071553	0.012979	0.153537	120
内蒙古师范大学	内蒙古	0.073965	0.013343	0.152831	121
云南财经大学	云南	0.073479	0.013252	0.152793	122
内蒙古工业大学	内蒙古	0.072384	0.012788	0.150142	123
贵州财经大学	贵州	0.07169	0.012661	0.150094	124
西北政法大学	陕西	0.072449	0.012513	0.14728	125
南宁师范大学	广西	0.07265	0.012542	0.147217	126
内蒙古科技大学	内蒙古	0.07359	0.012694	0.147116	127
西华大学	四川	0.072466	0.012282	0.144921	128
西南林业大学	云南	0.072266	0.012163	0.14406	129
青海民族大学	青海	0.072031	0.011982	0.142624	130
西安工业大学	陕西	0.07239	0.011999	0.142185	131

续表

高校	所在省 （自治区、 直辖市）	D+	D−	C	排名
青海师范大学	青海	0.072426	0.01193	0.141428	132
广西中医药大学	广西	0.072407	0.011792	0.140053	133
贵州中医药大学	贵州	0.071922	0.011676	0.13967	134
成都信息工程大学	四川	0.072733	0.011777	0.139357	135
西安石油大学	陕西	0.074187	0.011994	0.139168	136
上海电力大学	上海	0.072745	0.011651	0.138051	137
内蒙古医科大学	内蒙古	0.072026	0.011515	0.137839	138
浙江科技学院	浙江	0.074324	0.011741	0.136421	139
西华师范大学	四川	0.074256	0.011655	0.135664	140
南京审计大学	江苏	0.073871	0.011554	0.13525	141
北方民族大学	宁夏	0.072657	0.01133	0.134899	142
西安工程大学	陕西	0.074037	0.011509	0.134539	143
西安邮电大学	陕西	0.072811	0.011276	0.134097	144
徐州医科大学	江苏	0.072464	0.011153	0.133379	145
内蒙古民族大学	内蒙古	0.07251	0.011155	0.133332	146
西藏民族大学	西藏	0.072764	0.011114	0.132507	147
上海立信会计金融学院	上海	0.073587	0.01121	0.132201	148
贵州民族大学	贵州	0.074242	0.011287	0.131969	149
塔里木大学	新疆	0.072848	0.01105	0.131706	150
上海应用技术大学	上海	0.072581	0.010847	0.130021	151
新疆财经大学	新疆	0.074328	0.010952	0.128423	152
延安大学	陕西	0.07414	0.010923	0.128406	153
湖州师范学院	浙江	0.073796	0.010836	0.128042	154
嘉兴学院	浙江	0.072915	0.010666	0.127614	155
浙江万里学院	浙江	0.072328	0.010573	0.12754	156
南京工程学院	江苏	0.074037	0.010637	0.125624	157
陕西中医药大学	陕西	0.073821	0.010569	0.125238	158
浙江水利水电学院	浙江	0.072729	0.010403	0.125135	159
内蒙古财经大学	内蒙古	0.072959	0.010428	0.125057	160
苏州科技大学	江苏	0.07443	0.010453	0.123142	161

续表

高校	所在省（自治区、直辖市）	D+	D−	C	排名
广西财经学院	广西	0.072927	0.010217	0.122883	162
宁夏师范学院	宁夏	0.073001	0.010213	0.122737	163
淮阴师范学院	江苏	0.07301	0.010196	0.122537	164
淮阴工学院	江苏	0.073878	0.010208	0.121401	165
成都大学	四川	0.074248	0.010194	0.120724	166
兰州财经大学	甘肃	0.073051	0.009964	0.120026	167
绍兴文理学院	浙江	0.074564	0.010109	0.119385	168
上海政法学院	上海	0.074565	0.010109	0.119384	169
成都医学院	四川	0.072525	0.009801	0.119049	170
广西科技大学	广西	0.074597	0.00992	0.117371	171
上海商学院	上海	0.072848	0.009522	0.115606	172
盐城工学院	江苏	0.073616	0.009595	0.115308	173
大理大学	云南	0.074565	0.009695	0.115063	174
宁波工程学院	浙江	0.074637	0.009692	0.114926	175
重庆文理学院	重庆	0.0745	0.009649	0.114662	176
江苏理工学院	江苏	0.074086	0.009561	0.114297	177
西南医科大学	四川	0.074648	0.00963	0.114262	178
盐城师范学院	江苏	0.074219	0.009508	0.11356	179
南京晓庄学院	江苏	0.073654	0.009324	0.112368	180
四川轻化工大学	四川	0.074686	0.009426	0.11206	181
丽水学院	浙江	0.074713	0.009284	0.110529	182
上海第二工业大学	上海	0.074718	0.009224	0.109888	183
桂林医学院	广西	0.074725	0.009224	0.109876	184
上海电机学院	上海	0.074744	0.009124	0.108791	185
西安财经大学	陕西	0.074744	0.009124	0.108791	186
长江师范学院	重庆	0.074772	0.008986	0.107282	187
金陵科技学院	江苏	0.073859	0.008863	0.107136	188
甘肃中医药大学	甘肃	0.074684	0.008915	0.106641	189
云南中医药大学	云南	0.074797	0.008868	0.105997	190
成都工业学院	四川	0.073565	0.008649	0.105204	191

续表

高校	所在省（自治区、直辖市）	D+	D−	C	排名
右江民族医学院	广西	0.074829	0.008713	0.104298	192
江苏海洋大学	江苏	0.074561	0.008606	0.103476	193
曲靖师范学院	云南	0.07487	0.008523	0.102201	194
甘肃政法大学	甘肃	0.074871	0.008523	0.102199	195
昆明学院	云南	0.074871	0.008523	0.102199	196
常州工学院	江苏	0.074909	0.008354	0.100335	197
台州学院	浙江	0.074909	0.008354	0.100335	198
中国民用航空飞行学院	四川	0.074909	0.008354	0.100335	199
乐山师范学院	四川	0.074638	0.008271	0.099759	200
楚雄师范学院	云南	0.074935	0.008244	0.099108	201
陕西理工大学	陕西	0.074935	0.008244	0.099108	202
重庆三峡学院	重庆	0.074935	0.008244	0.099108	203
徐州工程学院	江苏	0.074979	0.008062	0.097089	204
遵义师范学院	贵州	0.074979	0.008062	0.097089	205
天水师范学院	甘肃	0.075029	0.007868	0.094913	206
玉溪师范学院	云南	0.075029	0.007868	0.094913	207
西安航空学院	陕西	0.073875	0.00771	0.094503	208
常熟理工学院	江苏	0.074764	0.00778	0.094256	209
贵州师范学院	贵州	0.075047	0.007799	0.094134	210
宜宾学院	四川	0.075047	0.007799	0.094134	211
川北医学院	四川	0.075093	0.007628	0.092218	212
兰州城市学院	甘肃	0.075093	0.007628	0.092218	213
宝鸡文理学院	陕西	0.07513	0.007496	0.09072	214
河西学院	甘肃	0.07513	0.007496	0.09072	215
北部湾大学	广西	0.075163	0.007383	0.089436	216
上海海关学院	上海	0.075163	0.007383	0.089436	217
西安文理学院	陕西	0.075163	0.007383	0.089436	218
玉林师范学院	广西	0.075163	0.007383	0.089436	219
内江师范学院	四川	0.075207	0.007241	0.087824	220
伊犁师范大学	新疆	0.075207	0.007241	0.087824	221

高校	所在省（自治区、直辖市）	D+	D-	C	排名
梧州学院	广西	0.075285	0.007001	0.085078	222
西安医学院	陕西	0.075285	0.007001	0.085078	223
百色学院	广西	0.075305	0.006943	0.084418	224
桂林航天工业学院	广西	0.075305	0.006943	0.084418	225
赤峰学院	内蒙古	0.075341	0.006845	0.083289	226
甘肃民族师范学院	甘肃	0.075341	0.006845	0.083289	227
红河学院	云南	0.075341	0.006845	0.083289	228
喀什大学	新疆	0.075341	0.006845	0.083289	229
集宁师范学院	内蒙古	0.075387	0.006724	0.081889	230
贵阳学院	贵州	0.075444	0.006584	0.080263	231
贵州理工学院	贵州	0.075444	0.006584	0.080263	232
河池学院	广西	0.075444	0.006584	0.080263	233
陇东学院	甘肃	0.075444	0.006584	0.080263	234
攀枝花学院	四川	0.075444	0.006584	0.080263	235
兰州工业学院	甘肃	0.075492	0.006476	0.079008	236
绵阳师范学院	四川	0.075492	0.006476	0.079008	237
安顺学院	贵州	0.075556	0.006343	0.077446	238
昌吉学院	新疆	0.075556	0.006343	0.077446	239
呼伦贝尔学院	内蒙古	0.075556	0.006343	0.077446	240
凯里学院	贵州	0.075556	0.006343	0.077446	241
兰州文理学院	甘肃	0.075556	0.006343	0.077446	242
黔南民族师范学院	贵州	0.075556	0.006343	0.077446	243
新疆工程学院	新疆	0.075556	0.006343	0.077446	244
江苏第二师范学院	江苏	0.075316	0.006277	0.07693	245
成都师范学院	四川	0.075115	0.006252	0.076831	246
广西民族师范学院	广西	0.075611	0.006241	0.076248	247
贺州学院	广西	0.075611	0.006241	0.076248	248
榆林学院	陕西	0.075611	0.006241	0.076248	249
上海健康医学院	上海	0.075151	0.006143	0.075561	250
衢州学院	浙江	0.075672	0.00614	0.075047	251

续表

高校	所在省 （自治区、 直辖市）	D+	D−	C	排名
渭南师范学院	陕西	0.075445	0.006079	0.07457	252
重庆第二师范学院	重庆	0.075445	0.006079	0.07457	253
铜仁学院	贵州	0.0757	0.006097	0.074542	254
咸阳师范学院	陕西	0.0757	0.006097	0.074542	255
西藏藏医药大学	西藏	0.075565	0.00606	0.074237	256
安康学院	陕西	0.075739	0.006042	0.073882	257
四川旅游学院	四川	0.075338	0.00601	0.073878	258
兴义民族师范学院	贵州	0.07578	0.005992	0.073277	259
南京特殊教育师范学院	江苏	0.075376	0.005958	0.073257	260
四川文理学院	四川	0.075803	0.005965	0.072956	261
西昌学院	四川	0.075803	0.005965	0.072956	262
陕西学前师范学院	陕西	0.075626	0.005897	0.07233	263
商洛学院	陕西	0.075867	0.005901	0.072171	264
泰州学院	江苏	0.075867	0.005901	0.072171	265
文山学院	云南	0.075867	0.005901	0.072171	266
浙江大学城市学院	浙江	0.07584	0.005849	0.071602	267
保山学院	云南	0.075932	0.00585	0.071532	268
六盘水师范学院	贵州	0.075932	0.00585	0.071532	269
杭州医学院	浙江	0.075747	0.005831	0.071476	270
桂林旅游学院	广西	0.07576	0.00583	0.071452	271
普洱学院	云南	0.075944	0.005842	0.071432	272
四川民族学院	四川	0.075944	0.005842	0.071432	273
滇西应用技术大学	云南	0.075968	0.005828	0.071247	274
浙江大学宁波理工学院	浙江	0.075968	0.005828	0.071247	275
西藏农牧学院	西藏	0.07598	0.005821	0.071161	276
贵州工程应用技术学院	贵州	0.075986	0.005818	0.071121	277
河套学院	内蒙古	0.076004	0.005809	0.071006	278
贵州商学院	贵州	0.076035	0.005797	0.070841	279
呼和浩特民族学院	内蒙古	0.076035	0.005797	0.070841	280
滇西科技师范学院	云南	0.075994	0.005794	0.070839	281

续表

高校	所在省 (自治区、 直辖市)	D+	D–	C	排名
阿坝师范学院	四川	0.076065	0.005788	0.070708	282
广西科技师范学院	广西	0.076084	0.005783	0.070644	283
昭通学院	云南	0.076127	0.005777	0.070538	284
鄂尔多斯应用技术学院	内蒙古	0.076152	0.005776	0.070506	285
甘肃医学院	甘肃	0.076152	0.005776	0.070506	286

从表4.3可以看到,在东西部286所样本高校中,发展水平居前10位的依次是浙江大学、西安交通大学、东南大学、四川大学、上海交通大学、复旦大学、南京大学、西南交通大学、同济大学和电子科技大学。其中位于西部地区的高校有4所,位于东部地区的高校有6所。可以看出东部顶尖发展水平的高校数量要大于西部地区,符合我们的常规判断。同时,西部的4所高校仅仅分布于四川和陕西2省,也说明西部地区的很多省份缺少顶尖水平的大学。发展水平排名前50位的优秀发展水平的高校分布于东西部的9个省份。其中东部省份的高校28所,占比为56%,西部地区共有22所高校,占比为44%。中国东部地区的高等教育资源在总体上要比西部地区有优势。在西部地区优秀高等教育资源的分布十分不均衡,陕西、四川和重庆的优秀水平高校数量较多,而甘肃、广西和云南的优秀水平高校数量较少,其他西部地区的优秀水平高校数量更是稀少。我们再把各省(自治区、直辖市)优秀发展水平的高校数量除以所在省高校数量的总和,可以分别得出各省(自治区、直辖市)高校的优秀率。优秀率能够反映出某个省份建设高水平大学的效率。如表4.4所示。

表4.4 东西部15个省(自治区、直辖市)高校发展水平优秀率

序号	省(自治区、直辖市)	高校优秀率
1	江苏	0.08
2	浙江	0.05

续表

序号	省(自治区、直辖市)	高校优秀率
3	上海	0.14
4	四川	0.03
5	陕西	0.08
6	云南	0.04
7	西藏	0
8	重庆	0.05
9	内蒙古	0
10	甘肃	0.04
11	青海	0
12	新疆	0
13	宁夏	0
14	广西	0.03
15	贵州	0

从表4.4可见,东部省份的高校优秀率都处于比较高的水平上。西部地区中,陕西省的优秀率最高,表明陕西省高校的发展效率在西部中处于最高的状态。而西藏、内蒙古、青海、新疆、宁夏和贵州等省(自治区)的优秀率都为0,说明这些省份都缺乏高水平的大学,要更好地为"一带一路"倡议服务,还需要更长时间的积累。

同理,我们可以计算出东西部各个省份发展水平处于良好水平(综合排名第51—100位)的高校数量占各省(自治区、直辖市)高校总数的比例,称之为良好率。如表4.5所示。

表4.5　东西部15个省(自治区、直辖市)高校发展水平良好率

序号	省(自治区、直辖市)	高校良好率
1	江苏	0.05
2	浙江	0.06
3	上海	0.11

续表

序号	省(自治区、直辖市)	高校良好率
4	四川	0.05
5	陕西	0.02
6	云南	0.02
7	西藏	0
8	重庆	0.06
9	内蒙古	0.04
10	甘肃	0.04
11	青海	0.08
12	新疆	0.06
13	宁夏	0.05
14	广西	0.04
15	贵州	0.03

从表 4.5 可以看出,在高校发展水平处于良好水平的区间中,东部省份的发展效率仍然处于比较高的水平。在西部地区中,青海省的发展效率最高,而西藏的发展效率最低,表明西藏的较高水平的高等教育发展效率比较落后。

依据同样的原理,计算出东西部各个省份发展水平处于一般水平(综合排名第 101—200 位)的高校数量占各省(自治区、直辖市)高校总数的比例,称之为一般率。如表 4.6 所示。

表 4.6 东西部 15 个省(自治区、直辖市)高校发展水平一般率

序号	省(自治区、直辖市)	高校一般率
1	江苏	0.09
2	浙江	0.11
3	上海	0.11
4	四川	0.09
5	陕西	0.09

续表

序号	省(自治区、直辖市)	高校一般率
6	云南	0.09
7	西藏	0.29
8	重庆	0.08
9	内蒙古	0.11
10	甘肃	0.10
11	青海	0.17
12	新疆	0.07
13	宁夏	0.16
14	广西	0.09
15	贵州	0.07

从表4.6可以看出,在高校发展水平处于一般水平的区间中,东部省份的发展效率仍然处于比较高的水平。在西部地区中,西藏的发展效率最高,而贵州和新疆的发展效率最低,表明贵州和新疆的一般水平的高等教育发展效率比较落后。

最后,计算出东西部各个省份发展水平处于较差水平(综合排名第201—286位)的高校数量占各省(自治区、直辖市)高校总数的比例,称之为较差率。如表4.7所示。

表4.7 东西部15个省(自治区、直辖市)高校发展水平较差率

序号	省(自治区、直辖市)	高校较差率
1	江苏	0.03
2	浙江	0.04
3	上海	0.03
4	四川	0.09
5	陕西	0.12
6	云南	0.11
7	西藏	0.29

续表

序号	省(自治区、直辖市)	高校较差率
8	重庆	0.03
9	内蒙古	0.11
10	甘肃	0.16
11	青海	0
12	新疆	0.07
13	宁夏	0
14	广西	0.13
15	贵州	0.17

从表4.7可以看出,在高校发展水平处于较差水平的区间中,东部省份的发展效率处于比较低的水平,和前面分析的一般水平以上的发展效率的高位形成了非常明显的对比。在西部地区中,则看不出相应的统计规律。东西部的效率对比,能够说明东部省份高水平高校的发展无论是在绝对数量上,还是在相对效率上,都比西部省份具有优势。

二、东西部高校发展水平一级指标排名

要想更加清晰地分析东西部高校发展水平,还需要对具有代表性的一级指标进行深入研究。

(一)高校教学建设指标排名

采用改进熵的TOPSIS,我们可以使用高校教学建设指标对东西部15个省(自治区、直辖市)的高校进行综合排名。前50名如表4.8所示。

表4.8　东西部15个省(自治区、直辖市)高校教学建设指标排名前50位

高校名称	教学建设排名	所在省(自治区、直辖市)
浙江大学	1	浙江
东南大学	2	江苏

续表

高校名称	教学建设排名	所在省(自治区、直辖市)
西安交通大学	3	陕西
西南交通大学	4	四川
四川大学	5	四川
同济大学	6	上海
南京大学	7	江苏
电子科技大学	8	四川
上海交通大学	9	上海
复旦大学	10	上海
重庆大学	11	重庆
西安电子科技大学	12	陕西
西北大学	13	陕西
西南大学	14	重庆
陕西师范大学	15	陕西
华东师范大学	16	上海
西北工业大学	17	陕西
兰州大学	18	甘肃
南京理工大学	19	江苏
南京航空航天大学	20	江苏
广西大学	21	广西
南京农业大学	22	江苏
河海大学	23	江苏
浙江工业大学	24	浙江
长安大学	25	陕西
云南师范大学	26	云南
西北农林科技大学	27	陕西
南京邮电大学	28	江苏
南京师范大学	29	江苏
华东理工大学	30	上海
桂林电子科技大学	31	广西
苏州大学	32	江苏

续表

高校名称	教学建设排名	所在省(自治区、直辖市)
西南财经大学	33	四川
中国矿业大学	34	江苏
浙江理工大学	35	浙江
西安建筑科技大学	36	陕西
浙江师范大学	37	浙江
上海理工大学	38	上海
云南大学	39	云南
西南石油大学	40	四川
兰州交通大学	41	甘肃
重庆医科大学	42	重庆
南京林业大学	43	江苏
上海财经大学	44	上海
常州大学	45	江苏
桂林理工大学	46	广西
江南大学	47	江苏
南京中医药大学	48	江苏
上海海事大学	49	上海
杭州电子科技大学	50	浙江

从表4.8可以看出,高校教学建设水平最高的高校是浙江大学。排名前50位的高校来自于东西部的9个省(自治区、直辖市),分别是浙江(5所高校)、上海(8所高校)、江苏(14所高校)、重庆(3所高校)、陕西(8所高校)、四川(5所高校)、云南(2所高校)、广西(3所高校)、甘肃(2所高校)。其中,东部省份的高校27所,占比为54%;西部地区共有23所高校,占比为46%。在总量上,东部省份的高校教学建设水平高的院校数量更多。

（二）高校科学研究指标排名

我们可以使用高校科学研究指标对东西部15个省（自治区、直辖市）的高校进行综合排名。前50名如表4.9所示。

表4.9 东西部15个省（自治区、直辖市）高校科学研究指标排名前50位

高校名称	科学研究排名	所在省（自治区、直辖市）
浙江大学	1	浙江
东南大学	2	江苏
西安交通大学	3	陕西
西南交通大学	4	四川
四川大学	5	四川
同济大学	6	上海
电子科技大学	7	四川
南京大学	8	江苏
上海交通大学	9	上海
复旦大学	10	上海
重庆大学	11	重庆
西安电子科技大学	12	陕西
西北大学	13	陕西
西南大学	14	重庆
华东师范大学	15	上海
陕西师范大学	16	陕西
兰州大学	17	甘肃
西北工业大学	18	陕西
广西大学	19	广西
南京理工大学	20	江苏
南京航空航天大学	21	江苏
南京农业大学	22	江苏
西北农林科技大学	23	陕西
河海大学	24	江苏

续表

高校名称	科学研究排名	所在省（自治区、直辖市）
云南师范大学	25	云南
南京邮电大学	26	江苏
华东理工大学	27	上海
浙江工业大学	28	浙江
长安大学	29	陕西
桂林电子科技大学	30	广西
浙江理工大学	31	浙江
中国矿业大学	32	江苏
苏州大学	33	江苏
浙江师范大学	34	浙江
南京师范大学	35	江苏
云南大学	36	云南
西安建筑科技大学	37	陕西
上海理工大学	38	上海
西南财经大学	39	四川
西南石油大学	40	四川
兰州交通大学	41	甘肃
重庆医科大学	42	重庆
桂林理工大学	43	广西
南京林业大学	44	江苏
常州大学	45	江苏
上海海事大学	46	上海
南京中医药大学	47	江苏
上海财经大学	48	上海
成都理工大学	49	四川
中国药科大学	50	江苏

从表4.9可以看出,高校科学研究水平最高的高校仍然是浙江大学。排名前50位的高校来自于东西部的9个省(自治区、直辖市),分别是浙江(4所

高校)、上海(8 所高校)、江苏(14 所高校)、重庆(3 所高校)、陕西(8 所高校)、四川(6 所高校)、云南(2 所高校)、广西(3 所高校)、甘肃(2 所高校)。其中,东部省份的高校 26 所,占比为 52%;西部地区共有 24 所高校,占比为 48%。在总量上,东部省份的高校科学研究水平高的院校数量更多。

(三) 高校学科建设指标排名

我们可以使用高校学科建设指标对东西部 15 个省(自治区、直辖市)的高校进行综合排名。前 50 名如表 4.10 所示。

表 4.10　东西部 15 个省(自治区、直辖市)高校学科建设指标排名前 50 位

高校名称	学科建设排名	所在省(自治区、直辖市)
浙江大学	1	浙江
上海交通大学	2	上海
复旦大学	3	上海
四川大学	4	四川
南京大学	5	江苏
东南大学	6	江苏
西安交通大学	7	陕西
同济大学	8	上海
重庆大学	9	重庆
华东师范大学	10	上海
苏州大学	11	江苏
西南大学	12	重庆
西北大学	13	陕西
南京师范大学	14	江苏
兰州大学	15	甘肃
西北工业大学	16	陕西
上海大学	17	上海
扬州大学	18	江苏
陕西师范大学	19	陕西

续表

高校名称	学科建设排名	所在省（自治区、直辖市）
西北农林科技大学	20	陕西
南京航空航天大学	21	江苏
中国矿业大学	22	江苏
南京理工大学	23	江苏
河海大学	24	江苏
南京农业大学	25	江苏
电子科技大学	26	四川
云南大学	26	云南
华东理工大学	28	上海
江苏大学	29	江苏
新疆大学	30	新疆
内蒙古农业大学	31	内蒙古
西南交通大学	32	四川
广西大学	33	广西
昆明理工大学	34	云南
西安电子科技大学	35	陕西
西安建筑科技大学	36	陕西
长安大学	37	陕西
西北师范大学	38	甘肃
浙江工业大学	39	浙江
上海师范大学	39	上海
西安理工大学	39	陕西
四川农业大学	42	四川
南京林业大学	42	江苏
内蒙古大学	44	内蒙古
贵州大学	45	贵州
上海财经大学	46	上海
南京医科大学	47	江苏
重庆医科大学	47	重庆
江南大学	49	江苏

高校名称	学科建设排名	所在省（自治区、直辖市）
新疆农业大学	50	新疆

从表4.10可以看出,东西部15个省(自治区、直辖市)高校学科建设水平最高的高校依旧是浙江大学。排名前50位的高校来自于东西部的12个省(自治区、直辖市),分别是浙江(2所高校)、上海(8所高校)、江苏(14所高校)、重庆(3所高校)、陕西(9所高校)、四川(4所高校)、云南(2所高校)、广西(1所高校)、甘肃(2所高校)、贵州(1所高校)、新疆(2所高校)、内蒙古(2所高校)。其中,东部省份的高校24所,占比为48%;西部地区共有26所高校,占比为52%。在总量上,西部地区的高校学科建设水平高的院校数量更多。同时,相对于前两个评价指标,学科建设水平高的高校所在的省份也增加了3个。

（四）高校师资队伍指标排名

最后,我们使用高校师资队伍指标对东西部15个省(自治区、直辖市)的高校进行综合排名。前50名如表4.11所示。

表4.11 东西部15个省(自治区、直辖市)高校师资队伍指标排名前50位

高校名称	师资队伍排名	所在省（自治区、直辖市）
复旦大学	1	上海
浙江大学	2	浙江
上海交通大学	3	上海
南京大学	4	江苏
西安交通大学	5	陕西
四川大学	6	四川
西北工业大学	7	陕西
河海大学	8	江苏
兰州大学	9	甘肃
南京农业大学	10	江苏

续表

高校名称	师资队伍排名	所在省（自治区、直辖市）
重庆大学	11	重庆
同济大学	12	上海
东南大学	13	江苏
中国矿业大学	14	江苏
西南大学	15	重庆
新疆大学	16	新疆
华东师范大学	17	上海
西南交通大学	18	四川
江南大学	19	江苏
华东理工大学	20	上海
电子科技大学	21	四川
东华大学	22	上海
内蒙古农业大学	23	内蒙古
西安电子科技大学	24	陕西
新疆医科大学	25	新疆
南京理工大学	26	江苏
西北大学	27	陕西
南京师范大学	28	江苏
苏州大学	29	江苏
上海大学	30	上海
南京航空航天大学	31	江苏
南京工业大学	32	江苏
浙江工业大学	33	浙江
西安建筑科技大学	34	陕西
云南大学	35	云南
长安大学	36	陕西
宁夏大学	37	宁夏
四川农业大学	38	四川
温州医科大学	39	浙江
石河子大学	40	新疆

高校名称	师资队伍排名	所在省(自治区、直辖市)
青海大学	41	青海
上海中医药大学	42	上海
上海师范大学	43	上海
昆明理工大学	44	云南
兰州理工大学	45	甘肃
贵州大学	46	贵州
西北师范大学	47	甘肃
西藏大学	48	西藏
浙江理工大学	49	浙江
内蒙古大学	50	内蒙古

从表4.11可以看出,东西部15个省(自治区、直辖市)高校师资队伍水平最高的高校是复旦大学。排名前50位的高校来自于东西部的14个省(自治区、直辖市),分别是浙江(4所高校)、上海(9所高校)、江苏(11所高校)、重庆(2所高校)、陕西(6所高校)、四川(4所高校)、云南(2所高校)、甘肃(3所高校)、贵州(1所高校)、新疆(3所高校)、内蒙古(2所高校)、宁夏(1所高校)、青海(1所高校)、西藏(1所高校)。其中,东部省份的高校24所,占比为48%;西部地区共有26所高校,占比为52%。在总量上,东部省份高校师资队伍水平高的院校数量更多。同时也可以看出,在师资队伍指标中,西部高校的分布更加分散。但是,广西在这个指标中的高校数量为0,表明广西在师资队伍建设方面需要加强。

三、东西部15个省(自治区、直辖市)的高校高等教育发展水平综合排名

在对比了东西部高校在"一带一路"倡议背景下的发展水平之后,能够比较清晰地看出各个高校所处的位置。高校的发展水平既取决于自身的努力,

同时也与所处的高等教育环境密不可分。高校的发展优化了所在省份的高等教育环境,同样的,良好的高等教育发展环境能够有效提升高校的发展水平。接下来,还有必要分析"一带一路"倡议背景下东西部各个省份的高等教育发展水平。我们共选取东西部 15 个省份,采用 TOPSIS 进行分析时,原始矩阵 A 中的 m 值即为 15,同样采用 28 个二级指标进行综合评价,原始矩阵 A 中的 n 值即为 28。所选取的数据同样来自于青塔数据库 2019 年数据。根据公式 4.1—4.15,可以得到东西部 15 个省(自治区、直辖市)的高等教育发展水平综合排名,如表 4.12 所示。

表 4.12　东西部 15 个省(自治区、直辖市)高等教育发展水平

省份	D+	D-	C	排名
江苏	0.288268	0.428939	0.598068	1
上海	0.295096	0.43259	0.594474	2
浙江	0.380264	0.23373	0.380671	3
四川	0.502094	0.30236	0.375857	4
陕西	0.502498	0.302095	0.375463	5
重庆	0.502411	0.300667	0.374393	6
云南	0.498294	0.254191	0.337802	7
广西	0.504895	0.250791	0.331872	8
甘肃	0.489836	0.243111	0.33169	9
贵州	0.502696	0.246338	0.328874	10
新疆	0.504805	0.241412	0.323515	11
内蒙古	0.466269	0.214409	0.314994	12
宁夏	0.494178	0.226538	0.314323	13
青海	0.424351	0.192314	0.311861	14
西藏	0.443604	0.180595	0.289323	15

从表 4.12 可以看出,东部地区的江苏省高等教育资源最为丰富,高等教育发展水平最高,而西部地区的西藏自治区高等教育资源最为匮乏,其高等教育发展水平处于最低水平。

四、东西部 15 个省(自治区、直辖市)高等教育发展水平聚类分析

同样可以采用聚类分析的方式,对东西部 15 个省(自治区、直辖市)高等教育发展水平做出分类。具体参见图 4.3。

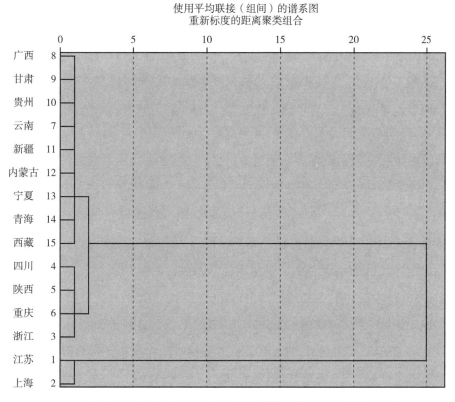

图 4.3 东西部 15 个省(自治区、直辖市)高等教育发展水平聚类分析结果

从图 4.3 可以看出,东西部 15 个省(自治区、直辖市)高等教育发展水平可以分为 3 个类别:顶尖、高水平和一般。具体的分类如表 4.13 所示。

表 4.13 东西部 15 个省(自治区、直辖市)高等教育发展等级

发展等级	等级含义	包含的省(自治区、直辖市)
顶尖	高等教育发展水平最高	江苏、上海
高水平	高等教育发展水平较高	浙江、四川、陕西、重庆
一般	高等教育发展水平较低	云南、广西、甘肃、贵州、新疆、内蒙古、宁夏、青海、西藏

根据表 4.13,同时结合前面的分析,我们可以看出,在东西部进行比较的 15 个省份中,东部的江苏和上海属于高等教育发展顶尖等级的省市,几乎在所有的评价指标中都名列前茅。浙江、四川、陕西、重庆属于高等教育发展高水平等级的省市,特别是四川、陕西和重庆,在所有的评价指标中,都在西部地区中位居前列。云南、广西、甘肃、贵州、新疆、内蒙古、宁夏、青海、西藏属于高等教育发展一般等级的省区,其受到地理环境、人口数量、政策执行等因素的影响较大,还存在很大的发展空间。

第五章　西部高校服务"一带一路"倡议的路径及策略

　　"一带一路"建设为促进西部高等教育"一流大学、一流学科、一流学院、一流专业"建设,推进西部高等教育国际化发展,全面提高西部高等教育质量提供了新的重要历史机遇。目前,鉴于我国教育比较优势不明显,大学的国际交流与合作渠道主要集中于欧洲发达国家,且在人才流动上,主要以人才输出为主。国内高校与"一带一路"沿线国家大学的合作与交流相对比较薄弱。新中国成立以来,我国高校内部管理体制几经变革,最终形成党委领导下的校长负责制和学校领导的学院制。就校院管理体制而言,我国普遍实行学校集权领导下的学院制,在校院管理关系上,涉及办学的人事权、财务权和学科建设权几乎全部集中于学校一级。作为国际化教育实施层的学院,既无经费的支配权,也缺乏经费创收压力,容易失去参与国际教育市场竞争并分享成效的动力。此外,校内学院岗位安排的统一化和标准化,既忽视学院之间学科专业国际化需求和国际化程度的差异性,以及由此形成的人员队伍需求多样性,也压缩了学院开展国际化教育的自由空间,导致学院层面的国际化教育活动无法真正实施,从而使高等教育国际化停留于学校宏观战略发展理念层面。

　　西部高等教育的整体布局是计划经济条件下的产物,完全服务于特定时期国家发展的需要。学校如何发展、怎样发展,培养什么样的人才、怎样培养人才,无不以满足国家需要为目标,办学自主权相对较小,导致很多高校出现了办学思路不够开阔,竞争意识、创新意识和发展危机意识不够强烈等问题。1998 年,西部行业特色高校的管理体制和服务面向发生了很大转变,但是长期的计划经济管理模式仍然根深蒂固,使这些院校无论从管理机制、学科结构,还是人才培养模式等方面,不可避免地残留着计划经济的管理痕迹。面对新的发展机遇和挑战,特别是日益激烈的高等教育竞争环境,西部高校传统的办学理念已远远不能满足自身发展的客观需要,需要进一步解放思想,不断增强竞争意识、创新意识,改变计划经济体制下的发展思路。

西部高校除了具有我国高校在国际化教育中的共性特征外,还受地理位置的影响,国际知名度低,国际交流合作力度小,同时将自己定位于服务西部建设,办学空间局限于西部地区的特殊性。随着"一带一路"倡议的推进及中外经贸往来的增多,"一带一路"沿线国家必将加深对中国西部城市的了解和认识,西部高等教育也势必会引起"一带一路"沿线国家的关注,从而为西部高校带动高等教育领域的交流和互动提供战略机遇。在这样的背景下,西部高校也可以随着"一带一路"倡议,扩大办学视野,把"一带一路"沿线国家作为扩展办学空间的工作重点,通过加强与"一带一路"沿线国家的教育国际化交流与合作,增强自身在该国或地区的影响力,提升对相应国家或地区的优质生源的吸引力,从而拓宽招生范围,拓展办学空间。

新时期,西部高校的管理体制和服务面向发生了变化,在承担服务国家和行业发展责任的同时,还需要积极融入区域经济社会发展,寻求新的发展机遇。但就目前的情况来看,西部高校还没有完全融入"一带一路"沿线国家的区域经济社会发展中去。究其原因,一方面是旧的管理体制造成的,另一方面是西部高校存在着主动为区域经济社会发展服务意识不强的问题。因此,西部地方行业特色高校要及时转变思路,增强主动性,自觉融入"一带一路"倡议实施中去。从近几年的发展实践来看,西部高校通过不断提高人才培养质量赢得了一定的人才市场和就业市场,通过为国家和地方经济发展提供科研成果和技术支持获得了一定经费支持。但是,由于与企业合作机制不完善,未有实质性的共建措施,企业对西部高校学科建设、学术发展方向、科技创新能力的指导作用比较薄弱,优势学科具有的潜能尚未充分发掘,影响了企业后继科技人才的培养和新技术的创新。西部高校在发展中,依托企业发展与企业支持指导的互助局面并未形成,企事业单位对高质量人才和高水平科研成果的需求得不到满足,支持指导西部高校发展的动力不足。以上原因,使得西部高校服务社会的能力不足。

第一节　从政府维度促进西部高校服务"一带一路"倡议的策略

长期以来,由于受经济社会发展和高等教育布局影响,西部高校与东部高校在现实基础和发展条件上存在较大差距,国家为促进西部高等教育发展出台了相关政策和措施,如中西部高等教育振兴计划、对口支援西部高校计划、省部共建高校计划等,取得了一定成效,但经费投入不足、办学条件薄弱、人才吸引力差、布局不合理、整体实力不强是西部高等院校普遍存在的问题。审视"一带一路"倡议背景下西部高等教育发展基础与机遇,从管理体制机制改革、教育教学改革、科研机制改革和现代大学制度建设四个方面,对促进西部高校服务"一带一路"倡议提出以下策略。

一、深化管理体制机制改革,提升对西部高校的管理和服务水平

高等教育对经济社会发展发挥着重要支撑作用,是促进区域经济发展的重要驱动力。补齐西部高等教育短板,将为区域经济高质量发展提供有效的人才支持、科技引领和智力支撑。从政府维度来看,深化管理体制机制改革

是提升西部高校管理和服务水平的首要任务。

（一）进一步转变政府管理职能，落实和扩大高校办学自主权

"中西部塌陷"已成为我国高等教育一个无法回避的事实。为改善西部高等教育地缘局限和资源有限的现状，从 2012 年开始，国家启动实施"中西部高等教育振兴计划"，该计划包括"中西部高校综合实力提升工程""中西部高校基础能力建设工程"等。"中西部高校综合实力提升工程"是优化我国优质高等教育资源布局结构、缩小区域间高等教育差距、促进中西部高等教育跨越式发展的重大战略举措。中西部高校基础能力建设工程是为振兴中西部高等教育，促进中国高等教育协调发展，并切实提升中西部高校办学能力，提高人才培养质量，使中西部一批本科高校的实力得到较大提升。在此基础上，西部高校所在地方政府应利用好"一带一路"地缘优势，整合地方政府和"一带一路"沿线国家政治、经济和文化交流等多样资源，深化高等教育管理体制改革，进一步加强改革力度，赋予西部高校更多的政策支持和办学自主权，不断激发西部高校的活力，以持续深入推进"中西部高校综合实力提升工程"和"中西部高校基础能力建设工程"改革成效。具体来说，政府有关部门应从西部的实际和高等教育发展的客观规律出发，认真贯彻落实《国家中长期教育改革和发展规划纲要（2010—2020 年）》、国务院印发的《统筹推进世界一流大学和一流学科建设总体方案》、教育部印发的《推进共建"一带一路"教育行动》和《教育部 国家发展改革委 财政部关于引导部分地方普通本科高校向应用型转变的指导意见》等文件精神和有关政策要求，从教育行政体制、教育财政体制、教育督导体制、校本管理体制和继续推进市场经济条件下政府职能进一步转变等五个方面，继续探索高等教育管理体制机制改革，大力推动西部高校内涵式发展，落实和扩大高校办学自主权，有效提升西部高校服务"一带一路"倡议的能力。

要通过深化改革，结合西部高校特色，进一步加强中央部门与地方政府

的共同建设和共同管理;要大力倡导学校之间合作办学,同时鼓励企业和科研单位参与办学和管理;要按照优化教育资源配置和提高办学规模效益的原则,逐步对有条件的西部高校进行合理调整,特别是要针对在同一地域,规模较小、科类单一、专业设置重复的学校,打破原隶属关系的限制,积极创造条件进行适当的合并。通过深化西部高校管理体制改革,扩大西部高校面向社会依法自主办学的权力,逐步淡化和改变学校单一的隶属关系和仅为本地区培养人才的办学格局。加强省(自治区、直辖市)人民政府对区域内高等学校的统筹规划、协调、调整和管理,逐步变条块分割为有机结合。

(二) 强化分类指导,优化资源配置

地方政府应积极创造条件,促进部分学科互补的,或一些规模较小、科类单一、设置重复的西部高校进行调整合并。目的在于优化某一地区或全国高等教育的结构和布局,合理使用有限的教育资源与经费,提高教育质量和办学效益。特别是有些省(自治区、直辖市)规模较小的、单科性的或由地方政府部门主管的高等院校,结构和布局不尽合理,应结合中央各有关部门在本地区所办高等院校的情况,加强统筹规划,进行必要的调整或合并,优化结构和布局,提高办学水平和效益。

建立健全分类评价体系,引导高校合理确定办学定位、发展规划和学科专业布局,在不同层次、不同领域错位发展、凸显特色、争创一流。

一是加强对高等教育事业的统筹管理。根据国家、地方经济社会文化发展需求和西部高等教育发展实际,确定西部高等学校布局、学科专业设置、学位点授予和继续教育发展规划,统筹研究生教育、本科教育、高等职业教育和高等继续教育,构建层次分明、类型多样、特色鲜明、充满活力的地方高等教育体系。

二是实施高等学校的分层分类指导。根据高等教育学科专业发展水平和人才培养目标定位,明确不同类型学校的发展目标和发展思路,实施更加

有针对性的措施。继续大力实施"高水平大学建设工程",对进入国家"双一流"建设项目的西部高校和特色鲜明的地方行业特色高校,在学科建设、专业建设和师资队伍建设等方面予以重点支持,使之建成国内有广泛影响的高水平大学,为全国和西部经济社会发展提供有力支撑。引导和支持西部高校培养地方经济社会发展急需人才,强化办学特色,提高办学水平。

三是盘活现有各类高等教育资源。根据西部高等教育资源丰富、学科门类众多、学校层次差异较大、高校较多的实际,积极搭建基础平台,探索建立部属高校、省属高校资源共享的良性机制,发挥好各类高等教育资源的综合效益。

(三)加大政府对高等教育投入,建立多元化的投入机制

教育投入不足一直是直接制约西部高等教育持续发展的"软肋"。2015年以来,伴随着国家推进世界一流大学和一流学科政策的颁布与实施,政府加大对高水平大学和高水平学科的建设投入成为高等教育改革和发展的新主题。

"双一流"建设为西部高等教育发展提供了新的历史机遇,从政府到高校应切实优化高等教育资源配置,推动西部高等教育振兴发展,提升西部高等教育在全国高等教育体系中的地位。未来西部高等教育改革和发展的方向,应该是集中精力与财力重点突破部分优势高校与特色学科,培育全国性的一流大学与一流学科。在"双一流"建设过程中,对创新驱动发展和"一带一路"实施急需的国家重点学科、国家重点实验室、博士学位授权点、高层次创新团队等应给予优惠政策,重点扶持。政府应立足省域人口基数、经济总量,提高高水平大学人均拥有量,对西部拥有博士学位授权的高校重点支持,提升办学水平。

落实教育经费投入法定要求,建立教育经费投入稳步增长机制,充分发挥财政对教育发展的主要支撑作用。一是加强地方教育经费统筹和管理,每

年据实、足额预算生均拨款总额;建立高等教育重大专项投入机制,对推进改革中需要重点支持的项目,由省财政单独列支;对需要新建的特色高校,列入地方教育重大基建项目。二是制定、完善相关规定,进一步明确中央财政和省级财政对西部高校"共建"经费投入的范围和比例,积极争取中央财政和省级财政对西部地方高校"共建"经费投入的同步增长。同时,应积极探索行业部门对西部地方行业特色高校投入的新机制。三是完善成本分担机制。改革西部高校收费形成机制,逐步实行办学成本监测制度,适时调整西部高校学费标准。按照优质优价的原则,探索开展西部高校特色学科专业学费改革试点。四是完善西部高校合理的多元化筹资体制。发挥社会力量参与办学的积极性,鼓励民间资本进入西部高校办学领域。注重经济和法律手段调控,鼓励西部高校进行科技成果转化和二次创业。进一步促进产学研相结合,对于投资高校办学和科研项目的企业,建立企业减免税制度。五是加强高校内部预算管理,优化支出结构,加大教学投入,健全内部控制体系,加强审计监督。鼓励积极开展多种形式的合作办学试验。距离相近的不同类型、不同科类的学校,开展学校之间的合作办学,在自愿互利的基础上,实行资源共享、优势互补、学科交叉、协同发展,共同提高办学水平和效益。

(四)优化高等教育区域结构,在地级中心城市布局综合性大学

20世纪70、80年代,为适应社会经济发展的需要,提高区域高等教育总体水平,在全国范围内涌现出一批由中心城市创办的大学,成为高等教育队伍中一支新生力量。"中心城市办大学"的兴起,冲破了原有的中央、省二级办高校的高校办学体制,形成了中央、省、中心城市办高校的三级办学新模式。以陕西省为例,高等院校主要集中在西安及其周边的几个城市,分布极不均衡。从优化高等教育体系出发,扩大省级政府对高等教育的统筹能力,使之根据本地区发展水平与区域布局积极建立地级中心城市大学,在新形势

下打造高质量的区域高等教育发展体系。基于此,在今后高等教育改革和发展中,省级政府应立足全局对高等教育实行分区规划、分类指导、合理布局,强化区域性高等教育中心建设,发展高等教育发展骨干节点,着力构建以适应"一带一路"和"双一流"建设为引领的高等教育雁阵体系。如,陕西应将西安建设成为陕西省高等教育发展的中心,将延安、咸阳、汉中等区域节点城市建设成为陕西省高等教育的重要支点,提升其辐射能力,带动区域经济社会发展。

结合地方区域经济来看,地方政府要从本地区社会、经济发展的长远目标出发,把高等教育发展纳入地区发展总体规划,充分发挥其作用;要逐步增加高等教育的投入,不断改善办学条件。政府应释放更多政策空间,支持西部地方高校探索新的融资办学模式,并重点支持一批地方高水平大学探索实施与社会深度融合发展改革,引导其对接区域经济发展需求,促进学科交叉融合,提升科技创新能力,创造新的高等教育品牌,助力区域经济快速发展。

地方政府应对共建学校给予包括学科建设在内的多方面支持,特别是在地方政策性补贴以及其他地方性经费资助方面,应逐步做到与省属院校同等待遇,在引进人才、征用土地、减免城市建设配套费等方面给予优惠政策;地方政府及其高等教育主管部门,应充分利用和发挥共建学校的学科及专业优势,为本地区的经济建设和社会发展服务。

(五) 加强评估督导

重视教育评估督导在西部高校发展过程中的地位和作用,加强评估督导制度建设,落实评估督导监管责任。一是树立先进的评估督导理念,坚持以"导"为主,构建科学合理的体制与机制。以构建科学的督导体制机制为突破口,调动各种积极因素,强化动态管理,完善退出机制。更加注重运用督导思维和督导方式推动教育改革发展,加强教育督导体系建设,为西部高校服务"一带一路"倡议提供督导评估机制。二是探索建立国家和省级部门的双重评估督导机制,确保西部高校可持续地发展。积极引入社会监督机制,进一步明确国家、省级部门、学校在评估督导过程中的职、责、权。建立健全西部高校办学行为评估监测机制,督促指导西部高校按规划做好社会服务的督导评估工作。研究建立西部高校人才评估和激励机制,促进西部高校服务"一带一路"倡议专业化水平的提高。三是建立评估督导协调机制。建立由省级有关部门参与的综合评估督导机构,负责对高校评估督导的顶层设计、宏观布局、统筹协调。重点加强对西部地方高校建设目标、改革举措、资源配置等工作的评估督导。积极开展咨询论证,及时组织相关专家对高校重大项目建设的立项和实施进行评估督导。四是注重对西部高校对地方和行业贡献度与服务绩效的双重评估。

二、深化教育教学改革,提升西部高校的教学水平

教育部印发的《关于中央部门所属高校深化教育教学改革的指导意见》明确指出,"十三五"期间实施中央高校教育教学改革专项,继续推动和支持中央高校深化教育教学改革,提高高校教学水平、创新能力和人才培养质量。《教育部关于深化本科教育教学改革全面提高人才培养质量的意见》提出坚持立德树人,围绕学生忙起来、教师强起来、管理严起来、效果实起来,深化本科教育教学改革,培养德智体美劳全面发展的社会主义建设者和接班人。因此,深化教育教学改革,是促进西部高校服务"一带一路"倡议的重要基础。

(一)优化专业结构,培养适应区域经济发展需求人才

优化专业结构是深化教育教学改革的核心,是提升西部高校服务"一带一路"倡议竞争力的关键。西部高校要主动适应"一带一路"沿线国家经济社会发展对应用型人才的需求,整合学科和社会资源,调整优化专业结构,改革专业课程体系,优化专业培养目标,加强专业校企合作,形成"重点突出、特色鲜明"的专业培养体系,不断满足"一带一路"沿线国家区域经济发展对高技

能型人才的要求。

通过深入贯彻《普通高等学校本科专业设置管理规定》,西部高校各级主管单位要加快推进高校学科专业动态调整,尽快出台相关指导意见,建立健全专业增设、调整与退出的动态调整机制,优化专业结构与布局,促进专业内涵式发展,全面提升西部高校教学水平和培养质量。通过改造西部高校的传统专业,提高人才培养与产业升级的契合度。支持西部高校建设一批特色专业,培养新业态和产业急需的高素质应用型人才。调整西部高校之间的同质化专业,"关停并转"布点过多、培养质量不高的专业(点)。建立专业评估体系,支持西部高校参与国际国内、行业企业开展的专业标准制定和认证。积极推进新工科建设,依托西部高校办学优势,对接"一带一路"沿线国家行业区域经济社会发展需求,不断优化专业结构布局,提高专业建设质量。

培养适应国家经济社会发展和"一带一路"沿线国家科技发展需求的人才,激活中国在区域经济中的主导地位。人才培养目标应更进一步结合"一带一路"沿线国家的区域经济社会发展状况,注重各国的人文风情等,以此更好地服务于"一带一路"倡议。特别是语言类专业和经济贸易相关专业,应该主动和"一带一路"倡议对接,培养出更能够适应国际市场需求的外贸专业人才。对"一带一路"倡议相关特色专业的招生比例和规模应结合市场需求适当扩大,重视其专业机构优化,在师资队伍建设、实验实习场地建设、图书配备等方面予以倾斜,重点满足特色专业的需要,使"一带一路"倡议相关特色专业得到稳步发展。

(二) 创新人才培养机制,培养复合型拔尖创新人才

创新人才培养机制是提升西部高校教学水平的核心驱动力,创新驱动根本上取决于人才驱动。因此相关职能部门应积极探索创新人才培养的新机制、新办法,种好"一带一路"沿线国家创新型人才培养的"试验田"。突出基础学科在"一带一路"沿线国家文明创新体系建设中的基础性和先导性作用,

加大基础学科拔尖创新人才培养力度,深入贯彻实施"基础学科拔尖学生培养试验计划"。因校制宜开辟"试验区",以人才培养机制创新为目标,依托优势突出学科,建设服务"一带一路"沿线国家发展的"试点学院"和"实验班"。根据承担国家重点教学和科研任务的需要组建跨学科实验班,给予"试验区"人才培养创新更大自主权。建立健全弹性学制、跨院系选课、缓修、缓考等适应个性化学习需求的配套管理制度。鼓励学生自主选择第二专业培养方案,积极培育更具竞争力的交叉复合型人才。重视学科竞赛在创新人才培养工作中的引领作用,推动具有一定优势的特色竞赛项目指导常态化。完善推动教师、院系和管理部门变革的动力机制,改变以往改革单纯依赖自上而下行政驱动的传统局面。

适应"一带一路"沿线国家区域经济社会发展及产业转型升级对应用型、复合型人才的需求,实施协同育人,培养应用型、复合型创新人才。推动高校与有关部门、科研院所、行业企业共同制定培养目标、共同设计课程体系、共同开发优质教材、共同组织教学团队、共同建设实践平台,探索部部、校校、校所、校企、校地以及国际合作的协同育人新机制。深入贯彻实施"科教结合协同育人行动计划",着力培养具备扎实的自然科学基础、良好的人文社会科学素养和创新精神,具有社会责任感、国际化视野、协作品质、沟通能力和创业意识,能够在"一带一路"沿线国家政治、经济、文化和教育等相关领域中从事相关工作的高素质拔尖创新人才。

支持西部高校建立"一带一路"沿线国家人才培养联盟机构,研究不同学科专业、各级各类学生服务"一带一路"沿线国家经济必备的综合素养和必需的专业素质,加强校内实验教学和校外实习实践,完善人才培养方案。推进教研一体、产学融合的"产学研"培养模式,探索建立校校、校企、校地、校所以及国际合作的协同育人机制。强化优质资源共建共享,推进西部高校校际在线课程、图书资料、仪器设备等资源开放共用。

（三）加强创新创业教育，培育创新创业示范基地和孵化基地

认真落实立德树人根本任务，主动适应经济社会发展新常态，积极深化创业教育改革。注重将创新创业教育融入人才培养的全过程，坚持"以创新促创业，以创业带就业"，不断深化教育教学改革，积极探索创新创业教育新机制。加强西部高校创新创业教育平台建设，促进西部高校创新创业教育与专业教育紧密结合，深入挖掘各类课程的创新创业元素，开发开设创新创业课程。加强西部高校大学生创新创业实践，建立"高校创新＋孵化器＋人才培养"的创新创业教育模式。支持西部高校与行业企业、科研院所联合建立大学生创业孵化园，助推优秀项目落地转化。落实政府职责，加强对西部高校创新创业指导服务。

完善创新创业教育的内容设计和制度保障，搭建有利于自主探究的创新创业训练平台。打通人才培养方案的就业创业类路径，鼓励学生通过选修就业创业课程、参与创新创业项目、接受"双师型"专家指导等，为创新创业奠定基础。坚持融入课程、深入课堂、应用实践的目标导向，在人才培养方案中全方位根植创新创业元素。构建多层次、全方位、全覆盖的创新创业教育课程，增强创新创业课程的实践导向，提高创新创业指导的针对性。支持学校建立大学生创新创业孵化基地，吸纳创新创业团队入驻，鼓励实践团队注册成立公司，带动区域特色创业。培育一批创新创业示范基地和孵化基地，规范创新创业团队运作模式，以学校指导为主、政府扶持为辅，通过社会参与和自愿加入，走向市场化运作、规范化管理。用好校内资源，汇聚多方资源，搭建双创实践平台。加快布局国际合作网络，形成面向"一带一路"沿线国家的创新创业教育格局，建立"一带一路"国际科技合作创新联盟，发起国际创业论坛，举办创业融资国际夏令营。将视野扩展至"一带一路"沿线国家，吸引海内外创业校友，聘请海外知名企业家校友担任创业导师，吸引知名创投机构参与，为创新创业团队接洽海外融资意向提供便利。组织学生暑期海外创新创业

实践、参加创新创业国际会议,赴"一带一路"沿线国家开展创新创业实践应用和产品推广,推动创新创业成果在"一带一路"沿线国家的智能制造、软件开发、广告传媒、非遗文化、电子商务等多个领域的应用。

(四)创新思想政治教育方式,培育思想精神文明的大学生

坚持立德树人作为中心环节,树立"大思政"格局,将思想政治工作贯穿教育教学全过程,实现全程育人、全方位育人,推动形成教书育人、管理育人、服务育人的合力。贯彻理论联系实际的教育基本原则,直面学生思想实际,增强教学过程的实践性,鼓励学生走出课堂、走出学校,在社会实践和生活中培养学生的家国情怀。充分发挥西部高校独特的文化资源优势,支持西部高校扩大社会实践第二课堂,定期组织思想政治课程教师、学生工作骨干到革命老区及历史文化资源集聚区接受思想政治教育。加强西部高校思想政治课程教师队伍建设,坚持思想政治素质和业务素质"双标准",建好信仰坚定、学识渊博、理论功底扎实的思想政治理论课教师队伍。创新西部高校网络思想政治教育,推动西部高校传统媒体和新兴媒体有效融合,提升西部高校网络育人功能和效果。

创新思想政治教育方式,坚持思想政治教育内容的针对性,突出思想政治教育的时效性,发挥大学生思想文明主动性,把握思想政治教育条件可行性。加强和改进思想政治工作,开展丰富多彩的校园精神文明创建活动。完善大学生思想政治教育课程体系,把社会主义核心价值观融入学校教育各个方面,坚持以人为本,强化问题意识,注重实践导向,切实增强培育和践行社会主义核心价值观的实效性,帮助学生树立正确的历史观、民族观、国家观、文化观。立足中华优秀传统文化的宝贵资源,结合时代要求继承创新,发掘蕴含其中的思想观念、人文精神、道德规范,引导师生培育和践行社会主义核心价值观。充分发挥道德典型的示范作用、道德文化的引领作用,推进社会公德、职业道德、家庭美德和个人品德教育。积极创设和谐、文明、健康、有序的

校园人文环境,开展各类精神文明共建活动,提高师生文明素养、丰富师生文化生活。

(五) 完善教育评价与教师考核制度,促进师生健康发展

完善高校学生评价制度,促进高校素质教育发展。坚持素质与能力并重的学生评价导向,探索由政府、用人单位、学生家长及有关方面参与的教育质量综合评价机制。从观念层面、制度层面、操作层面和保障层面加强和完善学生发展性评价制度,摆脱重视知识学习、轻视能力培养,重视共性培育、轻视个性发展的传统评价思路,推动学生以主体身份参与评价过程。从评价内容和过程研判高校学生评价困境,综合运用关注学生人文素养、专业知识、道德情操和心理健康的多维度教育评价方式。

完善高校教师考核评价制度,促进高校教师健康发展。深入贯彻《教育部关于深化高校教师考核评价制度改革的指导意见》,坚持师德为先、教学为要、科研为基、发展为本的改革方向,坚持全面考核与突出重点相结合,全面考核教师的师德师风、教育教学、科学研究、社会服务、专业发展等内容。把思想政治素质作为教师选聘考核的基本要求,突出教育教学业绩考核,实行教师自评、学生评价、同行评价、督导评价等多种形式相结合的教学质量综合评价。健全教学激励约束机制,针对当前教师队伍发展的突出问题和薄弱环节,进行重点考察和评价。

积极探索教师考核评价改革,在教师分类管理、考核指标体系建立、评价机制创新、强化聘期考核等方面创新工作方式。分类指导与分层次考核评价相结合,发展性评价与奖惩性评价相结合,推动西部高校职称评定、职务晋升、评优选先等向一线教学教师倾斜,调动高校教师工作积极性、主动性。统筹年度考核、聘期考核、晋升考核等各类考核形式,根据绩效情况,可以减少、减免考核,适当延长考核评价周期,避免重复评价。坚持服务国家需求和注重实际贡献的科研成果评价导向,引导教师主动服务国家创新驱动发展战略

和地方经济社会发展,推进与"一带一路"沿线国家科研人员的合作与交流。增强西部高校教师社会服务考核,建立健全教师参与"一带一路"倡议相关社会服务工作激励机制,通过新闻媒体宣传教师社会服务影响力。鼓励引导西部高校教师积极前往"一带一路"沿线国家开展科学普及工作,主动推进文化传播,提高区域内公众科学素质和人文素质。

三、深化科研机制改革,提升西部高校的科研水平

科研不仅是高校发展的源泉和培养人才的手段,也是高校服务经济社会的载体。科研机制改革是一流大学建设的重要工作,也是学校深化综合改革的核心内容。"一带一路"倡议背景下西部高校科研发展迎来新机遇和新平台,科技创新新趋势为进一步深化科研体制改革带来新命题和新需求。

(一) 大力推进科研创新平台建设,做好基层科研组织建设顶层设计

西部高校科研水平和竞争力不高,导致西部高校科研工作质量不足,进一步制约着"一带一路"倡议的服务能力提升。因此,深化科研体制改革、促进科研体制创新是西部高校当前改革发展的重要内容。政府应支持西部高校破除科研创新的体制机制障碍,以改革更新观念,以改革探索路径,以改革增强活力,从大力推进科研创新平台建设入手,深化科研机制改革。

转变思想观念,转"单打独斗"为"团队作战",紧跟社会需求、引领前沿问题,系统谋划科研方向,分层明确科研目标。既要加大学科建设和基地平台建设的支持力度,通过组建交叉性科研团队,承担重大科研项目、培养创新人才、产出高水平科研成果。又要发挥科研院所的主体作用,出台一系列配套支持政策,调动广大教师和科研人员的积极性,鼓励引导广大教师和科研人员面向国家重大科技专项和重点研发计划,发挥专长,解决政府和社会关注的共性问题、行业和企业的核心技术问题。

加强基层科研组织建设,做好顶层设计。首先,要加强西部高校国家实验室、国家工程试验中心、教育部重点实验室等平台的培育、申报与建设支持力度,鼓励西部高校积极争取国家重大科技专项。其次,在西部高校培育和组建国家级、省级协同创新中心,着力构建以需求为导向、企业为主体、高校和科研院所为支撑的产学研合作新机制。同时,大力推进新型智库建设,建设一批人文社会科学重点研究基地,服务国家和"一带一路"沿线国家重大发展战略。探索与行业、部门共建支柱产业发展战略研究中心,为政府、企业提供决策咨询和信息服务。

(二) 搭建校企产学研合作平台,加快提高科研成果转化率

着力搭建校企产学研合作平台,大力推进西部高校科技成果转移转化,通过转让、许可或作价方式转移科技成果。发挥西部高校在"一带一路"沿线国家科研成果转化方面的引领作用。集聚国际创新资源,推进国际合作,积极参与或牵头组织国际和区域性重大科学计划和科学工程。发挥科技资源统筹功能,及时推介西部高校最新科研成果,搭建高校与企业对接平台,及时提供市场最新需求,为成果转化提供法律、咨询、融资、转让等全方位服务,促进西部高校科研与行业企业深入融合。配备专职人员统筹指导和推进西部高校科研成果的转移转化,组织和指导西部高校开展科研成果推广展示洽谈交易等工作。鼓励有条件的高校将所属重点实验室等创新平台向市场和企业开放,完善有关开放共享的管理制度,积极吸纳校外科研人员进入创新平台开展创新研究。

《愿景与行动》提出:"深化沿线国家间人才交流合作""加强科技合作,共建实验室(研究中心)、国际技术转移中心、海上合作中心,促进科技人员交流,合作开展重大科技攻关,共同提升科技创新能力"。[1]亚洲开发银行的评估

---

① 国家发展改革委、外交部、商务部:《推动共建丝绸之路经济带和 21 世纪海上丝绸之路的愿景与行动》,《人民日报》2015 年 3 月 29 日。

报告显示,2010—2020年,亚洲各国累计需要投入7.97万亿美元用于基础设施建设与维护,涉及989个交通运输和88个能源跨境项目。[①]教育跟着产业走,高等教育国际化要与国民经济海外发展相适应。随着中国制造业"走出去"的步伐不断加快,国际合作日益深化,将有效拉动相关国家对人才和技术的需求。特别是与西部地区毗邻的中亚、南亚、西亚等"一带一路"沿线国家,拥有丰富的资源,但这些国家人才匮乏、技术短缺,尤其是在交通、电力、农业和矿产等领域,这为具有相关学科实力的西部高校提供了输出高素质人才和高水平科技成果的机遇。

与西部毗邻的中亚、南亚、西亚地区不仅是"一带一路"倡议的优先推动区域,也是我国高等教育合作的重点方向。但这些地区高等教育发展相对薄弱,高等教育资源比较匮乏,对高水平高等教育有着旺盛的需求,西部高等教育实施"走出去"办学战略,既有现实基础,又有发展前景。一方面,经过多年的发展,西部高等教育具有较强的办学实力和丰富的办学经验,特色优势明显,可以充分发挥西部高等教育人才优势,输出西部高等教育优质资源,打造西部高等教育品牌;另一方面,西部高校可结合自身办学特色和学科优势举办境外分校,或是与"走出去"的中国企业共同设立职业技能培训中心,对接当地教育和职业培训需求,为当地培养新一代技术人才和产业工人。

积极融入国家和区域创新体系建设,主动参与行业技术联盟,以重大需求为导向,加强协同创新中心的建设和培育,努力构建与行业、区域经济紧密结合的协同创新和成果转化机制。建立教育、科技、财政、经济和信息化等相关部门定期会商联动机制,加强高校科研创新相关政策、规划和改革措施的统筹协调和有效衔接。鼓励有条件的西部高校成立技术成果转移服务机构,允许其在技术成果转移转化收益中提取一定比例的管理费。将经省级主管部门认定的高校技术转移服务机构纳入省级科技孵化器管理范围,并给予

---

① 瞿振元:《"一带一路"建设与国家教育新使命》,《光明日报》2015年8月13日。

相应的政策和资金支持。鼓励和支持高校以项目研究、人才派出和引进、平台基地建设为载体,深度参与"一带一路"沿线国家国际科研交流与合作。打通基础研究、应用开发、成果转移与产业化链条,促进学校学科、人才、科研与产业互动,健全市场导向、社会资本参与、多要素深度融合的成果应用转化机制。围绕区域发展和行业企业的协同创新,通过校校协同、校所协同、校政协同、校企协同等方式,多渠道开展科研合作与交流。

搭建校企产学研协同创新平台,利用网络信息技术推进高校成果转化,通过创新高校资源整合模式,构建校企对接全新渠道,解决转化过程中的节点难点问题,推动校企合作的成功达成。利用大数据对高校、研究机构和企业进行匹配,推动产学研协同创新发展,实现科技成果转化。推动西部高校实验教学平台与政府、企业的平台进行对接,构建产学研合作的实验云平台,凸显应用型人才培养特色,培养学生科技创新能力,提升企业核心竞争力,提升西部高校社会服务能力。

（三）加强基础研究,提升原始创新能力

基础前沿领域的长期积累是抢占科技制高点的力量源泉,是培育和发展战略性新兴产业、支持经济结构调整和发展方式转变的科学基础。深化科研机制改革要超前部署,要加大基础研究项目经费投入,提高科研人员收入水平。提高基础研究投入占比,建立对重大原创性、颠覆性、交叉性学科创新项目的非常规评审机制和支持机制。强化支撑特色学科的基础研究,加强面向产业发展的应用基础研究,增强原始创新和集成创新能力,为逐步实现从跟踪追赶向支撑引领的转变打好基础。

基础研究是打造大学科研核心竞争力和可持续发展的保证。西部高校应发挥行业特色,加强基础研究,服务"一带一路"倡议创新体系要求,统筹科研布局,优化科研结构,谋长远、做长线,确立基础研究在学校科研工作中的重要地位,赢得服务"一带一路"倡议的主动权。要加强科研队伍建设,凝聚更多优秀人才投身基础研究,培养和造就优秀基础研究人员,为"一带一路"沿线国家科技事业蓬勃发展奠定坚实的人才基础。要突出支撑引领,提炼重大科学问题和关键技术问题,着力突破带动技术革命、促进产业振兴的前沿科学问题,为建设创新型国家和推进"一带一路"倡议提供"智囊团"服务。强化战略牵引,对于方向性的重大科学前沿问题、重点新兴产业和行业关键技术牵引,进行前瞻性布局和持续支持。深化科研评价改革,释放创新潜力,催生重大基础研究成果,引领行业科研发展方向。推进成果转化,提升学校对行业发展的贡献率。

支持西部高校面向学科前沿、面向"一带一路"倡议需求,开展基础研究和应用基础研究,提升原始创新能力。改善西部高校基础研究条件,提升西部高校承担国家重点基础研究计划、国家重大科学研究计划、国家自然科学基金等重大项目的能力。对西部高校基础研究和应用基础研究领域做出重大科学发现的科学技术工作者给予奖励。转变对西部高校基础研究考核与评价方式,激发创新活力。

(四) 推进科研成果使用权、处置权和收益权改革,完善成果转化利益分配机制

深入推进科技成果使用权、处置权和收益权改革,开展赋予科研人员职务科技成果所有权或长期使用权试点。强化知识产权保护和运用,支持重大技术装备、重点新材料等领域的自主知识产权市场化运营。积极探索通过天使投资、创业投资、知识产权证券化、科技保险等方式推动科技成果资本化。鼓励商业银行采用知识产权质押、预期收益质押等融资方式,为促进技术转移转化提供更多金融产品服务。完善知识产权成果的评估、转化和奖励机制,建立更有效的技术转移平台和体系。把技术转移和科研成果对经济社会的影响纳入科研评价指标,完善科技成果转化模式,加强职务科研成果转化问题研究。

完善知识产权归属和成果转化利益分配机制,健全以创造性、实效性、人才培养贡献度为导向的科研评价制度。支持西部高校技术成果转移、转让与转化收益,用于奖励人员的比例。设立政府风险补偿基金,支持西部高校与企业和金融机构联合设立风险投资基金。认真落实税费减免政策,鼓励有条件的西部高校成立技术成果转移服务机构,鼓励西部高校科研人员自带成果创办高新技术企业。

四、加强现代大学制度建设,提升西部高校的治理能力

坚持走内涵式发展道路,一个基本内容和重要条件是推进大学制度创新,加快建设中国特色现代大学制度。建立现代大学制度的根本目的就是要处理好学校与政府、社会的关系,校内政治、行政、学术和民主权力之间的关系,形成现代大学法制体系和运行机制。

(一)加强和改进党的领导,系统提升高校治理能力

深刻认识高校的组织体系和权力结构特征,努力构建党委、行政和学术机构耦合运行的内部治理结构。坚持和完善党委领导下的校长负责制,完善党委和行政的议事规则和工作制度,推进党委和行政工作的制度化和规范化。坚持党委领导是全面领导,党委对学校工作总负责、负总责。党委领导是校长负责的前提和基础,行政系统行使行政权力需符合党的教育方针,符合党委制定的战略部署和基本政策,重要事项须向党委汇报或由党委讨论决定。校长负责是党委领导的重要实现形式,党委支持校长独立行使行政管理职权,将党委的决策意图转化为行政意志和全校的实际行动。加强和改进高校领导班子和领导干部选拔与管理方式,选好配强领导班子,推进各层次高校领导干部的交流。落实高校领导干部任期制,加强对高校校(院)长任期目标责任考核。

全面推进西部高校党的建设各项工作,着力加强西部高校基层党组织建

设。加强和改进西部高校思想政治工作,引导师生员工坚定中国特色社会主义道路自信、理论自信、制度自信和文化自信。落实党风廉政建设党委主体责任和纪委监督责任,严格执行中国共产党廉洁自律准则、纪律处分条例和问责条例等规章制度,把党要管党、从严治党落到实处。落实党委领导下的校长负责制,制定党委工作规则,修订全委会、常委会和校长办公会等会议制度,健全党委统一领导工作机制。加强学术委员会建设,促进学术发展。深入推进民主管理,加强教代会、工代会、学代会、团代会等建设,在教务委员会中设立学生席位,不断健全师生员工参与民主管理监督的工作机制。强化信息公开,通过各种媒体及召开茶话会、通报会等形式,及时公开学校重大决策及其实施情况。

(二) 推进"一章八制"建设,加快完善现代大学制度

大学章程是现代大学实现依法治校的重要文本,也是推动中国现代大学制度建设极其重要的基础要素。政府应支持西部高校积极建设以完善治理结构为核心的现代大学制度,以大学章程建设为突破口推动体制机制创新,大力推进依法治校进程。推动高校大学章程建设,应切实健全和完善党委领导下的校长负责制、教职工代表大会制度、学术委员会制度、理事会制度、财经委员会制度、学生申诉制度、教师申诉制度和信息公开制度,形成以"一章八制"为重点的治校制度体系,不断提高西部高校治理能力和水平。进一步完善党委全委会、常委会、校长办公会的议事规则,探索和明晰党委和校长科学有效行使职权、履行职责的运行机制和实现方式,明确高校内外的权利义务关系。修订学术委员会规程,切实保障教授治学。探索校、院两级管理,推动管理重心下移。落实院系管理的自主权,充分调动学院的办学主动性和创造性。拓宽参政议政渠道,建立健全教代会、学代会等制度,充分调动师生参与学校事务管理的积极性。

全面系统梳理学校各项规章制度和管理文件,认真做好制度性文件"废、

改、立"工作,对保留和修订的文件进行系统整合,形成以章程为核心,层次清晰、内容规范的制度体系。依据章程,对资产财务、人事管理、科研管理、自主招生等重要环节,以及学术委员会、校务委员会建设等重要领域,制定出台一批文件和规定,加快完善依法办学、自主管理、民主监督、社会参与的现代大学制度。

(三)深化人事制度改革,完善多元引才机制

正确审视推进东西部高校教师合理流动,政府应出台指导性文件推动西部高校人事人才制度改革。支持引导高校实行人员聘用制度和岗位管理制度,逐步实现以岗位管理代替身份管理。健全高校学术管理体系与组织架构,充分发挥学术委员会在高校学科建设、学术评价、学术发展和学风建设等方面的作用。推动高校科学划分学校与院系权责,落实院系党政联席会议制度,下移管理重心,释放二级院系办学活力。下放人事聘任权、考核权、分配权等自主管理权限。开展人才综合改革试验区建设,在发展学科、平台搭建、队伍建设、经费使用和项目组织等方面赋予试点负责人自主权。

促进师资队伍内涵式发展,开展人才特区试验。完善人才引进办法,加大高层次人才和海外优秀人才引进力度,促进教师队伍高水平化和国际化。注重分析西部高校人才流动变化规律,通过制度留人、感情留人、事业留人及待遇留人等一系列人才工资机制,千方百计留住优秀人才。突出差异化特色,形成更具竞争力的学科综合布局,通过东西部高校错位发展,形成东西部高校教师合理流动的新常态,改变长期以来东部地区对西部人才"掠夺"的局面。搭建青年后备人才培养选拔衔接体系,通过建立青年教师导师培养制、实施校内特聘岗位制,打造优秀高层次人才后备梯队。实施高端人才培养工程,重点扶持有潜力后备人才。

关注国际学术人才流动大趋势和"一带一路"沿线国家人才流动变化规律,客观研判西部高校教师流动的新动向、新趋势、新规律和新问题。通过建

立西部高校与"一带一路"沿线国家学术人才联盟,建立机制推动联盟内部教师流动,形成西部高校与"一带一路"沿线国家间人才协同共生、良性互动的发展态势。打开从国际学术劳动力市场引才新视野,鼓励西部高校从"一带一路"沿线国家的学术劳动力市场引进更多学术与科技创新人才,提供切实可行的人才支持政策。

(四)加强学校规划建设与服务机制,提高办学治校能力水平

深入调研办学条件改善、未来规划发展、周边建设用地利用等学校规划建设问题,系统推进学校规划建设。切实提高规划目标体系设计的科学性,坚持定性与定量目标相结合,既体现导向性的目标,又有可以量化、测评的目标,促进教育由规模发展向内涵发展转变,并积极引入第三方评估,全面总结和评估规划实施情况。通过量化与测评,完善教育规划、计划和统计工作监管评价机制,推动并建立与时俱进的教育规划管理方式。建立涵盖总规划、各部门子规划以及各专业子规划的规划内涵体系,强化定位阐述、目标确定、任务分解与行动安排四个领域的系统逻辑。

以服务师生为中心,完善保障体系。尊重保护师生合法权益,完善师生民主监督管理机制和权益救助机制,制定教师申诉复议办法、学生申诉处理办法,综合运用信访、调解、申诉、仲裁等各种方式,畅通师生诉求表达渠道、妥善处理各类矛盾纠纷。加强机关效能建设,修订机关作风考评办法,增强服务意识,提高服务效率。强化生活关怀,完善师生医疗服务、困难救助等保障制度,对特困生实施"奖、贷、减、补、助、扶"工程。

(五)构建现代化服务型教育统计和预判研判机制,提升信息化管理水平

加快构建大数据时代背景下的现代化服务型教育统计,实现适应大数据时代背景下高校治理体系和治理能力的现代化。加强体制机制创新,建立教

育需求和趋势的预判研判机制。完善规划计划的纵向与横向衔接机制,完善教育规划、计划和统计工作监管评价机制,推动建立更加符合时代需要的教育宏观管理方式。

建设西部高校事业发展数据中心,实现对西部高校教育教学状态数据的常态管理和监测。提高西部高校干部和教师运用信息技术能力,创新教育理念和教学模式,推动信息技术与教育教学的融合发展。健全信息安全管理制度体系,加强西部高校网络与信息安全,加快推进西部高校教育管理现代化。

第二节　从学校自身维度促进西部高校服务
"一带一路"倡议的策略

"一带一路"是中国为推动经济全球化深入发展而提出的国际区域经济合作新模式。"一带一路"倡议既是机遇,又是挑战,不仅是对经济贸易往来、政治合作的挑战,也是对高等教育的挑战。在稳步推进"一带一路"倡议的历史进程中,高等教育承担着政策沟通、咨询建言、形成智慧合力的作用。教育部《推进共建"一带一路"教育行动》指出:"高等学校、职业院校要立足各自发展战略和本地区参与共建'一带一路'规划,与沿线国家开展形式多样的合作交流,重点做好完善现代大学制度、创新人才培养模式、提升来华留学质量、优化境外合作办学、助推企业成长等各项工作的协同发展。"[①] 随后,各个省(自治区、直辖市)陆续发布落实《推进共建"一带一路"教育行动》的相关文件,积极开展"一带一路"教育行动。以陕西省为例,省政府紧跟国家战略需求,印发《陕西省"一带一路"建设 2020 年行动计划》,明确要求提高科技教育中心影响力,深化产教融合,支持职业教育、高等教育学校开展多种形式的

---

① 《教育部关于印发〈推进共建"一带一路"教育行动〉的通知》,《中华人民共和国教育部公报》2016 年第 9 期。

中外合作办学,鼓励该省学校"走出去",积极参与配合"一带一路"建设。[①] 在新的历史阶段,作为国家和区域经济社会发展重要的知识创新、技术创新和人才培养基地,西部高校必须转变办学思维模式,进一步科学定位,担负历史使命,主动融入"一带一路"倡议的整体布局当中,积极发挥人才、科技支撑作用,不断加快改革与发展步伐,努力提高对国家和区域经济社会发展的贡献率。按照经济区域划分,我国包括东部、中部、西部和东北四大地区,其中西部包括陕西、甘肃、宁夏、四川、云南、贵州、广西、青海、西藏、新疆、内蒙古和重庆等 12 个省(自治区、直辖市)。截至 2020 年,西部地区拥有普通高校 734 所,其中原"985 工程"和原"211 工程"大学 24 所、地方一般本科高校 285 所、高等职业院校 425 所,另有民办院校 76 所。[②] 西部高等教育总体规模庞大,是国家科技创新的重要支撑点和密集区。本节将分别探讨和分析西部高水平大学、地方普通本科高校、高等职业院校和民办院校提升服务"一带一路"倡议的策略。

一、西部高水平大学服务"一带一路"倡议的行动策略

一般来讲,"高水平大学"通常指"国家建设高水平大学公派研究生项目"高校,本书所述"高水平大学"指国家"双一流"建设高校。20 世纪 90 年代以来,国务院从国家发展的战略高度大力推进世界一流大学和高水平大学建设,通过原"985 工程"、原"985 工程优势学科创新平台"、原"211 工程"、"特色重点学科项目"、"小 211 工程"、"省部共建大学"、"2011 计划"等国家层面的项目建设,中国重点大学办学面貌发生了根本变化,总体实力显著增强,但与世界一流大学相比,存在一定的差距。2017 年 9 月,教育部、财政部、国家

---

① 《陕西省人民政府办公厅关于印发〈"一带一路"建设 2020 年行动计划〉的通知》,2020 年 6 月 18 日,见 http://www.shaanxi.gov.cn/zfxxgk/zfgb/2020/d11q/202006/t20200618_1728506.html。

② 《教育部 2020 年教育统计数据》,2021 年 8 月 30 日,见 http://www.moe.gov.cn/jyb_sjzl/moe_560/2020/gedi/202108/t20210831_556506.html。

发展改革委颁布的《关于公布世界一流大学和一流学科建设高校及建设学科名单的通知》公布了首批"双一流"建设高校共计137所,其中世界一流大学建设高校42所(A类36所,B类6所),世界一流学科建设高校95所。西部共有9所高校入选一流大学建设高校,19所高校入选一流学科建设高校,其中,四川大学、重庆大学、电子科技大学、西安交通大学、西北工业大学、兰州大学入选一流大学A类建设高校,云南大学、西北农林科技大学、新疆大学入选一流大学B类建设高校[①]。《2022软科中国大学排名(主榜)》的前100强高校中,西部有15所高校入选,分别是西安交通大学、四川大学、西北工业大学、电子科技大学、重庆大学、兰州大学、西安电子科技大学、西南交通大学、西北大学、西南大学、陕西师范大学、西北农林科技大学、云南大学、长安大学、广西大学。[②] 以入选一流大学建设高校和软科中国大学排名前100强高校为代表的西部高水平大学是支撑西部高等教育发展的重要力量,在服务"一带一路"倡议方面也将发挥重要价值和作用。

(一) 加强大学文化建设,提升高水平大学软实力

文化是大学的宝贵财富。文化竞争力已经成为一所大学核心竞争力的重要标志。大学文化,是指大学在长期发展过程中形成的学术传统、文化精神和基本理念,反映了广大师生对大学的整体认知、理想追求和实践探索,是凝聚师生力量的精神纽带。高水平大学要全力推进大学文化建设,牢固树立文化育人的理念,坚持正确的育人方向,把文化育人体现在教书育人、管理育人、服务育人、环境育人、特色文化育人的全过程、各个方面,坚持以文化凝魂聚力,以文化引领校风、纯净教风、促进学风,以文化推动发展,培育造就英才,

---

① 《世界一流大学和一流学科建设高校及建设学科名单公布——"双一流"建设正式开启》,《光明日报》2017年9月22日。

② 2022软科中国大学排名(主榜),2022年4月20日,见 https://xw.qq.com/amphtml/2022042 0A0CN2K00。

引领社会风尚。

　　首先,树立文化意识,建立文化自信和文化自觉。文化意识决定文化行动,没有文化意识就不可能有文化自觉与文化自信,也不可能把文化建设真正贯穿到学校发展的过程当中。因此,高水平大学要增强推动文化传承创新的意识和能力,注重文化凝练,树立精品意识,精心设计、科学组织,使每项工作、每个活动都成为传播、传承优秀文化的重要载体,推进各具特色的院系文化、学科文化、专业文化、课程文化、社团文化、寝室文化、团队文化、网络文化建设,提升大学文化建设水平。其次,以立德树人为根本任务,把文化育人体现在学校各项工作中。[①]高水平大学要坚持把立德树人作为根本任务,把文化育人体现在教书育人、管理育人、服务育人当中,坚持全过程育人、全方位育人、全员育人。一是要坚持以人为本,把学生的健康成长作为学校一切工作的出发点和落脚点,切实发挥文化的导向、陶冶、凝聚、约束的教育作用。二是要把文化育人融入教育教学的全过程,贯穿到教育教学各个环节,提高育人实效。三是要把文化育人融入管理和服务工作的各个方面,学校管理和服务人员要树立"人人都是育人工作者"的理念,时刻注意树立良好形象,自信自尊自律,衣着整洁,仪表端庄,态度谦逊,言语儒雅,举止大方,行为得体。四是要根据学生的身心特点、思想实际和理解接受能力,结合专业培养目标要求,积极拓展文化育人的途径,用文化的艺术与魅力、文化的方式和方法,有针对性地进行教育引导,促进学生全面发展。五是要充分发挥校园各类媒体的舆论引导、教育宣传作用,传播主流价值理念,让学校各种文化载体都能潜移默化地教育人、引导人、鼓舞人。最后,加强大学行为文化建设。行为文化是大学文化的外在表现。行为文化建设就是要从强化师生员工"知行合一"观念入手,努力形成"言行一致、立说立行"的良好风尚。在要求教职工主动工作、高标准做事的同时,引导教职工形成良好的敬业观念、诚信观念、礼仪

---

　　① 《办好新时代中国特色高水平大学的基本点——访中国高等教育学会会长杜玉波》,《大学(研究版)》2019 年第 10 期。

观念,修身立德,敬人敬己。在要求学生刻苦学习、立志成才的同时,引导学生养成良好的学习习惯、生活习惯、文明习惯,遵纪守法,茁壮成长。抓行为文化建设,要从小事抓起,从细微处抓起。要把社会主义荣辱观教育和道德规范教育真正落实到每个师生员工的行动上,大力提升个人行为的文明程度,认真治理、全面消除各种有损学校形象、国家形象的不良风气。

(二) 以培养高质量人才为目标,形成高水平大学办学特色

高水平大学要培养心怀天下的创新人才,要为认识未知世界、探求客观真理、解决人类面临的重大问题提供科学依据,要成为知识创新、推动科学技术成果向现实生产力转化的重要力量,要架起民族优秀文化和世界文明成果交流的桥梁。建设办学特色是一项系统工程,西部高水平大学在深入总结办学特色建设实践经验的基础上,要努力把握特色形成的规律,大力弘扬业已形成的人才培养特色,并结合学校改革发展的实际,积极拓展办学特色建设的内涵,致力于将办学特色建设由强化人才培养特色、培养特色人才,向建设学科特色、提高学科水平延伸,向建设管理特色、提高管理水平延伸,把实施特色兴校战略落实到人才培养、学科建设和强化管理等各方面工作中去。

学科是知识的生产体系和组成体系,是高校实现人才培养功能的重要载体和综合平台。学科建设在高校发展中承担了引领科研、凝聚人才、支撑发展的重要作用,其状况从根本上反映和体现学校的办学水平、办学特色、学术地位和核心能力。学科建设是实现高质量本科教育和高水平研究生创新教育的基础,是从事高水平科学研究和产生创新成果的基地,是造就学术大师与拔尖人才脱颖而出的舞台,是承载人才培养、科学研究、社会服务和文化传承创新功能的平台,是体现一所高校办学特色的基础,也是高校办学特色中最主要的标志。西部高水平大学在长期办学实践中形成了自身的学科特色和学科优势,在我国高等教育体系中占据重要地位。

"一带一路"倡议背景下,以学科促进西部高水平大学与"一带一路"沿

线国家开展交流合作。以西部地区原"985 工程"和原"211 工程"高校和"中西部基础能力建设工程"高校为重点,依托国家"一流大学、一流学科"建设的契机,坚持把学科建设作为西部高等教育发展的龙头,自觉把学科建设融入谋划发展、制定政策、落实任务、部署工作的全过程,依托学科共建与"一带一路"沿线国家高等教育合作交流的平台,促进西部高水平大学与"一带一路"沿线国家的科教结合、校地合作、校企合作、产学融合,广泛推进协同育人、协同创新,把更多的国际国内社会资源转化为高校的学科建设资源,加快推进西部高校创建一流学科,推动西部高校发挥优势、办出特色、提升水平,增强国际化竞争优势。

(三) 充分利用高水平大学竞争优势,积极推进国际化发展

"一带一路"倡议实施是西部高校惊艳国际舞台的大好机遇。在全球经济一体化、国际教育融合化的背景下,全球高校具有一种新的趋势,即相互交换、融入和渗透,并彼此沟通和传播优秀教学理念。对于积极寻求转型突围的西部高校而言,"一带一路"倡议的提出及深入实施创造了宝贵的创新发展机遇。西部高水平大学应根据自身实际,厘清优势所在,合理定位合作模式,找准合作方向及切入点,合理规划国际化实施路径。

盘点"一带一路"沿线国家,除少数发达国家外,多数为发展中国家;与其相比,西部高等教育总体水平具有明显的相对优势。以西部地区原"985 工程"和原"211 工程"大学为重点,依托国家"一流大学、一流学科"建设的契机,共建与"一带一路"沿线国家高等教育合作交流的平台,增强西部地区高水平大学国际化竞争优势,推动优质资源和人才"走出去",扩大与"一带一路"沿线国家的高等教育合作。主动发掘和服务"走出去",为企业的需求培养具有国际视野、掌握国际规则的技术技能型人才和中国企业海外生产经营的本土人才。积极探索赴"一带一路"沿线国家开展境外办学,建立境外分校或合作项目,与境外高校合作建立国际联合科研平台及智库机构,同时注重对研究

生层次留学生的招收,注重高端人才的培养。

(四) 加强科研基地建设,搭建科技创新平台

科研基地是开展科研工作的重要平台和载体。随着科技竞争的日趋激烈,科研基地在承担高级别大项目、培养和吸引高层次人才、创造高水平成果方面的作用日益凸显,必须不断提升科研基地建设质量,整合资源,集成优势,形成特色和竞争力,逐步构建布局合理、优势明显、创新性强的科研平台。西部高水平大学要以学科布局和科研方向为依据,按照"特色发展、突出优势、注重前沿、掌握关键"的建设思路,发挥科研基地在承担高级别大项目和产出标志性创新成果方面的引领和示范作用,逐步实现学科建设、基地建设、科学研究、人才培养的一体化协调发展,构建校内外相结合的"国家—省部—学校"三级科研基地建设体系。

一是加强校内科研基地建设。加大经费投入,突出内涵发展,通过统筹整合科研资源,深化学科交叉融合,形成完善的科研平台体系,支撑全校基本科研工作,率先把对科研工作贡献率大的基础实验室建设好。支持院系根据学科发展需要成立具有特色研究方向和独特方法技术的研究机构,积极组建校级特色科研平台。加大重点实验室,尤其是国家级、省部级重点实验室和省部级重点学科所依托的实验室的投入,把有限的资金用在刀刃上,并在省部级以上科研基地设立开放基金,吸引校内外人才申报科研基地项目,开展科学研究。与此同时,建立实验室资源管理调配新机制,促进大型仪器设备共享,提高实验室利用率。逐步推行实验室用房有偿使用、动态调整制度,合理调配资源;建立基地开放共享定期考核评估机制,推进科技资源优化配置;以西部大开发为契机,逐步对外开放校内科研基地,加入省内外科技资源服务平台,实现校内外科技资源共享。通过建立科研基地对师生开放制度,将科研基地作为教师进行科学研究和培养学生科研能力的重要平台,吸纳学生参与基地科研工作,依托基地开展学生课外科技活动,发挥科研基地培养学

生创新能力和实践能力的重要作用。

二是加强校外科研基地建设。按照"优势互补、资源共享、互惠互利、共同发展"的原则,西部高校应进一步加强与"一带一路"沿线国家政府、企业及科研院所的合作,充分利用这些机构的设备、人员、资金等优势,从广度和深度两方面大力推进产学研结合,不断拓展服务"一带一路"倡议的空间和能力。以陕西科技大学为例,该校紧紧围绕"搭平台、提能力、强服务"工作理念,积极搭建校地校企合作平台,目前共建设陕西农产品技术加工研究院、陕西科技大学技术市场等成果转化平台28个;聚焦服务地方产业发展,积极寻求合作资源,先后与渭南、铜川、榆林、安康、汉中等地方政府,以及中国石油长庆油田、西北有色金属研究院、中陕核集团公司等一批知名行业龙头企业建立战略合作关系,围绕能源化工、现代农业、生态环保、文化创意等方面,签订各类成果转移转化项目近700项;[①]选派博士、教授定期到校外科研基地开展科研工作,提高教师科研能力的同时,也帮助企业解决了生产技术难题。

三是加强科技成果转化基地建设。目前,高校的许多科技成果通过鉴定、完成结项后就被束之高阁,无人问津,有些科技成果和专利多年来"养在深闺人未识";相反,企业对科技成果的需求却求贤若渴,望眼欲穿。针对这种情况,西部高水平大学应创新科技成果转化形式,鼓励运用专利许可、技术入股、技术转让等多种方式大力推进科技成果转化和高新技术产业化。鼓励和支持科研人员为企业提供专利成果,设立专门的科技成果转化基金,资助教师进行成果转化。在科研人员评定职称时,不但要看项目多少和成果获奖情况,还要看成果转化所产生的经济社会效益。要通过构筑科技创新转化平台,促进科技成果及时有效地转化成生产力。

---

① 《陕西科技大学搭平台提能力强服务推进科技成果转移转化》,2021年2月5日,见 http://www.centv.cn/p/384600.html。

（五）发挥高水平大学引领作用，营造服务"一带一路"倡议氛围

高水平大学办学实力雄厚，在国内外具有较强的影响力，在区域范围内对其他高校发展发挥着带头作用。西部高水平大学在服务"一带一路"倡议中要充分发挥高水平大学的引领作用，积极营造服务"一带一路"环境和氛围，为西部高校积极投入"一带一路"建设贡献力量。2015年1月22日，西安交通大学首倡发起成立丝绸之路大学联盟。2015年5月22日，丝绸之路大学联盟正式成立，并发布《西安宣言》。根据联盟理事会决议，西安交通大学为联盟理事长单位暨常设秘书处单位。截至2018年12月，已有38个国家和地区的151所高校成为丝绸之路大学联盟成员，形成了遍布世界5大洲的高等教育合作平台，并开展了多元交流合作。联盟弘扬"和平合作、开放包容、互学互鉴、互利共赢"的丝绸之路精神，旨在推动高等教育开放合作、倡导多元文化交流互鉴，加强不同国家和地区大学之间在校际交流、人才培养、科研合作、文化沟通、政策研究、医疗服务等方面的交流合作。[1]云南的边境长达4060公里，是丝绸之路的边界地带，与众多国家直接接壤，如，缅甸、越南、老挝。云南参与了"一带一路"六大经济走廊中的中国—中亚—西亚经济走廊和孟中印缅经济走廊。这决定了云南大学拥有研究"一带一路"倡议相关问题的地域优势。2016年4月，云南大学成立"一带一路"研究院，包括南亚东南亚国际传播学院、南亚东南亚汉语推广基地。在此基础上成立了南亚东南亚大学联盟，有100多所高校加盟；2018年成立了高等教育"一带一路"研究学会，秘书处和理事长都在云南大学，有496所高校入会。[2]此外，西北大学成立丝绸之路研究院、陕西师范大学与地方政府相关部门共同成立"一带一路"建设与中亚研究协同创新中心，兰州大学成立"一带一路"研究中心，等等。西部高水平大学相继成立的各种有关"一带一路"倡议的联盟、研究中心

---

① 《丝绸之路大学联盟》，2018年12月28日，见 http://www.xjtu.edu.cn/gjjl/sczldxlm.htm.
② 资料来源于2019年6月26日课题组赴云南大学"一带一路"研究院实地访谈。

等,为落实"一带一路"倡议开展相关问题研究,联合和凝聚"一带一路"建设力量,在提升西部高校服务"一带一路"倡议的整体实力等方面具有重要的意义和价值。

二、西部地方普通本科高校服务"一带一路"倡议的行动策略

地方普通本科高校通常是省属高校,是我国高等教育体系的主体部分,以培养本科生为主,是我国高等教育大众化阶段人才培养的主力军,以服务区域经济社会发展为目标,着力为地方培养高素质人才。相对于中央部属高校,地方性本科高校具有鲜明的学科专业特色,地方性高校的教学改革、科学研究、人才培养模式和社会服务水平始终与地方经济社会发展紧密关联。[①]截至 2020 年,西部地区共有地方本科高校 285 所,[②] 承担着西部地区本科人才培养的重要任务。"一带一路"倡议给西部普通本科高校既带来了挑战,也带来了机遇,西部地方本科高校应立足地方发展实际,在积极服务"一带一路"倡议中提升整体办学实力。

(一) 转变办学思想观念,实现"三个突破"

西部高校,特别是地处偏远地方的西部地方本科高校,由于当地经济社会发展迟滞、对外信息交流不畅等原因,致使教育观念趋于保守,缺乏发展的危机感和急迫感,缺乏改革创新的精神和魄力。有学者指出"西部高校发展的全部生命力在于教育观念的根本性变革——新的教育价值观、新的教育人才观、新的教育质量观的全新确立"。[③]因此,转变办学思想观念是西部地方本

---

①　张文强:《地方本科高校产学研合作存在的问题与对策探讨》,《河南社会科学》2018 年第 4 期。

②　《教育部 2020 年教育统计数据》,2021 年 8 月 30 日,见 http://www.moe.gov.cn/jyb_sjzl/moe_560/2020/gedi/202108/t20210831_556506.html。

③　李丽容、汉泽西:《对西部大开发环境中西部高校发展几个问题的思考》,《陕西师范大学学报》(哲学社会科学版)2002 年第 S2 期。

科高校服务"一带一路"倡议的首要任务。一是突破传统思维理念,勇于攻坚克难。西部地方本科高校面对学校发展面临的新任务,要打破用传统经验处理新形势下新情况、新问题的思维方式和工作方法,坚决破除因循守旧的思想,不断接受新事物、新观念、新方法,弘扬敢为人先的精神,勇于创新,真正做到永不僵化、永不停滞、永不懈怠,以新思维研究新问题,以新思路落实新任务,以新举措开创新业绩。二是突破计划经济思维,勇于改革创新。作为西部高等教育生力军的西部地方行业特色高校,在原行业部门管理时相对计划经济色彩比较浓厚,虽然划转地方管理,但长期形成的计划经济的思维模式和管理模式依然存在。因此,面对新形势,西部地方行业特色高校必须破除用计划经济的思维方式想问题、办事情,要有市场经济的思维观念,要自觉融入市场经济中,按照社会主义市场经济规律办学、办事。要有危机感和竞争意识,坚决克服"等、靠、要"的思想,克服困难干工作,千方百计想办法,主动出击迎接挑战。三是突破传统办学思维,勇于争创一流。解放思想的过程就是创新思维的过程。创新发展,关键是要以更加宽广的眼光谋划学校的发展。西部地方本科高校要面对"一带一路"倡议实施的需求,按照"双一流"建设的要求来思考学校发展,依据高等教育发展规律办学、办事,把学校放到全国乃至全世界高等教育的大格局中去审视、去把握、去发展。

(二) 突出"两个服务面向",坚持服务国家与地方并重

随着学校管理体制、资金投入体制、办学环境等的巨大变化,高校服务对象也相应发生了变化,为国家战略需求和地方经济建设和社会发展承担责任与义务,是西部地方本科高校面临的新的历史机遇与挑战。在处理为国家和地方服务的关系时,要坚持为国家服务是"根"、为地方服务是"本"的原则,"根"不能动摇,"本"需要不断加强。

一方面,坚持为国家服务的"根"不动摇。从西部地方本科高校持续健康发展的要求看,融入国家战略需求和融入地方经济社会发展需要同等重

要。因此,西部地方本科高校必须坚持为国家重大战略需求服务,不能弱化服务的意识,在某些方面还需要进一步强化服务意识和能力,以获得国家和行业企业对学校在学科建设、科学研究、人才培养、学生就业等方面的进一步支持,不断提高办学实力。西部地方本科高校要想获得更多的支持,只能"以服务求支持,以贡献求发展"。所以,西部地方本科高校只有把学校自身的发展与国家的发展结合起来,才能使学校在为国家服务的过程中实现自身的发展。西部地方本科高校要充分发挥高校的学科优势,在人才培养目标的制定、在学科研究的方向上直接服务行业企业和地方发展;同时,要更加重视科技成果的转化和应用,在服务地方的同时提升科研水平、教师素质,检验人才培养质量。

另一方面,坚持为地方服务的"本"不放松。在为国家战略服务的基础上突出地方性,这是西部地方本科高校自身发展的要求,也是区域经济社会发展的要求。西部地方本科高校是西部区域经济社会发展的重要资源,对于支撑西部地方经济社会发展具有重要作用,必须树立为地方服务的基本理念。一是西部地方本科高校应积极推进"两个结合",即高校与科研院所结合、高校与开发区和企业结合,加大与地方企业产学研的合作力度,主动融入西部经济建设的主战场。西部地方本科高校要积极与地方企事业单位在科技开发、联合攻关、人才培养、基地建设等方面开展全面合作,可以通过组织博士、教授团赴省内企业考察交流,帮助企业解决技术难题;可以互相开放实验室,共享图书资料、科技信息、网络资源等,服务于西部地方经济建设。二是以陕西范围内的地方一般本科高校为例,要以国家级"关中—天水经济区"、"西咸新区"、"一带一路"建设发展等为契机,积极承担西部高校在装备制造业、能源化工、新材料、电子信息及新兴产业等重点领域的重大科技专项任务,力争在培育名牌产品和核心技术上取得重大突破,以科技创新带动西部产业的跨越式发展。三是西部地方本科高校要始终把握明确的学科发展方向,充分发挥传统优势学科的特色,加强学科交叉,形成具有一流水平的强势学科群和战略性需求承载基地。要瞄准当前国家的重大战略需求,承担国家有关行业关键技术的重大、重点项目,结合高新技术研究,深入开展前瞻性基础研究,不断创造出国内国际领先的科研成果。同时,还要密切关注与地方经济生活息息相关的领域,立足于解决实际问题,拓宽学科建设思路,积极创办社会急需的专业,大力发展交叉学科和边缘学科。

(三) 加强教学内涵建设,提高人才培养质量

内涵建设是高等教育提高核心竞争力的重要推动力量。所谓内涵建设,从本质上来说,最关键的就是"质量",就是强调要高度重视质量的建设。人才培养是高校的首要职责,能否培养出特色人才是西部地方本科高校特色发展策略价值的最重要体现,也是促进特色学科发展的强大动力。

一是人才培养目标要与国家战略、行业需求和地方经济社会发展紧密结合。西部地方本科高校在专业设置、课程安排、实践教学等方面,应充分考虑国家战略、行业和地方经济发展的需求,围绕国家战略、行业需求和地方经济社会发展所需的高素质人才质量标准来优化配置。根据社会及学科专业发展需求合理调整学科专业布局、课程体系和教学内容,提升培养高素质人才能力,更好地服务于国家、行业和区域经济社会发展。围绕培养创新型学术人才、高层次应用型人才和复合型人才,实现人才由单一规格向多元化转型。通过加强专业学位教育、推进工程教育改革,开展"卓越教师培养工程计划""卓越工程师培养计划"等项目建设,加快应用型、专业型人才培养。推进培养方案改革,构建多层次、多类型的个性化培养方案和交叉学科创新人才培养平台,建立跨学科、跨学院的人才培养模式,加快创新型人才培养。进一步完善人才质量评价机制,处理好专才培养与通才培养之间的关系,培养厚基础、宽口径、技能强的一专多能型特色人才。

二是加强专业和课程建设,夯实教学内涵建设的基础。一方面,要加强专业内涵建设,进一步优化专业结构,按照协调学科、注重特色、适应市场需

要、提高就业率、优化资源配置的原则,以及"宽口径、厚基础、高素质""少而精、新而实、博而通"的思路,科学制订本科专业建设规划,整合拓宽、动态调整现有专业,将本科专业控制在一个合理的范围。进一步完善以特色学科和优势学科为引领,以支撑学科为辅助,以新兴学科为增长点的多学科协调发展的学科专业类型、结构和层次,形成合理的专业布局。要突出学科专业的基础性,坚持"厚基础",紧紧围绕培养学生扎实的基础知识,不断拓宽学科专业面向,构建由公共基础学科专业、行业主干学科专业、行业相关学科专业、行业外围学科专业、跨学科类学科专业、辅修学科专业等模块构成的学科专业结构。要加强学科专业的整合,删除陈旧重复内容,吸收当代科技文化前沿的新思想、新成果以充实学科专业内容,保证学生掌握扎实宽厚的基础知识,多角度、全方位夯实学科专业基础。

另一方面,加强课程内涵建设,课程是教学的最基本单元,课程教学是最基础、最核心的教学工作,是学生获得系统知识、增强学习能力、提升综合素质最重要的学习环节。抓好理论教学质量,提高理论教学水平是提高人才培养质量的基础。理论教学要注重发挥学生的主观能动性,培养学生的学习兴趣,使学生由知识的被动接受者转变为学习的主体和学习全过程的主动参与者。实践教学是学生理解理论知识、形成主动学习的精神、提高综合能力的重要手段。要通过加强实验教学改革,加强实验室建设与管理,加强实习和实训基地建设等措施,抓好实践教学质量,构建系统完善、科学合理的实践教学体系,提高实践教学质量,着力培养学生的工程实践意识、工程实践能力和创业创新能力。

三是深化教学改革,创新教学内涵建设的方法。教学改革是本科教育发展的永恒主题。教学改革的过程就是使高校的教育教学规律不断适应经济社会发展客观规律的过程,也是广大师生对高校的教育教学规律认识不断深化的过程。教学改革的重点是教学内容和教学方法改革。教学内容改革的关键是要解决"教什么"的问题,教学方法改革的关键是要解决"怎么教"的问题。推动教育改革,创新本科教学内涵建设的方法,重点是要转变不适应当前经济社会发展和时代需要的教育思想和教育观念。改革教学内容和教学方法最核心的还是要靠发挥广大教职工的主观能动性,使广大教职工转变教育思想与教育观念来实现,就是要从以"教学""教师"为中心转变为以"学生"为中心,给学生提供更多的学习思考空间。要从"强调知识的传授"转变到强调培养学生的学习能力,使学生养成终身学习的习惯,要从侧重于教会学生书本知识,强调提高学生"解决问题"的能力,转变到引导学生善于"发现问题、提出问题",并通过自己的思考和实践探索来解决问题的能力,评价教学质量的标准应当更重视学生发现问题、提出问题的勇气和解决问题的思维方法和行为习惯,既要重视结果,更要重视过程。新冠肺炎疫情的暴发既给高校开展正常的教育教学工作带来挑战,更是高校深化教学改革和创新教育教学方法的契机。调研发现,超过四分之三的教师乐于接受采用"线上+线下"混合式教学,而且这种教学经历还是影响教师在线教学态度的重要因素。[①]总之,西部地方本科高校应抓住推进教育教学改革的契机,加快高校教学改革和提升教育教学质量。

四是以科研促进教学,提升教学内涵建设的水平。现代大学的基本特征就是把科研作为人才培养的重要手段引入教学环节。学生科学研究被认为是学生学习的一种更高级体验。学生动手能力差、科研机会少、师生缺乏交流、学生科研创新能力不足、学生创业意识不强等是当前我国本科教育的一个突出问题,更是西部地方本科高校教学中存在的突出问题。我们要通过制度变革推动科研优势转化为教学优势。建立符合教学科研工作规律的评价体系,通过人事管理制度改革和分配制度改革,构建科学合理的资源配置体系和利益分配机制,鼓励教师积极开展探究性、启发性教学,引导教师把科学研究和课程教学相结合,吸纳学生参与课题研究,建立有利于学生自主开展

---

① 郑宏、谢作栩、王婧:《后疫情时代高校教师在线教学态度的调查研究》,《华东师范大学学报》(教育科学版)2020 年第 7 期。

探索性、研究性学习、自主实验与创新活动的学习新模式。以科研活动为平台,逐步改变当前课堂教学重知识讲授、轻思维启发,重理论教学、轻实践教学,重教书、轻育人的倾向,探索建立一种使教师科研活动、本科生科研训练相结合的团队,着力构建一种融科研与教学于一体,理论教学与实践教学相衔接,教书与育人相结合,个体创新与团队合作相结合的学术生态环境。

(四) 大力实施人才强校战略,切实加强师资队伍建设

师资问题,始终是高等学校改革发展的核心问题和头等大事,高校的核心竞争力归根结底源于高水平师资队伍。创建"一流大学、一流学科"最关键的是要有一流的师资做支撑。西部地方本科高校由于地处西部欠发达地区、办学经费投入相对不足等因素影响,学校培养和引进高层次师资相对于北京、上海、浙江等经济较发达地区的高校来说比较困难,师资队伍整体实力相对薄弱。尽快补齐师资队伍建设这一短板,着力造就一支高素质的教师队伍,是西部地方本科高校建设首先要解决好的核心问题。

一是从培养师资这个基础上抓起。师资队伍建设工作,必须坚持因校制宜,不能生搬硬套,要具体问题具体分析。西部地方本科高校引进高水平的师资相对东部地区高校来说要难一些,因此,在积极引进师资的同时,应把工作重点放在现有师资的培养上。要通过卓有成效的工作,激发现有教师工作的积极性,增强整体素质,提高工作效能。在培养对象上,既要着力普遍提高,也要注意重点培养,特别是注重对学科带头人、学术带头人以及中青年骨干教师的培养;要建立老教师对青年教师的"传帮带",对个别表现突出、发展潜力大的青年教师,由专人负责"精准"培养。在培训内容上,要按照"缺什么,补什么"的原则,既要着力提高教师专业能力和业务水平,也要注意教师思想政治和职业道德水平的提升,特别是注重对教师创新能力和实践能力的提高。在培养途径上,既要注意充分利用好国内外访问学者研修、双语教学教师培训、学术交流、精品课程师资培训等常规培训方式,也要根据教师不同的

培训需求,积极拓展教师海外交流、学术休假等新的培训培养方式,特别是需要在解决"工作—学习"矛盾方面制定更加配套完善的措施。

二是在引进师资这个重点上突破。高层次人才短缺是西部地方本科高校普遍存在的问题,要提高师资队伍的整体素质,就必须在加强高层次人才队伍建设上下功夫。要根据学校事业发展的需要,既要做好学科带头人等学术型高层次师资的引进,又要做好行业领军师资的引进;既要做好传统特色和优势学科高层次师资的引进,又要做好相关支撑学科、交叉学科、新兴学科高层次师资的引进。人事部门要建立引进师资的信息库,有目标、有针对性地引进国内外高层次师资。要营造主动服务、积极配合、鼎力支持高层次师资开展工作的良好氛围,最大限度地发挥高层次师资在学科专业建设、重大项目申报、技术难题攻关、学术团队建设、青年教师培养、学术交流等方面的作用。当然,在引进师资的同时,要高度重视现有师资的培养与提高,积极促进新老师资的交流融合,共同成长。

三是在用好师资这个关键处抓实。用好用活师资,充分发挥各类教师的作用,是师资队伍建设的根本任务。高校的师资队伍建设工作,无论是发现师资、培养师资,还是引进师资,最终目的都是为了更好地使用师资。师资重在使用,在使用中发现,在使用中成长,在使用中发挥作用,在使用中增长本领。只有用好师资,才能实现教师自身发展与学校事业发展"双赢",才能把教师的智力优势转化成学校的发展优势。在高等教育发展竞争日益激烈的背景下,西部地方本科高校将面临抢抓战略机遇、拓展办学空间、提升办学水平、实现快速发展的艰巨任务。要完成这一任务,必须在提高现有师资队伍整体素质的基础上,进一步更新用人理念,克服论资排辈、封闭循环,能上不能下、能进不能出等陈旧落后的用人观念,破除不利于教师成长、流动、使用的体制性障碍,千方百计用好师资,确保用当其时,用其所长,用在适宜的岗位。

四是充分发挥院系在师资队伍建设中的主体作用。从西部地方本科高校目前师资队伍建设的现状来看,过多地把工作重点放在了学校层面,而没有把院系在师资队伍建设工作中的作用充分调动起来,没有建立起学校、院系两个层面共同分担、分工负责的工作机制,没有形成师资队伍建设的合力。在师资队伍建设中,学校是主导,院系是主体,院系师资队伍建设情况,对学校整体师资队伍建设至关重要。学校师资队伍建设工作的成效如何,很大程度上取决于各院系师资队伍建设的情况。要做好学校师资队伍建设工作,必须从院系着手,逐步建立起学校、院系两级负责师资队伍建设制度。

五是各级干部应为师资队伍建设做好服务工作。在教师成长与发展中,各级干部特别是主要负责同志的作用很重要。从西部地方本科高校师资队伍建设的实践来看,学校领导对师资队伍建设的重视程度,决定了师资队伍建设的成效。领导干部很重要的责任,就是要为教师的成长创造环境、创造机会、创造条件,使广大教师有用武之地。领导干部对教师最重要的关怀,就是让教师都能施展才干、发挥作用、实现价值、全面发展,不断增强自立自强的本领,凭借自己的实力去开创美好的未来。邓小平同志指出:"善于发现人才,团结人才,使用人才,是领导者成熟的主要标志之一。"在高等教育发展竞争日益激烈和国家推进"一流大学、一流学科"的新背景下,西部地方本科高校的各级干部都要树立强烈的抓教师队伍建设的意识,进一步增强政治责任感和现实紧迫感,真正把培养好和使用好教师作为一件大事来抓,以身作则,率先垂范,在政治上爱护教师,在思想上关心教师,在工作上服务教师,在生活上帮助教师,使教师能一心一意干事业,全力以赴谋发展。只有切实为教师做好服务工作,让教师的才华有施展的机会和舞台,能够实现他们自身的价值,才能够真正留住他们,稳定师资队伍和建设师资队伍。

三、西部高等职业院校服务"一带一路"倡议的行动策略

自20世纪末起,根据教育部规定,非师范、非医学、非公安类专科层次全日制普通高等学校逐步规范校名为"职业技术学院",而师范、医学、公安类专科层次全日制普通高等学校则应规范校名为"高等专科学校"。"职业技术

学院"作为高等职业院校的特有校名后缀,是我国高等教育的重要组成部分。为响应教育部构建现代职业教育体系的规划,从 2012 年起,部分国家示范性高等职业院校开始试办本科层次专业。目前,我国高等职业教育包括本科和专科两个学历教育层次。多年来,特别是党的十八大以来,中央对职业教育改革发展提出一系列新要求。党的十九大报告提出:"完善职业教育和培训体系,深化产教融合、校企合作。"① 习近平总书记在全国教育大会上的重要讲话中强调"要高度重视职业教育,大力推进产教融合,健全德技并修、工学结合的育人机制",要求"出台灵活有效的优惠政策,厚植企业承担职业教育责任的文化环境,推动职业院校和行业企业形成命运共同体"。② 为积极适应职业教育改革发展的新形势、新任务、新要求,2019 年 2 月,国务院印发《国家职业教育改革实施方案》,提出了一系列新的政策举措,职业教育进入新的发展时期。2021 年 3 月,国务院常务会议通过《中华人民共和国职业教育法(修订草案)》,对产教融合和校企合作、支持社会力量举办职业学校、促进职业教育与普通教育学业成果融通互认等作了规定,强调"办好职业教育要适应社会主义市场经济发展要求,坚持改革创新,突出就业导向,缓解就业结构性矛盾和促进就业质量提升"。③ 截至 2021 年,西部高等职业院校有 425 所,④ 肩负着西部地区职业技术人才培养的重任,并在积极响应"一带一路"倡议中充分发挥自身的优势和特色,提升办学质量和水平。

---

① 习近平:《决胜全面建成小康社会 夺取新时代中国特色社会主义伟大胜利——在中国共产党第十九次全国代表大会上的报告》,《人民日报》2017 年 10 月 28 日。

② 《习近平在全国教育大会强调 坚持中国特色社会主义教育发展道路 培养德智体美劳全面发展的社会主义建设者和接班人》,《人民日报》2018 年 9 月 11 日。

③ 李克强主持召开国务院常务会议通过《中华人民共和国职业教育法(修订草案)》,《中国教育报》2021 年 3 月 25 日。

④ 《教育部 2020 年教育统计数据》,2021 年 8 月 30 日,见 http://www.moe.gov.cn/jyb_sjzl/moe_560/2020/gedi/202108/t20210831_556506.html。

（一）打造办学特色，凸显办学优势

办学特色是独特性和优质性的统一，即"人无我有、人有我优、人优我强"。任何一所高校都难以做到全方位的全面发展。办学特色和发展目标定位就是确定一所高校的核心竞争力和今后一段时期的发展方向，实质上是与同类院校比较有关办学条件、师资力量、学科设置、管理水平、资金投入等要素在学校发展中的优化组合与合理配置。为此，必须从学校的校情出发，从战略管理的高度出发，理性传承历史传统，扬长避短，科学合理地分析有关要素的最佳配置，坚持"有所为、有所不为"，充分发挥自己的优势，办出特色。

高校的办学特色主要指一所高校在长期的办学实践中形成的比较持久稳定的发展方式和被社会公认的、独特的办学风格、办学模式。办学特色不仅体现于办学性质、类型、社会服务面向和行业特色上，而且体现于办学定位的准确性、办学风格的独特性、教育思想的独到性、人才培养模式的鲜明性等方面。

从整体上看，当前西部高等职业院校的办学活力还没有得到充分激发，自我封闭、自我循环的现象还没有完全根除，在特色办学方面还存在诸多问题。一是办学理念的"趋同"导致不少高校发展缺乏准确的目标定位；二是刚性及统一化的评价标准导致办学特色的缺失；三是单一化的人才培养模式导致人才培养缺乏个性。《国家中长期教育改革和发展规划纲要（2010—2020年）》明确提出：促进高校"在不同层次、不同领域办出特色，争创一流"。[①] 在我国高等教育大众化、多样化发展，以及高等教育竞争日趋激烈的新形势下，高等职业院校只有突出办学特色才能赢得竞争优势。特色是高校赖以生存与发展的宝贵财富。所以西部高等职业院校必须坚持特色发展战略，强化特色意识，重视特色建设，确立和实施特色化发展战略，遵循比较优势的原则，根据

---

① 《国家中长期教育改革和发展规划纲要（2010—2020年）》，《光明日报》2010年7月30日。

自己的历史底蕴、办学传统、资源条件,把传承与创新结合起来,通过自我评价和对比评价,突出个性,打造特色,以特色树立学校良好的公众形象,以特色争取学校在激烈的教育竞争中的比较资源优势,从而求得学校更大的发展。

办学特色的形成,是一个连续渐进的历史过程,是在长期办学实践过程中积淀而成的,比较持久稳定的专有性或显著性发展方式,以及被社会公认的、独特的、优良的显著特征,这是一所学校赖以生存与发展的生命力。一方面,建设办学特色首先必须继承优良传统。抛弃优良传统,也就等于抛弃了本源,使特色建设成为无源之水、无本之木,反而失去了特色。另一方面,"教育必须与经济社会发展相适应"这一基本规律表明,教育必须随着经济社会的发展而不断地进行改革,以适应经济社会发展对高等教育提出的新要求。建设办学特色要在继承优良传统的基础上,与时俱进,有所超越和突破,在与经济社会发展的互动中不断强化特色。

一般来讲,行业高等职业院校的办学特色比较鲜明,办学优势突出。以陕西铁路工程职业技术学院为例,学院是中国高铁建设与管理人才培养的重要基地,被誉为铁路工程建设人才的"黄埔军校"。办学特色是"办学定位立足铁路行业、开办专业紧跟铁路发展、校企合作依托铁路企业、实践教学强化铁路技能、校园文化融合铁路文化、毕业学生奉献铁路事业"。学院近期目标是把学院建设成为"省内示范、行业领先、国内一流、国际知名"优质高职院校,中长期目标是努力把学院建设成为"引领改革、支撑发展、中国特色、世界水平"的铁路高职院校。总之,只有具有鲜明办学特色和雄厚办学优势的高等职业院校将推动中国特色高水平高等职业学校和专业建设计划,建成一批引领改革、支撑发展、中国特色、世界水平的高等职业学校。

(二) 加强产学研合作,培养高层次应用型人才

加强与行业部门和生产企业的合作,推进人才培养与生产实践紧密结合,着力培养学生的创新精神和实践能力,增强学生的社会适应性,是目前西

部高等职业院校人才培养模式改革的基本要求。行业主管部门熟知本行业领域的国内外发展动态和趋势,能够结合行业发展目标,提出切实的科技发展和人才培养的指导性意见。在人才培养方面,建立"企地校"联席会议制度,定期研究和解决有关人才培养的重大问题,畅通优势学科专业建设、教学改革、人才培养及需求等方面的信息沟通和交流渠道,全面实施产学研合作教育模式。西部高等职业院校应加强相关产业和领域发展趋势和人才需求研究,及时修订人才培养计划;建立有效机制,与产业、行业和用人部门共同研究课程计划,制定与经济社会发展需要相结合的培养方案和课程体系,共同建设精品教材和课程,共建一批产学研基地;建立学生开展实践实习的有效机制,与实践单位在实践实习等教学环节开展实质性的合作培养工作。同时,还应在紧缺人才培养方面与企事业单位开展联合培养,在继续教育培训工作方面建立广泛的合作关系。以陕西铁路工程职业技术学院为例,学院牵头成立了"陕西铁路建筑职业教育集团",与300余家企业形成了紧密型校企合作和人才供求关系。组建校企合作订单班133个,联合培养学生6532人。与中铁一局共建"国家级企业技术研发基地"、"陕西省重点科技创新团队研发基地"和"省级高性能混凝土工程实验室",在全国率先成立BIM技术应用研究中心。近五年,已为中国中铁马来西亚公司、中铁一局等30余家企业开展BIM技术服务,合同总额达5000余万元,BIM技术成果获省级以上荣誉50余项,学院被评为"推动陕西省BIM发展先进单位"。[①]

新的历史时期,在"一带一路"倡议背景下,西部高等职业院校应积极探索教师科研和学生教学实习基地建设的新机制,构建与"一带一路"沿线国家企业的合作关系,共建工程示范基地、科技推广基地、行业产业化龙头企业等资源共享平台,实现学校与企业优势资源的整合,建设一批教学实习和科研基地。西部高等职业院校应有针对性地做好学科专业的布局,有意识地对

---

① 《陕西铁路工程职业技术学院学校简介》,2022年3月,见 https://www.sxri.net/629/list.htm。

"一带一路"倡议实施所需专业技术人才的数量规模进行评估和培养,加强与"一带一路"沿线国家发展目标高度契合的学科专业建设,培养一大批能够肩负"一带一路"建设使命,实施"走出去"战略的交通、电力、油气、金融、项目设计与管理等方面的专业化技术型人才,打造具备高适应性和创造性的国际贸易人才。充分利用现有人文学科优势,进一步挖掘资源,整合力量,汇聚队伍,构筑平台,加大对"一带一路"沿线国家小语种人才的培养力度,培养服务"一带一路"倡议、符合国家文化发展和"走出去"战略需要的人才。通过扩大留学生交换规模,扩大"一带一路"沿线国家来华留学生培养规模,进一步做好双边留学生教育工作,做好往"一带一路"沿线国家派遣留学生的工作,促进双边留学生教育工作的发展。

(三)加强"双师型"师资队伍建设,助推职业教育提质增效

教师队伍是发展职业教育的第一资源,是支撑新时代国家职业教育改革的关键力量。而且,高等职业院校要培养应用型人才,就必须拥有一支具备理论教学和实践教学能力的高素质"双师型"教师队伍,这是加快推进职业教育现代化的基础性工作。改革开放以来特别是党的十八大以来,职业教育教师培养培训体系基本建成,教师管理制度逐步健全,教师地位待遇稳步提高,教师素质能力显著提升,为职业教育改革发展提供了有力的人才保障和智力支撑。但是,与新时代国家职业教育改革的新要求相比,职业教育教师队伍还存在着数量不足、来源单一、校企双向流动不畅、结构性矛盾突出、管理体制机制不灵活、专业化水平偏低等问题,尤其是同时具备理论教学和实践教学能力的"双师型"教师和教学团队短缺,已成为制约职业教育改革发展的瓶颈。

2019 年 8 月,教育部等四部门印发《深化新时代职业教育"双师型"教师队伍建设改革实施方案》,提出"把教师队伍建设作为基础性工作来抓,支撑职业教育改革发展,落实立德树人根本任务,加强师德师风建设,突出'双师型'教师个体成长和'双师型'教学团队建设相结合,提高教师教育教学能力和

专业实践能力,优化专兼职教师队伍结构,大力提升职业院校'双师型'教师队伍建设水平,为实现我国职业教育现代化、培养大批高素质技术技能人才提供有力的师资保障".[①] 2021 年 3 月,国务院常务会议通过的《中华人民共和国职业教育法(修订草案)》明确提出,"双师型"教师要占专业课教师总数超过一半,分专业建设一批国家级职业教育教师教学创新团队。[②] 由此可见,加强"双师型"师资队伍建设已经成为当前职业教育发展的重要议题。

一是推进以"双师"素质为导向的新教师准入制度改革。完善职业教育教师资格考试制度,在国家教师资格考试中,强化专业教学和实践要求,按照专业大类制定考试大纲、建设试题库、开展笔试和结构化面试。建立高层次、高技能人才以直接考察方式公开招聘的机制,加大职业院校选人用人自主权。聚焦专业教师"双师"素质构成,强化新教师入职教育,结合新教师实际情况,探索建立新教师为期 1 年的教育见习与为期 3 年的企业实践制度,严格见习期考核与选留环节。

二是构建以职业技术师范院校为主体、产教融合的多元培养培训体系。优化结构布局,加强职业技术师范院校和高校职业技术教育学院建设,支持高水平工科大学举办职业技术师范教育,开展在职教师的"双师"素质培训进修。实施职业技术师范类专业认证。建设校企合作的"双师型"教师培养培训基地和国家级企业实践基地,明确资质条件、建设任务、支持重点、成果评价。健全普通高等学校与地方政府、职业院校、行业企业联合培养教师机制,发挥行业企业在培养"双师型"教师中的重要作用。鼓励高校以职业院校毕业生和企业技术人员为重点培养职业教育教师,完善师范生公费教育、师范院校接收职业院校毕业生培养、企业技术人员学历教育等多种培养形式。

---

① 《深化新时代职业教育"双师型"教师队伍建设改革实施方案》,2019 年 10 月 18 日,见 http://www.gov.cn:8080/xinwen/2019−10/18/content_5441474.htm。

② 李克强主持召开国务院常务会议通过《中华人民共和国职业教育法(修订草案)》,2021 年 3 月 24 日,见 http://cpc.people.com.cn/n1/2021/0324/c64094−32059927.html。

三是完善"固定岗 + 流动岗"的教师资源配置新机制。推进研究制定职业院校人员配备规范,促进教师规模、质量、结构适应职业教育改革发展需要。根据职业院校、应用型本科高校及其专业特点,优化岗位设置结构,适当提高中、高级岗位设置比例。优化教师岗位分类,落实教师从教专业大类和具体专业归属,明确教师发展定位。建立健全职业院校自主聘任兼职教师的办法,实施现代产业导师特聘岗位计划,建设标准统一、序列完整、专兼结合的实践导师队伍,推动形成"固定岗 + 流动岗"、"双师"结构与"双师"素质兼顾的专业教学团队。

四是建设"国家工匠之师"引领的高层次人才队伍。实施职业院校教师素质提高计划,分级打造师德高尚、技艺精湛、育人水平高超的教学名师、专业带头人、青年骨干教师等高层次人才队伍。通过跟岗访学、顶岗实践等方式,重点培训数以万计的青年骨干教师。加强专业带头人领军能力培养,为职业院校教师教学创新团队培育一大批首席专家。面向战略性新兴产业和先进制造业人才需要,打造一批覆盖重点专业领域的"国家工匠之师"。

(四)利用技能优势,传承民族文化

共建"一带一路"倡议让中国制造进一步走向世界。我国自古便有"庖丁解牛""班门弄斧"的工匠技艺典范,《考工记》《天工开物》等中国古代科技文明对西方工业革命影响深远。"一带一路"视域下的"中国制造2025"是中国工匠精神的筑梦空间,它的本质是对中华文化、文明的传承。在"一带一路"倡议深入推进和产业调整升级的"新常态"下,要求现代职业教育的技术理性与"精于工、匠于心、品于行"的工匠文化价值相统一,摒弃"唯学历论"和片面追求利润、发展的功利取向,在复兴人才器物层面的精湛技艺之上,更要推崇精神层面的匠人精神,不将国家传统手工艺术和独特文化形态排除在现代科技文明之外,完成学校专业与地方特色文化产业的对接。

职业教育在"互联网 +"和"双创"时代的今天,面临着跨文化交往教育的

巨大发展空间,包括创立民族特色文化传承项目,促进"一带一路"沿线国家学术交流,加大海外办学力度,扩大中国民族文化影响力,发展来华留学生教育业务,打造中国职业教育品牌等,让中国文化"走出去"。特别是艺术职业教育要创造与当今时代精神相契合的文化教育内容,在奉献文化精品和传播中国社会团结奋进的正能量方面,讲好中国故事,促进高等职业院校将学业与就业、学校与团队、演练与创作有机结合。

四、西部民办院校服务"一带一路"倡议的行动策略

民办院校是指国家机构以外的社会组织或者个人,利用非国家财政性经费,面向社会依法举办的学校或其他教育机构。2003 年 9 月《中华人民共和国民办教育促进法》正式实施,明确规定,"民办教育事业属于公益性事业,是社会主义教育事业的组成部分。国家对民办教育实行积极鼓励、大力支持、正确引导、依法管理的方针。各级人民政府应当将民办教育事业纳入国民经济和社会发展规划"。[①]《国家中长期教育改革和发展规划纲要(2010—2020年)》也明确指出,"民办教育是教育事业发展的重要增长点和促进教育改革的重要力量。各级政府要把发展民办教育作为重要工作职责,鼓励出资、捐资办学,促进社会力量以独立举办、共同举办等多种形式兴办教育。完善独立学院管理和运行机制。支持民办学校创新体制机制和育人模式,提高质量,办出特色,办好一批高水平民办学校"。[②]当然,民办院校在办学思想方面要坚持社会主义办学方向,培养德智体美劳全面发展的社会主义事业的建设者和接班人。作为体制外产物,民办院校拥有灵活高效的决策机制和更大的办学自主权,可以自主确定规划战略、组织架构、薪酬待遇、学科专业、发展重点;凭借体制机制的优势,可以在诸多方面开展先行的办学探索,不断丰富高

---

① 《中华人民共和国民办教育促进法》,2002 年 12 月 28 日,见 http://www.gov.cn/test/2005-07/28/content_17946.htm。

② 《国家中长期教育改革和发展规划纲要(2010—2020 年)》,《光明日报》2010 年 7 月 30 日。

等教育实践内涵,不断激发整个高等教育体系的改革与发展活力,这正是民办院校的独特价值。改革开放 40 多年来,随着经济社会的快速发展以及民办高等教育政策的不断完善,人民群众对教育的多样化需求日益增加,民办院校在法规建设、办学规模、结构层次、教育质量等方面取得了历史性的成就。当前,"一带一路"倡议为民办院校创造了历史机遇,也是民办院校提升办学实力的历史契机。

(一)创新管理体制机制,提升民办院校管理实效

学校能不能办出特色,办出水平,为社会培养出高素质的劳动者,管理是非常重要的内容,民办院校也是如此。首先要加强制度建设,坚持用制度管人管事。制度建设的主要目的是约束师生、规范师生、引导师生、培育师生,营造有序和谐向上的校园氛围,推动学校科学发展。

一是大力深化改革,进一步健全完善各项管理制度。要按照现代大学治理体系和治理能力的要求,定期梳理学校的各项制度,及时做好制度废改立工作,不断完善教学系统、科研系统、行政系统、后勤系统各项规章制度。要健全保障体系,提高管理服务能力,赋予制度以灵魂,真正把师生员工的理想信念、奋斗方向、做人准则与具体的规章制度结合起来,使之既能起强制约束作用,又能发挥激励导向作用。要使师生在执行制度、遵守纪律的同时,享有尊重和尊严,更好地实现自我价值。

二是大力提高执行力,认真落实、严格执行各项制度。要使规章制度成为无须强制就能在广大师生中自觉执行的精神契约。提高管理服务水平需要全校上下共同努力,因此,民办院校管理人员要坚持"以人为本"的理念,教育引导各级干部和管理人员牢固树立主动为师生服务的意识,将服务寓于管理之中,在管理中体现服务,在服务中实现管理,通过科学的管理和优质的服务凝聚人心,鼓舞士气,解决矛盾。要进一步用制度规范机关、教辅、后勤单位职工的行为,用制度强化机关、教辅、后勤单位职工的服务意识。

三是实施目标管理,完善学校和院系两级管理体系。学校的发展是个系统工程,要求重视发挥全校上下各个方面的作用。要推动民办院校快速发展,必须从院系工作着手,确定学校和院系两级的责、权、利划分,确定院系发展的主要目标和任务,学校按照确定的任务对院系进行考核、实行目标管理,充分发挥院系在学校发展中的主体作用,支撑学校各项事业发展。

(二) 构建教育质量监控体系,提高民办院校教育质量

教学质量是民办院校的生存之本,只有教学质量提高了,民办院校才能生存下去。保证教学质量的有效方法之一,就是构建民办高等教育质量监控体系。教学质量的保障与监控体系,遵循教育和教学规律,根据既定的专业培养目标和教学计划,对教学过程进行评价与调控,使之达到最优化状态的组织、程序及方法的总和。构建民办高等教育质量,保障监控体系的目的是建立、健全民办高等教育的质量管理体制,形成自我约束、自我激励、自我发展的机制,增强学校主动适应市场变化的能力,促使民办高校各项教学活动尽可能满足国家、社会和个人的需要,不断改进和提高人才培养质量,使民办院校在不降低办学标准的前提下,保证人才培养质量,从而使民办院校更好地面向市场,服务社会,突出个性,办出品牌,自觉自律,以实际成效争取更多的办学自主权,进入国家宏观调控体制下民办院校自治发展的良性轨道。

一是确立"教育是服务"的思想。学生及其家长是消费者,保证和不断改进对学生及其相关消费者的服务是民办学校的核心功能,关注师生需求是学校管理工作的重中之重。要由被动保障转换为主动服务,紧紧围绕不断改善、提高服务下功夫,使学生的主体地位得到全面体现。这对民办院校至关重要,因为民办院校发端于市场,树立服务观念是其生存与发展的根本,必须面向市场,服务消费者。

二是坚持质量管理的全面性。对学校教育、教学、科研、行政、后勤等各项工作全面进行质量设计,并全部进行质量控制,做到凡事有准则,凡事有程

序,凡事有监督,凡事有负责,将质量管理的重点向全体学生、学生的全面发展以及教育、教学等方面倾斜。通过实施全面质量管理,有效提升民办院校管理水平,避免出现制度随人而变的局面。

三是坚持质量管理的全员性。把学校中各级各类人员都作为"服务网""质量链"中的一环,强调全员参与和团队配合。同时强化全员的教育和培训,使学校每个部门和每个人都有强烈的责任意识、服务意识、质量意识,不断提高服务水平。

四是坚持质量管理的全程性。紧紧抓住教育、教学的每一环节、每一阶段工作的质量管理,以阶段性目标的达成保证高质量结果的实现,注意对管理、教育、教学工作的各个层面,各个环节的接口进行设计和质量控制,以保证学校各项工作能紧紧围绕着教育质量目标和谐高效地开展。

(三) 发展专业硕士教育,提升民办院校人才培养质量

发展专业硕士教育既是国家产业结构调整与发展方式转变对高校提出的要求,也是地方新建本科民办院校更好地适应社会需求的发展趋势。一方面,许多企业需要大量高层次人才,但现有高水平大学培养的学术型和应用型专业学位研究生要么很难用得上,要么极少能留得住。所以,地方迫切需要大量"下得去、用得上、留得住、有后劲"的高层次应用型人才。例如,学校在与一些企业合作过程中,企业希望学校能够提供更多更高层次的应用型人才或为其员工提供进一步深造的机会。同时,企业也愿意为民办院校联合培养硕士专业学位研究生教育提供帮助,开展更高层次全方位的校企紧密合作。另一方面,如果民办院校在培养高素质应用型人才方面缺失了专业学位教育,将不可避免地陷入低层次应用型人才重复培养的境地,在建设创新型国家和人力资源强国的进程中所发挥的作用将进一步受到限制。没有专业学位教育,作为以市场为重要发展条件的民办院校,将在激烈的市场竞争中

寻求跨越式发展失去有力的"抓手"。①

《国家中长期教育改革和发展规划纲要(2010—2020年)》明确规定:"符合条件的民办高校申请增列为学士、硕士、博士学位授权单位,按规定程序审批。"② 这为民办院校申请和发展硕士专业学位教育提供了政策可能和发展空间。事实上,少数本科民办院校为发展硕士专业学位教育积极创造条件。以西京学院为例,学院开展"服务国家特殊需求人才培养项目"试点工作,成为中西部地区唯一一所具有培养硕士专业学位研究生资格的民办高校。学校现有机械、电子信息、土木水利、审计、艺术等5个硕士专业,现有在校研究生500余人,专职硕士生导师100余人。在研究生培养方面,西京学院积极实践、勇于探索,逐步形成了独具特色的"四个一"人才培养模式,使研究生的创新能力、工程应用水平有了极大的提高。该培养模式也于2015年10月获得"陕西省研究生教育教学成果二等奖"。截至2021年5月,西京学院研究生先后在"中国研究生创新实践系列大赛""陕西省研究生创新成果展"等科技创新活动中获得国家级、省部级大奖298项(其中一等奖23项);取得专利授权931项(其中发明专利49项),发表学术论文579篇(其中SCI 16篇,EI 118篇,CSCD 7篇);学校已有七届毕业研究生,毕业生就业领域广、薪酬待遇丰厚。③西京学院是民办院校发展的成功典范,办学理念和思想、办学定位和模式等是其他民办院校借鉴和学习的榜样。

(四)加大国际化和信息化力度,助推民办院校高速发展

在"一带一路"倡议背景下,西部民办院校要围绕培养国际化的中国人、拓展学生的国际视野、培养学生国际交流合作能力等目标,积极开展多层次、

---

① 俞华、陈云棠:《本科民办院校实施专业学位教育的现实性与必要性》,《江苏高教》2013年第3期。

② 《国家中长期教育改革和发展规划纲要(2010—2020年)》,《光明日报》2010年7月30日。

③ 《西京学院研究生教育》,2019年7月,见 https://www.xijing.edu.cn/jyjx/yjsjy.htm。

宽领域的国际教育交流与合作,不断开拓联合办学、境外办学、协同培养、合办二级学院等国际化办学模式,增强对外交流与合作,形成国际化师资、国际化专业、国际化课程、国际化学生、国际化学术。这也将助力民办高等教育进行新一轮转型升级,进而成为具有国际竞争力的高等教育品牌,在世界舞台上展示风采。此外,信息化、"互联网 +"、大数据、人工智能的发展颠覆了解决教育问题的方式,生存方式、学习方式的变化必然会带来教育的变化。互联网将盘活全世界优质的教育资源,教育信息化可以有效扩大优质资源的覆盖范围,教育已经进入"学习者中心"时代。民办院校应更加重视信息化建设,加快推进数字化校园、智慧校园建设,构建数字化的教学、科研、管理和生活环境,充分整合网络优质学习资源,弥补资源短缺的不足,营造全新教育生态。通过信息化改变传统的教育教学方式、教育服务方式,满足师生不断增长的学习、生活、信息化需求,为民办院校受教育者提供更多定制化、个性化、智能化、灵活化的高等教育服务。

西安翻译学院是陕西省民办院校,积极把推进教育信息化作为实现教育现代化的突破口,以"智慧校园"建设带动学院教育现代化发展,取得显著成效。早在 2016 年,西安翻译学院就启动了创建智慧校园示范工作,制定了《西安翻译学院创建智慧校园示范校实施方案》,以"智慧校园"建设带动学院教育现代化发展。引进企业资金 2300 万元建成了无线校园网,全院布署 AP 节点 6000 多个,达到无线 Wi-Fi 全院覆盖,实现了师生统一认证、单点登录、无缝连接、无感知漫游,形成了"人人皆学、处处能学、时时可学"的网络学习环境。特别是在疫情期间,教师通过网络上传教学资源、课程资源共享与信息发布,促进了 MOOC、微课、翻转课程等教学新模式的运用。一卡通系统为全院提供金融、消费、身份识别、校务管理四大类服务。该院具有在线圈存、电控、电子支付、自助服务、小额支付、大数据分析、综合管理等功能,实现了"一卡在手,走遍校园"。①西京学院充分联合陕西师范大学俄罗斯语言中心,发挥俄罗斯留洋师资优势,借助"一带一路"倡议东风,加强中俄文化传播与交流,积极推动学院国际交流与合作工作。②

第三节　从社会维度促进西部高校服务"一带一路"倡议的策略

高校不再是与世隔绝的"象牙塔",而是与社会有着千丝万缕的联系,高校与社会之间是相互支持和相互促进的关系。一方面,高校具有服务社会的职能。正如哈佛大学前校长德里克·博克在《大学与美国前途》中曾经提出:"服务于社会只是高等教育的功能之一,不过却是其最重要的功能之一,当国家面临困难之时,问题不在于大学要不要关心社会上的问题,而是如何尽职尽责地去帮助解决社会上的问题。"③正是基于这样的认知,我们认为西部高校服务"一带一路"倡议是充分发挥高校服务社会功能的重要体现。另一方面,高校也不是无源之水和无本之木,高校的发展离不开社会力量的支持,社会力量的支持能够为高校更好地发挥服务社会功能奠定坚实基础。正因为如此,西部高校服务"一带一路"倡议要取得社会各方面力量的关心和支持,充分调动社会各方面的积极性,大力支持西部高校发展。

一、社会力量应积极参与到西部高校办学实践中

高校发展的国际经验表明,社会力量参与高校办学实践是高校健康发展

---

① 《西安翻译学院:智慧校园建设方兴未艾》,2020 年 9 月 28 日,见 https://www.sohu.com/a/421411705_120100807.gov.cn/jynews/gdxx/201704/13/66735.html。

② 《借"一带一路"东风　推动国际交流合作》,2017 年 6 月 3 日,见 https://www.xijing.edu.cn/info/1097/6233.htm。

③ 施晓光:《挑战与应答:21 世纪美国高等教育的选择——德里克·博克〈大学与美国前途〉评介》,《高等教育研究》1996 年第 6 期。

不可或缺的力量。随着社会的进步,企业、社会媒体、行业协会、民间机构等各方面的社会力量以多种形式在各种程度上参与高校的办学实践,社会的呼声和要求对高校的发展和改革也正在起着越来越大的推动作用。高校的招生、教师招聘、课程设置、科学研究、成果转让、人才培养、筹集资金、对外交流等各项工作,都直接或间接地受到社会力量的影响、推动、监督和制约。这既是社会力量对高校关心和爱护的具体表现,也是高校坚持开放办学和在激烈的市场竞争中求得立足之地的客观需要。从西部高校发展现状来看,西部高校管理的透明度和科学性都还有待进一步提升。虽然,近年来学校管理的透明度和科学性有所提高,但旧的管理思路和意识依然存在,需要社会力量站在一个较为客观的立场上来进行纠偏和完善。当前西部高校教育管理现状下,要让社会力量积极参与到西部高校办学实践中,真正地成为西部高校教育管理中的重要力量,还需要在以下几个方面做出努力,这样才能从更高层面上更好地推动社会力量支持西部高校的发展。

(一)政府要建立社会力量参与西部高校办学实践的引导机制

在一定意义上来讲,社会力量参与西部高校办学实践的广度和深度取决于政府的正确引导。教育部《推进共建"一带一路"教育行动》明确提出"政府引导,民间主体。沿线国家政府加强沟通协调,整合多种资源,引导教育融合发展。发挥学校、企业及其他社会力量的主体作用,活跃教育合作局面,丰富教育交流内涵"。[1] 因此,政府建立引导机制是社会力量参与西部高校办学实践的重要环节。

一方面,政府要制定相关法律和政策文件,为社会力量积极参与西部高校办学实践提供法律和政策依据。依法治国是我国建立法治社会的根本要求,法制是否健全和完善也是衡量社会现代化程度的重要标志,社会力量参

---

① 《教育部关于印发〈推进共建"一带一路"教育行动〉的通知》,《中华人民共和国教育部公报》2016年第9期。

与高校实践也是我国法治社会建设的组成部分。社会力量参与高校办学实践是一项长期和长远的工程,要想取得理想的成效,必须要有法律和政策文件的支持。所以,政府要制定社会力量参与高校办学的法律和政策文件,一是鼓励广大社会力量积极关注高校发展,并参与到高校招生、学生实践、科学研究、成果转化,以及学生就业等办学实践之中,为高校办学注入活力;二是规范社会力量参与高校办学的行为,对社会力量参与高校办学实践的范围、广度、深度等方面做出明确的要求和规定。2016年12月,国务院印发的《关于鼓励社会力量兴办教育促进民办教育健康发展的若干意见》,就是政府动员和鼓励社会力量办学的政策依据。事实上,在许多现实的案例中,社会力量参与高校办学实践还需要政府的实际参与和引导,形成政府、高校和社会力量三方的合作模式,更有助于取得理想的效果。

另一方面,政府要运用媒体做好社会力量参与西部高校办学实践的宣传工作,为社会力量参与西部高校办学实践营造良好的社会氛围。媒体是舆论的喉舌,媒体的宣传导向是形成社会氛围的重要途径,而营造浓厚的社会力量参与高校办学实践的社会氛围,是政府引导社会力量参与高校办学实践的重要方式。当然,媒体在宣传过程中,要坚持弘扬正能量,把正面的典型人物、事迹和案例等呈现给大众,营造出社会力量积极参与高校办学实践的生动景象。与此同时,还要敢于在媒体上揭露社会力量参与高校办学实践中出现的违法违纪等反面教材,为大众提供开展反思、吸取教训和增长经验的机会。总而言之,政府通过媒体宣传报道来营造社会力量参与高校办学实践的良好社会氛围是发挥政府引导作用的重要方面。

（二）高校要为社会力量参与高校办学实践创造良好的平台和环境氛围

首先,高校要深刻认识到社会力量是高校办学的重要支持力量。高校不是孤立存在的,而是与社会有着千丝万缕的联系,需要社会各个层面的支持,包括财力、物力、人力、信息等各方面的资源。以田家炳基金会为例,田家炳博士以"中国的希望在教育"为基金会理念,提出"我们致力于促进道德教育、弘扬中华文化并融合世界文明,以提升中国教育素质,贡献国家"。目前国内许多大学都建有田家炳教学楼,主要供教育学院所用,这均由香港田家炳基金会投资建设而成,有力地支持了我国师范教育事业发展。此外,许多大型企业都拥有一流的实验室或生产线,是高校教师和学生开展教学、科研、见习实习的重要平台和资源。

其次,高校要为社会力量参与高校办学实践搭建平台。高校要把社会力量聚集到高校办学实践的过程之中,搭建高校和社会力量开展合作的各种平台,包括科研合作平台、教学合作平台、实践合作平台、成果转化合作平台等。依托平台、社会力量与高校开展各种合作,从而真正地参与到高校办学实践之中。西部高校在服务"一带一路"倡议中也需要搭建平台,聚合社会力量以提升服务"一带一路"倡议的能力。在教育部和地方政府的支持下,西安交通大学创建中国西部科技创新港,成为知名企业和高校的聚集地。而且,为发挥"一带一路"建设对西部大开发的带动作用,西安交通大学设立"一带一路"自由贸易试验区研究院。研究院下设服务贸易、政府治理、法律治理3个研究中心,并建立了博士后进站制度,积极推动"一带一路"倡议的落实,创新陕西自贸区的制度建设。自2017年成立以来,研究院聚焦"一带一路"倡议,积极推动陕西自贸区制度创新,在陕西自贸试验区创新发展中发挥着越来越重要的作用。[①]

最后,高校要为社会力量参与高校办学实践创造良好的环境氛围。社会力量能否真正参与到高校办学实践之中,还需要高校能够以平等、友好的态度对待他们,把他们看作支持高校发展的伙伴和朋友,为社会力量参与高校办学实践创造良好的环境氛围。对于地方一般本科高校来讲,由于可利用的

---

① 康传义:《西安高校为"一带一路"建设注入新活力》,《陕西日报》2019年12月3日。

资源有限,应以更加诚恳的态度,积极吸引各种社会力量的支持,积极创建良好的互惠互赢关系。特别需要注意的是,由于一流的高水平大学的办学资源比较充裕和丰富,更需要秉持平等、友好的态度对待愿意支持高校发展的社会力量。只有这样,才能吸纳更多的社会力量参与到高校办学实践之中。

(三) 社会力量自身要积极寻找参与西部高校办学实践的机遇

对于企业、社会媒体、行业协会、民间机构等社会力量来讲,他们自身具有参与高校办学实践的意愿是内在条件,只有如此,他们才会积极地去寻找和抓住参与高校办学实践的机会。社会力量参与高校办学实践的过程,不仅是促进高校办学实力提升的过程,也是提升自身社会知名度和社会贡献度的过程。发挥社会力量作用资助学生成长是社会力量参与和支持高校办学实践的重要内容,陕西省安康市在聚合社会力量助学圆梦方面提出了重要举措。一是政府搭台引导资助。通过学生资助中心这个平台,将全县各类学校贫困家庭学生情况提供给有资助意向的团体和个人,让他们掌握第一手资料,引导他们,视学生家庭经济困难程度,一对一"量身定做"解决方案。二是部门联动倡导资助。充分发挥团委、妇联、工商联等职能部门作用,加强与社会各界联系,倡导捐资助学,积极争取更多的社会资助。三是统筹兼顾避免重复。不仅要锦上添花,更要雪中送炭。做到部门与部门不重复资助、部门与社会力量不重复资助、社会力量之间不重复资助。[①] 在西部高校服务"一带一路"倡议过程中,各种社会力量要积极加入西部高校人才培养、科学研究、成果转化、文化交流等办学实践中,并在这个过程之中推动高校提升对社会发展的贡献率。

---

① 《紫阳县聚合部门和社会力量助学圆梦》,2015 年 6 月 23 日,见 http://jyt.shaanxi.gov.cn/jynews/sxjy/201506/23/49959.html。

二、行业企业应积极推动以产学研合作为主题的校企合作

从国家决策层面来看,早在 2014 年 5 月国务院印发的《关于加快发展现代职业教育的决定》,就明确指出"突出院校办学特色,强化校企协同育人;开展校企联合招生、联合培养的现代学徒制试点,完善支持政策,推进校企一体化育人"。[①] 2015 年 10 月,教育部、国家发展改革委、财政部联合印发《关于引导部分地方普通本科高校向应用型转变的指导意见》,进一步强调政校企以及社会各界共同参与高等教育合作办学,构建行业与企业合作发展平台,完善长效合作机制。2017 年 12 月,国务院办公厅印发的《关于深化产教融合的若干意见》再次明确指出"深化产教融合,校企协同、合作育人,构建校企合作长效机制;推动学科专业建设,加快推进新工科建设"。[②] 由此可见,推进校企合作是国家加快高校发展的重要举措。

西部高校的发展与行业企业单位的支持是密不可分的。然而,行业企业单位与西部高校之间尚未建立起长效合作机制,应该积极挖掘西部各层次高校在学科、专业方面的优势,推动以人才培养和科研合作为重点的产学研校企合作,促进西部高校的优势特色学科更好更快地发展,更好地为国家、行业和地方经济发展服务,以适应国家高等教育和宏观经济发展的战略需要,提升西部高校服务"一带一路"倡议的能力和水平。

(一) 行业企业单位与高校之间的校企合作要以"合作和共赢"为原则

行业企业单位与高校属于不同的组织和系统,它们之间的校企合作是一项系统工程,要建立在"合作和共赢"原则之上。当然,这也需要校企双方共

---

① 《关于加快发展现代职业教育的决定》,2014 年 6 月 22 日,见 http://www.gov.cn/xinwen/2014–06/22/content_2705926.htm。

② 《关于深化产教融合的若干意见》,《人民日报》2017 年 12 月 20 日。

同去坚守和维护,才能够保证校企合作的稳定推进。校企合作中坚持"合作和共赢"原则具体需要注意以下几个方面。

一是校企双方要坚持资源共享。行业企业单位和高校在资源占有方面会各有千秋,校企合作中各个单位之间要在硬件设备、科技骨干、师资队伍、信息技术和资源、实习实训基地、产教结合、职业技能鉴定、毕业生就业等方面实现资源共享和优化配置,从而最大限度地发挥资源效益和提升办学效益。

二是校企双方要坚持双方优势互补。一般来讲,行业企业单位具有生产线等实践优势,而高校具有科研和师资等优势,通过高校教师到企业挂职锻炼,大学生到企业实习实训等,以及企业员工到高校参加培训以提升专业知识和能力等,来实现高校和企业之间在资源方面的优势互补,促进高校的专业建设和人才培养等,以及行业企业单位的产业发展。

三是校企双方要坚持诚实守信。坚持诚实守信是校企合作中双方要坚守的基础。一方面,通过调动和发挥学校的特色优势,降低办学成本;另一方面,通过发挥企业和行业优势,为企业和行业培养高素质、高技能型人才,从而提高学校和企业的市场竞争力,使学校办学与企业经营都获得最佳效益,实现校企共赢。在这个过程中,校企双方都要按照合作要求,尊重和守护双方利益,从而实现共赢。

四是校企合作双方要坚持共同发展。双方都要面向区域、面向行业、对接产业,为行业企业人才需求服务,有效服务经济社会发展,改革、合并传统专业,淘汰落后专业,通过高素质技能型人才培养和在职培训服务产业,通过技术研发合作与应用技术推广引领产业的发展,实现校企共同发展。

总之,校企合作可以围绕国家科技发展战略规划,以科技创新体系为核心,瞄准国际科技前沿技术,按照"跨越、特色、集成"的思路,就科技前沿和生产实践领域出现的技术、管理等问题与西部高校开展科技合作和攻关,从而实现校企共同发展。

（二）行业企业单位和高校之间的校企合作要采用共建方式建设高水平的创新和科研平台

行业企业单位和高校之间的校企合作中非常重要的内容之一是进行科技研发攻关,这就需要相关行业企业投资和参与高校实验室、研究基地等科研技术支撑平台建设,促进行业企业单位和高校之间"产学研"的有效合作,推动西部高校科研水平的提升。当然,校企双方要采用校企共建方式建设高水平的创新和科研平台。校企共建高水平的创新和科研平台中校企双方要共同拟定建设方案。拟定建设方案是科研平台建设的第一步,行业企业单位和高校要在充分的沟通和商讨的基础上,对科研平台建设的目的和功能、规模和水平、使用和管理等方面做出规划和论证,以此确定科研平台建设方案。校企共建高水平的创新和科研平台的具体实施过程中需要双方共同投资建设。对于行业企业单位来讲,可以通过投入资金、设备、场地等硬件方式与高校共同建设高校实验室、研究基地等,也可以通过投资技术、信息等软件方式参与高校科研平台建设,高校则发挥自身专业、学科、师资等方面优势。毫无疑问,校企共建高水平的创新和科研平台要供校企双方共同使用,包括科研攻关、成果转化、教学实践、实习实训等,充分发挥校企"产学研"合作的优势和作用,推动高校提升人才培养、科学研究、教学实践等方面的能力和水平。

在实践中,许多校企共建高水平创新和科研平台在产学研合作中取得了实效。陕西省国际科技合作基地是在承担国家和陕西省国际科技合作任务中取得显著成绩,具有发展潜力,并能够起到引导示范作用的省内科技园区、科研院所、高等学校、企业和科技中介组织等机构载体。其中,2014年7月,世界水环境领域最大的专业学术组织"国际水协会"(IWA)与西安建筑科技大学签署了共建"城市非传统水资源开发利用国际科技合作基地"备忘录,并申报了陕西省国际科技合作基地。这是 IWA 迄今在我国建立的第一个国际合作平台。环境与市政工程学院重视国际合作与交流,是国内环境类学科中首批成为 IWA 团体会员的学术群体,2005 年在国内首次举办了由 IWA 冠名的大型国际会议,在国内外产生了重要影响。[①] 2018 年 9 月,西安欧亚学院与金蝶软件(中国)有限公司以陕西省一流专业建设为契机,就联合培养信息化财务人才达成联动、有序、互赢的战略合作关系,金蝶软件(中国)有限公司挂牌授权西安欧亚学院为"金蝶陕西共享服务中心联合培养基地"。双方通过该基地的建设与运行,联合西安企业群,以政府政策导向为指导,打造产学研一体化合作平台,多维度紧密合作,实现校企合作共赢。同时,西安欧亚学院聘请金蝶等三家企业高管为学校客座教授,充分参与学院会计学院课程委员会、专家委员会工作,为学院的学科及课程建设引入新的建设思路和企业资源。在"一带一路"推进过程中,西安欧亚学院充分引入校企优质资源,创新校企合作财务人才培养模式,将互联网与共享思维植入人才培养模式中,探寻移动互联网时代的财务转型和财务人才培养之道,为学院践行地区最佳教育提供清晰的建设思路与优质资源。[②]

(三)行业企业单位和高校之间的校企合作要建立"企业＋高校"的双引擎和双动能

相关行业部门可以结合自身发展需求,积极为西部高校的科技创新创造条件、提供机会、畅通渠道、深化合作。在合作共赢的前提下,进一步增加面向西部高校的科技研发经费投入,对西部高校的科技创新、科技成果转化等提供支持和平台,推动经济快速发展的同时,促进西部高校更好更快地发展壮大,为国家和区域经济社会发展提供"企业＋高校"的双引擎、双动能。一

---

① 《西安建筑科技大学多个实验室和合作基地通过认定》,2015 年 9 月 22 日,见 http://jyt.shaanxi.gov.cn/jynews/gdxx/201509/22/52271.html。

② 《西安欧亚学院积极打造校企合作平台推动学科建设》,2018 年 9 月 25 日,见 http://jyt.shaanxi.gov.cn/jynews/gdxx/201809/25/83056.html。

方面,行业企业单位要发挥自身在行业和产业方面具有的市场资源、技术创新、行业品牌、资金储备等优势,为西部高校服务国家和社会经济发展,以及服务"一带一路"倡议保驾护航;另一方面,西部高校要发挥自身在人才培养、师资力量、科研成果、人员培训等方面的优势,积极响应国家"一带一路"倡议,投入"一带一路"建设之中。总之,以产学研为主题的校企合作重在发挥行业企业和高校的"双引擎"和"双动能",共同致力于推动"一带一路"建设,促进世界繁荣发展。

三、行业组织应成为西部高校培养高层次人才的参与主体

目前我国高等教育特别是高等工程教育存在的一个突出问题,就是培养的人才与社会和企业的实际要求相脱节。从国外高校人才培养的成功经验来看,企业也越来越多地参与到高校的人才培养过程中,特别是在工程类人才培养中,行业组织参与管理、企业参与培养,企业由单纯的用人单位变为联合培养人才的直接参与者和设计者,其根本出发点就是改变高校人才培养与企业需求相脱节的现象,建立起高校和行业企业间的制度化联系。高校是行业产业发展壮大的重要支撑力量,尤其是在新的时代背景下,经济结构调整与传统产业转型升级为高校发展提供了新的推动力。因此,行业企业和西部高校应共同构建"行业组织 + 高校"的人才培养模式,建立校企合作育人共同体,联手打造升级版的人才培养模式。

(一)"行业组织 + 高校"的人才培养模式旨在打造校企合作育人共同体

"行业组织 + 高校"的人才培养模式就是行业企业和高校要共同参与人才培养过程,承担人才培养的任务,通过建立校企合作育人共同体来实现培养符合社会需求的人才这一目标。校企合作育人是我国高等教育培养人才的重大举措之一,旨在提升学生的综合素质与实践能力,促进理论与实践的

有机结合,运用所学理论解决实际问题,达到学以致用的目的。

首先,校企合作育人共同体是学习共同体。[①]拓展专业知识的学习,特别是以项目创新为核心的育人共同体是育人模式的有效补充和延伸。落实学生"在做中学"教育理念,便于学生积累直接经验,使实践创作与理论学习形成有效的互补。以企业项目为基础的实践教育,为高校培养应用型人才拓展了实际渠道。借助企业项目在校园的高效研发,传播国际设计理念,交流产业发展概况,增强高校师生对具体产品设计及其市场需要的体验。

其次,校企合作育人共同体是实践共同体。目前的校企合作项目,更多关注的是高校学生进入企业,在企业具体岗位上实习。学生在学习专业知识的同时进行企业项目的实践,有效地破除了学生实习所需的交通、住宿等实际困难。针对现在很多高校外迁,特别是有些分校区远离大城市,"引企入校"的校园实践极为有利,高校的实验室、实验设备可以为企业项目的开展提供场地和设备上的支持,可以充分调动企业的积极性。

最后,校企合作育人共同体是创业共同体。共同进行市场调研与定位,根据调研所得的市场需求结合相应的企业项目,做好创作产品的规划,从而形成具体的创作思路。共同参与产品生产,包括原材料的选择、成本的计算、质量的保证等环节。参与相应的企业管理,包括产品储存、实体店分布、物流运作等过程。共同进行市场销售与经营,由企业提供相应的电子商务平台和实体销售网络,学生参与产品的销售,还可以建立自己的销售网络,促进产品推广。根据产品在市场上的不同表现,进一步搜集市场信息,验证市场调研结果,为下一步的市场定位奠定更加科学的基础。产品的销售情况促使学生对创业项目进行反思性学习,帮助学生形成创业项目选择,为以后可能的创业做好铺垫。

---

① 于友成:《校企合作育人共同体的建构》,《中国高等教育》2015 年第 2 期。

（二）行业企业应进一步增强参与西部高校人才培养工作的积极性和主动性

一方面,行业企业要积极参加高校人才培养方案的制定。人才培养方案是高校人才培养的纲领,培养什么样的人才取决于社会发展和进步的需要。在校企合作框架下,高校人才培养方案要由高校和行业企业来共同制定。对于所需专业技术人才,行业企业应结合自身要求,由行业组织或领头企业牵头制定政策,行业企业积极参与西部高校的人才培养方案的制定和完善。组建专家组制定行业培养标准,参与人才质量评价,培养符合行业企业需要的、有助于企业创新能力提升的卓越工程师,实现高校人才培养和行业企业所需人才的完全对接。使学生在接受知识、能力和素质的培养和训练过程中,熟练掌握未来工作岗位的各项技能,实现学历教育和岗前培训的有机结合,为经济建设和社会发展培养出大量高素质专门人才。

另一方面,行业企业要按照需求,积极参加到人才培养过程之中。校企合作人才培养制度化,明确高校和行业企业在人才培养过程中各自应承担的任务,并作为培养效果考核的依据。按照人才培养方案要求,让学生以"准职工"身份进入行业企业,纳入行业企业日常规划管理,实施职业化教育,开展员工化管理,让学生真正体验职场生活,增强职场体验和提升实际技能。行业企业优秀业务骨干和管理人员发挥自身业务优势和管理优势,参与高校人才培养,有效地解决了实践型行业教师问题,高校专任教师负责基础理论课程的教授任务,实践教学与理论教学相结合,打造一支专兼职一体化的理论和实践教师队伍,共同致力于培养出优秀卓越的人才。

目前,行业企业在积极参与高校人才培养方面积累了丰富经验,取得了明显的实效。例如,陕西航空职业技术学院与航空工业贵州飞机公司签订了校企战略合作暨"无人机装试"定制培养班协议;[①]"无人机装试"贵飞定制班,按照企业与学校实行"人才共育、过程共管、责任共担、社会服务、成果共享"的育人机制合作办学,[②]采用"2+1"模式培养,即前两年该院按照贵飞集团提出的培养目标和岗位能力等具体要求,制订人才培养方案和教学计划,开展理论教学和基本技能训练。第三年,学生将进入贵飞集团旗下企业进行技术技能培养和实训。该班主要面向无人机生产制造、应用和维护等岗位,定向培养航空机电设备维修(无人机应用技术方向)应用型专业人才。近年来,该院按照"企业全程参与,校企紧密合作,多种形式工学结合"的人才培养体系,积极探索人才培养新模式,先后与中铁宝桥集团有限公司等大型军工、国有企业签订了校企人才培养战略合作协议。该院还将与航天科工集团成都燎原星光电子有限责任公司等军工大型企业签订"订单式"人才培养协议。[③]

(三)西部高校应积极主动地为行业企业参与高校的人才培养工作创造条件、提供保障和服务

积极主动与行业组织合作,吸引行业组织参与学校人才培养方案的制订、课程体系的设计、教学模式的选择等人才培养工作。宁夏职业技术学院积极响应国家"一带一路"倡议,依托自身悠久的办学历史,深厚的办学底蕴,于 2017 年 3 月承接了阿曼苏丹郭杜古姆经济区中国产业园阿曼籍员工的培养任务,迎来了首批 39 名阿曼籍全日制学历教育留学生。学院还根据阿曼苏丹实际需要,开设经济管理、可再生能源、建筑材料、石油化工、计算机应

---

① 《2022 年陕西航空职业技术学院招生简章》,2022 年 3 月 9 日,见 https://www.52souxue.com/a/jianzhang/2098.html。

② 《现代学徒制"无人机装试"贵飞定制班典型案例》,2021 年 2 月 10 日,见 https://www.sxhkxy.com/index.php?c=show&id=7044。

③ 《陕西航空职院与一公司签订校企人才培养战略合作协议》,2014 年 10 月 10 日,见 http://jyt.shaanxi.gov.cn/jynews/gdxx/201410/10/43923.html。

用技术 6 个专业,学制 2 年。① 2018 年,第二批阿曼籍留学生又顺利入校,还将陆续接收约 1000 名阿曼留学生。宁夏职业技术学院为阿曼籍留学生专门编写了教材,教师课堂教学全程英文授课,保证了教学的效率和效果;开设汉语课程,让留学生了解中国文化;专门设置留学生公寓,安排专人分别负责留学生公寓管理工作,以及留学生日常学习和生活,解决留学生的实际困难。2018 年 5 月,宁夏职业技术学院阿曼留学生项目入选"一带一路"职业教育国际研讨会优秀案例,为中国和阿曼苏丹两国经济社会发展作出积极的贡献。②此外,在西安理工大学、陕西科技大学、西安石油大学等西部高校试点和实施的"订单式培养计划""卓越工程师计划"等项目,就很好地利用了企业参与育人、高校与行业企业联合培养人才的新机制,取得了很好的效果。

四、社会应为西部高校营造更加和谐的外部办学生态环境

西部高校经过近几年的改革与发展,已进入了从规模扩张向内涵建设转型的时期,迫切需要社会各界为其创造和谐、有序的办学生态环境。外部社会生态环境是否和谐、有序,将会直接影响到西部高校能否有效利用自身的学科专业优势,抓住"一带一路"倡议机遇和西部地方经济社会持续快速发展的优势,突破发展中遇到的资源瓶颈,调动社会各方面的力量,努力构建科学合理的高等教育外部办学机制和发展平台,大力推进立德树人、内涵发展,不断提升西部高校的教育质量和办学水平。作为非营利性机构的高等学校,在为社会提供各项服务(其中许多是不计成本的)的同时,也需要有健康发展的生态环境来保证,如学科专业与行业和地方经济社会的契合是否紧密,教学科研的资源和合作环境是否适合,政府的管理环境是否有效等。西部高校需

---

① 陈灿、卜玉辉:《中阿教育合作 携手开启"一带一路"之窗——宁夏职业技术学院国际化开放办学助力阿曼杜古姆特区建设》,《中国教育报》2017 年 4 月 12 日。

② 《我校阿曼留学生项目入选"一带一路"职业教育国际研讨会优秀案例》,2018 年 5 月 16 日,见 http://www.nxtc.edu.cn/info/1056/1536.htm。

要一个广阔、系统、和谐的校外发展环境,为其营造和谐的外部办学生态,使其发展具有可持续性。

一是需要通过与国际、国家、区域以及整个高等教育体系的交换,为学校营造和谐的政治环境、法律环境、社会公共环境。西部高校发展跟国际、国家和区域宏观的环境密切相关,良好的政治环境、法律环境和社会公共环境能够有助于西部高校的良性发展。从国家层面来讲,要从实施"一带一路"倡议的战略高度出发,加大对西部高校,尤其是西部地方院校的支持力度。一方面,国家要给予西部高校教育经费支持。我国公办高校教育经费主要依靠政府拨款,包括中央、省、地市三级政府拨款。通常情况下,中央政府拨款数额依据的是高校层次,高校层次越高,获得的中央财政支持也会越多。由于西部高校中"双一流"建设高校数量偏少,中央财政支持也就偏小。而省、地市级政府给高校的拨款和当地经济发展状况紧密相关,西部地处内地,经济发展滞后,偏远的地市经济状况更不景气,西部高校获得的地方政府拨款普遍不足,特别是地方院校教育经费更为紧张。因此,国家要从中央财政中加大对西部高校,尤其是西部地方院校的教育经费投入力度。另一方面,国家要给予西部高校政策方面的支持。我国地区发展不均衡是客观事实,国家为促进西部发展,出台了相关政策,如"西部大开发"政策等,有效推动了西部的快速发展。具体到西部高校发展方面,也需要相关政策方面的支持,比如在"一流大学"建设高校筛选方面,不能把西部高校和东部高校放在一个标准下,而是要出台有利于西部高校发展的倾斜性政策,适当增加西部高校入选的数量;在国家级各类人才评选方面,要充分考虑西部高校发展现实状况,适当向西部高校倾斜,以及对获得国家级人才称号的高层次人才提出在对口的西部高校开展教学和科研活动等方面的要求。

二是需要通过与特定区域、特定行业的交换,为学校营造和谐的经济环境、市场需求与市场规则环境。西部地区与周边14个国家接壤,与这些国家在文化传统、风俗习惯上相近,西部高校与周边国家高校合作办学,能够更容易产生文化认同、更有利于合作深入开展。"一带一路"倡议特别指出西部地区的区位优势,西部高校应积极与"一带一路"沿线国家建立合作伙伴关系,西部高校可以利用地域优势,与"一带一路"沿线国家进行深入交流和合作办学,以开放的态度欢迎外国留学生,以热情的态度鼓励本校学生走出国门,建立交换生等国际项目,增进国际友谊,形成合作共赢的教育合作新模式。此外,西部高校还应加强地方合作和交流,主动融入地方经济社会发展中,为自身发展赢得机会和创造条件。2019 年 12 月,宝鸡文理学院与宝鸡 8 家国有企业签订战略合作协议,这些企业都是各自行业的领跑者,在国内甚至世界上都具有影响力和竞争力。双方以签约为契机,发挥"人才优势 + 资源优势""学科优势 + 行业优势""智力优势 + 政策优势",共同推进各领域全面合作,助力宝鸡发展。[①] 总之,西部地方高校要增强自信,加强与地方企业沟通和交流,主动向企业提供所需服务,为高校发展营造良好的外部环境。

三是需要为学校营造和谐的人文环境。自改革开放以来,伴随社会经济的迅速发展,在思想文化领域也发生了深刻的转变,中国传统文化与西方现代文化、传统文化与现代文化和后现代文化等之间相互交织、相互冲突和碰撞,展现出文化多元化的景象。正如学者何中华所说的,"前现代、现代、后现代这一时间顺序已然变成一种空间关系,它们共生并存"。[②] 加之互联网络的迅速发展,以及微信、抖音等自媒体的快速普及,信息传输的速度更快和传输的范围更大,影响也更为广泛。当代大学生都是成长中的个体,也是互联网时代的主体,也正处于当前这个传统与现代并存、文化多元化的时代之中,面临着价值虚无和价值多元的冲突和矛盾。2022 年 4 月,习近平总书记在中国人民大学考察时强调:"立足新时代新征程,中国青年的奋斗目标和前行方向归结到一点,就是坚定不移听党话、跟党走,努力成长为堪当民族复兴重任的

---

① 《我校与宝鸡 8 家企业签订战略合作协议》,2019 年 12 月 29 日,见 http://www.bjwlxy.cn/info/1040/30661.htm。

② 何中华:《多元文化时代的价值困境及其出路》,《烟台大学学报》2004 年第 2 期。

时代新人。希望广大青年用脚步丈量祖国大地,用眼睛发现中国精神,用耳朵倾听人民呼声,用内心感应时代脉搏,把对祖国血浓于水、与人民同呼吸共命运的情感贯穿学业全过程、融汇在事业追求中。"[1] 2017 年 4 月,中共中央国务院印发的《中长期青年发展规划(2016—2025 年)》明确指出:"在青年中培育和践行社会主义核心价值观。引导青年勤学、修德、明辨、笃实,使社会主义核心价值观内化为青年的坚定信念,外化为青年的自觉行动。"[2] 在具体的实施过程中,要采取线上教育和线下教育相结合的方式,充分发挥当前互联网络时代的优越性,运用互联网输送价值观教育信息;要发挥优秀大学生的引领作用,遴选那些思想觉悟高,政治立场坚定,以及为人处世能力强的党员大学生或大学生入党积极分子,发挥榜样和引领作用;要发挥区域内榜样人物的带领作用,用他们的人格魅力影响周围人的价值观念。总而言之,高校要充分发挥各种社会力量,为高校创造良好的人文环境和氛围。

五、充分发挥社会中介组织推动西部高校提升服务能力的作用

现代社会中,高等学校人才培养、科学研究、社会服务、文化传承创新等功能的有效发挥与社会民间中介组织有着密切的联系,应充分发挥行业协会、商会、校友会等社会民间中介组织在推动西部高校发展中的作用。

一是发挥社会民间中介组织的桥梁纽带作用。校友捐赠是评价世界一流大学的核心指标,是欧美世界一流大学的常态。美国哈佛大学、耶鲁大学等世界一流大学均将校友捐赠视为彰显其综合实力、办学水平、教育质量、校园文化、社会影响的重要标志,已经成为评价世界一流大学教育教学质量、

---

[1]　《习近平在中国人民大学考察时强调　坚持党的领导传承红色基因扎根中国大地　走出一条建设中国特色世界一流大学新路》,《光明日报》2022 年 4 月 26 日。

[2]　《中共中央国务院印发〈中长期青年发展规划(2016—2025 年)〉》,《光明日报》2017 年 4 月 14 日。

社会影响力、校友商业成就、校友工作成效和学校治理能力的核心指标。在美国,私立大学获取校友捐赠是常态,普林斯顿大学的校友捐赠率为61%左右,哈佛大学的校友捐赠率为48%左右,其他大学的校友捐赠率也都集中在30%左右。[1]截至2021年6月,清华大学累计接受校友捐赠总额达47.20亿元,问鼎校友会2021中国大学校友捐赠排名榜首,再次刷新中国大学校友捐赠最高纪录。同年,电子科技大学校友捐赠总额达15.83亿元,重庆大学校友捐赠总额为7.33亿元,四川大学校友捐赠总额为6.82亿元。[2]西部高校要重视校友会的建设,凝聚校友的力量,让他们关注母校的发展,为母校的繁荣发展倾注力量。校友对母校的贡献与其归属感密不可分,西部高校要切实提升大学生的学校归属感,让他们从内心深处感受到自己跟学校之间水乳交融的情谊,在校期间刻苦努力,积极上进,敢于担当,为母校的发展贡献力量。总之,积极发挥社会民间中介组织在社会中的影响力和号召力,吸引更多的企业、协会、个人、团体等社会资源参与到西部高校的发展和建设中来,进一步助力西部高校高质量发展的强大合力。

二是发挥社会民间中介组织的决策咨询作用。行业协会、商会、校友会等社会民间中介组织聚集着许多专业人才,熟悉和掌握相关行业发展信息,有较为准确的行业发展判断,能够承担行业发展决策咨询的重要任务。事实上,高校设置的专业对应的就是行业,专业发展有相应的行业信息做指导,才能够培养出市场和行业发展所需要的人才。因此,行业协会、商会、校友会等社会民间中介组织要能够承担起高校发展的策划咨询、指导评估等服务性工作,可以以独立的视角对学校的发展目标、发展规划、发展措施的正确性、科学性、可行性进行审查和评价,保证学校的各项决策科学合理、符合实际、易

---

[1] 孙磊、张明:《多校区办学模式下的大学生学校归属感问题探究》,《教育教学论坛》2012年第40期。

[2] 《中国高校校友捐赠最新排名出炉　清华大学获捐47.20亿元位列榜首》,2022年1月19日,见 http://www.gongyishibao.com/html/yanjiubaogao/2022/01/20068.html。

于操作,从而促进西部高校科学、健康、可持续发展。2019 年 3 月,陕西国际商贸学院与西咸电子商务行业协会签订合作协议,西咸电子商务行业协会负责人表示,协会致力于搭建平台,沟通政府和服务企业,促进校企双方"共建、共享、共赢"。① 特别是在"一带一路"倡议背景下,西部高校要提升服务"一带一路"倡议的能力和水平,更需要获得社会力量的支持,其中来自社会民间中介组织对西部高校发展的专业化咨询服务至关重要,能够助推西部高校与"一带一路"沿线国家在人才培养、科学研究、成果转化等方面取得实效。

三是发挥社会民间中介组织对政府决策和行业发展的影响力。在现代社会中,行业协会作为独立于政府和企业的第三方组织,拥有本行业的专业人才,在行业领域具有权威性和影响力,承担着制定行业规约和行业标准的任务。行业规约和行业标准既是企业生产和经营的规范,也是高校制定人才培养方案、课程标准、科研工作规范等的重要依据。通过发挥社会民间中介组织在行业领域的影响力,进一步搭建起西部高校与行业系统沟通交流的平台,促进西部高校与行业系统的有效对接,使西部高校的人才培养、科学研究等工作能够更加贴近行业产业的需求,为经济社会发展提供更加有力的人才和科技支撑,使西部高校能够获得社会各界更大的支持。西部高校服务"一带一路"倡议中,更需要获得社会民间中介组织关于国际行业规约和行业标准等方面信息,以便西部高校在与"一带一路"沿线国家对接中更为顺畅和高效。

四是建立和完善以社会中介组织为主体的外部监测体系。现代社会里行业协会还承担着对本行业产品和服务质量、竞争手段、经营作风进行严格监督的任务,以维护行业信誉,鼓励公平竞争,打击违法、违规行为,营造公平竞争的环境,确保行业成员之间的正当、有序竞争。长期以来高校的人才培养、科学研究形成了较为完整的内部质量监测体系,但外部质量监测体系比

---

① 《陕西国际商贸学院与西咸电子商务行业协会签订合作协议》,2019 年 3 月 23 日,见 http://jyt.shaanxi.gov.cn/jynews/gdxx/201903/23/88820.html。

较薄弱,导致了高校人才培养的社会适应性较差、科研成果转化率较低等问题。因此,建立和完善以社会中介组织为主体的外部监测体系,能够对西部高校人才培养质量和科学研究水平的内部监测形成必要补充,形成内部监测和外部监测的双向监测机制,使人才培养质量和科研水平既能达到西部高校自身教学科研工作的内在要求,又能充分适应社会的外在需要,从而切实提升西部高校人才培养、科学研究、成果转化等方面的质量和水平,更好地服务于经济社会发展。2021 年 10 月,西安培华学院与九州集团签署战略合作协议,双方将在未来人才培养、科研共建、资源共享、校企合作等方面展开紧密合作。双方就定向人才培养、校企资源共享、科研教育开展、未来战略发展等达成一致,进一步深化产学融合、产教合作、协同育人的模式。实施校企联合办学战略,打造产教结合的新标杆,实现医学价值、社会价值、经济价值、创新价值多元化融合发展。①因此,应积极引导社会中介组织广泛参与西部高校外部质量监测,全方位、多角度、广领域汇集社会各行各业对西部高校人才培养质量、科学研究水平、科研成果转化等方面的评价信息,查找西部高校在人才培养、科学研究、成果转化过程中存在的突出问题,及时将掌握的信息反馈给政府有关部门和西部高校,并提出建设性的意见和建议,为政府宏观决策和西部高校发展提供客观、准确、科学的依据,切实发挥社会中介组织对西部高校的外部监测功能,促进西部高校的高质量发展。

---

① 《九州集团与西安培华学院签署战略合作协议》,2016 年 7 月 26 日,见 http://www.cnjzgroup.com/nd.jsp?id=282。

附　　录

一、"一带一路"倡议背景下西部高校国际化
人才培养及其实现路径研究

2013年9月,习近平主席在哈萨克斯坦纳扎尔巴耶夫大学演讲时提出共建"丝绸之路经济带"的倡议。同年10月,习近平主席访问东盟国家时提出建设"21世纪海上丝绸之路"的倡议。"一带一路"倡议是一项造福世界人民的伟大事业,能够促进"一带一路"沿线国家和地区经济社会繁荣发展与区域经济合作,以及不同文明的交流互鉴和世界的和平发展,因此得到了沿线国家的积极响应和国际社会的高度关注。我国地域广阔,区域特色鲜明,应充分发挥国内各地区比较优势,服务"一带一路"倡议。2015年3月,国家发展改革委员会、外交部和商务部联合发布的《推动共建丝绸之路经济带和21世纪海上丝绸之路的愿景与行动》明确指出:"发挥新疆独特的区位优势和向西开放重要窗口作用,深化与中亚、南亚、西亚等国家交流合作,形成丝绸之路经济带上重要的交通枢纽、商贸物流和文化科教中心,打造丝绸之路经济带核心区。发挥陕西、甘肃综合经济文化和宁夏、青海民族人文优势,打造西安内陆型改革开放新高地,加快兰州、西宁开发开放,推进宁夏内陆开放型经济

试验区建设,形成面向中亚、南亚、西亚国家的通道、商贸物流枢纽、重要产业和人文交流基地。"

由此可见,我国西部地区在"一带一路"倡议中处于不可忽视的重要位置,发挥着无以替代的重要作用,特别是陕西作为"一带一路"重要节点和古丝绸之路起点,在"一带一路"倡议中居于显著地位。"对西部高校而言,'一带一路'倡议既是促进西部高校发展的机遇,更是西部高校必须承担的社会责任,一切学术科研活动都要以培养人才、服务社会为最终目的。"[①] 毫无疑问,"一带一路"倡议离不开人才支撑,尤其是高素质的国际化人才,西部高校作为人才培养的高地,应积极承担起培养国际化人才以服务"一带一路"倡议的时代使命和责任。

(一) 西部高校培养国际化人才是服务"一带一路"倡议的现实需要

在推进"一带一路"倡议实施中,人的因素无疑是至关重要的。全国政协委员张水波在对我国 29 家具有代表性的承担"一带一路"基础设施建设重任的大型国际工程集团公司进行调研后发现,多数企业急迫需要具有家国情怀的熟悉基础设施国际化经营规律的专业人才。[②] 领英智库在第三届互联网大会上发布的《一带一路人才白皮书》中指出,"在受访的国有企业中,66%的企业表示难以找到高级别的人才"。[③] 所以,要推进"一带一路"倡议的实施,人才支撑必须要跟上,否则会直接影响"一带一路"倡议的顺利推进。2016 年,教育部颁发的《推进共建"一带一路"教育行动》明确提出,要"提供人才支撑,培

[①] 祁占勇、陈雪婷:《"一带一路"背景下西部高校发展的 SWOT 战略分析》,《集美大学学报》2017 年第 4 期。

[②] 《张水波委员:建议高校定向培养一带一路人才》,2019 年 3 月 4 日,见 https://www.mj.org.cn/mjzt/content/2019–03/04/content_316497.htm。

[③] 《领英智库首发"一带一路人才图谱"》,2016 年 11 月 17 日,见 http://ydyl.china.com.cn/2016–11/17/content_39731366.htm。

养大批共建'一带一路'急需人才,支持沿线各国实现政策互通、设施联通、贸易畅通、资金融通"。需要注意的是,我国"一带一路"倡议的沿线国家和地区共有 65 个,涉及亚、欧、非三大洲,这些国家和地区的官方语言有 53 种。这意味着服务"一带一路"倡议的人才必须是熟悉这些国家和地区的语言文化,具有国际化视野和素质的国际化人才。因此,西部高校应积极回应"一带一路"倡议对国际化人才的现实需要,为西部地区充分发挥"一带一路"倡议中的地域优势而贡献力量。

那么,服务"一带一路"倡议的国际化人才应该是什么样的人才呢? 自"一带一路"倡议实施以来,不同专家和学者对此进行了深入的思考和研究,提出了见仁见智的观点和认识。有学者认为,"一带一路"倡议背景下中国高校培养的国际化人才的核心素养中,中国心是根本,即国际化人才培养归根结底是为我国现代化建设服务的;国际观是要求,即所培养的国际化人才要具有国际视野和理念、国际化知识和能力;竞争力是目标,即所培养的国际化人才要具有国际竞争力,能够在国际市场上发挥优势和作用。[1] 有学者认为,"一带一路"倡议需要的国际化人才包括国际组织人才、创新创业人才、非通用语言人才、海外华人华侨人才、海外高端人才、急需领域专业人才等。[2] 有学者研究发现,"一带一路"倡议实施存在不同类型的人才缺口,如领导型人才、技术型人才、金融型人才、贸易型人才、法律型人才等。而且,"一带一路"倡议所需的国际化人才在掌握语言交流工具前提下,还要进行跨文化的理解与沟通,既不能以自我为中心,也不能以他者为中心,而是在两种文化冲突之间找到彼此的相同点,用对方听得懂、能理解的方式,表达自我诉求和争取对方支持。[3]

---

① 杨红英,林丽:《论"一带一路"背景下中国高校国际化人才核心素养的培养》,《西南民族大学学报》(人文社会科学版)2018 年第 2 期。

② 周谷平、阚阅:《"一带一路"战略的人才支撑与教育路径》,《教育研究》2015 年第 10 期。

③ 陈海燕:《"一带一路"战略实施与新型国际化人才培养》,《中国高教研究》2017 年第 6 期。

笔者认为,西部高校培养服务"一带一路"倡议的国际化人才,指的是西部高校从充分发挥西部在"一带一路"建设中的区域优势地位的作用出发,致力于培养适应"一带一路"倡议需要的具有家国情怀和专业素质的国际化人才。家国情怀是指所培养的人才要具有社会担当和社会责任的意识和精神。"一带一路"倡议是我国政府顺应经济全球化、社会信息化,以及文化多样化、世界多极化发展的潮流,致力于维护全球自由贸易体系,秉持着开放的区域合作精神而提出的区域经济合作架构,这将为人类和平发展作出巨大贡献。西部高校培养的适应"一带一路"倡议需要的国际化人才必须具有强烈的社会担当和社会责任意识。只有这样,才能够肩负起"一带一路"倡议的历史使命。我国传统文化中的"天下兴亡,匹夫有责""修身、齐家、治国、平天下"等都是家国情怀教育的重要资源。专业素质是指所培养的人才要具有从事"一带一路"倡议所需的专业素养,主要包括专业知识和专业技能,能够胜任自己的工作,并取得显著的工作成效。除此之外,还需要具有跨文化交流和沟通的素质和能力,尤其是要掌握相应的非通用语言,能够与"一带一路"沿线国家和地区的本地人进行顺畅的对话。总之,西部高校培养国际化人才要符合服务"一带一路"倡议的现实需要。

(二) 西部高校培养服务"一带一路"倡议国际化人才的现状分析

按照经济区域划分,我国包括东部、中部、西部和东北四大地区,其中西部包括陕西、甘肃、宁夏、四川、云南、贵州、广西、青海、西藏、新疆、内蒙古和重庆等12个省、自治区和直辖市。根据2021年教育统计数据显示,西部地区拥有普通高校739所,其中"双一流"大学28所,地方一般本科高校271所,高等职业院校440所,高等教育总体规模庞大,是国家科技创新的重要支撑点和密集区。2017年9月,教育部、财政部、国家发展改革委颁布的《关于公布世界一流大学和一流学科建设高校及建设学科名单的通知》公布了一流大学建设高校共 42 所,其中 A 类 36 所、B 类 6 所。西部共有 9 所高校入选一流大学建设高校,四川大学、重庆大学、电子科技大学、西安交通大学、西北工业大学、兰州大学等入选一流大学 A 类建设高校,云南大学、西北农林科技大学、新疆大学等入选一流大学 B 类建设高校。[①]《2020 软科中国大学排名(主榜)》的前 100 强高校中,西部有 13 所高校入选,分别是西安交通大学、四川大学、西北工业大学、重庆大学、兰州大学、西安电子科技大学、西南交通大学、西北大学、西南大学、西北农林科技大学、陕西师范大学、云南大学、长安大学。[②] 以入选一流大学建设高校和前 100 强高校为代表的西部高校是支撑西部高等教育发展的重要力量,更是培养服务"一带一路"倡议国际化人才的重要阵地。2015 年 5 月,由西安交通大学首倡发起的丝绸之路大学联盟在西安成立,并发布了《西安宣言》。截至 2018 年 10 月,来自 38 个国家和地区的 150 所高校加入丝绸之路大学联盟,这为西部高校服务"一带一路"倡议奠定了良好基础。[③]

从以上分析中我们可以看出,西部高校在服务"一带一路"倡议中已经具备一定的基础和条件。但是仔细审视西部高校服务"一带一路"倡议国际化人才培养现状,还存在以下问题。

第一,西部高校办学总体实力不强。客观地讲,高等教育的发展格局会直接影响人才供给。目前,与东部高校相比,西部高校不论在入选一流大学建设高校的数量方面,还是在入选前 100 强高校的数量方面,都处于劣势。而且,入选一流大学建设高校和前 100 强高校的西部高校主要集中在西安、重庆、兰州等城市,而处于"一带一路"沿线的内蒙古、宁夏、青海、新疆、西藏等地区的高校,只有新疆大学入选一流大学建设高校。由于高等教育资源在

---

① 《世界一流大学和一流学科建设高校及建设学科名单公布——"双一流"建设正式开启》,《光明日报》2017 年 9 月 22 日。

② 《权威发布:2020 软科中国大学排名(主榜)》,2020 年 5 月 15 日,见 https://shanghai.eol.cn/shanghainews/202005/t20200515_1727298.shtml。

③ 《丝绸之路大学联盟》,2018 年 12 月 28 日,见 http://www.xjtu.edu.cn/gjjl/sczldxlm.htm。

地域层面分配不均,致使西部高校办学的总体实力不强,以及西部高校之间办学水平差异性较大。这是影响西部高校培养服务"一带一路"倡议国际化人才的客观因素。

第二,西部高校教育观念趋于保守。培养国际化人才,需要高校具有开放的办学理念,积极与"一带一路"沿线国家加强国际交流与合作,与时俱进,创新人才培养体制和机制。但是,由于西部高校特别是西部地方院校地处偏远地区,当地经济社会发展迟滞,对外信息交流不畅等原因,致使教育观念趋于保守,缺乏发展的危机感和紧迫感,缺乏改革创新的精神和魄力。正因为如此,有学者提出"西部高校发展的全部生命力在于教育观念的根本性变革——新的教育价值观、新的教育人才观、新的教育质量观的全新确立"。[①]可以说,突破保守教育观念的桎梏,树立开放的教育观念,是当前西部高校特别是西部地方院校发展中需迫切解决的现实问题。

第三,西部高校高层次人才较为缺乏。师资队伍建设是高校人才培养工作的基础和前提,但是西部高校师资队伍建设却面临着严峻挑战。自"国家启动'双一流'建设战略以来,'985 工程'和'211 工程'高校人才竞争之激烈已经到了'白热化'程度,与东部和中部地区高校相比,特别是与这些地区的'985 工程'和'211 工程'高校相比,西部高校在竞争中明显处于不利地位"。[②]西部高校特别是地方院校地域偏僻,学校教学科研条件不佳,在引进高层次人才方面与东部高校相比没有比较优势。更需要关注的是,西部高校高层次人才流失现象也非常严重。有资料显示,西安交通大学在 1999—2005 年调出的学科带头人和骨干教师达到 599 人。[③]地方院校具有博士学历教师和高级职称教师等高层次人才则大量地流向省会城市高校。因此,高层次人才队伍建

---

① 李丽容、汉泽西:《对西部大开发环境中西部高校发展几个问题的思考》,《陕西师范大学学报》(哲学社会科学版)2002 年第 S2 期。

② 甘晖:《破解西部高校人才队伍建设难题的战略思考》,《中国高等教育》2017 年第 5 期。

③ 唐兴芳、郝婷:《西部高校人才队伍建设存在的问题及对策研究》,《高等农业教育》2017 年第 4 期。

设是西部高校面临的难题。

第四,西部高校特别是地方院校外语教学状况制约服务"一带一路"倡议国际化人才的培养工作。"一带一路"沿线国家和地区有 65 个,官方语言包括 53 种。这些国家和地区语言的多元化,意味着西部高校致力于培养服务"一带一路"倡议国际化人才,就必须注重外语教学,提高学生的外语水平。丝绸之路大学联盟秘书处秘书杨笑在介绍联盟发展状况时认为,语言是联盟目前遇到的最大的问题和挑战。① 但是,目前西部高校在应对"一带一路"沿线国家和地区语言多元化问题方面还没有做好充分的准备。以陕西省为例,唯一的语言类大学西安外国语大学开设的外语专业除了英语、俄语、德语、法语等大语种外,还包括阿拉伯语、泰语、土耳其语等十余个小语种,其他高校开设的外语专业主要是英语、日语、俄语等语种,而很多地方院校甚至只开设英语专业。可见,西部高校特别是地方院校外语教学条件难以满足"一带一路"沿线国家和地区语言多样化的现实需求。

(三)"一带一路"倡议背景下西部高校培养国际化人才的实现路径

综上所述,当前西部高校发展中面临着诸多问题和挑战,那么,"一带一路"倡议背景下西部高校培养国际化人才的实现路径有哪些呢?

第一,从国家维度来讲,应从实施"一带一路"倡议的战略高度出发,加大对西部高校尤其是西部地方院校的支持力度。"一带一路"倡议是当前我国政府在把握国际和国内两个大局基础上作出的战略选择。西部高校具有地域优势,更需要在"一带一路"倡议的落实中发挥应有的作用,也正是在这个意义上,国家要加大对西部高校的支持力度。一方面,国家应给予西部高校教育经费方面的支持。高校办学要依靠教育经费,没有充足的教育经费作保

---

① 《丝绸之路大学联盟　打造"一带一路"教育合作新典范》,2017 年 7 月 26 日,见 http://news.youth.cn/jy/201707/t20170726_10381191.htm。

障,高校发展会成为空谈。我国公办高校教育经费主要依靠政府拨款,包括中央、省、地市三级政府拨款。通常情况下,中央政府拨款数额依据的是高校层次,高校层次越高,获得的中央财政支持也会越多。西部高校中"双一流"大学数量偏少,中央财政支持也就偏小。而省、地市级政府给高校的拨款与当地经济发展状况紧密相关,西部地处内地,经济发展滞后,特别是偏远的地市经济状况更不景气,因此,西部高校获得的地方政府拨款也就十分有限,地方院校的教育经费更是捉襟见肘,非常紧张。[①] 因此,国家应从中央财政中加大对西部高校,尤其是西部地方院校教育经费的投入力度。

另一方面,国家应给予西部高校政策方面的支持。我国地区发展不均衡是客观事实,国家为促进西部发展,出台了相关政策,如"西部大开发"政策等,有效地推动了西部发展步伐。具体到西部高校发展方面,也需要相关政策方面的支持,比如在"一流大学"建设高校筛选方面,不能把西部高校和东部高校放在一个标准下,而是应出台有利于西部高校发展的倾斜性政策,适当增加西部高校入选的数量;在国家级各类人才评选方面,应充分考虑西部高校发展现实状况,在评选政策制定方面适当向西部高校倾斜,以及对获得国家级人才称号的高层次人才提出在对口的西部高校开展教学和科研活动等方面的要求。

第二,从西部高校维度来讲,应精准设计服务"一带一路"倡议国际化人才的培养方案。一是树立服务"一带一路"倡议国际化人才培养的教育理念。对于西部高校而言,一方面,应清醒地认识到培养国际化人才是西部高校服务"一带一路"倡议的重要举措,也是充分发挥西部在"一带一路"倡议中地域优势的关键;另一方面,应突破西部高校地处西部导致的教育观念保守的桎梏,能够确立立足西部、面向全国、走向世界的教育发展理念。二是明确服务"一带一路"倡议国际化人才的培养目标。"一带一路"倡议需要具有家国情

---

① 郭霄鹏、边瑞瑞:《"一带一路"战略背景下陕西高等教育发展问题及对策研究》,《理论导刊》2016 年第 8 期。

怀和专业素质的国际化人才,前者是对人才的思想素质的要求,后者是对其专业素质的要求,二者缺一不可,不可偏废。除此之外,所培养的国际化人才必须具有良好的语言沟通和交流能力,特别是对"一带一路"沿线国家和地区的非通用语言的掌握要达到要求。三是设置培养服务"一带一路"倡议国际化人才的课程体系。该课程体系包括基础课程,如语言类课程,以及关于"一带一路"沿线国家文化方面的课程等;专业课程,要根据"一带一路"沿线国家建设急需专业人才来设置,如交通运输、建筑、医学、能源、环境工程等专业课程;实践课程,为学生提供深入企业提升能力的机会和条件。四是积极采用合作办学的方式。西部高校应充分借助当前国家鼓励国内高校和"一带一路"沿线国家和地区合作办学的政策,积极开展多种模式和形式的合作办学,提升服务"一带一路"倡议国际化人才的培养质量和水平。

第三,从西部高校教师维度来讲,应努力提升自身教育教学素质。"一带一路"倡议国际化人才培养依靠的是高校教师,教师自身素质在很大程度上决定了人才培养的质量和水平。具体地讲,一方面,西部高校教师应强烈地认识到培养服务"一带一路"倡议国际化人才的重要意义和价值,以及教师肩负的责任和使命,从而切实提升自己对国际化人才培养工作的热情和积极性,积极投身到人才培养工作之中;另一方面,西部高校教师应结合"一带一路"倡议国际化人才培养工作的现实需要,努力提升自己的专业素质和能力,在日常的人才培养工作中精心引导学生成长和发展,把他们培养成为符合"一带一路"倡议需要的国际化人才,真正为"一带一路"倡议的实施作出贡献。

本文发表在《宝鸡文理学院学报》(社会科学版)2020年第4期

二、"一带一路"战略背景下陕西高等教育
发展问题及对策研究

陕西是古丝绸之路的起点,也是欧亚大陆桥的重要枢纽,与中亚、南亚、西亚等国家的交往源远流长,有基础成为共建丝绸之路经济带的新起点,有责任担负起时代赋予的历史使命。2015 年 1 月习近平总书记在陕西考察时指出,陕西要找准定位,主动融入"一带一路"大格局。2015 年 3 月国家发展改革委、外交部、商务部联合发布的《推动共建丝绸之路经济带和 21 世纪海上丝绸之路的愿景与行动》(以下简称《愿景与行动》)提出:"发挥陕西、甘肃综合经济文化和宁夏、青海民族人文优势,打造西安内陆型改革开放新高地","形成面向中亚、南亚、西亚国家的通道、商贸物流枢纽、重要产业和人文交流基地"。[①]陕西高等教育事业是陕西推动和引领"一带一路"建设的重要力量。陕西拥有普通高校 80 所、成人高校 16 所、独立学院 12 所、研究生培养单位 49 个,各类高等教育总规模达到 150 万人,[②]是国家科技创新的重要支撑点和密集区。陕西高等教育如何融入"一带一路"国家战略,如何结合实际在这一战略中寻求发展,是当前摆在陕西高等教育面前的一个重要课题。

(一)"一带一路"战略实施为陕西高等教育发展提供新的历史机遇

"一带一路"战略的实施为促进陕西高等教育"一流大学、一流学科、一流学院、一流专业"建设,推进陕西高等教育国际化发展,全面提高陕西高等教

---

① 国家发展改革委、外交部、商务部:《推动共建丝绸之路经济带和 21 世纪海上丝绸之路的愿景与行动》,《人民日报》2015 年 3 月 29 日。

② 《2014 年陕西省教育事业发展统计公报》,2015 年 8 月 12 日,见 http://jyt.shaanxi.gov.cn/news/tongjinianjian/201508/12/9628.html。

育质量提供了新的重要历史机遇。

1. 人才培养和科技工作的机遇

《愿景与行动》提出:"深化沿线国家间人才交流合作。""加强科技合作,共建实验室(研究中心)、国际技术转移中心、海上合作中心,促进科技人员交流,合作开展重大科技攻关,共同提升科技创新能力。"[1]亚洲开发银行的评估报告显示,2010—2020 年,亚洲各国累计需要投入 7.97 万亿美元用于基础设施的建设与维护,涉及 989 个交通运输和 88 个能源跨境项目。[2]教育跟着产业走,高等教育国际化要与国民经济海外发展相伴随。随着中国制造业"走出去"的步伐不断加快,国际合作日益深化,将有效拉动相关国家对人才和技术的需求。特别是与陕西毗邻的中亚、南亚、西亚等地区沿线国家地域辽阔,拥有丰富的资源,但这些国家人才匮乏、技术短缺,尤其是在交通、电力、农业和矿产等领域,这为具有相关学科实力的陕西高校提供了输出高素质人才和高水平科技成果的机遇。

2. 合作办学的机遇

与陕西毗邻的中亚、南亚、西亚地区不仅是"一带一路"战略的优先推动区域,也是我国高等教育合作的重点方向。但这些地区国家高等教育相对薄弱,高等教育资源比较匮乏,对高水平高等教育有着旺盛的需求,陕西高等教育实施"走出去"办学战略,既有现实基础,又有发展前景。一方面,经过多年的发展,陕西高等教育具有较强的办学实力和丰富的办学经验,特色优势明显,可以充分发挥陕西高等教育人才优势,输出陕西高等教育优质资源,打造陕西高等教育品牌;另一方面,陕西高校可结合自身办学特色和学科优势举办境外分校,或是与"走出去"的中国企业共同设立职业技能培训中心,对接

---

① 国家发展改革委、外交部、商务部:《推动共建丝绸之路经济带和 21 世纪海上丝绸之路的愿景与行动》,《人民日报》2015 年 3 月 29 日。

② 莫蕾钰、洪成文:《"一带一路"战略实施中国高等教育使命需及时调整》,《光明日报》2015 年 5 月 12 日。

当地教育和职业培训需求,为当地培养新一代技术人才和产业工人。

3. 教育交流的机遇

促进教育文化交流、实现民心相通是"五通"(习近平主席访问中亚时提出"五通",即政策沟通、设施联通、贸易畅通、资金融通、民心相通)的重要内容,也是夯实沿线各国民意基础的关键所在。中亚、南亚、西亚等国家与陕西省有着广泛的教育文化交流基础,例如,哈萨克斯坦有 8 万陕西"东干人",说的是陕西话,吃的是羊肉泡馍,穿的是传统服装,还唱着陕西民谣,语言和交流合作都没问题。[①]"一带一路"战略的实施给陕西与中亚、南亚、西亚等国家开展教育交流提供了难得的机遇。

学生交流是教育交流的重要领域。《愿景与行动》提出:"扩大相互间留学生规模,开展合作办学,中国每年向沿线国家提供 1 万个政府奖学金名额。"[②]习近平主席 2015 年 4 月 2 日在亚非领导人会议上演讲时宣布"中国未来 5 年内将向亚非发展中国家提供 10 万名培训名额;连续在华举办亚非青年联欢节,共邀请 2000 名亚非青年来华访问并参加联欢;将成立中国—亚非合作中心,进一步推进亚非各国交流合作"。[③]与此同时,计划向"一带一路"沿线国家派遣一定数量的留学人员。陕西高校应抓住这一机遇,用好中国政府奖学金,招收"一带一路"沿线国家留学生。同时,在对口交流框架下,安排学生到对方学校进行短期学习体验和实习,拓展国际视野。

4. 学生就业和实习的机遇

《愿景与行动》提出:"整合现有资源,积极开拓和推进与沿线国家在青年就业、创业培训、职业技能开发、社会保障管理服务、公共行政管理等共同关

---

① 孙洪伟:《娄勤俭谈"一带一路"陕西站到开放"最前沿"》,《华商报》2015 年 3 月 10 日。

② 国家发展改革委、外交部、商务部:《推动共建丝绸之路经济带和 21 世纪海上丝绸之路的愿景与行动》,《人民日报》2015 年 3 月 29 日。

③ 习近平:《在亚非领导人会议上的讲话》,《人民日报》2015 年 4 月 23 日。

心领域的务实合作。"① 陕西省优质产能向中亚、南亚、西亚等周边国家的输出,不仅可以拉动当地对技能的需求,而且会给陕西高校毕业生带来参加境外项目工程建设、境外工作就业的机会。同时,陕西高校也可与"走出去"的中国企业合作,为学生提供境外实习锻炼的机会,为培养适应境外工作需要的、综合素质高的人才打好基础。

(二)"一带一路"战略背景下陕西高等教育发展存在的现实问题

虽然"一带一路"战略的实施为陕西高等教育带来难得的发展机遇,但是从陕西高等教育现状来看,陕西各高校就如何融入"一带一路"国家战略,促进陕西高等教育事业快速发展,还缺乏周密的顶层设计和具体的措施,尚未建立起与"一带一路"战略相适应的发展理念和发展平台,无论是教育资源、教育结构,还是质量水平,都难以很好地满足"一带一路"战略及陕西经济社会发展的需要,存在着一系列的现实问题。

1. 高等教育资源方面的问题

(1)基础性资源不足。现代丝绸之路作为国际互通的纽带对任何国家和地区都是开放的,"一带一路"战略背景下陕西高等教育要凭实力求发展,而实力的提升需要雄厚的财力作为支撑。陕西高等教育一方面是陕西区域经济社会发展的产物,另一方面也是国家高等教育战略布局调整的结果,这就造成了陕西经济社会发展与高等教育发展不同步的问题。陕西高等教育的核心竞争力处于西部之首,全国第四。② 2015 年陕西 GDP 总量居全国第 15 位。③ 我国省属高等教育办学经费主要以地方政府财政拨款和学费为主,在东

① 国家发展改革委、外交部、商务部:《推动共建丝绸之路经济带和 21 世纪海上丝绸之路的愿景与行动》,《人民日报》2015 年 3 月 29 日。

② 武书连:《挑大学选专业——2015 高考志愿填报指南》,中国统计出版社 2015 年版,第 23 页。

③ 《31 省区 2015 年 GDP 排行榜出炉 23 地同比增速超 7%》,2016 年 1 月 28 日,见 http://district.ce.cn/zg/201601/28/t20160128_8596192.shtml?agt=1870。

部地区凭借强大的经济实力向本地高校投以重资的同时,陕西高等教育面临着教育经费投入相对不足带来的压力。虽然,陕西地方政府极力保障高等教育的财政支出,这几年加大对高等教育的投入,但还是难以满足高等教育快速发展的资金需要,2014 年陕西高等教育生均经费排在全国第 23 位,[①] 办学条件相对落后于"一带一路"沿线经济发达地区。如何合理使用有限的基础性资源,提高教育经费使用效益,是陕西高等教育应对"一带一路"战略挑战必须解决的现实问题。

(2)关键性资源短缺。教育大计,教师为本。有好的教师,才有好的教育。牛津大学校长安德鲁·汉密尔顿教授认为:"人是高校最关键的资源。"世界一流大学都拥有关键性资源的巨大优势,他们特别注重且致力于培养和引进各类高水平教师和科研人员。优秀的人才队伍是培养一流创新人才、产出一流科研成果的关键。然而,陕西由于地理位置和经济社会发展水平等因素的制约,在人才队伍建设的资金推动力和环境吸引力方面与东部沿海地区还有一定的差距,使得陕西大多数高校师资队伍建设存在数量不足和质量需要进一步提升的问题,尤其是缺乏高水平的学科学术带头人,形成了关键性资源短缺的瓶颈约束。如何培养和引进高素质的人才,尽快补齐师资队伍建设这一"短板",是陕西高等教育服务"一带一路"战略的关键。

2. 高等教育结构方面的问题

(1)层次结构不合理。从"一带一路"沿线国家和地区经济发展与产业结构来看,"一带一路"建设既需要研究生教育为其培养一大批创新型研究人才,也需要高等职业技术教育为其培养数以十万乃至百万计的技术技能型人才。由于各种原因,陕西研究生教育和高等职业技术教育发展缓慢,尤

---

① 教育部、国家统计局、财政部:《关于 2014 年全国教育经费执行情况统计公告》,2015 年 10 月 13 日,见 http://www.moe.gov.cn/srcsite/A05/s3040/201510/t20151013_213129.html?from=groupmessage&IsaPpinstalled=0。

其是高职教育发展滞后,存在着办学规模偏小、培养体系不完善、实训基地不足和办学质量不高等问题。2014 年陕西在校研究生为 98756 人、本科生为705800 人、专科生为 393813 人。①陕西高等教育人才层次结构呈现两头小、中间大的"橄榄形",并非理想的"正梯形"。如何优化人才培养层次结构,满足"一带一路"建设对各类人才的需求,是陕西高等教育有效服务"一带一路"战略不容忽视的现实问题。

(2)学科专业结构不匹配。"一带一路"建设以"文化、旅游、贸易、金融、交通、基建"为重点内容,需要大量工程技术、国际贸易、项目设计和管理、语言类等专业领域的人才。陕西高等教育的学科专业覆盖面虽广,但由于在最初设置时,受计划经济和行业办学体制的影响,服务面向以国家建设和行业需要为主,并未充分考虑地方经济社会发展状况,在多年的发展中虽然进行了不断的调整,但是整体"工科强、理科弱、文科缺"的状况没有得到根本改变,现有优势学科专业依然主要集中在机械、航空、电子、化工等工科领域,与陕西区域经济结构不匹配,也无法满足"一带一路"建设的需求,"用工荒"和"就业难"的问题同时并存。如何调整现有学科专业结构,主动融入"一带一路"战略,拓宽创业就业渠道,是陕西高等教育亟待解决的问题。

3. 高等教育质量水平方面的问题

(1)人才培养国际化水平较低。高等教育国际化既是经济全球化的必然产物,也是实施"一带一路"战略的必然要求。高等教育国际化的本质是充分利用国际国内两个市场,优化教育资源和要素配置,培养出具有国际竞争力的高素质人才,并服务于国家和区域经济社会发展。由于地处内陆等原因,陕西高等教育的人才培养国际化水平较低。2014 年在陕留学生总规模只有

---

① 《2014 年陕西省教育事业发展统计公报》,2015 年 8 月 12 日,见 http://jyt.shaanxi.gov.cn/news/tongjinianjian/201508/12/9628.html。

4859 人，^①而同期在北京和上海的留学生数分别为 39379 人和 23702 人。^{②③}截至 2016 年 3 月，陕西经国家批准举办的中外合作办学项目仅有 9 项，而北京和上海的数量分别是 53 项和 68 项。^④"一带一路"战略所涵盖的建设内容，无一不需要高等教育为其提供人才支撑，陕西高校要担负起为"一带一路"战略培养所需人才的重任，就必须解决"人"的国际化问题。

(2)科学研究对区域经济的贡献度不高。"一带一路"战略的实施需要科学技术的引领，陕西要在"一带一路"战略的实施中取得快速发展，需要高等教育提供强大的智力支持和科技支撑。陕西高等教育科学研究力量在全国虽然处于领先地位，但科技成果转化率并不高。2014 年陕西高校拥有各类科研机构 499 个，研究与发展人员 13293 人，高校科技经费达 69.70 亿元，居全国第 4 位，专利申请 6867 项，居全国第 4 位；但专利转让签订合同数仅为 509 项。^⑤相对于巨大的科研投入和丰硕的科研成果而言，目前陕西高校的科技成果转化率和转化后取得的相应经济效益明显偏低，大多数科技成果徘徊于研究平台之上，未能转化为现实的生产力，有些科技成果和专利多年来"养在深闺人未识"。科技成果转化率是区域高等教育实现科学研究与服务社会职能的重要体现，区域高等教育科技成果转化率的高低决定着该区域高等教育对区域经济贡献度的大小。如何利用已有特色学科和优势学科，推动科学研究国际化，提高对"一带一路"区域经济社会发展的贡献度，是陕西高等教育必须正视的现实问题。

---

① 《2014 年陕西省教育事业发展统计公报》，2015 年 8 月 12 日，见 http://jyt.shaanxi.gov.cn/news/tongjinianjian/201508/12/9628.html。

② 北京市统计局、国家统计局北京调查总队：《北京统计年鉴 2015》，中国统计出版社 2015 年版，第 18 页。

③ 上海市统计局、国家统计局上海调查总队：《上海统计年鉴 2015》，中国统计出版社 2015 年版，第 21 页。

④ 《关于公布中外合作办学机构和项目相关信息的说明》，中华人民共和国教育部中外合作办学监管工作信息平台，见 https://www.crs.jsj.edu.cn/news/index/59。

⑤ 中华人民共和国教育部科学技术司：《2014 年高等学校科技统计资料汇编》，高等教育出版社 2015 年版，第 18 页。

（三）"一带一路"倡议实施中陕西高等教育发展的对策建言

陕西是高等教育大省,也是高等教育强省,可以说高等教育是陕西的一张名片,陕西理应进一步把高等教育这张名片做大、做强、做好。党的十八届五中全会提出了"创新、协调、绿色、开放、共享"五大发展新理念,这是新时期加快推进高等教育改革发展的根本遵循。陕西高等教育要抓住"一带一路"倡议实施的机遇,以"五大发展理念"为引领,以"三个共同体"(李克强总理出席博鳌亚洲论坛 2014 年年会开幕式时提出构建亚洲"三个共同体",即坚持共同发展的大方向,结成亚洲利益共同体;构建融合发展的大格局,形成亚洲命运共同体;维护和平发展的大环境,打造亚洲责任共同体)和"五通"理念为依据,探索"一带一路"倡议实施中,陕西各级各类高校国际化办学的路径,促进陕西与"一带一路"沿线国家和地区之间教育、科技、文化等领域的全面交流和双向互动,推动陕西高等教育跨越式发展。

1. 落实"五大发展理念",促进陕西高等教育分层次多样化与"一带一路"沿线国家和地区开展交流合作

在当前我国高等教育发展激烈竞争的新形势下,多样化既是高等教育发展大局的需要,也是高校落实"五大发展理念"、争取发展空间、开展对外合作交流必须坚持的原则。在"一带一路"倡议的实施中,陕西高等教育要坚持创新发展,将创新作为引领发展的内在动力,在深化改革中发展,在开拓创新中前进;要坚持协调发展,将协调作为推动发展的基本要求,促进规模、结构、质量、效益、速度协调发展;要坚持绿色发展,将绿色作为推动发展的重要条件,努力实现人与环境的和谐统一,营造高雅优美、健康向上、积极进取、风清气正的校园环境和文化氛围;要坚持开放发展,将开放作为实现学校合作共赢的必由之路,以开放汇聚办学资源、扩大办学空间、增强办学实力;要坚持共享发展,将共享作为发展的根本目的,把改革发展的成果体现在拓展教职工成长空间和改善教职工工作学习生活条件上,体现在提高学生就业率和就业

质量上,让广大师生共享改革发展成果,不断增强师生员工的获得感、归宿感和幸福感。

面对国家"一带一路"战略的实施和"一流大学、一流学科"建设的新形势和新任务,陕西高等教育落实"五大发展理念"的核心是推进学科、人才、质量建设。其中学科是落实"五大发展理念"的关键所在,人才是落实"五大发展理念"的根本保障,质量是落实"五大发展理念"的本质要求。没有学科,落实"五大发展理念"就失去了根基;没有人才,落实"五大发展理念"就没有支撑;没有质量,落实"五大发展理念"就失去了价值。因此,陕西高等教育要以学科、人才、质量为抓手,落实"五大发展理念",分层次多样化与"一带一路"沿线国家和地区开展交流合作。[①]

(1)以学科促进陕西高水平大学与"一带一路"沿线国家和地区开展交流合作。以陕西"985工程"高校、"211工程"高校和"中西部基础能力建设工程"高校为重点,依托国家"一流大学、一流学科"建设的契机,坚持把学科建设作为陕西高等教育发展的龙头,自觉把学科建设融入谋划发展、制定政策、落实任务、部署工作的全过程,按照"固优、强特、扶需、重基"的原则,凝练学科方向,优化学科生态,汇聚学科队伍,构筑学科平台,打造学科高峰,形成学科合力,提升学科水平,以学科共建与"一带一路"沿线国家和地区高等教育合作交流的平台,促进陕西高水平大学与"一带一路"沿线国家和地区的科教结合、校地合作、校企合作、产学融合,广泛推进协同育人、协同创新,把更多的国际国内社会资源转化为高校的育人资源、科学研究资源、学科建设资源,推动陕西高水平大学发挥优势、办出特色、提升水平,增强国际化竞争优势。

(2)以人才支撑陕西行业划转高校与"一带一路"沿线国家和地区开展交流合作。陕西省是全国原行业所属划转高校最多的省份之一,目前陕西省属

---

① 黄蓉生:《落实五大发展理念共创高校美好春天》,《中国高等教育》2016年第6期。

27 所公办本科院校中 13 所是原行业所属划转高校。① 这些行业划转高校在长期办学实践中形成了自身的特色和优势,在整个陕西高等教育体系中占据重要地位。当前,由于受主客观因素的影响,人才成了制约陕西行业划转高校发展的最大瓶颈。一方面,人才队伍整体实力相对于高水平的综合性大学来说还比较薄弱,尤其是缺乏高水平的学科带头人;另一方面,不同学科之间师资队伍建设不均衡,优秀师资力量主要集中在行业优势特色学科,其他学科的师资队伍往往要弱一些,尤其是建设时间短的新增学科表现更为明显。因此,陕西行业划转高校应坚持把人才队伍建设放到更加突出的位置,集中优势资源,大力实施人才强校战略,坚持培养与引进并举,努力建设一支数量足、结构优、素质高的人才队伍,以人才队伍支撑行业划转高校发挥特色学科的优势和在行业领域的科研优势,与"一带一路"沿线国家和地区开展深层次交流合作,不断提升国际化发展水平。

(3)以质量引领陕西应用技术型高校和民办高校与"一带一路"沿线国家和地区开展交流合作。陕西应用技术型高校和民办高校这几年有了长足的发展,办学规模和办学空间得到很大扩展,但客观地讲,在外延式发展的过程中,一些高校或多或少地存在着重规模轻质量的问题。为此,陕西应用技术型高校和民办高校应牢固树立科学发展观,坚持走以质量提升为核心的内涵式发展道路,真正把提高质量放在学校工作的核心位置,促进规模、结构、质量、效益相统一。要抓住"一带一路"倡议实施的契机,适应国家供给侧改革需要,对接"一带一路"沿线国家和地区产业发展,全面提高人才培养质量和社会服务能力,以质量引领与"一带一路"沿线国家和地区的合作交流,进一步把陕西应用技术型高校和民办高等教育做大做强。

---

① 《2014 年陕西省教育事业发展统计公报》,2015 年 8 月 12 日,见 http://jyt.shaanxi.gov.cn/news/tongjinianjian/201508/12/9628.html。

2. 深化陕西高等教育与"一带一路"沿线国家和地区人才培养合作,努力培养国际化复合型人才

人才培养始终是大学最根本的任务和最核心的职能。人才培养质量是衡量一所大学办学水平的重要标准,要成为一流的、高水平的大学,关键在于能够培养出一流的、高水平的人才。因此,在国家实施"一带一路"倡议背景下,陕西高等教育要服务"一带一路"倡议,首要的任务就是要与"一带一路"沿线国家和地区开展人才培养工作的合作交流。

(1)适应"一带一路"倡议需要,推进人才培养模式改革。探索"公共外语"语言种类、俄语阿语等国家历史文化选修课、专业外语课等改革,注重培养专业知识和技能强、掌握相应外语、熟悉相关国家民族历史文化、具有国际视野和跨文化交际能力的新型高素质复合型人才。

(2)培养"一带一路"倡议实施急需的专业技术人才。陕西高校应有意识地对"一带一路"倡议实施所需专业技术人才的数量规模进行评估和培养,努力培养一大批能够肩负"一带一路"建设使命,实施"走出去"战略的交通、电力、油气、金融、项目设计与管理等方面的专业化技术型人才。

(3)打造具备高适应性和创造性的国际贸易人才。中亚、南亚、西亚的诸多国家,国情复杂、经济与商贸发展水平不一,仅靠熟悉普通国际贸易知识难以应对,将限制国际贸易的发展速度和规模。因此,需要富有创造性的国际贸易人才来探索、尝试与铺垫。

(4)培养熟悉"一带一路"沿线国家文化、宗教等国情的语言教育人才。实施"一带一路"倡议除英语、俄语等大语种外,涉及中亚、南亚、西亚、东亚和中非等国的40多种语言,① 陕西高校目前仅开设了15种语言专业。为此,陕西高校应在充分利用现有语言类学科优势的基础上,进一步挖掘资源,整合力量,汇聚队伍,构筑平台,加大对"一带一路"沿线国家小语种人才的培养力度。

---

① 《中国实施语言战略 保障"一带一路"建设》,2015年8月3日,见 http://www.xinhuanet.com/world/2015-08/03/c_128084329.htm。

（5）培养服务"一带一路"倡议的艺术人才。加强陕西艺术类高校和有关高校的艺术学科专业建设,促进与"一带一路"沿线国家和地区高校在艺术类人才培养方面的合作,坚持"走出去"与"引进来"并举,着力培养服务"一带一路"倡议、符合国家文化发展和"走出去"战略需要的艺术人才。

（6）进一步做好双边留学生教育工作。通过扩大留学生交换规模,既扩大"一带一路"沿线国家和地区来陕留学生培养规模,也注意做好往"一带一路"沿线国家派遣留学生的工作,促进双边留学生教育工作的发展。

3. 深化陕西高等教育与"一带一路"沿线国家和地区科技合作,构建与"一带一路"倡议中国家目标高度契合的科技创新平台

科技创新平台是开展科研工作的重要载体。随着科技竞争的日趋激烈,科技平台在承担高级别大项目、培养和吸引高层次人才、创造高水平成果方面的作用日益凸显。近几年,随着国家和地方政府对高等教育的投入不断加大,陕西高校的科研平台建设有了长足进步,但相对于"一带一路"倡议实施的需要来看,仍然存在不少问题。陕西高校应紧紧抓住"一带一路"倡议实施的机遇,以学科布局和科研方向为依据,按照"特色发展、突出优势、注重前沿、掌握关键"的建设思路,整合资源,集成优势,逐步构建布局合理、优势明显、创新性强的科技创新平台,促进学科建设、平台建设、科学研究、人才培养一体化协调发展。[①]

（1）依托在陕"985 工程"高校、"211 工程"高校与"一带一路"沿线国家合作设立国别或区域研究机构,如建立中亚、南亚、西亚国家政治、经济、文化方面的研究所,系统深入地研究中亚、南亚、西亚国家的国情特点、人文风情、技术标准和质量标准等。

（2）充分利用和整合陕西高校现有的"一带一路"研究机构的科教人才,建设"一带一路"智库,为"一带一路"倡议的实施提供智力支撑。

---

① 　郭霄鹏:《探索构建地方院校本科创新人才培养体系》,《中国高等教育》2010 年第 18 期。

(3)构建陕西高校与“一带一路”沿线国家教育信息共享、学术资源共享的交流合作平台,加强与中亚、南亚、西亚国家高校间科研机构及科研人员交流合作,共同申报国际科研合作项目,联合开展科学研究,积极组建协同创新共同体。①

4. 深化陕西高等教育与“一带一路”沿线国家和地区教育文化交流,促进共同繁荣发展

教育与文化紧密相连,促进文化传承创新是高等教育的一项重要职能。陕西作为一个文化大省和高等教育大省,应坚持教育和文化两手抓、两手都要硬,全方位开展与“一带一路”沿线国家和地区的教育文化交流,让世界了解陕西的教育和文化,让陕西的教育和文化走向世界,促进陕西教育文化大发展、大繁荣。

(1)在陕西建立诸如具有国际影响力的“丝绸之路高等教育合作论坛”等对外合作交流平台,为推进陕西高等教育与“一带一路”沿线国家和地区的教育文化交流搭台子、铺路子、出点子。

(2)促进陕西与“一带一路”沿线国家的人员交流,推动陕西高校与“丝绸之路”沿线国家高校领导和专家定期开展校际互访交流,派遣教师到“一带一路”沿线国家研修或任教,或吸引“一带一路”沿线国家的教师到陕西高校任教。

(3)开展针对“一带一路”沿线国家的高等教育文化活动年、活动月、活动周。构建陕西高校与“一带一路”沿线国家高校对口交流关系,与“一带一路”沿线各国高校可定期开展校际互访交流,通过研讨会、参观访问、实地考察等形式,加深彼此之间的了解和认识,实现思想交流、经验分享、互学互鉴,夯实伙伴关系。

(4)做好陕西高校在“一带一路”沿线国家建立孔子学院的工作,以更有

---

① 任友群:《“双一流”战略下高等教育国际化的未来发展》,《中国高等教育》2016年第5期。

效地推广汉语和传播中国文化与国学教育,向"一带一路"沿线国家传播中国
声音、展示中国形象、宣传中国发展。

结　　语

总之,"一带一路"倡议的实施必将进一步贯通陕西高等教育国际交互的
通道,在为陕西高等教育发展带来政策支持的同时,也将极大地拓展陕西高
等教育的发展空间。陕西高等教育应紧抓"一带一路"倡议的契机,按照国家
"五大发展理念"和建设"一流大学、一流学科"的要求,因地制宜、因时制宜、
因校制宜,探索出适合陕西高等教育科学发展的路径。

本文发表在《理论导刊》2016 年第 8 期

三、西部高校服务"一带一路"倡议现状及对策研究

——基于西部 8 个省(自治区)34 所高校 1149 名教师调查数据的统计分析

"一带一路"倡议是我国把握国内外发展局势,在新时代实行全方位对外开放,构建人类命运共同体的重大举措。"一带一路"倡议不仅涉及基础设施投入与建设、金融贸易等硬实力的打造,更涉及教育领域、文化领域、国际交往、政策法规等软实力的整合与提升。从长期效益来看,教育、文化与人才培养等软实力的投资收益率远高于硬实力的较量,实施"一带一路"倡议归根结底依靠人才,人才培养主要依靠教育,尤其是高等教育。[①]高等教育是推动和引领"一带一路"建设的重要力量。我国地域广阔,区域特色鲜明,应充分发挥国内各地区比较优势,服务于"一带一路"倡议。我国西部地区具有天然的区位优势,与"一带一路"沿线多个国家接壤,是我国与"一带一路"沿线国家和地区开展合作交流最为便利的地区,西部地区在"一带一路"建设中发挥着不可替代的重要作用。服务"一带一路"倡议是西部高校应承担的神圣责任和光荣使命,西部高校理应而且也能够在"一带一路"建设中大有作为。自2013 年习近平总书记提出"一带一路"倡议七年多来,有关高校如何回应"一带一路"倡议方面的理论研究成果颇多,但是,对高校服务"一带一路"倡议的实施状况方面的实证研究成果较少。本研究主要基于对西部 8 个省(自治区)34 所高校 1149 名教师的调查数据来探讨和分析西部高校服务"一带一路"倡议的现实状况并提出对策和建议。

---

① 周谷平、阚阅:《"一带一路"战略的人才支撑与教育路径》,《教育研究》2015 年第 10 期。

（一）西部高校服务"一带一路"倡议的研究设计

1. 研究对象

本研究以西部高校教师为调研对象。课题组对西部地区的内蒙古、宁夏、青海、陕西、甘肃、四川、广西、云南等 8 个省（自治区）的 34 所高校教师进行实地调研，采取随机抽样方式开展问卷调查，回收有效问卷 1086 份。研究对象的构成情况如下：从性别分布来看，女教师占 42.5%，男教师占 57.5%；从年龄分布来看，30 岁及以下的占 19.1%，31—40 岁的占 41.3%，41—50 岁的占 26.8%，51—60 岁的占 12.2%，61 岁及以上的占 0.6%；从学校类别分布来看，"双一流"高校占 8.4%，普通本科院校占 60.9%，职业院校占 30.6%；从地区分布来看，陕西占 37.8%，宁夏占 12.4%，青海占 10.6%，云南占 8.8%，甘肃占 8%，广西占 8.1%，四川占 8.1%，内蒙古占 6.1%；从专业分布来看，文科占 42.6%，理科占 34.7%，工科占 22.7%；从学历分布来看，博士研究生占 23.5%，硕士研究生占 49.3%，本科生占 26.1%，专科生占 1.2%。研究对象分布广泛，样本具有一定的代表性。

2. 研究方法

本研究主要采用调查问卷法。笔者从高等教育功能的视角分析高校在"一带一路"倡议中可以发挥的作用和价值，并在阅读和整理相关文献，以及组织专家研讨和高校教师座谈的基础上，设计《西部高校服务"一带一路"倡议调查问卷》。调查问卷分为两部分：调查对象的基本信息和调查内容。调查内容的主要维度包括政策认知、人才培养、科学研究、成果转化、文化交流和合作办学等 6 个一级指标和 18 个二级指标，调查问卷结构如下图所示。采用克隆巴赫（Cronbach）系数计算问卷的内部一致性信度，a 系数为 0.846，符合统计学的要求。

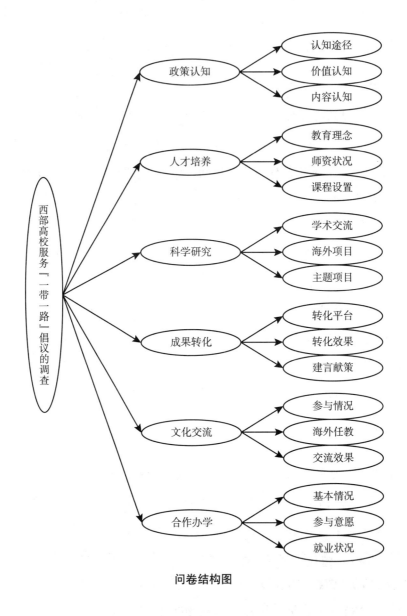

问卷结构图

（二）西部高校服务"一带一路"倡议现状的调查结果

本研究采用 SPSS 20.0 统计软件,按照调查问卷的 6 个一级指标内容,逐项对问卷调研数据进行数理分析,以期呈现当前西部高校服务"一带一路"倡议的现实状况。

1. 西部高校教师对"一带一路"倡议政策认知状况

2013 年 9 月,习近平主席在哈萨克斯坦纳扎尔巴耶夫大学演讲时提出共建"丝绸之路经济带",同年 10 月,习近平主席访问东盟国家时提出建设"21 世纪海上丝绸之路",这是"一带一路"倡议的来源。对于西部高校教师来讲,他们对"一带一路"倡议本身的认识和理解是其自觉投入"一带一路"倡议的前提和基础。

(1)西部高校教师了解"一带一路"倡议的途径。"一带一路"倡议作为国家发展战略,需要对其进行大力宣传以提高公众的知晓度。调查发现,教师对"您了解'一带一路'最重要的途径是什么?"问题的回答中,37.4% 的教师选择"电视、报纸等渠道",31.6% 的教师选择"手机新闻、朋友圈等网络终端",29.7% 的教师选择"学校宣传",1.3% 的教师选择"其他途径"。由此可见,西部高校教师了解"一带一路"倡议的途径是多元的。其中,新闻媒介是教师了解"一带一路"倡议的最重要途径,这也说明国家媒体在宣传"一带一路"倡议中发挥着不可替代的作用。同时,由于移动互联网络的普及,手机成为教师了解"一带一路"倡议的必要设备。此外,高校对"一带一路"倡议的宣传也是教师了解和掌握"一带一路"倡议相关信息的重要途径。

(2)西部高校教师对高校服务"一带一路"倡议价值的认识。在西部高校服务"一带一路"倡议中,教师是实施主体,在一定程度上,教师自身对其价值的认同程度会直接影响效果。一般来讲,教师对西部高校服务"一带一路"倡议价值的认同程度越高,那么,服务效果也就会越好。调查发现,教师对"您认为高校服务'一带一路'倡议的意义和价值如何?"问题的回答中,57.6% 的教师选择"非常有意义",26% 的教师选择"比较有意义",13.4% 的教师选择"有意义",2.8% 的教师选择"一般有意义",0.4% 的教师选择"没有意义"。总体来看,教师对西部高校服务"一带一路"倡议的价值和意义的认同程度是较高的,超过一半的教师认为非常有意义。

(3)西部高校教师对高校服务"一带一路"倡议内容的认识。2016 年 7 月,教育部印发的《推进共建"一带一路"教育行动》指出:"'一带一路'沿线国家教育合作、共同行动,既是共建'一带一路'的重要组成部分,又为共建'一带一路'提供人才支撑。中国愿与沿线国家一道,扩大人文交流,加强人才培养,共同开创教育美好明天。"[①] 有学者认为"对西部高校而言,'一带一路'政策既是促进西部高校发展的机遇,更是西部高校必须承担的社会责任,一切学术科研活动都要以培养人才、服务社会为最终目的"。[②] 调查发现,教师对"您认为高校服务'一带一路'倡议有哪些方面?"问题的回答中,从高到低依次为选择"人才培养"占74.1%、选择"文化交流"占12.7%、选择"科学研究"占9.1%、选择"合作办学"占3%、选择"成果转化"占0.7%、选择"其他方面"占0.4%。可见,人才培养居于西部高校服务"一带一路"倡议的首位,是西部高校服务"一带一路"倡议最重要的内容,这与人才培养是高校首要功能高度一致。

2. 西部高校服务"一带一路"倡议人才培养状况

大学服务社会职能最基本,也是最重要的方面体现在培养社会发展所需要的人才。"一带一路"倡议的实施离不开人才支撑,西部高校需要积极承担起培养服务"一带一路"倡议人才的时代使命和责任。"一带一路"沿线国家和地区有65个,涉及亚、欧、非三大洲,这些国家和地区的官方语言有53种,所以西部高校培养的服务"一带一路"倡议的人才必须是具有国际视野和素质的国际化人才。

(1)西部高校服务"一带一路"倡议人才培养的教育理念。西部高校,特别是西部地方院校地处相对偏远的地方,由于当地经济社会发展迟滞,对外信息交流不畅等原因,致使教育观念趋于保守,发展的危机感和急迫感、改革创新的精神和魄力有限。有学者提出"西部高校发展的全部生命力在于教育观念的根本性变革——新的教育价值观、新的教育人才观、新的教育质量观

---

① 柴葳:《构建"一带一路"教育共同体》,《中国教育报》2016年8月12日。

② 祁占勇、陈雪婷:《"一带一路"背景下西部高校发展的SWOT战略分析》,《集美大学学报》2017年第4期。

的全新确立"。① 人才培养是西部高校服务"一带一路"倡议的首要内容,教育理念关系到人才培养的质量。笔者调查发现,教师对"您所在高校人才培养理念体现'一带一路'倡议的程度如何?"问题的回答中,7.4% 的教师选择"非常高",29.9% 的教师选择"比较高",17.9% 的教师选择"高",29.5% 的教师选择"一般高",9.5% 的教师选择"不高",5.8% 的教师选择"不知道"。从统计结果来看,选择"非常高"和"比较高"的比例之和是 37.3%,超过三分之一的教师认为高校人才培养理念是和"一带一路"倡议高度吻合的。在调研中有位高校中层领导讲道:"高校能否抓住'一带一路'倡议的机遇,加快学校国际化建设的步伐,关键在于学校领导的理念,能不能跟上国家政策,我们学校在这方面确实没有采取什么明确的举措。"所以说,西部高校人才培养理念如何与"一带一路"倡议要求相融合是当前高校领导需要考虑和解决的重要问题。

(2)西部高校服务"一带一路"倡议人才培养的师资状况。高校人才培养需要依靠教师,教师是人才培养的基本保障和关键因素。西部高校培养服务"一带一路"倡议的国际化人才,需要提高教师的国际化水平。调查发现,教师对"您认为您所在高校师资的国际化水平如何(外籍教师数量如何)?"问题的回答中,4.1% 的教师选择"非常高",18.1% 的教师选择"比较高",38.9% 的教师选择"一般",16.3% 的教师选择"比较低",15.2% 的教师选择"非常低",7.4% 的教师选择"不知道"。选择"非常高"和"比较高"的比例之和是22.2%,可见,西部高校教师国际化总体水平还有待提高。通过卡方检验,不同类型高校的教师对"您认为您所在高校师资的国际化水平如何(外籍教师数量如何)?"问题的回答存在显著性差异($P<0.01$),教师国际化水平从高到低排列依次为"双一流"高校、普通本科院校、职业院校。

此外,调查发现,教师对"您了解'一带一路'沿线国家和地区的语言与文化吗?"问题回答中,3.3% 的教师选择"非常了解",16.5% 的教师选择"比较了

---

① 李丽容、汉泽西:《对西部大开发环境中西部高校发展几个问题的思考》,《陕西师范大学学报》(哲学社会科学版)2002 年第 S2 期。

解",14.8%的教师选择"了解",40.6%的教师选择"部分了解",24.8%的教师选择"不了解"。从统计结果来看,还有将近四分之一的教师不了解"一带一路"沿线国家和地区的语言与文化。通过卡方检验,不同年龄的教师对"您了解'一带一路'沿线国家和地区的语言与文化吗?"问题的回答存在显著性差异(P<0.01):呈现出教师年龄越小,他们对"一带一路"沿线国家和地区的语言与文化了解程度越高的趋势。

(3)西部高校服务"一带一路"倡议人才培养的课程设置状况。人才培养的目标是通过课程来实现的,课程设置是人才培养的基础内容。调查发现,教师对"您所在高校有没有为响应'一带一路'倡议而开设的课程?"问题的回答中,29.3%的教师选择"有",21.8%的教师选择"没有",48.9%的教师选择"不知道"。由此可见,只有不到三分之一的教师认为学校开设了与"一带一路"倡议相关的课程,而绝大部分教师认为没有开设或表示对此不清楚。此外,由于"一带一路"沿线国家和地区语言多元化,这就意味着西部高校必须注重外语教学,提高学生的外语水平。丝绸之路大学联盟秘书处工作人员在介绍联盟发展状况时认为,语言是联盟目前遇到的最大的问题和挑战。[①] 以陕西省为例,唯一的语言类大学西安外国语大学开设的外语专业,除了英语、俄语、德语、法语等大语种外,还包括阿拉伯语、泰语、土耳其语等十余种小语种,其他高校开设的外语专业主要集中在英语、日语、俄语等,而很多地方院校只开设英语专业。因此,西部高校特别是西部地方院校如何化解服务"一带一路"倡议人才培养中语言方面的瓶颈,是课程设置需要解决的迫切问题。

3. 西部高校服务"一带一路"倡议科学研究状况

2018年,教育部印发了《高校科技创新服务"一带一路"倡议行动计划》,旨在贯彻落实《关于做好新时期教育对外开放工作的若干意见》和《推动共建丝绸之路经济带和21世纪海上丝绸之路的愿景与行动》,推进共建"一带

---

① 郭霄鹏、边瑞瑞:《"一带一路"战略背景下陕西高等教育发展问题及对策研究》,《理论导刊》2016年第8期。

一路"教育行动,充分发挥高校创新资源集聚、创新活动深入和国际交流活跃的优势,加强高校在服务"一带一路"倡议中的创新引领和支撑作用。因此,科学研究是考察西部高校服务"一带一路"倡议的重要内容。

（1）西部高校教师赴"一带一路"沿线国家和地区参加学术交流状况。学术交流是促进学术繁荣和发展的重要途径。调查发现,教师对"您有去过'一带一路'沿线国家和地区进行学术交流的情况吗?"问题的回答中,5.1%的教师选择"去过很多次",10.9%的教师选择"只有一次",45.5%的教师选择"从来没有但很想去",34.9%的教师选择"没有机会",3.6%的教师选择"不想去"。可见,西部高校教师具有较强的参与"一带一路"沿线国家和地区学术交流的愿望,但受主客观条件的制约,机会较少,仅有16%的教师去过"一带一路"沿线国家和地区开展学术交流。今后西部高校应积极为高校教师参与学术交流搭建平台,让更多的高校教师"走出去"。

（2）西部高校教师参与（主持）"一带一路"沿线国家和地区科研项目状况。调查发现,教师对"您参与（主持）过'一带一路'沿线国家和地区的科研项目吗?"问题的回答中,5.6%的教师选择"很多次",9.6%的教师选择"只有一次",47.5%的教师选择"从来没有但很想参与（主持）",3.3%的教师选择"不想参与（主持）",34%的教师选择"没有此类项目"。可见,西部高校教师虽有参与"一带一路"沿线国家和地区课题研究的积极性,但参与（主持）过"一带一路"沿线国家和地区的科研项目数量却极少。对教师没有参与（主持）"一带一路"沿线国家和地区科研项目的原因的调查发现,教师对"您没有参与（主持）过'一带一路'沿线国家和地区的科研项目的原因是什么?"问题的回答中,29.6%的教师选择"信息不通畅",21.1%的教师选择"跨国项目研究难度较大",5.4%的教师选择"对选题兴趣不大",28.7%的教师选择"个人水平有限",15.2%的教师选择"其他原因"。可见,西部高校教师具有较强的开展科学研究的主观愿望,但受信息不畅、研究难度、研究领域、研究水平的限制,大部分西部高校教师尚未有开展"一带一路"沿线国家和地区科研项目研究的机会。

(3)西部高校开展有关"一带一路"问题课题研究和学术活动状况。调查发现,教师对"您参与(主持)过有关'一带一路'问题的课题研究吗?"问题的回答中,7.6%的教师选择"有很多次的主持经历",11.5%的教师选择"只有一次经历",68.1%的教师选择"从来没机会主持或者参与,但是有强烈的意愿",12.8%的教师选择"对该研究领域不感兴趣"。可见,西部高校教师围绕"一带一路"倡议开展研究的总体情况不容乐观,主要表现在高校教师参与比例较低、机会较少,而且部分高校教师对"一带一路"课题研究尚未形成强烈的关注,部分教师未能将自己的研究兴趣和"一带一路"倡议方向形成新的有机结合点。调查发现,教师对"您参加过'一带一路'主题的学术会议吗?"问题的回答中,10.8%的教师选择"参加过很多次",12.1%的教师选择"只参加过一次",58.1%的教师选择"从来没参加过,但是想参加",13.2%的教师选择"尚未思考过这个问题",5.8%的教师选择"不想参加"。可见,西部高校教师参加"一带一路"相关学术会议的情况基本上处于"范围较窄、频率较低、人数较少"的状况,但西部高校教师同时却表现出积极参与"一带一路"相关学术会议的热情。

4. 西部高校服务"一带一路"倡议成果转化状况

"一带一路"倡议需要科技支撑,西部高校服务"一带一路"倡议应致力于科技成果转化。2016年2月,国务院印发的《实施〈中华人民共和国促进科技成果转化法〉若干规定》强调,打通科技与经济结合的通道,促进大众创业、万众创新,鼓励研究开发机构、高等院校、企业等创新主体及科技人员转移转化科技成果,推进经济提质增效升级。

(1)西部高校科技成果转化平台状况。科技成果转化平台是科技成果转化的渠道和途径,高校科技成果转化平台建设状况在很大程度上表明高校科技研发实力和水平。调查发现,教师对"您所在高校有科技成果转化方面的相关平台吗?"问题的回答中,55.0%的教师选择"不知道",15.8%的教师选择"有1个科技成果转化平台",9.8%的教师选择"有2个科技成果转化平台",

8.6%的教师选择"有3个及以上的科技成果转化平台",10.8%的教师选择"没有科技成果转化平台"。可见,西部高校教师对高校科技成果转化平台了解情况可概括为:半数以上教师对本校的科技成果转化平台建设情况关注较少,突出表现在对高校科技成果转化平台数量的认知上。同时也可发现,就整体而言,西部高校科技成果转化平台数量较少,教师参与科技成果转化的情况不容乐观。

(2)西部高校服务"一带一路"倡议科技成果转化效果状况。科技成果转化效果是科技成果真正发挥社会效益的重要体现。教师对"您所在高校服务'一带一路'倡议的科技成果转化效果如何?"问题的回答中,3.0%的教师选择"非常显著",16.2%的教师选择"比较显著",40.3%的教师选择"一般显著",30.7%的教师选择"不显著",9.8%的教师选择"无科技成果转化"。由此分析可以看出,高校教师对本校科技成果转化的认可程度较低,约20%的教师认为高校科技成果转化成效在比较显著及以上,大部分教师则认为本校科技成果转化成效一般甚至不显著。因此,西部高校科技成果转化在高校尚未达到符合教师基本满意的心理预期,加强高校科技成果转化的数量并提高质量是西部高校今后科技成果转化工作的重中之重。

(3)西部高校教师为"一带一路"倡议建言献策状况。为政府部门制定政策建言献策,也是西部高校充分发挥智库作用和服务"一带一路"倡议贡献智慧的重要方面。调查发现,教师对"您有为学校服务'一带一路'倡议建言献策情况吗?"问题的回答中,8.4%的教师选择"多次为提高学校服务'一带一路'倡议水平而建言献策",11.7%的教师选择"仅有1次建言献策的经历",64.8%的教师选择"没有建言献策的经历",14.9%的教师选择"甚至没有想要为学校服务'一带一路'倡议建言献策"。由此可见,教师对如何提高高校服务"一带一路"倡议水平的思考较少,约20%的教师有过思考和行动,约80%的教师无行动甚至无思考,这一现象值得我们深思。目前,"一带一路"倡议稳步推进,西部高校教师作为西部高层次人才队伍的重要组成部分,理应积极投入高校服务"一带一路"倡议中去。

5. 西部高校服务"一带一路"倡议文化交流状况

促进教育文化交流、实现民心相通是"五通"(即政策沟通、道路联通、贸易畅通、货币流通、民心相通)的重要内容,也是夯实"一带一路"沿线国家和地区民意基础的关键。对西部高校而言,文化交流是服务"一带一路"倡议的重要内容。

(1)西部高校教师参加"一带一路"沿线国家和地区文化交流活动状况。西部高校教师通过参加"一带一路"沿线国家和地区举办的文化交流活动可以深入了解和掌握沿线国家和地区的风俗民俗,更好地服务于"一带一路"倡议。调查发现,教师对"您参加过'一带一路'沿线国家和地区举办的文化交流活动吗?"问题的回答中,78.2%的教师选择"没有",14.5%的教师选择"只有一次",仅7.3%的教师选择"很多次"。回答"没有"的教师近八成,可见,西部高校教师参与"一带一路"沿线国家和地区举办的文化交流活动总体较少,西部高校应该为教师提供更多的机会与平台,使教师切身参与到"一带一路"沿线国家和地区文化交流活动之中。

(2)西部高校教师赴"一带一路"沿线国家和地区孔子学院任教状况。孔子学院是我国设立在国外开展汉文化交流的基地,对扩大和加强中外文化交流发挥了重要价值和作用。调查发现,教师对"您所在高校教师赴'一带一路'沿线国家和地区孔子学院任教情况如何?"问题的回答中,14.3%的教师选择"有很多教师",34.1%的教师选择"只有个别教师",14.8%的教师回答"没有教师",36.8%的教师回答"不知道"。其中回答"不知道"的教师占了近四成,可见西部高校教师对本校教师参与"一带一路"沿线国家和地区文化交流的情况了解较少,且三成的教师表明只有个别教师前往"一带一路"沿线国家和地区任教。

(3)西部高校学生赴"一带一路"沿线国家和地区开展文化交流效果状况。学生是促进西部高校对外进行文化交流的另一个主体。教师对"您所在高校学生去'一带一路'沿线国家和地区交流的效果如何?"问题的回答中,6.2%的教师选择"非常好",24.3%的教师选择"比较好",46%的教师选择"一般",6.4%的教师选择"不好",还有17%的教师表示"没有这种情况"。在这一问题的回答中,有近五成的教师表示"一般"和"不好",表示"非常好"和"比较好"的教师不到三成。由此可见,西部高校大学生前往"一带一路"沿线国家和地区的交流效果总体上不容乐观。

6. 西部高校服务"一带一路"倡议合作办学状况

截至 2019 年,我国已与 24 个"一带一路"沿线国家签署高等教育学历学位互认协议,共有 60 所高校在 23 个沿线国家开展境外办学,16 所高校与沿线国家高校建立了 17 个教育部国际合作联合实验室。2017 年,共有 31.72 万沿线国家留学生来华留学,占来华留学总人数的 64.85%。[①] 那么,西部高校服务"一带一路"倡议合作办学情况如何呢?

(1)西部高校服务"一带一路"倡议合作办学的基本情况。调查发现,教师对"您所在高校是否与'一带一路'沿线国家和地区开展合作办学?"问题的回答中,42.6%的教师选择"有合作办学",15.7%的教师选择"没有合作办学",41.7%的教师选择"不知道"。由此可见,接近一半的西部高校与"一带一路"沿线国家和地区开展了合作办学,还有接近一半的教师对所在高校是否与"一带一路"沿线国家和地区开展合作办学认知不明确。因此,西部高校与"一带一路"沿线国家和地区开展合作办学的宣传力度在一定范围内有待加强,使更多教师熟知并积极参与到合作办学的相关课程教学工作当中。

调查也发现,教师对"如果有的话,您认为贵校与'一带一路'沿线国家和地区合作办学对贵校师资总体水平(贵校办学成效/学生学业成效)的提高情况如何?"问题的回答中,10.5%的教师选择"非常有效",41.8%的教师选择"比较有效",42.8%的教师选择"一般",4.9%的教师选择"无效"。由此可见,

---

① 《丝绸之路大学联盟　打造"一带一路"教育合作新典范》,2017 年 7 月 27 日,见 http://news.youth.cn/jy/201707/t20170726_10381191.htm。

接近一半的西部高校与"一带一路"沿线国家和地区合作办学对其师资总体水平提高的效果不显著,还有少数的西部高校与"一带一路"沿线国家和地区合作办学没有对其师资水平的提高产生效果。因此,西部高校与"一带一路"沿线国家和地区合作办学成效有待加强,合作办学质量有待提高。

(2)西部高校教师参与服务"一带一路"倡议合作办学的意愿状况。教师是合作办学的具体实施者,教师自觉参与合作办学能够提高合作办学成效。教师对"您是否愿意加入学校合作办学的师资队伍当中?"问题的回答中,23.1%的教师选择"非常愿意",44.4%的教师选择"比较愿意",26.3%的教师选择"不确定",3.6%的教师选择"不太愿意",2.6%的教师选择"不愿意"。由此可见,绝大多数的教师愿意加入学校合作办学的师资队伍当中,但是还有少部分的教师不愿意加入学校合作办学的师资队伍中。因此,西部高校应帮助教师树立正确的合作办学观念,增强教师投身合作办学的职业认同感和责任感。

(3)西部高校服务"一带一路"倡议合作办学培养的学生就业状况。合作办学培养的学生就业状况是合作办学成效的重要体现。教师对"您所在高校合作办学培养的学生就业情况如何?"问题的回答中,7.2%的教师选择"非常好",30.5%的教师选择"比较好",35.9%的教师选择"一般",3.0%的教师选择"比较差",1.5%的教师选择"非常差",21.9%的教师选择"不知道"。总体上来讲,西部高校合作办学培养的学生就业情况不容乐观,而且还有部分教师对所在高校合作办学培养的学生就业情况不清楚。因此,西部高校要多措并举,提高合作办学培养的学生就业水平。

(三)提升西部高校服务"一带一路"倡议水平的对策与建议

教师是办学的第一资源,大学人才培养、科学研究、社会服务及文化传承创新等基本职能的实现主要依靠师生,特别是教师,因而,教师对"一带一路"倡议的认识和行为基本上可以代表所在学校的贡献和水平。因此,从以上对西部高校服务"一带一路"倡议现状的调查结果分析可以看出,当前西部高校服务"一带一路"倡议中存在教师对西部高校服务"一带一路"倡议的价值和意义认同感较高与西部高校服务"一带一路"倡议的总体水平较低之间的矛盾和冲突,具体表现在人才培养、科学研究、成果转化、文化交流和合作办学等方面服务"一带一路"倡议的深度和广度都存在欠缺和不足,提升西部高校服务"一带一路"倡议水平成为亟须解决的现实问题。教育部印发的《推进共建"一带一路"教育行动》明确提出:"政府引导,民间主体。发挥学校、企业及其他社会力量的主体作用,活跃教育合作局面,丰富教育交流内涵。"① 这意味着在"一带一路"建设中政府、高校、社会都要发挥各自的价值和作用,而且,高校发展离不开政府和社会的参与和支持,正因为如此,提升西部高校服务"一带一路"倡议水平要从政府、西部高校自身和社会三个维度提出对策与建议。

1. 从政府维度支持西部高校提升服务"一带一路"倡议水平的对策与建议

"一带一路"倡议是当前我国政府在把握国际和国内两个大局的基础上作出的战略选择,由于西部高校在"一带一路"建设中具有地域优势,理应发挥重要作用。政策主导是我国等许多国家高校发展的重要特征,② 国家相关政策在大学发展中起着至关重要的作用,政府对高校的支持是高校发展的基本保障。因此,政府应加大对西部高校的支持力度,切实提升西部高校服务"一带一路"倡议的水平和能力。

一是政府应给予西部高校教育经费方面的支持。我国公办高校教育经费主要依靠政府拨款,包括中央、省、地市三级政府拨款。通常情况下,中央政府拨款数额依据的是高校层次,高校层次越高,获得的中央财政支持也会越多。由于西部高校中"双一流"大学数量偏少,因此,中央财政支持也就偏小。而省(区)、地(市)级政府给高校的拨款和当地经济发展状况紧密相关,

---

① 《教育部关于印发〈推进共建"一带一路"教育行动〉的通知》,《中华人民共和国教育部公报》2016 年第 9 期。

② 杨科正:《地方高校发展论——普及化时代地方高校发展的使命与践行》,西北农林科技大学出版社 2020 年版,第 148 页。

西部地处内地,经济发展相对滞后,特别是偏远的地区经济状况更不景气,造成西部高校获得的地方政府拨款也就不足,特别是地方院校教育经费更为紧张,与东部高校有着明显差距。因此,政府应从中央财政中加大对西部高校,尤其是西部地方院校的教育经费投入力度,从而为西部高校培养服务"一带一路"倡议人才提供经费支持。

二是政府应给予西部高校政策方面的支持。我国地区发展不均衡是客观事实,国家为促进西部发展,出台了相关政策,如"西部大开发"政策等,有效地推动了西部发展。具体到西部高校发展方面,也需要相关政策的支持,进一步实施中西部教育振兴发展计划,扩大政策覆盖面,加大扶持力度,比如在"双一流"大学建设高校筛选方面,不能把西部高校与东部高校放在一个标准下,而是应出台有利于西部高校发展的倾斜性政策,适当增加西部高校入选的数量;在各类国家级人才评选方面,应充分考虑西部高校发展现实状况,在评选政策制定方面适当向西部高校倾斜,并对获得国家级人才称号的高层次人才提出在对口的西部高校开展教学和科研活动等方面的要求。

三是政府要为西部高校搭建服务"一带一路"倡议的平台。从调研结果来看,西部高校教师对"一带一路"倡议的认同感和参与意愿都较高,但服务"一带一路"倡议的程度却较低,其中最重要的原因之一是他们缺少服务"一带一路"倡议的平台和渠道。从实际情况来看,大部分西部"双一流"大学能够借助自身资源优势,通过学术交流、人才培养等积极服务"一带一路"倡议,但是对于绝大部分西部地方院校而言,却很难直接服务"一带一路"倡议。因此,政府应发挥组织协调功能,从充分调动和发挥西部地方院校的价值和作用出发,积极搭建各类平台,畅通西部高校服务"一带一路"倡议的途径和渠道。

2. 西部高校自身提升服务"一带一路"倡议水平的对策与建议

"一带一路"倡议既是机遇,又是挑战,不仅是对经济贸易往来、政治合作的挑战,也是对高等教育的挑战;同时也是西部高校促进社会经济发展,履行服务社会职责的重要途径和重要体现。在稳步推进"一带一路"倡议的历史进程中,高校承担着政策沟通、咨询建言、形成智慧合力的作用。《推进共建"一带一路"教育行动》指出:"高等学校、职业院校要立足各自发展战略和本地区参与共建'一带一路'规划,与沿线各国开展形式多样的合作交流,重点做好完善现代大学制度、创新人才培养模式、提升来华留学质量、优化境外合作办学、助推企业成长等各项工作的协同发展。"①高等教育普及化时代,大学与社会的关系更加密切广泛,开放办学、国际化办学是基本准则。作为国家和区域经济社会发展重要的知识创新、技术创新和人才培养基地,西部高校必须克服"象牙塔"办学思维模式,肩负起社会发展"动力源""思想库"等职责,进一步认清形势、明确使命、科学定位、彰显特色,积极主动融入"一带一路"倡议整体布局中,健全校地协同发展机制,充分发挥人才、科技支撑作用,加快改革发展步伐,努力提升服务"一带一路"倡议的贡献率。

一是加大对"一带一路"倡议的宣传力度,增强师生对"一带一路"倡议的认同感、责任感和使命感。西部高校服务"一带一路"倡议的主体是教师和学生,因此,应通过新闻媒体、移动客户端、校园宣传栏等渠道加大对"一带一路"倡议的宣传力度,切实增强师生对"一带一路"倡议的认同感、责任感和使命感,从而促进师生能够自觉地投入"一带一路"倡议实施的行动之中。

二是提高教师队伍国际化水平,改革高校人才培养方案,为"一带一路"倡议实施培养紧缺人才。"一带一路"倡议实施需要人才支撑,而且需要的是国际化的紧缺人才。对于西部高校而言,一方面应通过进修、培养等方式提高教师队伍的国际化水平,让教师具备培养国际化人才的资质;另一方面,还应根据服务"一带一路"倡议需要改革人才培养方案,特别是增设"一带一路"倡议实施紧缺人才的培养专业,切实提升服务"一带一路"倡议人才培养的质量和水平。

三是围绕"一带一路"倡议开展科学研究,搭建科研平台和成果转化平台,为"一带一路"倡议提供智力支撑。西部高校应围绕"一带一路"倡议开展

---

① 《教育部关于印发〈推进共建"一带一路"教育行动〉的通知》,《中华人民共和国教育部公报》2016 年第 9 期。

学术交流和研讨以及项目研究等,重点攻克设施建设、科技创新、文化交流等方面的科研难题。同时,整合资源,集成优势,形成特色和竞争力,逐步构建布局合理、优势明显、创新性强的科研平台和成果转化平台,从而提升承担高级别大项目、培养和吸引高层次人才、产出高水平成果等方面的能力和水平。

四是深化国际教育合作,提升办学国际影响力。盘点"一带一路"沿线国家和地区,除少数国家和地区外,大多数国家和地区的高等教育发展水平相对滞后,相比较而言,我国西部地区高校的办学实力具有比较优势。因此,西部高校应积极探索赴"一带一路"沿线国家和地区开展境外办学,建立境外分校或合作办学项目,与沿线高校合作建立国际联合科研平台及智库机构,同时注重对研究生层次留学生的招收和培养,提升西部高校办学的国际影响力以及服务"一带一路"倡议的能力和水平。

3. 从社会维度支持西部高校提升服务"一带一路"倡议水平的对策与建议

知识经济时代,人才和科技是社会发展的关键,大学与社会发展相互统一、相互促进。正如三螺旋理论认为,大学—产业—政府之间由此便以市场需求为纽带而联结起来,形成一个三种力量交叉影响、相互合作、多边互惠的三螺旋关系。同时,高校发展的国际经验也充分表明,社会力量参与高校办学实践已经成为高校健康发展不可或缺的力量,也是建立健全现代大学治理体系的必要组成部分。西部高校服务"一带一路"倡议应取得社会各方面力量的关心和支持,充分调动社会各方面的积极性,包括企业、社会媒体、行业协会、民间机构等各方面的社会力量以多种形式在各种程度上参与高校的办学实践,支持西部高校提升服务"一带一路"倡议的水平和能力。

一是行业企业应积极推动以产学研合作为主题的校企合作。行业企业应与西部高校之间建立长效合作机制,以合作和共赢为原则,共建高水平的科研创新平台,建立"企业 + 高校"的双引擎和双动能,积极发挥企业在市场资源、行业品牌、资金储备等方面的优势,积极挖掘西部各层次高校在学科、专业方面的优势,推动以人才培养和科研合作为内容的产学研校企合作,促进西部高校的优势特色学科发展,共同致力于推动"一带一路"倡议的实施,促进世界的繁荣和发展。

二是行业组织应成为西部高校培养高层次人才的参与主体。在"一带一路"倡议背景下,行业企业和西部高校应共同构建"行业组织＋高校"的人才培养模式,建立校企合作育人共同体,联手打造人才培养模式的升级版。行业企业的骨干和管理人员可以发挥业务优势和管理优势,参与到高校人才培养工作中,有效解决高校实践型教师缺失的问题,形成专兼职一体化的理论和实践教师队伍,共同致力于培养适应"一带一路"倡议需要的优秀卓越人才。

三是社会各界应为西部高校营造更加和谐的外部办学生态环境。西部高校服务"一带一路"倡议需要一个广阔、系统、和谐的外部办学生态环境。首先,需要通过与国际、国家、区域以及整个高等教育体系的交换,为学校营造和谐的政治环境、法律环境、社会公共环境;其次,需要通过与特定区域、特定行业的交换,为学校营造和谐的经济环境、市场需求与市场规则环境;最后,需要通过传统与现代、主流与多元、精英与大众的生活观念、态度、方式等的交换,为学校营造和谐的人文环境。

四是社会中介组织应为西部高校服务"一带一路"倡议提供支持。通过发挥社会民间中介组织在社会中的影响力和号召力,吸引更多的企业、协会、个人、团体等社会资源参与到西部高校的发展和建设中来,汇聚助力西部高校科学发展的强大合力。行业协会、商会、校友会等社会民间中介组织应积极承担西部高校发展的策划咨询、指导评估等服务性工作,对西部高校发展目标、发展规划、发展措施等进行审查和评价,保证各项决策科学合理,促进西部高校科学、健康、可持续发展。此外,需要获得社会民间中介组织关于国际行业规约和行业标准等方面的信息支持,以便西部高校在与"一带一路"沿线国家和地区对接合作中更为顺畅和高效。

本文发表在《宝鸡文理学院学报》(社会科学版)2021 年第 5 期

参考文献

习近平:《弘扬和平共处五项原则建设合作共赢美好世界——在和平共处五项原则发表60周年纪念大会上的讲话》,《人民日报》2014年6月29日。

习近平:《弘扬万隆精神 推进合作共赢——在亚非领导人会议上的讲话》,《光明日报》2015年4月23日。

习近平:《携手推进"一带一路"建设——在"一带一路"国际合作高峰论坛开幕式上的演讲》,《光明日报》2017年5月15日。

习近平:《决胜全面建成小康社会 夺取新时代中国特色社会主义伟大胜利——在中国共产党第十九次全国代表大会上的报告》,《人民日报》2017年10月28日。

《习近平在全国教育大会强调 坚持中国特色社会主义教育发展道路 培养德智体美劳全面发展的社会主义建设者和接班人》,《人民日报》2018年9月11日。

《习近平在中国人民大学考察时强调 坚持党的领导传承红色基因扎根中国大地走出一条建设中国特色世界一流大学新路》,《光明日报》2022年4月26日。

《携手奔向互利共赢的康庄大道——习近平主席出席第二届"一带一路"国际合作高峰论坛纪实》,2019年4月29日,见 http://m.cnr.cn/news/20190429/t20190429_524595077.shtml。

丁辉、周宇翔:《"一带一路"民心相通建设成果评估及政策建议》,《当代世界》2019年第4期。

董渊、刘丽霞、张伟、赵可金:《服务"一带一路"建设 提升研究生国际化培养水平》,《学位与研究生教育》2017年第7期。

杜海涛、罗珊珊:《贸易畅通　硕果累累("一带一路"建设成就)》,《人民日报》2021年11月28日。

杜尚泽、郝洪:《习近平会见乌兹别克斯坦总统》,《人民日报》2014年5月21日。

冯瑾、姚彤:《丝绸之路经济带国际研讨会在乌开幕》,《新疆日报》2014年6月27日。

高虎城:《深化经贸合作共创新的辉煌》,《人民日报》2014年7月2日。

龚雯、田俊荣、王珂:《关于深化互利共赢的中欧全面战略伙伴关系的联合声明》,《新丝路日报》2014年6月30日。

苟斐斐:《西部高等教育发展十年:成就、挑战及展望——〈国家中长期教育改革和发展规划纲要(2010—2020年)〉实施之审视》,《民族高等教育研究》2022年第1期。

郭鸿炜:《论"一带一路"实践对中国与周边新型国际关系的建构》,博士学位论文,吉林大学,2021年。

郭霄鹏、马多秀:《"一带一路"倡议背景下西部高校国际化人才培养及其实现路径研究》,《宝鸡文理学院学报》(社会科学版)2020年第4期。

郭霄鹏、张笑予:《"一带一路"教育学类研究的热点主题与未来展望——基于CSSCI文献分析(2013—2019年)》,《西安财经大学学报》2020年第4期。

何凯琳:《陕西省属高校国际交流合作现状及对策研究》,硕士学位论文,西安理工大学,2020年。

何中华:《多元文化时代的价值困境及其出路》,《烟台大学学报》2004年第2期。

洪德山:《西部高校人才流失现状、原因及对策研究》,硕士学位论文,兰州大学,2006年。

胡必亮:《以共建"一带一路"促高质量共同发展》,《光明日报》2022年4月4日。

黄兴:《地方高校推进学生国际交流的问题与对策》,《中国高等教育》2012年第7期。

贾兆义:《新时代来华留学教育事业的路径指向》,《中国高等教育》2021年第7期。

康传义:《西安高校为"一带一路"建设注入新活力》,《陕西日报》2019年12月3日。

李立光:《地方高校科技成果转化考核认定评价指标体系研究》,《教育评论》2017年第9期。

李丽容、汉泽西:《对西部大开发环境中西部高校发展几个问题的思考》,《陕西师范大学学报》(哲学社会科学版)2002年第S2期。

　　李盛兵:《中国与"一带一路"国家高等教育合作:区域的视角》,《华南师范大学学报》(社会科学版)2017年第1期。

　　林雅华:《"一带一路"有哪些历史文化内涵?》,《视界观》2017年第5期。

　　刘光林:《"一带一路"建设背景下的西部高校发展机遇探析》,《高教学刊》2016年第10期。

　　刘红霞:《推动共建"一带一路"高质量发展,习近平提出三个目标》,《新华每日电讯》2021年11月21日。

　　刘艳红:《"一带一路"背景下的大学国际交流与合作》,《黑龙江高教研究》2016年第3期。

　　潘剑波、李克林、郭登峰:《"供给侧改革"视野下的高校科技成果产业化研究》,《江苏高教》2019年第2期。

　　祁占勇、陈雪婷:《"一带一路"背景下西部高校发展的SWOT战略分析》,《集美大学学报》2017年第4期。

　　瞿振元:《"一带一路"建设与国家教育新使命》,《光明日报》2015年8月13日。

　　施晓光:《挑战与应答:21世纪美国高等教育的选择——德里克·博克〈大学与美国前途〉评介》,《高等教育研究》1996年第6期。

　　孙磊、张明:《多校区办学模式下的大学生学校归属感问题探究》,《教育教学论坛》2012年第40期。

　　孙晓春:《高校科技创新能力对区域经济建设的作用》,《中国高校科技》2015年第11期。

　　涂端午:《打造好"一带一路"教育行动升级版》,《中国教育报》2022年4月14日。

　　涂又光:《文明本土化与大学》,《高等教育研究》1998年第6期。

　　[美]克拉克·克尔:《高等教育不能回避历史——21世纪的问题》,王承绪译,浙江教育出版社2001年版,第10页。

　　王辉耀:《"一带一路"是构建人类命运共同体的具体实践》,《光明日报》2021年11月21日。

　　王健:《郑和研究百年状况述论》,《南京社会科学》2005年第2期。

　　王向华:《同筑共赢之路》,《陕西日报》2021年9月7日。

王亚军:《民心相通为"一带一路"固本强基》,《行政管理改革》2019 年第 3 期。

文君、蒋先玲:《用系统思维创新高校"一带一路"国际化人才培养路径》,《国际商务(对外经济贸易大学学报)》2015 年第 5 期。

萧如珀、杨信男:《1874 年 6 月 16 日:卡文迪许实验室启用》,《现代物理知识》2021 年第 3 期。

徐秀军:《共建"一带一路" 共享繁荣发展》,《光明日报》2022 年 4 月 27 日。

杨红英、林丽:《论"一带一路"背景下中国高校国际化人才核心素养的培养》,《西南民族大学学报》(人文社会科学版)2018 年第 2 期。

杨劲松:《文化和旅游合作为"一带一路"建设注入新活力》,《中国旅游报》2019 年 4 月 24 日。

游艺、李名飞:《地方高校科技成果转化政策执行梗阻与归因》,《教育学术月刊》2019 年第 6 期。

于友成:《校企合作育人共同体的建构》,《中国高等教育》2015 年第 2 期。

俞华、陈云棠:《本科民办院校实施专业学位教育的现实性与必要性》,《江苏高教》2013 年第 3 期。

翟东升:《共建"一带一路" 在全球性危机中育新机》,《光明日报》2022 年 3 月 16 日。

张文强:《地方本科高校产学研合作存在的问题与对策探讨》,《河南社会科学》2018 年第 4 期。

赵叶珠、王静:《近二十年来我国高校专任教师学历结构变化分析》,《中国高教研究》2017 年第 1 期。

郑宏、谢作栩、王婧:《后疫情时代高校教师在线教学态度的调查研究》,《华东师范大学学报》(教育科学版)2020 年第 7 期。

周谷平、阚阅:《"一带一路"倡议的人才支撑与教育路径》,《教育研究》2015 年第 10 期。

《中华人民共和国民办教育促进法》,2002 年 12 月 28 日,见 http://www.gov.cn/test/2005-07/28/content_17946.htm。

《国家中长期教育改革和发展规划纲要(2010—2020 年)》,《光明日报》2010 年 7 月 30 日。

《中共陕西省委 陕西省人民政府关于贯彻〈国家中长期教育改革和发展规划纲要

（2010—2020 年）〉的实施意见》，2010 年 12 月 20 日，见 http://jyt.shaanxi.gov.cn/news/zhong
changqiguihua/201012/20/5208.html。

《中华人民共和国国民经济和社会发展第十二个五年规划纲要》，2011 年 3 月 16 日，
见 http://www.gov.cn/zhuanti/2011–03/16/content_2623428_2.htm。

《国务院关于加快科技服务业发展的若干意见》，《中国科技产业》2014 年第 11 期。

《"丝绸之路经济带"甘肃段建设总体方案》，2014 年 5 月 23 日，见 http://www.gov.cn/
xinwen/2014–05/23/content_2685540.htm。

《中国—阿拉伯国家合作论坛第六届部长级会议北京宣言》，《光明日报》2014 年 6
月 6 日。

《关于加快发展现代职业教育的决定》，2014 年 6 月 22 日，见 http://www.gov.cn/xinwen/
2014–06/22/content_2705926.htm。

《推动共建丝绸之路经济带和 21 世纪海上丝绸之路的愿景与行动》，《人民日报》
2015 年 3 月 29 日。

《"一带一路"的提出背景及具体思路》，2015 年 4 月 14 日，见 http://www.scio.gov.cn/
ztk/wh/slxy/。

《最高人民法院关于人民法院为"一带一路"建设提供司法服务和保障的若干意见》，
2015 年 7 月 7 日，见 https://www.court.gov.cn/fabu-xiangqing-14900.html。

《国务院关于印发〈统筹推进世界一流大学和一流学科建设总体方案〉的通知》，2015
年 11 月 5 日，见 http://www.gov.cn/xinwen/2015–11/05/content_2960898.htm。

《关于引导部分地方普通本科高校向应用型转变的指导意见》，2015 年 11 月 16 日，
见 http://www.gov.cn/xinwen/2015–11/16/content_5013165.htm。

《教育部关于印发〈推进共建"一带一路"教育行动〉的通知》，《中华人民共和国教育
部公报》2016 年第 9 期。

《关于做好新时期教育对外开放工作的若干意见》，2016 年 4 月 29 日，见 http://www.
gov.cn/xinwen/2016–04/29/content_5069311.htm。

《中共中央办公厅 国务院办公厅印发〈关于做好新时期教育对外开放工作的若干意
见〉》，2016 年 5 月 4 日，见 http://www.xinhuanet.com/politics/2016–05/04/c_128956339.htm?
mType=Group。

《国防科工局 发展改革委关于加快推进"一带一路"空间信息走廊建设与应用的指导

意见》,2016 年 11 月 23 日,见 https://www.ndrc.gov.cn/fzggw/jgsj/kfs/sjdt/201611/t20161123_10
86163.html?code=&state=123。

《国务院关于鼓励社会力量兴办教育促进民办教育健康发展的若干意见》,2017 年 1
月 18 日,见 http://www.xinhuanet.com//politics/2017-01/18/c_1120334772.htm。

《国务院印发〈国家教育事业发展"十三五"规划〉》,《光明日报》2017 年 1 月 20 日。

《中共中央 国务院印发〈关于加强和改进新形势下高校思想政治工作的意见〉》,《光
明日报》2017 年 2 月 28 日。

《中共中央 国务院印发〈中长期青年发展规划(2016—2025 年)〉》,《光明日报》2017
年 4 月 14 日。

《工业和信息化部 中国国际贸易促进委员会关于开展支持中小企业参与"一带一
路"建设专项行动的通知》,2017 年 8 月 4 日,见 https://www.miit.gov.cn/jgsj/qyj/wjfb/art/2020/
art_8512f13b69344083bf2fbd31ff83f0f6.html。

《世界一流大学和一流学科建设高校及建设学科名单公布——"双一流"建设正式开
启》,《光明日报》2017 年 9 月 22 日。

《关于深化产教融合的若干意见》,《人民日报》2017 年 12 月 20。

《办好新时代中国特色高水平大学的基本点——访中国高等教育学会会长杜玉波》,
《大学(研究版)》2019 年第 10 期。

《"一带一路":倡议与构想》,中国国际经济交流中心"一带一路"课题组,中国经济出
版社 2019 年版。

《国家职业教育改革实施方案》,《光明日报》2019 年 2 月 14 日。

《共建"一带一路"倡议:进展、贡献与展望》,推进"一带一路"建设工作领导小组办公
室,《光明日报》2019 年 4 月 23 日。

《深化新时代职业教育"双师型"教师队伍建设改革实施方案》,2019 年 10 月 18 日,
见 http://www.gov.cn:8080/xinwen/2019-10/18/content_5441474.htm。

《中共中央关于坚持和完善中国特色社会主义制度 推进国家治理体系和治理能力
现代化若干重大问题的决定》,《光明日报》2019 年 11 月 6 日。

《中共中央 国务院关于新时代推进西部大开发形成新格局的指导意见》,2020 年 5
月 17 日,见 http://www.gov.cn/zhengce/2020-05/17/content_5512456.htm。

《中共中央 国务院关于新时代推进西部大开发形成新格局的指导意见》,《光明日

报》2020 年 5 月 18 日。

《2020 年中国专利调查报告》,2021 年 4 月 28 日,见 https://www.cnipa.gov.cn/art/2021/4/28/art_88_158969.html。

后　记

　　本书是在我主持的国家社会科学基金"十三五"规划2016年度教育学一般课题《西部高校服务"一带一路"战略研究》(编号:BIA160100)结题成果的基础上,几经修改完善而完成的。之所以能够完成这本书,很大程度上是基于我对大学职能的认识和思考。

　　现代意义的大学最早可以追溯到1088年诞生的意大利博洛尼亚大学,当时大学的职能就一个,就是人才培养,这就形成了大学的第一大功能,即大学工作以培养人才为中心。之后几百年,大学的职能一直没有拓展,仍然只有人才培养这一项职能。直到1810年,德国洪堡大学成立,大学的第二大功能形成,即大学除以培养人才为中心外,还以科研为中心。由此形成"洪堡精神"。19世纪30年代,以美国部分设农学专业的院校及西部地区的院校为发端,把"脚上踩满牛粪的教授就是最好的教授"作为评价标准,开辟了高等教育的新功能,即把人才培养、科学研究与为社会服务相结合,将为社会服务与推动社会进步作为大学的第三大功能。从此以后,大学要为社会服务,不仅成了大学追求的目标,而且也成为社会各界评价大学的一个重要标准。

　　"我思,故我在",笛卡尔的这一哲学命题,让我面对纷繁复杂的大学世界时,力图用自己的眼光观察和思考大学的职能。正由于此,虽然自己在大学学习、工作、生活的30多年间,相继以教师、管理者、副校长、校长等不同角色,先后在 3 所大学工作,但是不管环境如何改变,都始终坚守自己的理想和初衷,坚持用自己的思维和认知来理解与感悟大学职能的发展和变革。

2015 年我在陕西科技大学工作,根据工作分工,我负责组织制定学校"十三五"发展规划。在制定"十三五"发展规划的过程中,我一直在思考这样一个问题:陕西科技大学现有的轻工学科,大多都是建校初期为缓解当时经济短缺的问题而设立的,随着 30 多年的改革开放,现在产能过剩已经成了常态。按农、轻、重三大部类划分,轻工产业的内涵和外延都发生了很大变化,远远超出了原轻工部的管辖范围,现在所说的"新轻工"是除了农业和重工业之外的所有领域,涵盖所有服务业,比传统轻工内涵要丰富得多、范围要大得多。陕西科技大学除了重工业和农业的上游产业不参与以外,农产品加工以及整个轻工业领域都应该是学校的服务范围。但是,陕西科技大学的学科专业是按照传统轻工设置的,与现代轻工产业契合度比较低,与人民群众日常生活需要渐行渐远,这就造成了学校学科专业的社会认可度不是很高,对学校持续发展带来了不利影响。在"十三五"期间,如何增强学校学科专业与经济社会发展的契合度,如何提升学校服务经济社会发展的能力,成为谋划学校"十三五"工作的关键,也成为学校发展的突破口。在思考这一问题的过程中,我学习了不少文件,也参阅了多所大学的规划,随着学习和思考的不断深入,慢慢地自己的思路逐渐清晰起来。作为一所具有轻工特色的西部地方高校,必须要紧扣国家重大战略部署,服务国家和区域经济社会发展需要,尤其要服务"一带一路"倡议,为"一带一路"建设贡献力量。

"一带一路"倡议的实施为西部高校发展带来重要机遇。但是,西部高校就如何服务"一带一路"倡议,还缺乏周密的顶层设计和具体措施,尚未建立起与"一带一路"倡议相适应的发展理念和发展平台,其教育资源、教育结构、质量水平都不能很好地满足"一带一路"建设需要。同时,国内外学界对"一带一路"倡议的研究主要侧重经济和基础设施领域,对高等教育的研究比较少,且在为数不多的关于"一带一路"倡议与高等教育发展问题的研究中,主要还是侧重于某一方面具体问题的单线研究,缺乏对高等教育全方位融入"一带一路"倡议的系统研究。现有研究成果数量较少,且较为零散,未形成理论体系,难以具备广泛的指导意义。而且就国内有关"一带一路"倡议与高等教育发展问题的研究来看,西部地区的研究明显少于东部和中部地区。特别是关于西部高校服务"一带一路"倡议,尤其是服务中亚、西亚等地区的研究更少。这与西部地区在"一带一路"倡议中所处的位置和西部高校在全国所处的位置都不相符,既不利于西部高等教育发展,更不利于"一带一路"倡议的全面实施,迫切需要从理论和实践层面对此问题进行深入研究,尽快补齐这一短板。

正是基于这样的认识和思考,我在 2016 年申报获批国家社会科学基金"十三五"规划 2016 年度教育学一般课题"西部高校服务'一带一路'战略研究"。在完成这一项目的过程中,我组织项目组成员深入内蒙古、宁夏、青海、陕西、甘肃、四川、广西、云南等 8 个省(自治区)34 所西部高校开展实证调查,走访有关部门负责人、教授、骨干教师,或以调查问卷的方式了解这些西部高校服务"一带一路"倡议的现状、存在的问题、面临的困难和挑战。同时,采用比较研究法,重点从人才培养国际化程度、科技研发水平、成果转化、教育文化交流、合作办学成效等五个方面,对陕西与西部其他省(自治区、直辖市)高校服务"一带一路"倡议的状况进行比较研究。此外,选取试点院校进行专题研究。通过对试点院校服务"一带一路"倡议的内部资源、外部环境的梳理,分析了"一带一路"倡议背景下西部高校的教学环境、教学条件、教学目标等方面的变化,并开展了"一带一路"倡议实施与西部高校发展相互关系的评估分析。在此基础上,通过对西部高校服务"一带一路"倡议的目标选择、战略设计、战略任务等问题的研究,探讨了影响西部高校服务"一带一路"倡议的主要因素,并就如何促进西部高校服务"一带一路"倡议提出对策建议。

虽然我在大学工作多年,在教育管理领域做了一些研究,但由于自己教育理论知识还比较薄弱,导致研究还比较碎片化,许多问题还缺乏系统深入的思考,因此,只能说这本书是"我的工作感悟和思考"。如果以高等教育研究的专业水准来审视书中的内容,在学理分析、规范表述、理论阐释等方面还有许多欠缺和不足。希望这本书能够成为引玉之砖,期待各位专家学者多提宝贵意见。

在这本书即将出版之际,我衷心感谢帮助过我的各位领导、同事、朋友和家人。特别要感谢宝鸡文理学院马多秀教授、杨亚强博士、文军萍博士、张笑予博士、陈聪讲师,陕西科技大学李德强博士、边瑞瑞讲师,他们在书稿资料的收集、整理、编校和外出调研等工作中付出了大量心血,给了我很大帮助,本书写作的点点滴滴都浸透着他们的心血。同时,还要对人民出版社编辑等同志为本书编辑出版付出的辛勤劳动表示衷心感谢。

郭霄鹏

2022 年 4 月

责任编辑：侯俊智
助理编辑：潘　萍
责任校对：秦　婵
封面设计：王春峥
排　　版：圈圈点点

图书在版编目（CIP）数据

西部高校服务"一带一路"倡议研究 / 郭霄鹏　著 . —北京:人民出版社,
　　2023.8
ISBN 978-7-01-025067-0

Ⅰ.①西…　Ⅱ.①郭…　Ⅲ.①高等教育－国际合作－
研究－中国　Ⅳ.①G649.2

中国版本图书馆 CIP 数据核字（2022）第 181500 号

西部高校服务"一带一路"倡议研究
XIBU GAOXIAO FUWU YIDAIYILUCHANGYI YANJIU

郭霄鹏　著

人民出版社 出版发行
（100706　北京市东城区隆福寺街 99 号）

涿州市旭峰德源印刷有限公司印刷　新华书店经销

2023 年 8 月第 1 版　2023 年 8 月北京第 1 次印刷
开本:710 毫米 ×1000 毫米　1/16　印张:24.5
字数:345 千字

ISBN 978-7-01-025067-0　定价:98.00 元

邮购地址　100706　北京市东城区隆福寺街 99 号
人民东方图书销售中心　电话(010)65250042　65289539